奉化年鉴

2021

《奉化年鉴》编纂委员会　编

方志出版社
Publishing House of Local Records

编辑说明

一、《奉化年鉴（2021）》以马克思列宁主义、毛泽东思想、邓小平理论、“三个代表”重要思想、科学发展观、习近平新时代中国特色社会主义思想为指导，坚持辨证唯物主义和历史唯物主义的立场、观点和方法，全面客观记载2020年奉化区域范围内的新事物、新变化、新成就和新经验，为执政提供借鉴，为发展开创思路，为历史留存资料。

二、《奉化年鉴》旨在全面、系统地按年度记载奉化经济、政治、文化、社会和生态等方面发展情况，为各级党政机关和社会各界人士了解、研究、建设奉化，提供丰富、翔实的资料。

三、《奉化年鉴（2021）》记事时间为2020年1月1日至12月31日。

四、年鉴由特载、专记、大事记、概况、正文和附录组成，配以地图、图片、表格。记述以文字为主，采用分类编辑法编纂，分为类目、分目、条目3个层次；各层次以不同的字号和字体表示。条目是年鉴的基本单位，其标题以“【 】”引出，以便查阅。

五、年鉴资料由全区各部门、镇（街道）提供，稿件由各单位指定专人撰写，经编辑部编纂统稿，再经区委办公室、区政府办公室审核后定稿。

六、凡涉及奉化国民经济和社会发展全局性的数据，以区统计局编纂的《2020年奉化区国民经济和社会发展统计公报》为准，其他数据由各部门、镇（街道）提供。

5月8—9日，宁波市奉化区第一届人民代表大会第四次会议召开

5月7—9日，中国人民政治协商会议第一届宁波市奉化区委员会第四次会议召开

7月3日，省委副书记、市委书记郑栅洁（左四）到奉化区检查防汛防台工作

12月16日，省政协主席葛慧君（前左一）到奉化开展接访活动

5月6日，奉化区扩大有效投资重大项目集中开工仪式举行

7月27日上午，帝亚—维新能源汽车有限公司在金钟财富广场举行揭牌仪式

10月20日，云弧集团落户揭牌仪式在岳林广场举行

12月18日，2020第三届宁波湾经济讲坛在奉化图书馆报告厅举行

12月19日，“中国天然氧吧”复查结果发布会在南京召开，奉化区蝉联中国天然氧吧

1月10日，中共中央、国务院在北
隆重举行国家科学技术奖励大会。
街道印家坑村乡贤印兴耀（左）
万忠（右）获“国家科学技术进
”

11月11—12日，首届全国退役军人创业创新大赛决赛在广州举行。奉化区选送的2个项目均获二等奖，获奖数在全国县市区排名第一

中交一公局承建的奉心湖大桥

4月初，以“奉城花开，人人有Fun”为主题，集购物、美食、旅游为一体的消费促进活动开启

7月24日，2020奉化蜜桃啤酒嘉年华在金钟广场开幕

7月11日，2020蜜桃音乐节在城市文化中心举行

10月1日，位于印象奉化城的“红帮服饰名品一条街”正式对外营业

10月12日，雪窦山至普陀山旅游专线正式常态化开通

10月29日，2020海峡两岸婆媳文化节开幕式暨“家风·家训·家教”主题论坛在奉化举行

11月11日，2020雪窦山弥勒文化节在雪窦寺开幕

11月18日，生态环境部宣传教育中心授牌大堰镇全国首个生态环境教育特色小镇试点

12月12日，大堰镇“云上大堰”区域公共品牌发布会召开

6月12—14日，2020年奉化区文化和自然遗产日暨文旅惠民消费季活动在城市文化中心举办

宁波滨海旅游休闲区——天妃湖

12月9日，奉化区生活垃圾焚烧发电项目首批垃圾进厂仪式举行

4月6日，新建金甬铁路（尚田段）鲍村隧道正式开工

4月30日，河头路长汀路桥梁正式通车，河头路和长汀路再次相接

9月27日，轨道交通3号线鄞奉段和机场快速路南延南段正式通车

9月27日，奉化公交东站搬迁至金海站和大成站，实现轨道交通与公交的“零距离”换乘

11月4日，“宁波奉化·雪窦山”冠名列车奉化至上海虹桥G7534在奉化火车站首发

樱花公园

1月12日，江口大浦湾河正式完成改造

5月30日，宁波市最大“菜市场”、坐落于方桥街道的宁波农副产品物流中心Ⅰ期项目试运营

宝化路南侧口袋公园

1月28日，区中医医院急诊科副护士长何洋到达武昌站

2月15日，医护人员为首批返回奉化人员测温

2月9日，奉化第二批援鄂医疗队赴湖北省参与疫情防控和患者救治工作

4月15日，奉化区援鄂医疗队回到奉化，区委区政府在凤山体育公园举行盛大欢迎仪式

4月20日，区委书记高浩孟（左三）赴全区各校检查复学复课情况

11月13日，全省抗击新冠肺炎疫情总结表彰大会在省人民大会堂举行，奉化区6人、2个集体获得表彰。全省表彰大会后，受省委省政府委托，区委区政府在奉化分会场举行颁奖仪式

11月20日，全国精神文明建设表彰大会在京举行，奉化大堰镇后畈村获评第六届全国文明村镇，岳林街道桃源社区、区税务局溪口税务所获评第六届全国文明单位，崔译文家庭获评第二届全国文明家庭（左为全国文明单位领奖现场，右为全国文明村镇领奖现场）

溪口税务所集中学习

桃源社区学雷锋志愿服务站

崔译文全家福

大堰镇后畈村

总　目

Table of Contents

目　录

特　载

专　记

大 事 记

奉化概况

中国共产党宁波市奉化区委员会

宁波市奉化区人民代表大会

宁波市奉化区人民政府

政协宁波市奉化区委员会

纪检　监察

民主党派

群众团体

军　事

法　治

农　业

农村工作

自然资源

工　业

旅　游

城市建设与管理

交通运输

水利　水务

邮政　通信　信息

金　融

经济综合管理

生态环境保护

教育　科技　卫生

文化　新闻　体育

社会生活

社会保障服务

镇 街道

人　物

附　录

特 载

全面创新 全域美丽
奋力谱写现代化健康美丽新城区崭新篇章

在区委一届九次全体（扩大）会议上的报告（摘要）

区委书记 高浩孟
（2021年1月7日）

这次区委全会的主要任务是：高举习近平新时代中国特色社会主义思想伟大旗帜，全面贯彻党的十九届五中全会和中央经济工作会议精神，深刻领会习近平总书记考察浙江、宁波重要讲话精神，按照省委十四届八次全会、市委十三届九次全会和省委经济工作会议部署要求，听取区委常委会工作报告，审议《中共宁波市奉化区委关于制定宁波市奉化区国民经济和社会发展第十四个五年规划和二〇三五年远景目标的建议》，动员全区党员干部群众忠实践行“八八战略”，坚决扛起“重要窗口”模范生的使命担当，勠力同心、接续奋斗、砥砺奋进，奋力谱写现代化健康美丽新城区的崭新篇章。

一、区委一届七次全会以来的主要工作

区委一届七次全会以来的这一年极不寻常。面对百年未有之“大变局”和突如其来的新冠疫情，区委常委会团结带领全区上下深入贯彻习近平总书记考察浙江、宁波重要讲话精神，全面落实中央决策部署和省委、市委工作要求，聚心聚力、善作善成，全力推进“5+5”等中心工作，有力保障了经济社会平稳健康发展。预计2020年区属GDP增长4%左右，财政总收入突破100亿元，“十三五”规划主要目标任务顺利完成，高水平全面建成小康社会胜利在望。主要抓了八方面工作：

（一）坚决践行“两个维护”，思想行动更加自觉。区委常委会始终把党的政治建设放在首要位置，专题召开政治建设工作会议，切实增强旗帜鲜明讲政治的思想自觉和行动自觉。一是学思践悟强学习。全面推行“周自学、月集中、季交流”等常态化学习制度，做到凡是习近平总书记发表重要讲话、作出重要指示，凡是中央、省委、市委作出重大部署要求，区委都及时传达学习、研究部署、贯彻落实，累计开展区委理论学习中心组集体学习11次、区委常委会集体学习33次。二是谋深谋细抓落实。对

标对表习近平总书记考察浙江、宁波重要讲话精神，深化开展“8方面具体行动”，组织实施“人人争当窗口、处处呈现风景”专项活动，召开区委一届八次全会专题部署争做“重要窗口”10个领域模范工作，持续掀起学习宣传贯彻的热潮。认真落实郑栅洁同志在奉化调研时的指示要求，制定“宁波湾”高质量发展实施方案，7方面20项具体任务有序推进。中央第一轮环保督察反馈问题基本整改完成，第二轮反馈问题按序推进。完成违建别墅清理工作，没收违建别墅323栋。对长江经济带发展领导小组会议上提出的垃圾填埋场渗滤液超标排放问题，第一时间落实整改措施。积极配合省委巡视工作，在推动20个问题自查自纠、即知即改基础上，及时召开区委常委会专题民主生活会，深刻查摆问题、认真剖析原因、落实整改措施，至年底省委巡视组反馈的4方面28个问题整改到位18个、按计划推进10个。三是凝心聚力增团结。注重发挥区委统揽全局、协调各方的领导核心作用，支持人大打造“三零”特色代表联络站，支持政协组建应用型智库，支持“一府一委两院”依法依规履行职能，充分发挥统一战线、群团组织、各地各部门等方方面面的积极性、能动性和创造性，推动形成了团结一心战疫情、共克时艰勇担当的良好局面。

（二）科学应对疫情冲击，“两战”成果更加扎实。区委常委会始终把人民群众的生命安全和身体健康放在第一位，统筹推进疫情防控和经济社会发展，顺利交出了“两手硬、两战赢”的高分报表。一是同舟共济打赢防疫硬仗。第一时间成立“双组长”领导小组，第一时间封闭开放式小区，第一时间建立对口支援机制，因时因势调整防疫策略，坚持“硬核隔离+精密智控”防疫机制，构筑起严防严控、群防群控、联防联控、智防智控的坚固防线，用10天时间实现确诊病例“零新增”、用33天时间实现确诊病例“清零”。23名医护人员圆满完成援鄂援甬任务，1人获评全国抗击新冠肺炎疫情先进个人，36人和14个集体获评省市先进。二是精准施策推动复工复产。区委常委会在疫情初期就一边抓应急防控，一边研究复工复产方案，及时出台中小微企业19条、用工就业保障10条、关爱人才暖心12条等政策举措，扎实推进产业链协同复工复产，有效助力企业迅速重启生产经营。创新开展“联企跑企”专项行动，选派801名机关干部“一对一”担任“驻企专员”，帮助企业解决问题2505个，区企服专班获评市“三服务”标兵集体、“六争攻坚”先锋。深入实施“五减”“两直”专项行动，全面高效兑现纾困惠企政策，支持小微企业渡过难关，预计减免税费17.2亿元、兑现政策资金3.8亿元。三是慎终如始守住疫情防线。严格落实“外防输入、内防反弹”总体防控策略，接续部署、精准落实秋冬季和冬春季疫情防控任务，建立智能化监测预警体系，推行重点人员重点区域常态化抽检机制，第一时间启动应急响应，迅速稳妥处置1例外地来奉无症状感染者病例。

（三）多措并举同向发力，经济韧性更加强劲。区委常委会立足疫情防控常态化条件下经济发展的大逻辑，打出一系列政策组合拳，迅速稳住经济基本面，顺利实现“二季红、半年正、三季进、全年赢”目标。一是狠抓创新驱动。作出坚定不移实施人才强区创新强区战略、加快推进高质量发展的决定，大力推进3号青创大走廊建设，“最美桃花源、最好青创地”城市品牌不断打响。新增各类人才1.6万余人，其中硕士481人、博士45人，入选国家级、省级引才计划各1人、省领军型创新创业团队1家，实现省级产业创新服务综合体和国家级众创空间零的突破。深入实施“春苗计划”，认定首批30家“小而美”苗子企业、4家“春苗计划”创新孵化平台，新增高新技术企业53家、省科技型中小企业269家，预计全区高新技术产业增加值69亿元、同比增长10%。二是狠抓平台带动。重大平台突破攻坚战完成重大项目投资148.5亿元、完成率113%。经济开发区列入省级“链长制”试点，宁波农副产品物流中心一期建成投用，东部新城综合开发项目全面启动，弥勒圣坛基本建成，“宁波滨海会客厅”形象基本呈现，中国滨海体育旅游产业发展大会在奉举行。三是狠抓投资拉动。连续3个季度组织重大项目集中开工仪式，25个省市重点工程投资超额完成目标，预计固定资产投资增速15%、排名全市第二。持续打好招商引资攻坚战，新引进亿元以上项目31个，浙商回归、宁波市外境内分别到位资金90.5亿元、113亿元，同比增长13.1%、14.9%。四是狠抓市场主体推动。专题召开助推民营企业高质量发展大会，新设市场主体超过1万户。扎实推进企业做大做强，规上工业企业总数达到605家，“小升规”培育库新入库企业105家，新增国家专精特新“小巨人”企业6家、国家单项冠军培育企业1家，24家企业在甬交所挂牌，预计区属规上工业增加值同比增长5.8%。五是狠抓消费回升。全市率先推出电子消费券，举办服装特卖会、美食节、家居欢购节等促消费活动，“红帮服饰名品一条街”正式开街，惠政老街开放营业，预计商品销售额同比增长8%。

（四）持续推进品质提升，城乡面貌更加靓丽。区委常委会始终坚持系统理念，以城乡危旧房改造为重点，全方位提升城乡品质。一是加快城市有机更新。27个城市品质提升攻坚战项目扎实推进，完成老旧小区改造4个，完成城乡危旧房改造106万平方米，桃源小区改造获评省级样板。交通强区建设快速推进，轻轨3号线、机场快速路南延、金海路客运中心建成投用，S203、金甬铁路等重大交通项目加快建设，新增公路通车里程33.8千米，全面进入宁波30分钟交通圈。二是加快美丽城镇建设。启动美丽城镇建设三年行动，总投资92.2亿元的140个项目开工率达94.3%，溪口、萧王庙入选美丽城镇建设省级样板，举办全市美丽城镇建设工作现场推进会。三是加快农村住房改造。82个改造项目全面启动，农村旱厕全面清零，创成省美丽乡村达标村88个、省特色精品村4个、A级以上景区村76个，诞生首家省级白金民宿，累计完成农村拆旧978亩、建新633亩。四是加快生态提升向好。32项“蓝天碧水治土清废”年度工作扎实推进，城区污水处理厂提标、垃圾焚烧厂建成投用，通过“污水零直排区”省级验收。改造提升绿道30千米，环境空气优良率达92.1%，全国首个生态环境教育特色小镇落户大堰，蝉联“中国天然氧吧”，创建省清新空气示范区，生态环境质量公众满意度全市第一。

（五）不断深化改革开放，发展活力更加凸显。区委常委会始终把改革开放作为根本动力，围绕一流营商环境打造，充分释放市场活力和社会创造力。一是强化改革攻坚。部署实施“亮点比晒”工程，新增国家级改革试点2个、省级6个，召开省市级现场会4次。“最多跑一次”改革许可类事项即办实现率96.4%、跑零次实现率99.1%。推行首问负责即问即办制，部门（单位）间办事材料精简34.6%、办事时间压缩40.5%以上，入选全省机关内部“一件事”便利化集成改革试点。加快“无证明城市”建设，清理547项证明事项，250项民生事项实现“一证通办”。深入开展国有资产整合提效专项行动，制定环水集团、农商集团的整合重组方案，区投公司转型提升为区投集团，完成国有资产特定问题调查，预计区属国有企业资产总额同比增长10%以上。二是推动开放合作。深度对接“225”外贸双万亿行动，指导企业参与“网上广交会”和“云上拓市场”等系列活动，预计出口总额同比增长6.1%。主动融入长三角一体化发展，宁波·上海产业转移双创示范基地正式落地，与杭州上城区签订区域合作框架协议，开通雪窦山—普陀山“游运联动”专线，谋划共建甬绍合作产业园。高质量推进东西部扶贫协作，助力安图正式脱帽，“智慧渔业”入选全国企业精准扶贫案例。

（六）全力提升治理效能，社会氛围更加和谐。区委常委会聚焦防范化解各类风险隐患，大力深化平安奉化、法治奉化、文明奉化建设，致力构建共建共治共享的社会治理格局，社会环境总体保持和谐稳定。一是牢牢守住平安防线。坚决打好扫黑除恶深度攻坚“七场战役”，新侦办恶势力犯罪集团4个、打掉涉网犯罪团伙6个、“套路贷”犯罪团伙4个，刑事案件发案总量全市最少。扎实推进安全生产综合治理三年行动，事故起数、死亡人数分别下降38.4%、36.3%。严格落实食品药品安全责任，创新推出“食安码”，切实保障群众“舌尖上的安全”。二是全力推动矛盾化解。创新实施区领导“周一夜访”机制，累计接待群众460批1071人次，化解办结各类信访事项123件。纵深推进难题攻坚，区镇两级矛调中心全部实体化运行，成功化解区级历史遗留问题31件，获评省无信访积案区，社区矫正“奉化模式”获全国推广。三是加快提升城市文明。深入推进“五整顿两提升”“奉邑文明”等专项行动，全国文明城市省市测评成绩位居全市前列，后畈村获评全国文明村。共建“我们的家园”活动常态化高标准推进，“八大美丽”行动成效明显。新时代文明实践中心全国试点有序推进，“双中心”建成投用，新时代文明实践志愿服务总队组建成立，“奉邑有我”党员志愿服务品牌正式发布，文旅集团出品的《大国飞天》入选建党100周年献礼剧。

（七）始终牢记为民宗旨，群众生活更加美好。区委常委会坚持对标民生同城化，加快补齐民生短板，群众获得感、幸福感进一步增强。一是强化民生保障。把稳就业摆在更加突出位置，制定公益性岗位开发管理办法，开通“线上招聘专栏”，预计新增就业1.7万人，城镇登记失业率保持2.1%低位，零就业家庭实现动态归零。扎实推进社保惠民计划，养老保险省级统筹规范工作有序推进，户籍人口医保参保率达到99.3%，残疾人、低保人员等贫困群体实现“应保尽保”。全面落实“一户一策一干部”结对帮扶，预计低收入农户收入同比增长15%。二是优化民生服务。积极促进养老事业发展，萧王庙、方桥、尚田等区域性居家养老服务中心建成投用，“爱心车轮”老年送餐车实现镇（街道）全覆盖，“青鸟探巢”失独老人健康关爱项目获省级大赛金奖。实施“公民同招”新政，新投用公办幼儿园5所，教育现代化发展水平达成度升至全省第22位。中医医院迁建工程顺利结顶，全市率先通过疾控中心“双认证”，省卫生镇建设实现全覆盖。三是推进民生实事。体育中心、仁湖公园二期等惠民项目启动建设，金钟邻里中心建成投用。广平路、义门路等背街小巷整治完成，新增智能停车泊位2618个，乱停车、乱摆摊、噪声扰民等民生痛点得到有效回应。

（八）全面深化从严治党，政治生态更加清明。区委常委会坚持把“严”的主基调贯穿管党治党全过程、各领域，全力维护山清水秀的政治生态。一是持续强化思想引领。创新党员教育管理方式，构建“六三三”学习机制，推动学习教育常态化制度化，累计开展“奉邑学堂走乡间”基层宣讲活动200多场，1人获省第十一届微型党课大赛特等奖。压紧压实意识形态主体责任，推进网络生态“奉e前哨”建设，排除网络安全风险隐患20起。二是持续夯实基层基础。全市率先出台村级班子配备指导意见，全面推行村社书记政治素质考察办法，高质量完成行政村规模优化调整和村社组织换届。深化城市党建联盟建设，制定非公企业党建效益提升12条，区域党建联合体入选“浙江乡村振兴十大模式”，滕头乡村振兴学院相关做法获央视新闻联播聚焦报道。三是持续建强干部队伍。扎实推进“破除中梗阻、提升软环境”专项行动，开展中层干部“大联评、大轮岗、大选聘、大问政”活动，30名中层干部实现跨岗交流，25名较差中层干部被免职。加大干部选拔培养力度，创新推出导师帮带“蓝青共育·百千工程”，7名同志被授予“宁波市‘六争攻坚’好干部”称号。选派1492名干部赴基层担任“驻企专员”“村社指导”“项目经理”“街巷跑长”“镇街帮办”，累计发现问题52985个，解决52821个、解决率99.7%，“五大员”创新做法入选全市争当模范生“十佳实践范例”。四是持续深化清廉建设。驰而不息正风肃纪，开展“烟票”“酒局”“牌局”专项整治，查处违反中央八项规定精神问题35起、处理党员干部55人。正确运用监督执纪“四种形态”，党纪政务立案250人、监察留置8人、移送检察机关13人。扎实开展扶贫帮扶等重点领域专项督察，完成对4个镇（街道）、16个区直部门、143个村（社区）、55个基层站（所）巡察，“五小一跑”获评全国“新时代清廉乡村建设与乡村治理现代化”优秀案例。

总之，区委一届七次全会以来的工作成绩来之不易、成之维艰。这是党中央和省委、市委坚强领导的结果，是我们这些年来聚焦“一年一个样、三年大变样、五年奉献一个新奉化”不懈努力的结果，是全区党员干部群众团结奋斗、奋力拼搏的结果，也是同志们在各自岗位上担当作为、履职尽责的结果。在此，我代表区委常委会，向同志们表示衷心感谢！

同时，我们也要清醒地认识到工作中存在的薄弱环节和短板弱项，特别是发展质量效益有待提高，基础设施有待加强，公共服务供给有待提升，风险管控机制有待完善，整体智治理念有待强化，部分单位和少数干部的担当意识不强、执行效率偏低，落实全面从严治党主体责任压力传导存在“上热中温下冷”现象。等等这些问题，我们必须高度重视、认真研究、着力解决。也希望同志们对区委常委会工作提出意见建议，帮助我们把工作做得更实更好。

二、准确把握新发展阶段奉化面临的新形势新使命

党的十九届五中全会开启了全面建设社会主义现代化国家的新征程，具有重大现实意义和深远历史意义。省委十四届八次全会和市委十三届九次全会，贯彻落实党的十九届五中全会精神，分别就争创社会主义现代化先行省、先行市作出了系统部署。我们要站在“两个维护”的高度，坚决贯彻落实党的十九届五中全会、省委十四届八次全会和市委十三届九次全会精神，着眼“大局”和“变局”，找准奉化的时代坐标、历史坐标和发展坐标。从时代大势看，未来五年是奉化加快发展的机遇叠加期。世界局势整体呈现“东升西降”，新一轮科技革命和产业变革深入发展，中国特色社会主义进入新的发展阶段，中华民族伟大复兴进入加快实现期。长三角一体化发展力度空前，国家就强化科技战略支撑、构建双循环格局、提升城市发展质量、夯实绿色发展基础等方面作出了系列重大部署；浙江围绕建设“重要窗口”，提出了十三项牵动性、创新性、突破性的战略抓手；宁波立足“拥江揽湖滨海”城市格局，加快推进全域城区化，持续做强中心城区极核功能。这些重大战略部署的相互叠加，必将为奉化高质量发展带来新的机遇、开拓新的空间。从历史进程看，未来五年是奉化厚积薄发的潜力释放期。“十三五”期间，我们聚焦奉化产业基础、城乡面貌、干部作风等突出短板，痛下决心、找短补差、奋起直追，谋划推进了一批架梁立柱、筑巢引凤的重大平台、重大项目，探索实施了一批遇水架桥、见招拆招的重大改革、重大举措，提升扶持了一批有竞争力、有发展潜力的龙头型企业，引进培育了一批瞄准未来、制胜未来的“种苗”企业、新兴产业，磨炼锻造了一批敢于攻坚、乐于奉献的奉化铁军、先锋党员，积蓄形成了“追赶跨越”的充沛势能和磅礴力量。进入“十四五”，这些用心打下的基础、潜心培育的“种苗”、精心谋划的项目必然会释放活力、茁壮成长、形成气候。从发展规律看，未来五年是奉化城市转型的加速嬗变期。经过“十三五”的努力，奉化动能加快转换、城乡加快融合、区域治理加快转型等阶段性特征越来越明显。“十四五”只要我们精准发力补短板、立足特色强优势，一定能推动奉化从原先的“加速融入”迈向更深层次的“共建共享”。特别是围绕全方位全领域服务全市一盘棋，进一步统筹好“宁波要什么、奉化干什么”，着力放大我们的空间优势、成本优势、区位优势、环境优势，奉化就能够参与更大范围的要素分配、获得更高能级的政策资源、承载更多领域的功能转移，就能够更加高效有力地推动增长动力大转变、城乡形态大蜕变、社会文明大蝶变。

历史的经验告诉我们，事业发展越迈向纵深，越走到关键节点，越容不得有半点骄傲和丝

毫懈怠。我们唯有接续奋斗，才能拓展胜势。气可鼓不可泄，势可续不可断。奉化总体还处于“有没有”转向“好不好”的过渡阶段，一些历史欠账尚没有完全“清零”，“灰犀牛”“黑天鹅”事件仍需严密防范。我们只有把握机遇、借梯登高，步步为营、久久为功，才有可能把现有的发展优势、追赶态势巩固拓展为发展胜势。我们唯有争先进位，才能倍速前进。区域竞争，不进则退、慢进也是退。奉化综合实力总体还处于全省中等偏上、全市中等偏下的位置，容不得自我陶醉、故步自封。我们只有在目标定位上高人一等、创新图强上胜人一筹、动能转换上快人一步，才有可能倍道兼程、追赶跨越。

“十四五”规划事关今后五年奉化发展速度、发展质量、民生福祉，事关奉化现代化的基石。区委常委会高度重视规划的制定，认真学习习近平总书记关于规划编制工作的重要讲话精神，深入贯彻党的十九届五中全会、省委十四届八次全会、市委十三届九次全会精神，经过深入调研、多次讨论、广泛征求、反复推敲、几经完善，形成了提交这次全会审议的建议稿，提出了“十四五”时期奉化区经济社会发展的总体要求、主要目标、重大任务、重要举措和2035年远景目标。下面，我着重就四方面重点问题作一说明。

第一，关于“十四五”的发展目标和到2035年的远景目标。在区委建议稿中，我们对标中央和省委、市委要求，提出“十四五”要努力在现代化健康美丽新城区建设上迈出更大步伐，成为宁波社会主义现代化先行市的“一极四区”，到2035年基本建成现代化健康美丽新城区。之所以这样提，主要有两方面考虑：一是保持奋斗目标的延续性。其中“2035年远景目标”与中央和省委、市委《建议》同结构、同步骤，是奉化贯彻落实党的十九届五中全会、省委十四届八次全会和市委十三届九次全会精神的具体行动。“现代化健康美丽新城区”，既对标了省委、市委提出的争创社会主义现代化先行省、先行市的目标，也体现了“十三五”“十四五”目标的有序传承，彰显了区委一张蓝图绘到底的政治定力和接续奋斗、兑现承诺的坚强决心。二是体现新城区的先进性。区委常委会认为，“十四五”规划是设区后编制的第一个五年规划，在目标设定上，必须站在奉化作为宁波一个区的角度，来明确我们的奋斗目标。成为宁波社会主义现代化先行市的“一极四区”，是奉化为全市发展大局“承担什么使命、展现什么作为、作出什么贡献”的凝练表达，符合大局所要、奉化所能、群众所盼、未来所向。其中“一极”指的是宁波高质量发展的重要增长极。这既体现奉化作为年轻城区的担当作为，也体现奉化持之以恒“追赶跨越”的价值追求。从现实条件来讲，经过这几年的夯基垒台、蓄势增能，接下来奉化经济很有可能出现一波快速增长，已经有基础、有能力为宁波高质量发展作出更大贡献。“四区”分别为宁波创新型城市的重要功能区、宁波滨海特色城市的门户区、宁波东方文明之都的示范区、宁波美丽宜居城市的样板区。这四个区的功能定位都是根据奉化独特的资源优势提出的，既符合未来发展趋势，也契合宁波发展战略，更能体现争先进位的要求和人民群众对美好生活的向往。

第二，关于“后来居上”“最美最好”主题主线。把“后来居上”“最美最好”作为“十四五”时期的主题主线，主要是延续传承了区第一次党代会提出的“后来居上、最美最好”奋斗目标。区委认为，“最美最好”的“最”字体现了高标准的要求，彰显了奉化奋勇争先、追求极致的目标导向；“美”和“好”从内外兼修的角度充分体现了高质量的要求，在内涵和要义上与“高质量发展”完全一致。所以，确立“最美最好”主题，既是对上级要求的丰富与拓展，又具有鲜明的辨识度，有利于凝心聚力。“后来居上”这一表述与“深化供给侧结构性改革”在方向上是一致的，内涵上强调的都是革新、转型和提升。同时，还有两方面具体的考虑：一方面，奉化作为后发者，地位尚未发生根本性改变，仍需要对标对表、加快追赶。另一方面，奉化作为追赶者，不能光有姿态，关键要在各个领域各个方面实现迭代升级、争先进位。所以，确立“后来居上”主线，既能反映奉化的阶段特征，又具有强大的现实号召力。

第三，关于“全面创新、全域美丽”发展策略。之所以提出这一发展策略，既是为了贯彻新发展理念，也是为了呼应“后来居上、最美最好”主题主线，促使理念、方向、路径在奉化高质量发展进程中同向发力、融会贯通。所谓“全面创新”，就是指全方位、全领域、全过程、全环节的创新要求，也是现代化的应有之义。特别是创新作为五大新发展理念之首，中央、省委、市委的《建议》均强调要坚持创新在现代化建设全局中的核心地位。联系奉化实际，墨守成规只会越落越后、亦步亦趋只会渐行渐远，唯有创新才是奉化实现追赶跨越的不二选择。我们必须坚定不移地推进思想大解放、改革开放再出发，以开拓者、担当者、奋斗者的全新姿态走好新时代创新之路，才有可能换道超车，实现“后来居上、最美最好”。所谓“全域美丽”，就是指“一片美”转向“处处美”“一时美”转向“持久美”的工作导向，是建设现代化健康美丽新城区的要义所在，充分体现了协调的发展格局、绿色的发展底色、共享的发展氛围。我们为之奋斗的方向就是努力让目之所及皆为美景，既要有城镇与农村、直观与微观的“外在美”，也要有党风政风社风民风的“气质美”，最终呈现全方位、无死角“内外兼修、表里如一”的美丽风景。

第四，关于十方面具体任务。区委建议稿围绕“全面创新、全域美丽”发展策略，从十个方面对今后五年经济社会发展各项重点工作、重点任务、重点抓手进行了系统部署。其中，“五个新”分别为动力创新、产业创新、开放创新、机制创新、治理创新，侧重于发展动能的角度，既涵盖了经济发展、开放融合等硬核驱动，也包括了机制改革、社会治理等内生动能。“五个美”分别为城乡之美、生态之美、人文之美、生活之美、和谐之美，侧重于发展素质的角度，既体现了城乡建设、生态环境等硬实力，也体现了民生福祉、文明风尚、干事氛围等软实力。这里需要指出的是，区委建议稿提出的定量目标，都是基于“跳一跳、够得着”考虑设定的，编制规划纲要时要进行科学测算，对相关指标作进一步的细化量化系统化。

三、关于2021年工作

2021年是“五年奉献一个新奉化”的决胜之年，是“十四五”规划的开局之年，是建党100周年，做好2021年工作的意义尤为重大。总的工作思路是：高举习近平新时代中国特色社会主义思想伟大旗帜，深入贯彻中央决策、省委部署、市委要求，坚持稳中求进工作总基调，大力实施“全面创新、全域美丽”发展策略，制定实施“两大计划”，全力打好“六大会战”，决战决胜“五年奉献一个新奉化”，为“十四五”开好局起好步，以优异的成绩献礼建党100周年。

按照这一指导思想，基于“不低于全市平均”“确保完成党代会目标”的考虑，2021年全年经济社会发展的主要预期目标为：区属地区生产总值增长7%以上；区属研发投入强度达到3.2%，常住人口城镇化率达到59%左右；一般公共预算收入增长8%，城乡居民收入增长与经济增长同步；居民消费价格涨幅3%左右；城镇新增就业1.5万人，城镇登记失业率控制在3.5%以内；完成市下达的能源和环境指标计划目标。

为实现上述目标，我们要以决战之力抓开局，以决胜之势抓起步，全程冲刺、全力攻坚，努力以城乡新面貌、发展新局面、社会新风尚、生活新品质、干部新样子，全面呈现一个“新奉化”。重点要抓好两方面工作。

一方面，要聚焦目标、谋定快动，制定实施“两大计划”。

一是制定实施“全面创新”计划。全方位部署开展“全面创新”发展策略，制定实施“全面创新”“1+5”五年行动计划，细化阶段目标与具体任务，以超常规的投入、超常规的政策、超常规的措施、超常规的力度，把创新打造成为奉化新发展阶段最鲜明的特征。一要聚焦动力创新，以3号青创大走廊为主阵地，深化“春苗计划”，招引一批高层次的优秀人才，加快现有科创平台建设，再布局一批服务型专业化的科创平台，培育一批省市级平台，全面提升奉化的科技创新能力和影响力，真正将科创打造成奉化发展的第一动力。二要聚焦产业创新，紧扣宁波“246”“225”“3433”“4566”等重大产业谋划，围绕工业服务业“双倍增”目标，制定实施一批以新带旧、以旧促新、新旧对接项目，加快“八大百亿”产业集群建设，推动开发区“园中园”在建项目出效益，实质性启动城区新产业园建设，着力构建更具竞争力的现代产业体系。三要聚焦开放创新，全力抢抓新发展格局建设机遇，积极参与、主动融入长江经济带、长三角一体化、自贸区等国家战略建设，加快推进一批外联内畅的重大交通项目，制定实施一批高质量引进来和高水平走出去的具体行动计划，精准实施扩大消费和出口的新政策，着力打造宁波南部交通枢纽和“双循环”枢纽城市的重要节点。四要聚焦机制创新，以数字化改革为引领，围绕政务服务、要素配置、市场发展等重点领域和关键环节，全面梳理体制机制运行中的突出壁垒，每年排定一批集中攻坚的改革重点，创成一批具有奉化特色、具备推广经验的改革亮点，加快形成系统集成、科学规范、运行高效的制度体系。五要聚焦治理创新，对标区域治理现代化建设要求，强化创新理念、创新技术、创新手段在平安奉化、法治奉化建设中的应用，突出智慧城市和基层网格建设，形成整体智治、“四治”融合的城市治理体系。

二是制定实施“全域美丽”计划。以迭代升级、纵深推进“我们的家园”活动为统领，精心制定“全域美丽”“1+5”五年行动计划，分阶段、分层次明确分项目标、具体任务和实现路径，点面结合、软硬兼施，不断拓展“全域”范畴、丰富“美丽”内涵，真正将“我们的家园”建设打造成一项长期性、基础性、系统性的战略工程、全民工程。一要聚焦城乡之美，按照“全域大花园”和山海名城建设要求，制定实施一批完善城市布局、提升城市设计、补齐城乡建设短板的重大项目、重点工程和重点任务，一体推进新型城市化、农村现代化。二要聚焦生态之美，围绕“天蓝地绿水清无废”全要素美丽目标，制定实施一批生态修复、污染防治、环境保护的攻坚计划，进一步拓宽绿水青山就是金山银山转化通道，让绿色成为奉化最靓丽的底色。三要聚焦人文之美，对标宁波争创全国文明城市典范城市要求，不断深化文化强区建设，开展一系列“文化+”行动，打造一批具有奉化烙印的文化标识项目，实施一批高标准的公共文化服务项目，培育扶持一批高质量的文化产业项目，全方位提升城市软实力。四要聚焦生活之美，对标民生同城化目标和群众美好生活向往，聚焦就业、教育、医疗、养老等民生热点，排定一批解决群众所急所盼所需的民生实事工程，有序推进普惠性、基础性、兜底性民生建设，不断提升城乡居民生活保障和服务供给水平。五要聚焦和谐之美，持续强化党的自身建设和能力提升，制定实施一批凝心聚力、化解矛盾、优化作风的推进计划，弘扬唯实惟先、善作善成的团队文化，营造广大党员群众积极参与、团结和谐的良好氛围。

另一方面，要聚焦重点、攻坚破难，坚决打赢“六大会战”。

一是坚决打赢“五年奉献一个新奉化”项目大会战。“五年奉献一个新奉化”是我们向全区人民作出的庄严承诺，特别是确定的100个项目只能加快不能拖延，必须不折不扣完成。要聚焦进度抓推进，严格按照设区五周年时间节点，倒排工期、挂图作战，综合运用“三色督查令”、领导联系、会商研判、定期调度等措施，确保建成一批、投用一批。

二是坚决打赢城乡危旧房整治大会战，展示城乡新面貌。对奉化来说，城乡危旧房是最大的安全隐患。一要突出重点，特别是农村地区危旧房面广量大，任务重、难度大，要坚持“有限资源、集中攻坚”思路，因地制宜、分类推进农村住房改造，确保建成入住一批、再启动实施一批，力争完成拆旧800亩、建新600亩。同时，充分激活乡村沉睡的资产、盘活乡村闲置的资源，实施“百村兴百业”行动，确保经营性收入15万元以下行政村全面清零。二要动态治理，结合城中村改造、“三改一拆”等措施，综合运用腾空、拆除、修缮、防控等整治手段，落实常态化动态监测和网格化巡查，实现城乡在册危房全面清零。三要提升品质，继续推进一批老旧小区改造工程，提升一批沿江、沿线景观绿道，整治一批背街小巷、闲置地块，加快形成有特色韵味、有纵深度的城市风景。

三是坚决打赢平台园区建设大会战，展示发展新局面。产业园区是经济发展的重要增长极，必须高标准推进产业空间整理，全力打造布局更加合理、特色更加鲜明的“产业地图”。一要深化平台攻坚，立足完善功能、提升品质、配套协调，进一步强化重大平台投资主力军、项目主战场的作用，确保一批水电气路等配套设施提标升级，一批功能性项目建成投用，一批创新型引领型产业项目投产达效，推动重大平台出形象、出效益。二要增强集聚效应，结合新一轮国土空间规划调整，高标准制定工业集聚区规划，推动传统优势产业和新兴产业集群发展。三要加快“腾笼换鸟”，纵深推进老工业园区改造，开展“低散乱”“两小”企业整治提升，合理转移和退出低端低效产能，力争腾换工业土地300亩以上。四要加大园区建设，探索项目改造多元化投融资方式，鼓励和引导各类社会资本参与专业产业园建设运营，确保4个专业园建成投用。

四是坚决打赢基层治理大会战，展示社会新风尚。基层治理是区域治理现代化的重要基础，也是奉化社会治理的薄弱环节，要深入推进基层治理体系改革，持续提升基层治理效能。一要建强基层组织，组织开展为期一年的村社干部党性党风教育，持续深化责任“上压一级”，加快打造“15分钟党群服务圈”，力争实现党群服务中心建设全覆盖。二要抓实矛盾化解，深化“县乡一体、条抓块统”改革，整合提升基层治理数字化平台，健全“党建+信访”工作体系，加强镇村两级矛盾纠纷调处化解体系规范化建设，推行村社信访工作专职化管理，推动信访源头减量，确保历史遗留问题和信访积案基本清零，坚决打赢建党100周年安保维稳硬仗。三要推进协同共治，健全“干部包片、党员联户”制度，加强社会组织培育，不断健全基层多元共治体系，实现政府治理同社会调节、居民自治良性互动。四要深化文明创建，不断丰富拓展“我们的家园”建设内涵，依托“双中心”建设，常态化开展文明实践活动，扎实推进婚俗改革、家宴移风易俗改革等试点工作，为宁波建设全国文明城市典范城市作出新的更大贡献。

五是坚决打赢民生同城化大会战，展示生活新品质。民生同城化是人民群众的殷切期望，要聚焦剩余的11个民生同城化项目全力冲刺，努力让老百姓更加真切全面地享受发展成果。一要聚焦基础设施补短板，按照集约土地利用、提升城市精致度、满足群众生活需要，加快补齐城乡基础设施建设管理中的突出短板，集中打通一批断头路、拓宽一批瓶颈路、归并一批交叉路，提升扩容一批公办幼儿园，加快推进一批学校、医院、文体等民生项目建设。二要聚焦公共服务补短板，大力推动基本公共服务均等化、优质化，加快补齐公共服务的布局短板、质量短板、效能短板，着力构建全生命周期公共服务体系。三要聚焦社会保障补短板，推进民生保障精细化精准化，建立健全以基本生活救助为主体、专项救助为支撑、急难救助为辅助的梯度救助制度体系，尤其要以老年食堂为载体联动推进为老服务，稳步提升兜底救助水平。

六是坚决打赢干部作风整治大会战，展示干部新样子。驰而不息推动干部作风大整治，促进干部思想大解放、作风大整治、能力大提升，努力为“十四五”发展提供坚强保障。重点要做到“三个提升”。一要提升担当能力，以区镇两级换届为契机，积极搭建争先创优平台、实绩赛马舞台，建立“干部担当评价指数”，探索干部线上线下综合考评体系，做到能者上、优者奖、庸者下、劣者汰。二要提升服务质效，全力推进政府数字化转型提速提质提效，强化“一件事”集成改革，深化“首问责任制”“五大员”等有效做法，加快构建整体智治、综合集成、横向衔接、纵向贯通的组织体系。三要提升监督实效，坚持惩治高压、权力归笼、思想自律三管齐下，打造“五小一跑”升级版，全面推行“清廉奉化”基层权力监督指引等做法，深化巡察利剑作用，推动监督制度化、常态化、清单化、数智化，持续巩固拓展“清廉奉化”的建设成果。

同志们，美好蓝图已经绘就，宏伟目标催人奋进。让我们更加紧密地团结在以习近平同志为核心的党中央周围，以决战决胜的姿态、奋发进取的状态，心无旁骛、接续奋斗、奋力拼搏，全力冲刺“五年奉献一个新奉化”、全面开启高水平现代化建设新征程，以靓丽风景为“重要窗口”增光添彩，以高分答卷献礼建党100周年！

政府工作报告

——在宁波市奉化区第一届人民代表大会第五次会议上

区　长　胡永光

（2021年1月21日）

一、2020年和“十三五”工作回顾

刚刚过去的一年，是奉化历史上极不平凡的一年。面对国际国内形势的深刻复杂变化，特别是突如其来的新冠肺炎疫情，区政府在区委的坚强领导下，和全区人民一起，克服了一个又一个困难，打赢了一场又一场战斗。奉化区全面落实习近平总书记“坚定信心、同舟共济、科学防治、精准施策”的重要指示精神，在全市第一个启动疫情防控工作、第一个建立对口支援机制、第一个实行开放式小区封闭管理，织密织牢疫情防控“一图四清单”，10天实现确诊病例零新增，33天实现确诊病例清零，落细落实“精密智控”常态化防控机制，打赢了疫情防控阻击战。深入贯彻习近平总书记考察浙江、宁波重要讲话精神，抓“六稳”、促“六保”，顺利实现了“二季红、半年正、三季进、全年赢”，打赢了经济社会发展总体战。据初步统计，全年实现地区生产总值685.77亿元，其中区属地区生产总值增长4.4%；固定资产投资增长15%；财政总收入突破100亿元、增长11%，其中一般公共预算收入增长7.5%。始终践行“全心全意为人民服务”的宗旨意识，财政民生支出61.9亿元，占总支出的72.5%，市区两级民生实事项目高质量完成；城镇和农村居民人均可支配收入分别达到5.9万元、3.5万元，分别增长5%、5.5%，家庭年人均收入9000元以下低收入现象全面消除，打赢了高水平全面建成小康社会收官战。

一年来，奉化经济社会发展也实现了十方面重要突破：

（一）综合改革高效集成。治理创新专项行动全面展开，打造全省首个惠企、人才政策兑现“一键通”平台，快速出台并上线应对疫情惠企政策37条、企业人才奖励政策184条，全年拨付政策资金3.8亿元。最大力度推进“五减”共克时艰行动，非居民天然气价格下调20%、自来水价格下调10%、电价下调5%，新增减税降费17.2亿元；制造业贷款增长18.7%、普惠口径小微企业贷款增长41.6%，政策性融

资担保余额增长157.5%、担保费率下调82.2%；新设市场主体突破1万户。国企市场化改革加速推进，区属国企资产总额增长10%。

（二）开放合作再谱新篇。接轨长三角一体化发展七大领域重点工作全面展开，宁波上海产业转移双创示范基地正式签约。唱好“双城记”，与杭州上城区签订合作框架协议，甬绍（奉新嵊）合作先行区建设方案启动实施。招商引资攻坚战再创佳绩，新引进亿元以上项目31个、10亿元以上项目6个，网易宁波中心、浙栋资产、小米数科、云弧集团总部等优质项目相继签约落地。实际利用外资1.15亿美元，实到浙商回归资金90.5亿元、市外境内资金113亿元，分别增长13.1%、14.9%。坚决稳住外贸基本盘，实现货物出口总额193.5亿元、增长6.1%，“一带一路”沿线国家出口总额增长18%，跨境电商出口总额增长23%。

（三）创新动能加速释放。“3号青创大走廊”能级提升，瑞嘉通讯、瑞晟智能研究院和茗山智造园、海上鲜智慧海洋产业园等加快建设。“小而美”企业培育专项行动成效显著，首批苗子企业研发投入增长42.4%、产值增长24.7%。凤麓新材料众创空间升级国字号，海上鲜获全球互联网大赛总决赛第一名，奥迪斯丹、奈兰新能源获全国军创大赛二等奖，飞芯电子获中国创翼创业创新大赛浙江省决赛一等奖，星宇电子获国家重点研发计划立项。“人才之家”建成开放，“人才社区”开工新建，新增顶尖特优人才27人、硕士研究生以上人才526人，2名外国专家获省“西湖友谊奖”。

（四）工业经济克难奋进。“联企跑企”专项行动、“政府当链长”创新举措获郑栅洁省长批示肯定，465名驻企专员驻点一线服务企业，帮助应对疫情风险，3月初全区规上工业企业复工率实现100%，4月工业经济实现正增长。全年实现规上工业总产值760亿元、增长5.9%，其中区属规上工业总产值548亿元、增长6.6%；高新技术产业增加值69亿元、增长10%，数字经济核心产业规上制造业增加值11.7亿元、增长23%。完成技改投资31亿元、增长12.7%，新增工业机器人380台。鲍斯能源装备入选国家单项冠军产品，力品格等6家企业入选工信部专精特新“小巨人”企业，亿太诺入选省隐形冠军企业，新增产值10亿元以上工业企业1家、亿元以上10家。老工业园区改造攻坚战全面打响，置信工业城二期、溪口气动智创产业园建成运行，宝通物流、大埠等11个区块改造启动。

（五）城市经济转型加速。实现服务业增加值230亿元、增长3.5%，新增营业收入亿元以上服务业企业5家。出台商贸业高质量发展政策新15条，商品销售总额增长7.5%，网络零售额增长15%，规上文化创意产业增加值增长20%。出台普惠金融发展政策新39条，年末人民币存款余额增长22.9%、增速全市第一，贷款余额增长22%、增速全市第二，不良贷款率下降至0.58%。房地产市场健康发展，商品房销售面积增长30.4%，新房价格得到有效稳控。旅游供给侧改革全面推进，弥勒圣坛基本建成，雪窦山、普陀山实现专线互通、门票互联，大堰创建全区首家省级白金民宿，文旅行业信用体系的“奉化模式”在全省推广。

（六）同城一体协同发展。轨道交通3号线、机场快速路南延“复合走廊”竣工通车，金海路客运中心建成投用，奉化正式进入“地铁时代”。100个“五年奉献一个新奉化”项目已完工40项，完成年度投资计划的113%。203省道奉化段一期路基工程全面完工，四明路东延、西环线北延、连山快速公路一期等开工建设。重大平台突破攻坚战扎实推进，宁波湾建设得到郑栅洁省长高度肯定，要求纳入全市重大区块进行统筹开发。沿海旅游专线一期建成通车，滨海再生水厂主体结顶。宁南新城建设加快，汇诚路、葭浦路、儒江路建成通车，宁波农副产品物流中心二期开工建设。美丽城镇建设三年行动全面推进，荣膺省新时代美丽城镇建设优秀区，溪口、萧王庙获评省级样板。

（七）城市品质持续蝶变。城市品质提升攻坚战扎实推进，大成路综合整治工程全面完工，体育中心、滨江生态公园、龙潭美丽田园建设加快，打通断头路5条，新增城市小品10处、公共停车位2100个、绿地10万平方米。改造城乡危旧房106万平方米，老城区2号区块、教堂区块、朱家河村等实现拆迁清零。全面发动群众共建“我们的家园”，广济公寓、金钟、绿都等老旧小区改造完成，桃源小区改造工程获评省级样板，广平路、义门路等背街小巷加快整治，乱停车、乱摆摊、噪声扰民等民生问题得到有效破解。金钟邻里中心建成投用，新增星级文明规范市场4家。

（八）乡村振兴全域推进。都市农业“新品种、新技术、新装备、新主体、新渠道”转型加速，实现农林牧渔业增加值32.9亿元、增长2%。“米袋子、菜篮子、肉盘子”供应充足，甬优晚稻亩产破全省纪录，新希望综合养殖项目建成投产，“欢喜奉桃”广受欢迎。农村住房改造攻坚战强势打响，44个梳理改造、15个整村改造和23个风貌提升项目加速实施，完成农房拆旧978.4亩、建新66.3万平方米，惠及农户4058户。“千万工程”深入开展，5万多亩田园和全域村庄完成新一轮环境整治提升，后畈村荣膺全国文明村，滕头村获评国家森林乡村，新增国家AAA级景区村庄11个。行政村撤并、村社组织换届工作圆满完成，村集体经济收入均达到30万元以上。全面落实“一户一策一干部”精准帮扶机制，低收入农户收入增长15%。

（九）生态建设优中争进。污染防治攻坚战全面告捷，“污水零直排”、“无违建”、垃圾分类实现全域覆盖。全国首个生态环境教育特色小镇试点落户大堰，生态环境议事厅、滕头村入选美丽浙江建设典型实践案例，生态质量满意度全市第一。全年空气质量337天达到国家优良标准，蝉联中国天然氧吧，获评省清新空气示范区。城区污水处理厂扩容工程、垃圾焚烧厂建成投用，葛岙水库、甬江防洪工程东江剡江奉化段堤防整治二期、剡江及支流河道治理工程等建设加快，创建省级美丽河湖25.9千米。

（十）民生服务持续提升。援企稳岗政策落地落实，新增城镇就业岗位16816个，城镇登记失业率保持2.1%低位。新时代文明实践中心全国试点工作深入推进，文旅集团出品的电视剧《大国飞天》入选建党100周年献礼剧。萧王庙、尚田、方桥等区域性居家养老服务中心建成投用，“爱心车轮”老年送餐车实现镇街全覆盖、“青鸟探巢”获全省志愿服务项目大赛金奖。教育现代化发展水平排名上升至全省第22位，中园、仁湖等5所幼儿园投入使用，锦屏中学迁建、锦溪小学扩建项目开工。健康奉化纵深推进，考核排名上升至全省第38位，市第一医院迁建一期、区中医医院迁建项目主体结顶，区域胸痛中心获评全国首批、全省首家基层胸痛中心示范基地。区镇两级矛调中心成立运行，道路交通、危化品、消防安全、食品药品等领域监管持续深化。

过去一年，区政府以实际行动增强“四个意识”，坚定“四个自信”，做到“两个维护”，认真贯彻区委决策，坚决执行区委决定，自觉接受人大、政协和社会各界监督，办理人大代表建议198件、政协委员提案197件。坚决落实中央八项规定精神，纵深推进政府数字化转型、机关内部“最多跑一次”改革、中层干部“大联评大轮岗大选聘大问政”，部门间办事事项100%实现“网上办”。深入基层和群众开展“三服务”“四联四跑”“周一夜访村（社）”等活动，全面落实“最多问一次”“首办责任制”，帮助解决群众反映问题5.6万余件。超额完成省市下达的化债任务，政府一般性支出和“三公”经费分别下降10%、11.8%。

过去一年，区政府积极支持工商联、工会、共青团、妇联、科协、残联、红十字会、文联、经促会、贸促会等群众团体和社会组织开展工作，国防动员、退役军人、国家安全、海防打私、统计、史志、档案、气象、保密、外事、侨务、审计、应急管理、民族宗教、对台事务、新奉化人服务、扶贫协作等工作进一步加强，关心下一代、老龄、慈善等事业不断提升。

各位代表，2020年是“十三五”收官之年。“十三五”时期，在区委的坚强领导下，全区上下倍道兼程、倍速前进，做深了“加速南融合、念好山海经、做强增长极、建设新城区”四篇文章，交出了经济社会发展的高分答卷，呈现了“一年一个样、三年大变样”，成就了产业经济发展最快、城乡面貌变化最大、人民群众受益最多的五年。

这五年，“后来居上”的答卷成绩斐然。地区生产总值从2015年的334亿元增长到2020年的685亿元，区属地区生产总值提前一年完成“十三五”目标，全国综合实力百强区排名从第78位上升至第71位。人均生产总值突破2万美元。实施亿元以上重大项目324个，引进亿元以上项目117个，完成固定资产投资1225亿元、年均增长11%，增速近三年始终保持全市前二。财政总收入、一般公共预算收入年均分别增长12.3%、14%，提前一年完成区第一届党代会目标。赢得了国家出口气动元件质量安全示范区、国家农产品质量安全区、国家平安渔业示范区等国字号荣誉，落户了中交城投、中国金茂、中信城开、中铁建等一批中字头国企，引进了瑞凌薄膜、锋成纳米等一批世界领先的科创项目，“最美桃花源、最好青创地”品牌不断唱响。

这五年，“最美最好”的愿景接续实现。五年财政民生支出283.6亿元，占总支出的76.4%，民生同城五年计划116个项目已完成105个，3家医共体组建运行，奉化中学、实验小学等4所中小学校和13所公办幼儿园建成投用，城市文化中心、博物馆、图书馆、城展馆相继开放。城镇和农村居民人均可支配收入年均分别增长7.1%、7.8%，提前一年实现比2010年翻一番的目标。户籍人口基本养老保险参保率、基本医疗保险参保率均超过99%，低保、企业职工养老金标准分别提高55.9%、28.7%。改造城乡危旧房近550万平方米，超过“十一五”“十二五”总和，2.5万户居民搬离危旧房、住进新楼房。城市景观美化、夜景亮化工程全面完工，凤山体育公园、仁湖公园、中山公园美丽亮相，新增城市绿地124.3公顷、绿道246千米。创建小城镇综合整治省级样板5个，新增景区镇9个、美丽风景线5条、景区村172个，获评省首批全域旅游示范区，勇夺省“五水共治”最高荣誉“大禹鼎银鼎”。

这五年，“两个转型”的步伐扎实有力。以创新驱动为核心战略，加快县域经济向城市经济转型。全社会研发投入绝对值增长90%，区属研发投入强度从2.5%增长到3.1%，引进国内外院士等顶尖人才27人，斩获国家科技进步奖、省科技进步。规上工业产值从2015年的354.3亿元增长的2020年的760.5亿元，年均增长16.5%，净增规上工业企业172家、亿元以上企业48家、10亿元企业3家。服务业对全区经济增长贡献率达到57%，服务业增加值年均增长8%，商品销售总额年均增长13.5%。以“最多跑一次”改革为牵引，加快县域管理向城市治理转型。政府机构改革全面完成，奉化海关、大数据发展服务中心等挂牌成立，溪口综合行政执法体制改革省级试点深入推进。奉化为主起草的《政务服务中心服务现场管理规范》国家标准正式实施，政务事项100%实现“网上办、掌上办”，民生事项实现“一证通办、一事联办”，一般企业项目全流程审批时间缩减至59天。扫黑除恶深度攻坚，案件发案总量全市最少，勇夺省平安建设最高荣誉“平安金鼎”。

这五年，“同城发展”的距离越来越近。奉化撤市设区，方桥新设街道，莼湖、尚田撤镇设街道，建成区面积超25平方千米，比2015年增长25%，常住人口城镇化率从52.8%提升至57%。宁波雪窦山名山建设管委会、宁波湾滨海旅游休闲区管委会挂牌成立，宁波湾列入省大花园示范平台，宁南新城形象初显，雪窦山中国佛教五大名山地位进一步确立。省属高校浙江医药高专建成投用，市属三甲医院宁波市第一医院开工建设，宁波农副产品物流中心一期建成投用，北京、上海、杭州和深圳等飞地孵化器揭牌运营。新建改建公路253千米，新增跨区公交11条、新能源公交车528辆，公交线路长度超2300千米，宁奉“半小时通勤圈”的通达性更好、选择性更多，区内“20分钟通勤圈”基本建成。

各位代表，这些成绩的取得，是深入学习贯彻习近平新时代中国特色社会主义思想的结果，是全区人民在上级和区委的坚强领导下，齐心协力、团结拼搏、共同奋斗的结果。在此，我代表区人民政府，向全区人民和外来建设者，向全体人大代表、政协委员，各民主党派、人民团体，各驻奉单位、驻奉部队、武警官兵，向所有参与、关心、支持奉化发展的社会各界人士和海内外朋友，表示衷心的感谢！向奋战在疫情防控一线的广大党员、干部、群众，特别是以精湛医术护佑生命健康、以赤诚之心谱写大爱之歌的医务工作者，表示崇高的敬意！

在总结成绩的同时，我们也清醒地看到，受疫情影响，去年个别经济指标、重点项目未能实现预期目标，对标对表“重要窗口”模范生的要求和“最美最好”的期盼，困难和挑战还有不少：全球疫情还在持续，抗疫斗争不容丝毫松懈，公共卫生短板亟须加快补齐；产业发展能级总体不高，中小微企业生产经营压力较大，县域经济向城市经济转型的任务依然艰巨；城市品质与核心城区尚有差距，治理能力现代化水平有待提升；政府系统“中梗阻”“最后一千米”等问题仍然存在。对此，我们将直面问题，用更加有力的措施，尽最大努力加以解决。

二、“十四五”工作展望

“十四五”时期，是奉化趁势而上，开启高水平社会主义现代化建设新征程的第一个五年。根据中共奉化区委《关于制定国民经济和社会发展第十四个五年规划和二〇三五年远景目标的建议》，区政府制定了《宁波市奉化区国民经济和社会发展第十四个五年规划和二〇三五年远景目标纲要（草案）》，提请大会审议。经大会批准后，区政府将认真组织实施。

“十四五”时期，奉化将继续紧扣“两个转型”历史任务，致力成为宁波社会主义现代化先行市的“一极四区”，努力在现代化健康美丽新城区建设上迈出新的更大步伐。

一是着力打造宁波高质量发展的重要增长极。地区生产总值力争突破1200亿元、人均生产总值达到17万元，规模以上工业总产值突破1500亿元，常住人口城镇化率达到70%，经济总量、财政收入等重要经济指标占全市比重明显上升，全国综合实力百强区排名争先进位。

二是着力打造宁波创新型城市的重要功能区。依托“3号青创大走廊”建设，以承接宁波市内外科技成果孵化、转移、加速为重点，全力打造以“一轴五城”为代表的高能级科创平台，力争全社会研发投入、发明专利申请数、数字经济增加值、高新技术企业数、科技型中小企业数、科技领军人才数实现倍增，努力建成宁波都市区南翼的科创高地。

三是着力打造宁波滨海特色城市的门户区。“宁波湾”奉化启动区建设取得重大突破，国家级经济开发区、国家级渔港经济区创建取得实质性进展，一批标志性滨海开发项目建成投用，一批功能性基础设施布局加速推进，文旅经济、康养经济、运动经济、渔港经济深度融合，成为名副其实的宁波“滨海会客厅”。

四是着力打造宁波东方文明之都的示范区。借力“浙东唐诗之路”建设，加快挖掘“诗画”“山水”“名人”等特色文化资源，加快实施文化基因解码工程，加快彰显弥勒文化、民国文化、红帮文化等传统文化价值，佛教名山、溪口名镇影响力明显提升，海峡两岸交流“窗口”地位更加凸显，成为宁波东方文明之都的文化新名片。

五是着力打造宁波美丽宜居城市的样板区。城市综合功能更加完善，城乡融合水平明显提高，内联外畅的立体式交通体系基本成型，“一山一湾三江三库百村”的全域旅游格局基本形成，治理现代化与人的现代化同步推进，美丽指数、幸福指数、安全指数、健康指数持续提升，成为宁波生态环境宜人、城市功能完备、民生服务健全、社会治理有序的品质城区。

高质量打造“一极四区”，争做“重要窗口”模范生：必须忠实践行“八八战略”，一张蓝图绘细绘实。时刻牢记习近平总书记对奉化工作的重要指示，深入贯彻习近平总书记考察浙江、宁波重要讲话精神，在社会主义现代化先行建设中作出奉化贡献、体现奉化担当。继续做好“加速南融合、念好山海经、做强增长极、建设新城区”四篇文章，力争每年都有新突破、五年开创新局面。必须对标核心城区定位，全速推进两个转型。持续开展城乡大改造，建设名副其实的宁波南部核心城区，加快实现“全域新城区”；深度融入宁波都市产业集群，推动先进制造业和现代服务业融合发展，加快实现“产业城市化”；破除城乡二元结构，致力推动城乡居民、新老奉化人同城同待遇，加快实现“全员市民化”。必须坚持系统观念方法，创造性抓好贯彻落实。全局性谋划、整体性推进，将系统观念、系统方法充分运用到经济社会发展各领域各方面各环节，把“十四五”规划任务和重大平台、重大项目、重大改革、重大政策攻坚任务，细化到一项项指标、一个个项目、一件件实事中。抓紧抓牢抓实“十项战略任务”，打好发展组合拳，出台政策组合包，不断增强工作的战略性、前瞻性、科学性、协同性，全面提升政府抓落实的能力和水平。必须保持超常规的意志，改革攻坚倍速前行。激扬走在前列、勇立潮头的精气神，每年找准一批“牵一发动全身”的工作抓手、改革项目，统筹供给侧改革、需求侧管理，用综合集成的理念、坚韧不拔的意志、领先全国全省的政策，办好几件该干又能干成的大事、实事，争得“后来居上、最美最好”，实现“追赶跨越、倍速发展”。

三、2021年主要工作安排

2021年，是建党100周年，是“十四五”开局之年，也是“五年奉献一个新奉化”的交卷之年。根据区委一届九次全会精神，2021年政府工作的总体要求是：高举习近平新时代中国特色社会主义思想伟大旗帜，全面贯彻党的十九大和十九届二中、三中、四中、五中全会精神，坚决落实省市和区委各项工作部署，坚持稳中求进工作总基调，立足新发展阶段，贯彻新发展理念，构建新发展格局，以改革创新为根本动力，以满足人民日益增长的美好生活需要为根本目的，围绕忠实践行“八八战略”、奋力当好“重要窗口”模范生的使命任务，巩固拓展疫情防控和经济社会发展成果，大力实施“两大计划”，全力打好“六大会战”，决战决胜“五年奉献一个新奉化”，确保“十四五”开好局起好步，以优异成绩献礼建党100周年。

建议2021年经济社会发展的主要预期目标为:区属地区生产总值增长7%以上，高质量基础上能快则快；区属研发投入强度达到3.2%；常住人口城镇化率达到59%左右；一般公共预算收入增长8%、城乡居民收入增长与经济增长同步；固定资产投资增长10%；社会消费品零售总额增长7%；居民消费价格涨幅3%左右，城镇新增就业1.5万人，城镇登记失业率控制在3.5%以内；完成市下达的能源和环境指标计划目标。

各位代表，全面呈现新奉化、献礼建党100周年，既要慎终如始、科学精准落实常态化疫情防控各项措施，巩固拓展疫情防控阶段性成果，更要展现城乡新面貌、发展新局面、社会新风尚、生活新品质、干部新样子，夺取“五年奉献一个新奉化”项目大会战的全面胜利，彰显新奉化的八方面新内涵：

（一）聚力创新驱动，奉献一个更有活力、更多青创的新奉化。大力实施“全面创新”计划，以“首位战略”推动“人才强区、创新强区”建设，力争与2016年相比，全社会研发投入翻一番，国家高新技术企业数、高新技术产业增加值均增长115%以上。

打造青创走廊。放大“3号青创大走廊”的空间优势、交通优势、成本优势，推进“一轴五城”从制度体系、人才要素、创新链条等领域全面融入甬江科创大走廊。实施创新平台提质扩容工程，高标准推进“茗山智谷”创新综合体、秉航创新型综合产业园、波导卫星通信科创园等建设，力促复旦科技园（浙江）创新中心、启迪智能装备（气动）

科技园、58众创产业园等出成效、提能级。

集聚科创主体。大力实施新一轮科技企业“双倍增”行动，育好“小而美”苗子、造好科技型中小企业森林，引育“小而美”苗子企业50家，新增省科技型中小企业200家、国家高新技术企业35家以上。促进土地、人才、产业基金等创新要素向企业集聚，支持龙头企业、行业协会组建创新联合体，协同攻关关键核心技术。新增市级以上企业工程中心和企业研究院20家以上，企业研发机构占规上工业企业比重40%以上，力争高新技术产业投资增长10%、增加值增长15%。

引育创新人才。实施顶尖人才集聚行动和产业领军人才引育工程，制定系统、全面的人才政策体系和人口增长规划，新增高端创新创业团队30个、顶尖特优人才30人以上，新引进博士45名、高校毕业生6000人以上。实施新时代“奉化工匠”培育工程、“金蓝领”职业技能提升行动，举办职业技能大比武，新增新时代工匠、蓝领技能人才4800名以上。加快人才服务站、新奉化人服务站建设，以服务的温度“助燃”城市大家的热度。

（二）聚力工业革新，奉献一个更有实力、更强支撑的新奉化。超常规推进实体经济发展，不断增强制造业主导产业辨识度，力争与2016年相比，规上工业总产值、上市企业数翻一番，区属规上工业增加值增长60%。

壮大更强支撑力的制造业集群。积极融入宁波“246”万千亿级产业集群，强化共性技术供给，抢占关键基础件、汽车零部件、时尚服装、电子信息等产业链关键节点制高点，力争区属规上工业增加值、规下工业增加值均增长7%。实施传统制造业改造提升2.0版，加快“5G+工业互联网”示范应用，新增智能工厂3个，力争数字经济核心产业规上制造业增加值增长20%。

建设更强承载力的现代园区。全面打响平台园区建设大会战，高标准绘制全区产业地图，一园一业、多园成链引导同质集聚、错位发展。加快中信创新工业综合体和大埠、印家坑等老旧工业园区改造，新建宁南智能家居、亚德客线轨、尚田汽配等专业园区，确保联东U谷、慧芯时尚小微园等建成运营，腾换工业土地300亩以上，新增工业厂房面积20万平方米以上。

培育更强竞争力的企业梯队。深入实施“小升规”“放水养鱼”“凤凰”等行动，力争新增上市企业3家、亿元以上工业企业20家、规上工业企业100家，单项冠军5家以上。力促赛派科技、百琪达、丞智科技、海威汽车零部件等重大项目达产见效，工业投资增长10%以上。旗帜鲜明支持民营企业发展，鼓励企业家坚守实业、做强主业、创新发展。

（三）聚力改革争先，奉献一个更加智治、更优服务的新奉化。发挥数字化改革的牵引撬动作用，谋划实施更多集成性、综合性重大改革，争创省市改革大奖。开展“智慧城市”应用，力争群众办事、政府内部实现“一次也不跑”，“企业跑”向“政府跑”转变。

推进“三服务”2.0。把“用户思维、客户体验”理念融入服务全链条，推动“联企跑企”行动迭代升级，让政府办事更高效、企业办事更便利。激发市场主体活力，建立民营企业家参与制定涉企政策的常态化机制，继续推出一批含金量高、获得感强的“五减”措施，力争全年为企业新增减税降费6.2亿元、拨付政策资金3.8亿元。鼓励金融机构增加制造业中长期贷款、技改贷款和信用贷款，加大政府产业基金对制造业的支持力度，确保制造业贷款增长20%、普惠口径小微企业贷款增长40%，政策性融资担保余额达到14亿元以上。持续优化“一键通”平台的集成度和体验感，确保实现区级惠企、人才政策上线率和兑现率两个100%。

深拓数字化治理。推动宁波城市大脑奉化分平台建设，打造智慧城管、智慧交通、智慧水利、智慧应急等十大场景化多业务协同应用，致力实现政府智治、城市智慧、企业智变、生活智享。深化群众、企业全生命周期和新奉化人、基础设施、机关内部“一件事”集成改革，健全政务服务“好差评”评价体系。开展基层治理大会战，优化“社区+物业+网格员”的“四治融合”体系。

抓实集成式改革。加快国企混合所有制改革，整合成立新的农商集团、水投集团，全面推进国资监管、考核激励等领域改革攻坚，力争区属国企资产总额增长10%、营业收入增长5%。深化“亩均论英雄”改革，引导资源要素向优势区域、产业和企业集中，力争规上工业亩均增加值、亩均税收均增长7%。

（四）聚力内外循环，奉献一个更加开放、更大格局的新奉化。统筹国内国际两个市场、内贸外贸一体发展，加快构建“双循环、双促进”新发展格局，力争与2016年相比，货物出口总额增长30%、跨境电商出口总额增长45倍；五年实际利用外资7亿美元、浙商回归资金700亿元、市外境内资金900亿元以上。

开拓招商版图。健全招商项目签约、落地、开工“全链条”服务和考核机制，加大全区土地、楼宇、厂房和资金统筹力度，实现招商资源要素“一张图”。深化飞地招商，新建成都、西安、武汉等异地孵化器。力争新引进亿元以上项目35个，实际利用外资1.2亿美元。

扩展贸易版图。鼓励企业以创建自主品牌、借力电商平台等方式深耕国内市场，力争商品销售总额增长8%。聚焦“一带一路”沿线和RCEP协定重点国家地区，积极谋划对接中国（浙江）自由贸易试验区宁波片区的工作重点、平台项目，大力发展跨境电商、数字贸易等外贸新业态，鼓励企业抱团布局海外仓，力争货物出口总额增长9%。

绘好合作版图。持续推进与长三角产业链体系的协同分工、优势互补，加快宁波上海产业转移双创示范基地建设，打造甬绍（奉新嵊）合作的试验田。积极探索山海协作“飞地”新模式，巩固深化东西部扶贫协作成果。

（五）聚力同城一体，奉献一个更强能级、更有担当的新奉化。全面融入“名城名都”交通圈、旅游圈、生活圈、工作圈、经济圈，实现边缘城区到南部核心城区的全面转变。

提升重大平台能级。推动开发区、功能区优化提升，加快形成功能布局合理、主导产业明晰的高能级重大平台。精心编制宁波湾新区“一城三区”总体规划，确保沿海旅游专线建成通车，沿海中线拓宽工程启动，华侨城度假酒店、宁波湾体创中心、滨海医院、滨海学校等开工新建，做好合创物流码头前期工作。提升宁南新城建设品质，确保上海师大宁波附属实验学校、宝湾国际物流中心竣工投用，金茂商业综合体和星级酒店项目开工新建。发挥“雪窦名山、溪口名镇”旅游门户优势，加快老镇区综合改造、然松禅修酒店等建设，确保弥勒圣坛、民国风情街开门迎客。

完善综合交通网络。深入实施交通强区三年行动，统筹推进铁路网、高速公路网、轨道交通网、快速路网建设，打造宁波南部交通枢纽。打通外联“大动脉”，推进金甬铁路奉化段建设，确保奉化火车站扩建、溪口火车站新建项目开工，争取沿海甬台温高铁线位，积极谋划宁波中心城区至宁波湾片区和溪口的轨道交通；做好象山港疏港高速二期、三期和甬台温高速改扩建项目前期工作，加快西环线北延（江拔线至鄞城大道）、203省道奉化段建设。畅通区域“微循环”，推进四明路东延（东环线至203省道）、宝化路东延、西环线南延（宝化路至东环线）、连山快速公路一期建设，打通法兴路（锦奉大道至溆浦路）、前方路（新丰路至金钟路）等一批断头路、瓶颈路。

做优做强都市经济。实施现代服务业“双倍增”计划，谋划打造宁波湾特色服务业集聚区，力争服务业增加值增长7.5%。积极发展现代金融、智慧物流等生产性服务业，力争人民币存贷款余额分别增长17%、15%，在千万税收楼宇上实现新突破。坚持“房住不炒”，新增人才公寓、蓝领公寓、公租房5万平方米以上，促进房地产市场平稳健康发展。持续打响“吃在奉化、购在奉化”品牌，办好促消费实事，大力发展夜间经济、连锁经济、社区经济、直播经济，力争网络零售额增长8%。

（六）聚力全域美丽，奉献一个更有品质、更加精致的新奉化。大力实施“全域美丽”计划，打造“我们的家园”升级版。坚决打好城乡危旧房整治大会战，确保在册危房安全隐患全面消除；PM2.5日均浓度比2016年下降40%；创成省大花园示范区、省级AAAA级景区城，争创国家全域旅游示范区。

提升城市品质。推进片区化大改造，完成征收拆迁100万平方米。开展局部微更新，实施秀水家苑、广平等住宅小区改造和长岭路、茗山路等背街小巷整治，有序推进南山路、锦屏南路等老城区道路升级改造，启动城区“拔杆清网”专项整治。提升市政硬实力，加快滨海再生水厂建设，做好方桥污水处理厂前期工作；新增公交线路5条、公共停车位2500个，争取省未来社区建设试点。塑造城市环境美，加快仁湖公园二期、龙潭美丽田园、洪浪潭公园二期建设，提升城市景观绿道20千米，新增城市绿地16万平方米。

深化全域旅游。突出“全景奉化、全域打造”，提升核心景区品质，加快宁波湾“滨海会客厅”建设，推动裘村黄贤景区、萧王庙联步青云小镇、西坞水乡古镇、云上大堰等串珠成链，全力构建“众星拱月、日月同辉”的全域旅游空间格局。做精做深“两山”转换文章，创建海岛公园、名山公园，力争旅游总收入增长20%。

厚植生态优势。全领域、全过程、全方位推进污染防治攻坚，打造“无废城区”，确保空气质量优良天数持续上升。强力推进电镀、酸洗等污染行业整治提升，全面出清相关行业“散乱污”企业。加快葛岙水库、倪家碶河整治等水利项目建设，力促柏坑水库扩容、松岙镇域水利综合治理等项目按期开工。加强生态文明宣传教育，增强全民节约意识、环保意识、生态意识。

（七）聚力乡村振兴，奉献一个更加融合、更加协调的新奉化。聚焦 农村现代化，统筹城区、镇街和村庄规划建设，力争与2016年相比，行政村集体经济收入、低收入农户收入翻一番，新增景区村182个；确保所有行政村经营性收入达到20万元以上。

致力农业增效。深入开展“五新”农业提质增效行动，加快网易味央、鹿之健等重点项目建设，持续扩大“欢喜奉桃”“弥勒佛茶”等品牌价值和影响力，力争农林牧渔业增加值增长2%，争创省数字农业示范区。抓好重要农副产品的保供稳价，守好群众的“米袋子、菜篮子、肉盘子”。

致力农村增美。全力攻坚农房改造专项行动，力争完成农房拆旧800亩、建新60万平方米。深入实施“千万工程”升级版，高品质打造“桃韵乡野”“莓好农旅”“唐诗之路”等美丽乡村风景线，创成“美丽乡村”示范镇2个、小集镇式中心村1个，支持滕头村创建省未来社区乡村版。加快农村基础设施提档升级，新建改建农村公路66.6千米，实现农村饮用水达标全覆盖。宣扬文明乡风、良好家风、淳朴民风，新增省级善治示范村9个。

致力农民增收。健全“两进两回”长效机制，加快形成资源要素双向流动、公共服务投入均衡的城乡一体化融合发展体系，大力发展林下经济、林间经济，集聚发展特色民宿。加快滕头乡村振兴学院建设，培育一批农创客、农技手、新农人。稳步推进农村宅基地“三权分置”改革，实施生态“坡地村镇”试点，探索农村集体经营性建设用地直接入市，力争“集体经济收入100万元村”达到40%以上。

（八）聚力惠民安民，奉献一个更有温度、更加幸福的新奉化。开展民生同城化大会战，高质量完成第一轮116项民生同城计划。力争与2016年相比，财政民生支出翻一番，新建学校、幼儿园22所，教育现代化发展水平上升至全省前20名。

织密社会保障网。全面落实就业优先战略和积极的就业政策，完善职业教育、职业培训体系，破解结构性就业矛盾，实现更加充分更高质量就业。全面推进基本医疗保险市级统筹，将社会专项救助逐步扩大到常住人口。完善村社综合服务体建设，建强社工队伍，健全养老服务、托幼服务，建设更多老年食堂，新增托育服务机构3家。加快殡仪馆迁建。

提升文教卫软硬件。深入推进新时代文明实践中心建设，系统宣讲党的百年历程，弘扬新时代新风尚，讲好更多奉化故事。争创国家义务教育优质均衡区，试点组建“融合型、共建型”教育集团，加快宁波城市职业技术学院奉化校区、锦屏中学迁建和锦溪小学扩建，启动江口中学迁建和金海路南侧小学新建。加大学前教育补短板力度，新增公办幼儿园学位1350个。健全公共卫生应急管理体系，确保区中医医院基本完工、区人民医院迁建开工。

构建社会和谐体。树立“大安全”理念，扎实推进新一轮安全生产专项整治三年行动，强化消防和应急能力建设，从严开展道路交通、消防安全、危化品运输、渔业安全等领域专项整治和行业随机飞检。高度聚焦企业“两链”、逃废债、欠薪、长租房经营、新型网络犯罪等重点领域风险，加快“雪亮工程”“智安工程”建设，持续推进扫黑除恶常态化，全力维护社会和谐稳定。

各位代表，2021年区政府继续按照民生实事“群众提、委员议、代表定、政府办、人大评”的要求，经过广泛征集和充分讨论，梳理形成了13件候选项目，提请大会票决。我们将根据票决结果，紧扣目标要求，认真组织实施，兑现为民承诺。

四、加强政府自身建设

各位代表，全面呈现新奉化、献礼建党100周年，必须时刻牢记习近平总书记“五个过硬”要求，持续打造“唯实、惟先”的政府文化，建设“整体智治”的现代政府。

（一）坚定信念葆本色。坚持对党绝对忠诚，把“四个意识”“四个自信”“两个维护”，体现到一言一行、落实到时时处处、贯彻到方方面面。忠实践行“八八战略”，深入学习贯彻习近平总书记的重要讲话和批示指示精神，学思用贯通、知信行合一，用党的最新理论武装头脑、最新要求引领实践，始终沿着总书记指引的方向砥砺奋进。

（二）牢记使命抓落实。把党的政治建设贯穿政府工作全过程、全领域，增强政治能力抓落实，坚决做到总书记和党中央有指示、省市和区委有部署、人民群众有呼声，政府就第一时间见行动。深化“项目化实施+专班化推进”模式，以指标化、清单化、闭环化、协同化抓落实，加强过程管理、跟踪问效和差别激励，以超常规力度和举措推进各项工作，绝不把“说的”当“做了”、把“做过了”当“做成了”。

（三）善作善成强本领。深化数字政府建设，以数字化赋能治理精细化，提高整体智治能力。坚持用脚步丈量奉化，强化问题导向、目标导向、结果导向，提高调查研究能力。完成政府系统法治轮训，深化“大综合、一体化”行政执法改革，提高法治思维能力。大力弘扬斗争精神，准确识变、创新求变，提高改革攻坚能力。强化底线思维和忧患意识，下好防患未然的先手棋，提高应急处置能力。

（四）为民务实勇担当。牢固树立人民至上理念，自觉接受人大依法监督和政协民主监督，主动接受司法监督、群众监督、舆论监督，使政府各项决策更符合民情民意。健全为民办实事长效机制，常态化开展“三服务”2.0、“四联四跑”和“亲清直通车”，再向前一步问企业和群众想什么、缺什么、愁什么、要什么，把民之所需、所想、所愿落实到一件件实事、一个个项目中。

（五）正风肃纪优作风。深入开展政府系统干部作风大会战，坚决贯彻中央八项规定精神，锲而不舍纠治“四风”，持续强化国有资产、资金使用、项目建管、招标采购等重点领域监管，营造风清气正、勤政尽职的良好氛围。守住“精”的硬杠杠，继续深化基层减负，让基层干部集中精力进一线、抓落实、干实事。拿出“紧”的真把式，健全厉行节约长效机制，完善预算绩效管理体系，全区一般性支出和“三公”经费再压减10%。

各位代表，新蓝图新格局振奋人心，新征程新使命任重道远。让我们更加紧密地团结在以习近平总书记为核心的党中央周围，高举习近平新时代中国特色社会主义思想伟大旗帜，不忘初心、牢记使命，埋头苦干、接续奋斗，只争朝夕、追梦奔跑，奋力夺取“五年奉献一个新奉化”的全面胜利，以优异成绩向党的百年华诞献礼。

名词解释

1. 一图四清单：全区一张防控图和人员存量动态清单、增量动态清单、物资动态清单、属地责任清单。

2. “五减”共克时艰行动：减税、减费、减租、减息、减支行动。

3. 3号青创大走廊：以轨道交通3号线奉化段及通过金海路延伸形成创新主轴，由北向南联结五大科创平台和多个专业创新节点，构建“一轴五城多点”的科技创新发展格局。其中，“五城”是指生命科学城、中交智慧城、智能制造城、茗山科技城、滨海低碳城；“多点”是指宁南智能家居产业园、溪口共享经济小镇、复旦科技园（浙江）创新中心等创新园区。

4. 千万工程：浙江省全面推进的“千村示范、万村整治”工程。

5. 四个意识：政治意识、大局意识、核心意识、看齐意识。

6. 四个自信：道路自信、理论自信、制度自信、文化自信。

7. 两个维护：坚决维护习近平总书记党中央的核心、全党的核心地位，坚决维护党中央权威和集中统一领导。

8. 三服务：服务企业、服务群众、服务基层。

9. 四联四跑：区级领导联企业、联村社、联项目、联乡镇，党员干部跑企业、跑村社、跑工程、跑街巷。

10. “三公”经费：政府部门人员因公出国（境）经费、公务车购置及运行费、公务招待费产生的消费。

11. 五水共治：治污水、防洪水、排涝水、保供水、抓节水。

12. 一山一湾三江三库百村：“一山”即溪口雪窦山，“一湾”即宁波湾，“三江”即九曲剡溪、活力县江、生态东江，“三库”即横山水库、亭下水库、葛岙水库，“百村”即百村景区化建设。

13. 十项战略任务：《宁波市奉化区国民经济和社会发展第十四个五年规划和2035年远景目标纲要》的第二章至第十一章内容，包括“聚力重大平台建设，承载城市发展核心功能”“强化人才创新驱动，增强青创奉化发展动能”“推动产业增量提质，加快构建现代产业体系”等十项战略任务。

14. 两大计划：“全面创新”计划和“全域美丽”计划。

15. 六大会战：“五年奉献一个新奉化”项目大会战、城乡危旧房整治大会战、平台园区建设大会战、基层治理大会战、民生同城化大会战、干部作风整治大会战。

16. 宁波“246”万千亿级产业集群：打造绿色石化、汽车制造2个万亿级产业集群，建设高端装备、电子信息、新材料、软件与新兴服务等4个五千亿级产业集群，建设关键基础件（元器件）、智能家电、时尚纺织服装、生物医药、文体用品、节能环保等6个千亿级产业集群。

17. “放水养鱼”行动：浙江省通过建立企业培育库，重点扶持一批细分市场有竞争优势、成长性好、具有关键核心技术的优质企业，进一步巩固提升浙江省制造业、民营经济在全国的领先地位。

18. 凤凰行动：浙江省围绕金融强省建设目标，以上市公司为平台、并购重组为手段，提升上市公司发展水平，进一步巩固提升在资本市场上的全国领先地位。

19. 四治融合：法治、德治、自治、智治四治融合。

20. 亩均论英雄：浙江省正在全面深化进行的一项经济改革，用“亩均效益”对经济效果进行评价，而非“唯GDP”，建立企业综合评价指标体系，推动资源要素向优质高效的领域集中。

21. RCEP协定：《区域全面经济伙伴关系协定》，于2020年11月15日正式签署，成员国包括东盟十国以及中国、日本、韩国、澳大利亚、新西兰等15个国家，是全球规模最大的自由贸易协定。

22. 宁波湾新区“一城三区”：宁波湾滨海新城、国家级经济开发区、国家级渔港经济区、国家级旅游度假区。

23.“两山”转换：绿水青山变为金山银山。

24.“五新”农业：农业新品种、新技术、新装备、新主体、新渠道。

25. 两进两回：科技进乡村、资金进乡村，青年回农村、乡贤回农村。

26. 三权分置：农村宅基地的所有权、使用权以及农户作为集体经济组织成员的资格权等三权分置。

27. 生态“坡地村镇”：在严格保护耕地和生态环境的前提下，将具备开发建设条件的山坡地块作为城镇、农村、旅游观光以及绿色产业建设用地，点状布局、垂直开发，减少对平原优质耕地的占用，建设“山水林田城”一体的生态型村镇。

28. 企业“两链”：企业资金链、担保链。

29. 雪亮工程：以县、乡、村三级综治中心为指挥平台、以综治信息化为支撑、以网格化管理为基础、以公共安全视频监控联网应用为重点的群众性治安防控工程。

30. 五个过硬：信念过硬、政治过硬、责任过硬、能力过硬、作风过硬。

31. 四风：形式主义、官僚主义、享乐主义、奢靡之风。

专 记

轨道交通3号线鄞奉段、机场快速路南延南段通车

9月27日上午，“迎国庆·保畅通·提品质”重大城建项目通车现场会在奉化金海路站举行，标志着轨道交通3号线鄞奉段和机场快速路南延南段正式通车。3号线鄞奉段开通后，与3号线一期贯通运营，串联鄞南、直达奉化，打通奉化区与宁波中心城区公共交通动脉，首次实现轨道交通线网市六区全覆盖。与现有的1号线、2号线、3号线一期运营线网一并构建起城市轨道交通网络基础框架。轨道交通3号线鄞奉段与机场快速路南延南段同步建成开通，进一步拓展了宁波城市发展空间，强化中心城区辐射能力，提升区域一体化发展水平。奉化也由此真正纳入中心城区“半小时交通圈”，为市民百姓出行与生活带来极大便捷。

宁波至奉化城际铁路工程自3号线一期高塘桥站向南引出，终于奉化区金海路站，全长21.53千米，其中奉化境内12.93

机场快速路南延

轨道交通3号线鄞奉段琎琳站

千米，设方桥站、琎琳站、南渡站、大成东路站、金海路站5个站，工程总投资约78.5亿元。机场快速路南延工程北起海曙区鄞州大道，南至奉化区岳林东路，全长约18.8千米，其中奉化境内12.3千米，采用“主线高架+地面辅道”形式，其中鄞州区鄞城大道至奉化区中山东路与宁奉城际铁路“四站五区间”实行“公铁共建”，共线段11.7千米，采用高架一体化结构，主线高架采用城市快速路标准建设，双向6车道，地面辅道采用城市主干道标准建设，双向2 ~ 6车道。工程总投资约64.3亿元。与一般的快速路不同，机场快速路南延南段工程从鄞州区鄞城大道至奉化区中山东路段，与宁波轨道交通3号线鄞奉段共线共建，“上层跑汽车、中层过地铁”。共线段长约11.7千米，是宁波“公铁共建”里程最长的项目。

宁波市葛岙水库工程建设高效推进

2020年宁波市葛岙水库工程建设指挥部在市区两级党委政府的关心支持下，紧紧围绕工作目标，以稳定、安全、优质为前提，努力克服疫情带来的不利影响，团结务实、攻坚克难，高效推进各项工程建设，工程进度取得明显突破。

一、移民签约基本完成。葛岙水库移民签约工作2019年12月1日正式启动。其间，葛岙水库指挥部采用周六加班，每天早8点到岗，晚9点下班的“689工作模式”，多次组织动迁干部对政策深入钻研，精准掌握，压实工作责任，充分发挥个人优势，坚持“一把钥匙开一把锁”，将心比心做好群众工作。建立“每周二集中研讨”工作机制，对重大问题则召开专家组联席会议研究解决。在因疫情影响暂停约两个月后，于4月13日全面恢复签约，并于6月13日基本完成，完成移民签约1503户，占比99.2%；完成企事业单位签约36家；基本完成库区旧房拆除。

二、导截流阶段移民安置终验完成。导截流阶段移民安置工作验收是水库移民安置工作的一项程序性工作，直接关系到主体工程的顺利推进。指挥部在抓移民签约工作的基础上，合理调配工作力量，有序推进导截流范围内的民房拆除、企业搬迁、库底清理等一系列工作。6月9日至10日，省移民办牵头组织省级相关部门代表和技术专家，通过勘察现场、查阅资料后，召开终验会议并通过葛岙水库导截流阶段移民安置终验，终验报告获省政府批准。11月13日，通过宁波市发改委组织的导截流工程验收。

三、移民安置房交付准备工作完成。9月启动工作方案制定、分配细则研究和宣传动员等一系列准备工作，同时根据工作职责，制定各类协议文本完善，结算人员培训和第三方招投标等一系列工作，12月22日完成移民安置小区选房次序电脑摇号工作。全新的葛岙水库工程搬迁安置小区位于奉化区锦屏街道正明村、西溪村，由45幢高层住宅楼、1幢多层幼儿园、4幢独立配套用房及沿街配套用房等组成。安置房一期工程主体已完工，附属工程的综合管线施工完成，太阳能空气能、电梯等配套安装同步完成，小区道路沥青及绿化工程完成。水凉河工程于11月完成验收。配套道路在9月1日前通往幼儿园段沥青浇筑完成。12月底前稳定层西直路（普济路至南泉路）、南泉路段施工完成，西直路（普济路至甬临线）雨污水施工完成。安置房扩建工程已完成监理招投标。

四、主体工程完成近半。2020年1月下旬以来，指挥部针对项目冬春施工旺季受疫情带来负面影响的问题，在春节期间即开始谋划复工工作，召集参建各方征求复工意见，科学研讨复工方案，完成防控应急预案编报和复工所需防控物资采购，从严从紧落实各项防控措施，在此基础上于2月11日顺利复工。为挽回受疫情影响的工期，指挥部会同施工单位进一步优化施工方案，科学统筹合理增加作业时间，采取二班制黑白作业，并加强材料配置、机械投入、质量与安全管理等。截至12月底，主副坝土石方开挖已完成，开挖量30.2万立方米，混凝土浇筑15.3万立方米，完成58%，其中主坝12.9万立方米，副坝2.4万立方米，坝基固结灌浆12163米；导流洞已完成工程验收；下游河道挡墙和2号堰坝已完成，管理房建设于9月底进场施工，已完成20%工程量。工程累计完成投资约1.3亿万元，占总工程量的45%。

五、迁建公路建设进入扫尾阶段。宁波市葛岙水库迁建公路工程（A）线按二车道二级公路标准设计，工程起于梅岭下村附近尚岭线K7+000处，终于排溪村南侧尚岭线K12+400，均与现状尚岭线顺接，路线全长约6.2千米。AM线（梅岭下村连接线）长约1.4千米，AP线（自行车道分离段）长约2.9千米。沿途有桥梁11座（其中大桥3座、中桥3座、小桥5座）。工程于2017年5月26日开工，主线于2020年6月9日交工、通车，AP线于2021年1月29日交工、开通。B线公路完成工程量1亿元，占95%。

背景资料：宁波市葛岙水库工程位于奉化江流域东江支流葛岙村下游，是浙江省委省政府和宁波市委市政府确定的姚江、奉化江流域洪涝治理“6+1”工程的重要组成部分，系浙江省重点工程。工程概算静态总投资54.91亿元，功能以防洪为主，结合供水、灌溉、生态等综合利用。水库坝址集雨面积38.5平方千米。坝体结构为砼重力坝，主坝长343米，副坝长212米。主要建筑物设计标准为50年一遇、校核标准为1000年一遇。包括拦河坝（包括主坝和副坝）、泄水建筑物、放水建筑物和输水建筑物、管理区、下游配套河道、安置房、公路、通信、电力等专业项目迁建。葛岙水库移民范围涉及奉化区尚田街道下蒋村、葛岙村、沙栋头村、排溪村，共计1个街道4个行政村，涉及1615户，4750人。集中搬迁安置于宁波市奉化区锦屏街道西溪村，生活安置用地410亩。水库建成后，可构建相对完善的东江干流防洪工程体系，对于切实保障整个奉化江流域的防洪安全至关重要；同时可提高区域水资源配置水平，改善城镇生活和生产用水条件，水库供水范围为宁波市和奉化区，工程多年平均供水量为2800万立方米，可满足水库下游3766亩农田灌溉用水需求，改善东江河道环境、生态用水条件，社会经济效益显著。该工程于2015年8月启动前期工作，2016年由宁波市发改委批复项目建议书，2018年9月批复可行性研究，2018年10月初步设计批复。主体工程于2019年3月15日正式开工。该工程批复概算静态总投资54.91亿元，其中工程4.52亿元，征地和环境部分投资50.39亿元。

大事记

1月

1日　“健康迎新年 快乐溢奉城”第三届奉化区徒步毅行大会暨2020桃花马预热迷你跑活动在仁湖公园举行，2000多名市民和周边县市的跑步爱好者参加活动。

5日　奉化区被省文化和旅游厅评为首批浙江省AAA级景区城，溪口入选首批省AAAA级景区镇，莼湖入选首批省AAA级景区镇。

6日　奉化区蒋湖冰等5名中等职业学校（含技工学校）学生获得2018—2019学年度中等职业教育国家奖学金。

7日　奉化“挡刀女孩”崔译文获评2019年度“最美浙江人·浙江骄傲”人物。

8日　萧王庙街道滕头村党委书记、村委会主任傅平均高票获得2019年度浙江乡村振兴带头人“金牛奖”。区融媒体中心获2019年浙江乡村振兴带头人评选优秀组织奖。

9日　浙江省“不忘初心、牢记使命”主题教育总结大会上，萧王庙街道滕头村党委书记、村委会主任傅平均，西坞街道金峨村党支部书记周康健，宁波海上鲜信息技术有限公司党支部书记叶宁等3名基层党组织书记上榜“浙江省担当作为好支书”并受到表彰。

10日　中共中央、国务院在北京隆重举行国家科学技术奖励大会，印家坑村印兴耀和印万忠双双获“国家科学技术进步奖”。

12日　龙潭美丽田园示范区工程开工建设。该工程总用地面积917亩，项目总投资15.83亿元。

同日　“2020年中国尚田草莓文化节”在宁波天一广场举行。

同日　历时13个月、投资1000多万元的江口大浦湾河正式完成改造。

16日　仁湖上榜省水利厅2019年“美丽河湖”名单。

17日　奉化城市文化中心启用仪式暨2020奉化布龙“走乡串村闹新春”开幕式在城市文化中心举行。奉化有史以来投资额度最高、建筑体量最大的文化类公建项目——城市文化中心正式对外开放，2020奉化布龙“走乡串村闹新春”活动同时拉开序幕。

18日　奉化区被省农业农村厅认定为第三批浙江省畜牧业绿色发展示范县。宁波市豪升农业有限公司、石志华养殖场、杨贤君猪场、奉化鑫杰畜禽专业合作社等4家养殖场被认定为2019年浙江省美丽牧场。

25日　为做好奉化区新冠肺炎预防控制工作，保障市民游客身体健康和生命安全，全区A级景区、KTV、网吧暂停对外开放。

27—28日　区中医医院急诊室副护士长何洋和感染科医生王华先后驰援武汉抗疫。

30日　区人民医院感染科副主任医师王刚和重症监护室护士马静赴宁波支援市级定点救治医院新型冠状病毒感染的肺炎患

者的一线救治工作。

2月

1日 全区按照省统一部署，实行零售药店购买发热、咳嗽药品人员信息登记报告制度。按规定，所有零售药店必须对购买发热、咳嗽药品的人员进行体温测量，并做好信息登记，每日报送。

9日 奉化区第二批援鄂医疗队赴湖北省参与疫情防控和患者救治工作。

15日 全区已有367家规上工业企业复工复产，复工率达到66.2%；全区三大重点水利工程即葛岙水库工程、甬江防洪工程东江、剡江奉化段堤防整治（二期）东江高楼张上游一期堤防及山隍泵站工程、甬江防洪工程东江、剡江奉化段堤防整治工程（二期）“二泵一闸”工程，相继复工。

同日 江口街道的6辆包车，载着首批100名外省员工返回奉化，帮助企业复工促产。

16日 奉化区启动新冠病毒核酸检测，来自中、低风险区域人员核酸检测结果为阴性后即可复工，无需再度隔离。

17日 奉化区推行疫情管控“宁波全域一码通”机制。

同日 阿里巴巴天天正能量为松岙镇五百岙村党支部书记王剑英颁发“战疫英雄奖”和1万元奖金。该奖项由阿里巴巴集团联合全国各地媒体共同推出，用以褒奖奋战在疫情一线的凡人英雄，王剑英系宁波首位获此奖者。

20日 奉化区第三例新冠肺炎确诊病例王某治愈出院，为奉化首位治愈出院的新冠肺炎确诊患者。

21日 区交投集团下属浙江甬行勘测设计有限公司、浙江甬敏工程项目管理有限公司、浙江甬能工程试验检测有限公司正式挂牌运营，区交投集团第一轮国企混改完成。

22日 溪口·雪窦山景区的部分景区恢复开放，滕头景区也开始接待游客。

26日 全区35家房地产企业全部复工。

28日 奉化区2020年春季首场线下招聘会在区人才市场拉开帷幕，这也是宁波全市首场现场招聘会。

3月

2日 萧王庙街道滕头村、锦屏街道外应村和江口街道三进桥村入选第二批国家森林乡村名单。

4日 松岙镇五百岙村党支部书记王剑英入围2020年2月“浙江好人榜”。

2月25日至3月5日 “决战三十天打赢抢人战”专项行动第一阶段完美收官。据统计，全区通过包机、包专列、包车等方式，接返和招聘员工近2000人，涉及企业331家次、渔船18条，指导、协助企业自主接返1800余人。

13日 奉化被省住房和城乡建设厅列为2019年度农村生活污水处理设施运维管理工作优秀县（市、区）。

16日 宁波丽源日用化学品有限公司生产的20万余瓶免洗洗手液经奉化海关快速检验，装上飞往英国的航班，投入到全球抗疫前线。

同日 莼湖街道桐照村村民自发捐赠小黄鱼约20吨，发往湖北省武汉市，为当地一线医务人员提供营养配餐食材。

19日 区农业农村局入选全国第一批农业综合行政执法示范单位名单；奉化区入选全省17个县级城市“清新空气示范区”名单。

22日 驰援武汉的区中医医院医共体总院急诊科副护士长何洋完成支援抗疫任务回到奉化。

23日 区文广旅体局体育管理中心所属的体育馆、训练馆、气排球训练基地、笼式足球场、室外篮球场、门球场，及锦屏全民健身中心的所有场馆均恢复开放。

27日 “疫去春来‘奉’鸣潮起”奉化旅游振兴系列活动之奉化·宁海互游开幕仪式在雪窦山徐凫岩景区举行。

30日 宁波奉化区凤麓企业孵化器有限公司作为运营管理主体的“凤麓新材料众创空间”，成功晋级“国字号”，成为奉化区首家国家级众创空间。

同日 奉化区最后一批19名援鄂医护人员全部返回宁波。

4月

3日　“最美风景在身边·奉化人游奉化”活动启动仪式在区体育馆举行。

4日　由区人民政府和市商务局主办的2020奉化“稳增长、促消费、惠民生”活动季在梅里达商业广场启动。

6日　金甬铁路（尚田段）鲍村隧道开工仪式在尚田街道条宅村举行，新建金甬铁路控制性工程正式开工建设。金甬铁路工程全长186千米，奉化境内52.7千米，途经溪口、萧王庙、尚田、岳林、西坞5个镇（街道），设有奉化、溪口2个站。

11日　经吉林省脱贫攻坚领导小组办公室同意，奉化区对口帮扶地区之一延边州安图县正式脱贫摘帽。

13日　全区高三、初三学生正式复学。

15日　奉化区援鄂医疗队在象山结束休整后回到奉化，区委区政府在凤山体育公园举行欢迎仪式。

18日　由奉化区宁波长荣制衣有限公司投资年产10万套服装的西藏长荣娜秀制衣公司一期项目，在平均海拔4000余米的西藏那曲市比如县投产，这是目前全国海拔最高的服装厂。

20日　全区中小学校复课。

24日　全区第七次人口普查领导小组第一次全体（扩大）会议召开，奉化区第七次人口普查全面启动。

26日　西坞街道蒋家池头村上榜浙江省文化强镇、文化示范村（社区）名单。

29日　区生态环境分局获“全省生态环境系统先进集体”称号。

5月

1日　由区城投集团承建的河头路长汀路桥梁正式通车。

6日　全区扩大有效投资重大项目集中开工活动举行。此次集中开工共25个项目，总投资达160亿元，包括4个民生事业项目、7个重大产业项目、5个商贸旅游项目、5个城建交通重大基础设施项目、4个房地产项目。

7日　中国人民政治协商会议宁波市奉化区第一届委员会第四次会议开幕。

8日　宁波市奉化区第一届人民代表大会第四次会议在奉化剧院开幕。

9日　春日盛宴——2020宁波奉化第二届美食节启动。

11日　大堰镇董家村、萧王庙街道青云村、裘村镇马头村入选第六批浙江省历史文化名镇名村街区。

25日　共青团宁波市奉化区第一次代表大会召开。

30日　全市最大“菜市场”、坐落于方桥街道的宁波农副产品物流中心Ⅰ期项目开始试运营。

6月

2日　宁波雪窦山大佛景区恢复开放。

4日　大堰生态环境教育特色小镇建设战略合作协议视频签约仪式举行，生态环境部宣传教育中心与区政府以“云签约”方式，达成在大堰镇建设全国首个生态环境教育特色小镇试点的协议。

5日　奉化区第一届运动会首个比赛项目——（成年部）迷你马拉松比赛在仁湖公园举行。区第一届运动会由区人民政府主办，区文广旅体局承办，共设52个竞赛项目，308个单项比赛，将从6月起持续至11月。

同日　松岙镇五百岙村党支部书记王剑英在由中共浙江省委宣传部、省文明办主办的“浙里好人德润之江”向战疫“浙江好人”致敬交流活动中被授予“浙江好人”称号。

12日　奉化博物馆试开馆。奉化博物馆主体建筑由原热电厂发电车间改造而成，馆藏陈设的文物有3000余件。

同日　“非遗潮市·乐享奉化”2020年奉化区文化和自然遗产日暨文旅惠民消费季活动在城市文化中心启幕。

同日　夏秋季爱国卫生运动在凤山体育公园启动。

13日　截至当日24时，1515户葛岙水库移民共签约1503户，这项奉化至今最大的移民征迁项目至此暂告一个段落，实现签约率99.2%。

17日　区机关事务管理局与国网浙江综合能源公司签订区行政服务中心能源托管合同，全省首个政府机关能源托管项目开始实施。

24日　“棒集”文化夜市在城市文化中心“开张”，为期6天。

7月

2日　新时代文明实践志愿服务队授旗仪式暨“奉邑有我”党员志愿服务品牌发布活动在凤山体育公园举行。

3日　奉化选手江丹在浙江省第十一届微型党课大赛决赛中以95.52的高分获特等奖。

11日　蜜桃音乐节在城市文化中心举行。

16日　奉化“两岸交流”政协委员会客厅在浙江佛学院揭牌，并举行首场活动。

21日　《关于调整宁波市奉化区征地区片综合地价的通知》文件正式印发，2014年7月1日起施行的区片综合地价成为历史。

24日　第七次人口普查区级综合试点动员会暨培训会召开，确定即日起在萧王庙街道潘前村组织开展人口普查区级综合试点工作。

同日　为期5天的2020奉化蜜桃啤酒嘉年华在金钟广场开幕。

26日　青林湾大桥到甬临线栎社互通，原机场南路更名为机场路，奉化东环路（东环北路、东环南路）更名为机场南路。调整后，机场路北起青林湾大桥，南止点由原北起甬临线S214（栎社）互通延伸至鄞城大道；机场南路北起鄞城大道，南至甬临线S214（尚田街道）。

28日　全区建设平安奉化工作会议暨社会矛盾纠纷调处化解中心建设推进会及社会矛盾纠纷调处化解中心授牌仪式举行。

30日　省林业局授予区林场“浙江省现代国有林场”称号，成为2016年国有林场创建开展以来，宁波市第三家创建成功的现代国有林场。

8月

4日　一站式多维创业生态圈——58众创·新经济产业园在金城大厦开园。

5日　奉化区上榜“以传媒力量推动文化和旅游高质量发展‘复苏·引领·聚能’2019中国文化和旅游总评榜”，获评“中国特色研学旅游目的地”。

同日　溪口国家卫生镇“五连冠”通过省级复审。

17日　奉化区三季度扩大有效投资重大项目举行集中开工活动，本次有18个重大项目集中开工，总投资150亿元。

20日　奉化区选送的固态激光雷达芯片技术开发及产业化应用，在第四届“中国创翼”创业创新大赛浙江省决赛中获创业组一等奖，该项目将于10月参加全国选拔赛和决赛。

22日　溪口自来水厂上榜水利部官网100家2020年度农村供水规范化水厂名单。

24日　来自教育、卫生健康系统的14名优秀专技人才赴吉林省安图、珲春，开展为期2～12个月的帮扶工作。这是2020年奉化区第四批赴东西部扶贫协作的专技人才。

26日　2020年全国推进学雷锋志愿服务工作电视电话会议在京举行，表彰2019年度全国学雷锋志愿服务“四个100”先进典型。奉化区何美蓉道德模范工作室负责人何美蓉被评为“最美志愿者”。

9月

4日　奉化区创新推出的“1+X环境监管模式”和“环评集市”入围“美丽浙江生态环境治理十佳优秀案例”初选名单。

5日　由区文广旅体局、区文旅集团、区文联、区教育局和区融媒体中心共同举办的首届“1986文化广场”艺术文化月活动拉开序幕。

8日　全国抗击疫情表彰大会在人民大会堂举行，滕头村党委书记、村委会主任傅平均作为“全国抗击新冠肺炎疫情先进个人”受表彰。

12日　“有你，才好”——奉化人才服务系列活动启动，奉化首个人才服务综合体正式投入使用。

14日　奉化5个“浙江制造”标准立项，分别是宁波索诺工业自控设备有限公司的《平面口罩机用直线导轨型气动滑台缸标准》和宁波利达气动成套有限公司《针纺机械用气动微型电磁阀》，以及宁波市博尔法液压有限公司的工程机械用《双向液压锁》、星宇电子（宁波）有限公司的《电气比例阀》、百琪达智能科技（宁波）股份有限公司的《数控磁性材料成型液压机》。

16日　东海伏季休渔期结束，全面开渔。中午12时，全区733艘外海渔船扬帆起航，奔赴东海捕鱼。

18日　2020年浙江省青春助力乡村振兴带头人“青牛奖”10强揭晓，宁波海上鲜信息技术有限公司董事长叶宁入榜。

23日　区人民医院医共体入选全国首批基层胸痛中心示范基地。

24日　“中国农民丰收节”青年网络主播助力消费扶贫活动暨“2020年寻访新时代脱贫攻坚青年网络主播”颁奖仪式在奉化体育馆举行。

27日　“迎国庆·保畅通·提品质”重大城建项目通车现场会在奉化区举行，轨道交通3号线鄞奉段和机场快速路南延南段正式通车。

同日　奉化公交东站搬迁至金海站和大成站，实现轨道交通与公交的“零距离”换乘。

29日　抗击新冠肺炎疫情全国三八红旗手（集体）表彰云发布活动在北京举行，区中医医院医共体总院的护士长何洋和全区13名女性医护人员被表彰。

10月

1日　位于印象奉化城的“红帮服饰名品一条街”正式对外营业。

2日　为期11天的2020全国游泳冠军赛在青岛国信体育中心游泳馆落幕，奉化籍运动员汪顺在本届比赛中获得了两金一银的成绩。

11日　中国田径协会公布2019中国马拉松等级赛事及特色赛事评定结果，奉化海峡两岸桃花马拉松赛被评为铜牌赛事和最美赛道特色赛事。

12日　雪窦山至普陀山旅游专线正式常态化开通。

18日　位于东郡尚都北侧邻里中心的奉化新大桥市场正式开市。

19日　徐旭昶、刘上严在省第十次归侨侨眷代表大会上，分别获评省侨界十杰和省侨联系统先进工作者。

同日　溪口镇入选首批浙江省职工疗休养基地。

20日　经国家知识产权局商标局核准，“奉化雷笋”注册为地理标志证明商标，这是继“奉化水蜜桃”“奉化芋艿头”“奉化千层饼”“奉化曲毫”后，奉化区第五个地理标志证明商标。

26日　在省第二十四个环卫工人节庆祝表彰大会上，区垃圾分类办获评全省城市市容环境卫生工作先进集体。

29日　2020海峡两岸婆媳文化节开幕式暨“家风·家训·家教”主题论坛在奉举行。

31日　全国首届“智圣”智力运动会第一届数独比赛在杭州钱塘江畔的天元大厦落幕，区锦屏中心小学获个人2枚金牌14枚银牌9枚铜牌。

11月

1日　不动产登记“家门口办”在方桥试点，系宁波首例。

4日　6时32分，“宁波奉化·雪窦山”冠名列车奉化至上海虹桥G7534在奉化火车站首发。

6日　竺庆有美术馆开馆典礼在奉化博物馆举行。

7日　第二届中国·宁波奉化海峡两岸体育舞蹈（国标舞）公开赛在奉化体育馆举行决赛。

9日　第五届全国119消防先进集体和先进个人表彰大会召开，雪窦山资圣禅寺方丈怡藏获评全国消防先进个人。

同日　界界乐2020“BATTLE KING王者之战”国际街舞挑战赛在奉化落幕。

11日　2020雪窦山弥勒文化节在雪窦寺开幕。

11—12日　奉化区选送的年产1.5亿平方米纸箱智能制造工厂项目和奈兰智能农产品烘干（冻干）系统项目，在首届全国退役军人创业创新大赛决赛中分别获行业赛二等奖。

13日　全省抗击新冠肺炎疫情总结表彰大会在省人民大会堂举行，奉化区6人、2个集体获得表彰。

13—14日　2020江南百英里雪窦山越野赛举行。

14日　以“聚焦长三角 智慧看浙甬”为主题的2020雪窦山全球智库论坛在奉举行。

16日 奉化弥勒文化园与水墨马头景区获评国家AAA级旅游景区。

17日 四季度扩大有效投资重大项目集中开工活动举行，本次参加集中开工活动的重大项目共18个，总投资达212.2亿元。

18日 生态环境部宣教中心为“云上大堰”的生态环境教育特色小镇试点项目授牌。

20日 全国精神文明建设表彰大会在京举行。奉化区获4个文明奖项，大堰镇后畈村获评第六届全国文明村，岳林街道桃源社区、区税务局溪口税务所获评第六届全国文明单位，崔译文家庭获评第二届全国文明家庭。

同日 省新四军历史研究会“建党百年 走进百校”红色文化宣传活动启动仪式在奉化区锦溪书院举行。

24日 “奉化民革党员之家”揭牌。奉化民革成立40周年纪念大会举行。

同日 世界互联网大会·互联网发展论坛——“直通乌镇”全球互联网大赛总决赛及颁奖典礼举行。宁波海上鲜信息技术有限公司打造的一站式数字渔业服务平台获得一等奖。

30日 在第十三届中国义乌国际森林产品博览会上，奉化区推荐的优质产品“芈食汇”牌桃胶和“兴隆丰”牌红心猕猴桃获得森博会金奖。

12月

9日 奉化区生活垃圾焚烧发电项目首批垃圾进厂仪式举行，奉化区生活垃圾焚烧发电项目基本建设完成。

同日 溪口镇栖霞坑村入选全省首批“乡村氧吧”名单。

10日 2020年第三次农产品地理标志登记专家评审会在京举行，奉化曲毫通过专家评审。

15日 中国全域旅游品牌影响力颁奖盛典在溪口举行。奉化获全域旅游优质康养度假奖、溪口风景区获全域旅游人气目的地TOP10、神奇布袋小子获全域旅游人气IP形象TOP10。

19日 在区港航管理中心的见证下，船舶“雷盛6”在台州椒江台州万隆船舶重工有限公司顺利上水，奉化区航运业总运力突破35万吨。

20日 奉化区民族团结进步促进会成立大会暨第一次会员大会召开，选举产生区民族团结进步促进会第一届理事会会长、副会长、秘书长等。

22日 《奉化区加快推进夜间经济发展实施方案》出台。

同日 在2020年度“最美宁波人”颁奖仪式上，92岁的抗美援朝志愿兵冯刚获“最美宁波人”称号。

24日 在2020年“中国天然氧吧”复查结果发布会暨经验交流会上，奉化区蝉联“中国天然氧吧”称号。

27日 《奉化区偿还商业性个人住房按揭贷款委托提取住房公积金业务办法》开始实施。

奉化概况

地 理

【名称来历】 奉化县名由来有多种说法：最早见于北宋建隆中（960—963），鄞县令金翊《纂异记》载："开元改鄞为明，郡名奉化。"《元丰九域志》载："是时（指738）州曰明，郡曰奉化，以郡名名县。"南宋乡人陈著《题奉化图志揭首》："奉化为邑，以民皆乐于奉承王化得名。"明曹学佺《舆地名胜志》载："以其民淳，易于遵奉王化，故名。"明嘉靖《奉化县图志》载："县东南五里，有山特起曰奉化，唐开元二十六年析鄮县地置奉化县于此，因以名焉。"

【地理位置】 奉化区位于北纬29°24′30"～29°47′22"，东经121°03′12"～121°46′32"。地处浙江省中东部，宁波市南面。东濒象山港与象山县隔港相望，南连宁海县，西与绍兴市新昌县、嵊州市接壤，北与余姚市、鄞州区交界。

【地形地貌】 奉化区地处天台山脉与四明山脉交接地带，西南多高山峻岭，东北部地势平坦，河网纵横，属宁奉平原。东南部靠象山港，海岸线曲折，沿海狭长地带形成港湾平原。海岸线总长63千米，岛屿24个。境内最高点黄泥浆岗位于溪口镇北部，海拔976米。最低点为沿海滩涂，位于莼湖裘村松岙沿海，海拔1米。

【气候特征】 奉化属北亚热带季风气候区，气候温和湿润，四季分明，雨量充沛，雨热同步，无霜期长。冬夏长，春秋短。冬季干燥寒冷；夏季晴热高温，时有台风影响；春秋季多连阴雨。

2020年，全区平均气温18.0℃，比常年偏高1.0℃，其中冬季平均气温9.1℃，比常年偏高2.7℃，为1958年建站以来同期最高气温。全年最高气温38.7℃，出现在8月13日；高温天数（日最高气温≥35℃）36天，比常年多17天。最低气温—5.6℃，出现在12月31日；年度内日最低气温≤0℃共8天。入春时间为3月7日，比常年偏早7天；入夏时间为5月14日，比常年偏早13天；入秋时间为9月18日，较常年略有提前。霜日共12天。年度总降水量1346.5毫米，比常年偏少129.2毫米，其中秋季降水量较常年偏少近一半；总雨日153天，比常年偏少7.5天。全年日照总时数1380.7小时，比常年偏少406.7小时。

2020年，气象灾害主要为年初阴雨寡照、局地性强对流天气、梅汛期多次强降水过程、"黑格比"台风、秋季阶段性干旱少雨、年内3次寒潮过程，对农业生产和其他各行各业都造成一定的影响。

【水文水系】 境内河道主要有两大水系：奉化江水系和莼湖水系。奉化江水系由剡江和县江、东江组成，汇于方桥三江口，流域面积802平方千米，占91.7%。莼湖水系由诸多小河组成，流域面积72.5平方千米，占8.3%。宁波市级河有剡江、县江、东江、甬新河（奉化段）4条，总长194.63千米；县级河有莼湖溪、西晦溪、泉溪、县溪、亭下总渠、外婆溪、周家河等23条，总长321.55千米；河网密度2.03千米/平方千米，径流总量11.6亿立方米。境内最大河流为剡江，从剡界岭至流经境内溪口镇、萧王庙和江口街道，长75.5千米，萧王庙以上流域面积454平方千米，年均流量10.6立方米/秒，主要支流有剡源、东岙溪、筠溪、岩头溪和泉溪等。

沿海潮流，每日早晚2个潮次，潮位冬低夏高，落潮流速大于涨潮流速。历年平均高潮位5.50米，平均涨潮历时7时零4分；平均低潮位2.25米，平均落潮历时5时25分。平均潮差3.25米。

【面积】 辖区东西最大距离70.5千米，南北最大距离42千米，总面积1268平方千米。其中，陆地1189.4平方千米，占93.8%，水域78.6平方千米，占6.2%。另有海域面积91平方千米。

【自然资源】 境内地下矿藏有铅、锌、花岗岩、砂、紫砂土等8种金属矿和7种非金属矿。其中，花岗岩等建筑石料年开采量为2227万吨。矿泉水年开采量为2.4万吨。可开发内河水力资源2.8万千瓦，潮汐资源14万千瓦。有大小型水库92座，总库容3.16亿立方米，可供水产养殖及旅游；象山港港宽水深，适宜造船业和近海养殖。拥有林地126万亩，其中竹林31万亩，用材林19万亩；有野生植物180科1500余种，其中凹叶厚朴、青檀为国家三级保护植物；有野生动物1000余种。

历　史

【历史沿革】 春秋战国时期，奉化地属越国、楚国。秦王政二十五年（前222）属会稽郡鄞县。隋开皇九年（589）属句章县。唐武德四年（621）析句章县为鄞、姚两州，奉化属鄞州。武德八年，废鄞州设鄮县。开元二十六年（738），析鄮县，置鄮、慈溪、奉化、翁山4个县，奉化治设今锦屏街道，隶属明州。元元贞元年（1295）升为州。明洪武二年（1369）复为县，属明州府。清沿明制，属宁波府。1913年，属浙江省第四行政区。1914年，属会稽道。1928年，属鄞县区。1936年，属浙江省第六行政督察区。1948年，属浙江省第二行政督察区。1949年5月，属宁波专区；6月，成立大桥、西坞、江口、溪口4个区，10月增设莼湖、方门2个区，辖28个乡镇。1950年10月，分设6个区、2个县属镇、71个乡镇。1956年，撤区并乡，设5个镇、27个乡。1958年，成立11个人民公社，33个管理区。1961年，恢复区建制，管理区升为公社。1983年，实施政社分设，恢复乡镇建制。1985年，设5个区，9个镇、22个乡。1988年10月，撤县设市（为县级市）。1990年末，设5个区，10个镇、21个乡。1992年5月，撤区扩镇并乡，改设11个镇、8个乡。2001年，设9个镇、2个街道。2003年末，设6个镇、5个街道。2016年11月，经国务院批准，撤销奉化市设立宁波市奉化区，行政区域维持不变。2018年末，设立6个镇、6个街道。2019年末，设4个镇、8个街道。

【行政区划】 2020年末，辖溪口、大堰、裘村、松岙4个镇，锦屏、岳林、莼湖、西坞、尚田、萧王庙、江口、方桥8个街道，有社区35个，居委会10个，行政村284个。

人　口

【人口】 年末全区户籍人口479397人，比上年减少1200人，其中城镇人口218825人。全年出生人口2522人，出生率5.25‰；死亡人口3177人，死亡率6.62‰；人口自然增长率-1.36‰。

2020年区领导班子、区直属各部门、各镇（街道）和民主党派、群众团体主要负责人

中国共产党宁波市奉化区委员会

书　　记：高浩孟
胡永光
魏建根

常　　委：周世君
邵方毅
杜中权
徐震宇
唐军华
黄　峻
徐海伟
傅岳炳

区委区政府督查考核室主任：
王　刚（2020年12月免，不再配备）

区委党史研究室（区志编纂办公室）主任：
陈黎明

区委组织部部长：唐军华

区委宣传部部长：邵方毅

区委统战部部长：黄　峻

区委政法委员会书记：魏建根

区委全面深化改革委员会主任：魏建根

区委机构编制委员会办公室主任：
汪建芳（2020年1月免）
董志松（2020年1月任）

区委台湾工作办公室主任：
应丰杰（2020年12月免）
俞　磊（2020年12月任）

区委巡察工作领导小组办公室主任：
卓伟波

区委区政府信访局局长、党组书记：
俞　磊（2020年12月免）
王仕军（2020年12月任）

区委老干部局局长：沃红波（女）

区委党校校长：唐军华

区委党校党委书记：邬志坚

区档案馆馆长、党组书记：
张　雷（2020年4月免）
竺月飞（女，2020年4月任）

宁波市奉化区人民代表大会常务委员会

主任、党组书记：周　涛

副 主 任：何剑波
陈鹏忠
王汉存
蒋国宝
竺剑虹（2020年5月任）

党组副书记：何剑波

党组成员：陈鹏忠
王汉存
蒋国宝
竺剑虹
刘德英
顾垒松

办公室主任、机关党组书记：顾垒松

代表工作委员会主任：潘 峰
财政经济工作委员会主任：胡显浪
法制工作委员会主任：
汪平义（2020年1月免，机构更名）
监察和司法工作委员会主任：
汪平义（2020年1月任）
城乡建设环境保护工作委员会主任：庄国平
农业和农村工作委员会主任：张雪峰
教育科技文化卫生工作委员会主任：张燕萍（女）
社会建设工作委员会主任：
叶国辉（2020年1月任，机构建立）

宁波市奉化区人民政府

区长、党组书记：胡永光（2020年5月区长）
副区长：傅岳炳
陈彩凤（女）
马亚伟
陈锦杰
张 巍
潘 多（女，挂职）
章 程（2020年5月任）
党组副书记：傅岳炳（2020年1月任）
党组成员：杜中权
马亚伟
陈锦杰
张 巍
章 程
办公室主任：谢宏辉
区行政执法中心主任：张义波
区发展和改革局局长、党委书记：
张传仙（2020年12月免）
毛洁红（女，2020年12月任）
区经济和信息化局、党委书记：
毛洁红（女，2020年12月免）
毛志达（2020年12月任）
区教育局局长、党委书记：周永龙
区科学技术局党组书记：王倍龙（2020年12月免）
王志明（2020年12月任）
区科学技术局局长：王倍龙（2020年12月免）
路 波（2020年12月任）
宁波市公安局奉化分局局长、党委书记：马亚伟
区民政局局长、党委书记：叶国辉（2020年1月免）
周开波（2020年1月任）
区司法局局长、党组书记：袁义琛（2020年12月免）
王国成（2020年12月任）
区财政局局长、党委书记：鲍飞海（2020年12月免）
周武军（2020年12月任）
区人力资源和社会保障局局长、党委书记：曹岳勇
区住房和城乡建设局局长、党委书记：
褚明生（2020年7月免）
吴 波（2020年7月任）
区交通运输局局长、党委书记：
徐天真（2020年7月免）
康常军（2020年7月任）
区水利局局长、党委书记：杨伟军
区农业农村局局长、党委书记：杜志维
区商务局局长、党委书记：卓海峰（2020年7月免）
孙海港（2020年7月任）
区文化和广电旅游体育局局长、党委书记：
柳一兵（2020年12月免）
胡玉珍（2020年12月任）
区退役军人事务局局长、党组书记：单旭升
区应急管理局局长、党组书记：余林海
区审计局局长、党组书记：张乐意（女）
区市场监督管理局局长、党委书记：陈晨磊
区统计局局长、党组书记：邬锋伦
区医疗保障局局长、党组书记：张 良
区综合行政执法局局长、党委书记：张义波
经济开发区党委书记：杜中权（2020年1月免）
刘海华（2020年1月任，2020年12月免）
江雪明（2020年12任）
经济开发区管委会主任：汪一恒（2020年4月任）
区政务服务办公室党组书记：魏建根(2020年1月免）
傅岳炳（2020年1月任）

区政务服务办公室主任：
毛志达（2020年12月免）
冯晓虹（女，2020年12月任）
区国有资产管理中心主任、党工委书记：庄旭东
区机关事务局局长、党组书记：王东海
区投资促进局局长、党组书记：毛岳明
区融媒体中心主任、党委书记：徐海刚
区融媒体中心总编辑：马　钧（2020年1月免）
周龙泉（2020年1月任）
区政府投资项目评审中心主任：
宁波市住房公积金管理中心奉化分中心主任、党组书记：袁满君
区综合创建办公室（区大型活动办公室）主任、党组书记：毛水东
区房屋征收办公室（区房屋拆迁管理办公室）主任、党组书记：孙海港（2020年7月免）
陈定峰（2020年7月任）
区供销合作社联合社主任、党委书记：朱正天
区溪口旅游集团有限公司资产经营管理领导小组组长、党委书记：周　盛（2020年1月免，机构改革）
宁波宁南贸易物流区党工委书记：
蒋国宝（2020年7月免）
江雪明（2020年7月任，2020年12月免）
刘海华（2020年12月任）
宁波宁南贸易物流区管委会主任：
江雪明（2020年12月免）
刘海华（2020年12月任）
区政府金融工作办公室主任、党组书记：
邬永本（2020年11月免，机构撤销）
区金融发展服务中心主任、党组书记：
邬永本（2020年11月任，机构建立）
宁波滨海旅游休闲区党工委书记：胡　荣
宁波滨海旅游休闲区管委会主任：
董志松（2020年1月免）
夏　勇（2020年1月任）
区大数据发展服务中心主任：汪建潮
区社会矛盾纠纷调处化解中心党组书记：
魏建根（2020年7月任，机构建立）
区社会矛盾纠纷调处化解中心主任：
宋良杰（2020年7月任，机构建立）
区体育管理中心主任：王建明
区住房管理和保障中心主任：
李世杰（2020年7月免）
李光辉（2020年7月任）
区农机畜牧发展中心主任：梁　宏
区农技总站站长：竺尧方
区亭下水库管理局局长：
汪明峰（2020年1月免，机构更名）
区亭下水库管理站站长：汪明峰（2020年1月任）
区横山水库管理局局长：
蒋备松（2020年1月免，机构更名）
区横山水库管理站站长：蒋备松（2020年1月任）
区公路与运输管理中心主任：
王宏峰（2020年7月免）
吴尔波（2020年7月任）
区港航管理中心主任：骆维涌
奉化中学校长：方　颖（2020年12月免）
人民医院医共体党委书记：王盛强
区土地储备中心主任：吴　京

中国人民政治协商会议宁波市奉化区委员会

主　席、党组书记：陈红伟（2020年5月任）
副主席：方国波（2020年5月任）
周海飞（女）
胡　荣
庄孟勇
吴亚芬（女）
邬旭光
党组副书记：方国波
黄　峻
党组成员：胡　荣
庄孟勇
朱海高

周　峰
秘书长：朱海高
办公室主任：周　峰
社会法制和港澳台侨委员会主任：李海涌
教文卫体和文史资料委员会主任：
余亚君（女，2020年12月免）
王校美（女，2020年12月任）
经济和城建资源环境委员会主任：
王校美（女，2020年12月免）
张传仙（2020年12月任）
委员工作委员会主任：胡昌宣
提案委员会主任：舒华朝
农业和农村委员会主任：王冬宁（2020年1月任）

宁波市奉化区人民法院

区人民法院院长：赵江涛
党组书记：赵江涛

宁波市奉化区人民检察院

区人民检察院检察长：叶林达
党组书记：叶林达

中国共产党宁波市奉化区纪律检查委员会（监察委员会）

书记、主任：
翁　敏（女，2020年1月辞监委主任）
徐震宇（2020年5月任监委主任）
副书记、副主任：
康建方
何　彪

民主党派和群众团体

区总工会主席：王汉存
区总工会党组书记、副主席：王艳儿（女）
共青团宁波市奉化区委员会书记：
吴　哲（女，2020年12月免）
李　丽（女，2020年12月任，副局长级）
共青团宁波市奉化区委员会党组书记：
吴　哲（女，2020年12月免，党组撤销）
区妇女联合会主席、党组书记：邬伦素
区工商业联合会执行委员会主席、党组书记：
汪仁芳
区科学技术协会党组书记：孙明锵
区科学技术协会主席：孙明锵（2020年12月免）
王亦建（2020年12月任）
区残疾人联合会理事长、党组书记：张礼传
民革奉化区委会主委：张　雄
民盟奉化总支部主委：邬旭光
民建奉化区基层委员会主委：沈　孟
九三学社奉化支社主委：路　波
区红十字会会长：陈彩凤
区红十字会党组书记、专职副会长：李永正
区文学艺术界联合会主席：
王亦建（2020年12月免）
汪尧平（2020年12月任）
区文学艺术界联合会党组书记：
滕杰君（2020年7月免）
汪尧平（2020年12月任）
中国国际贸易促进委员会奉化区委员会：孙　耀
区归国华侨联合会主席：何　山
区台胞台属联谊会会长：陈平儿

区属国有企业

区溪口旅游集团有限公司董事长、总经理、党委书

记：周　盛（2020年1月任）
区城市投资发展集团有限公司董事长、总经理、党委书记：孙红光
区交通投资发展集团有限公司董事长、总经理、党委书记：吴　波（2020年7月免）
周霄峰（2020年7月任）
区工业投资集团有限公司董事长、总经理、党委书记：林志锵
区水利建设投资集团有限公司董事长、总经理、党委书记：朱正杰（2020年7月任，2020年12月免，机构核销）
区环境水业投资集团有限公司董事长、党委书记：
朱正杰（2020年12月任，机构建立）
区环境水业投资集团有限公司总经理、党委副书记：
陈士军（2020年12月任，机构建立，参照区管副处级管理）
区商贸投资集团有限公司副董事长、副总经理、党委副书记（主持工作）：
邬春茂（2020年12月免，机构核销）
区农商发展投资集团有限公司董事长、单位书记：
何　义（2020年12月任，机构建立，参照区管副处级管理）
区农商发展投资集团有限公司总经理、党委副书记：
王旭东（2020年12月任，机构建立，参照区管副处级管理）
区文化旅游集团有限公司董事长、总经理、党委书记：陆　川
区投资集团有限公司董事长、党委书记：
王荣辉（2020年12月任，机构建立）
区水务建设有限公司董事长、总经理：
陈士军（2020年12月免，机构核销）
区新农村建设有限公司董事长、总经理：
王旭东（2020年12月免，机构核销）
区保安服务有限公司董事长、总经理：胡朝安

市属驻奉行政、事业单位

区人武部部长：徐海伟
区人武部政委：付　欣
国家税务总局宁波市奉化区税务局局长、党委书记：娄逢堂
奉化海关关长：沈　骊
宁波市自然资源和规划局奉化分局局长、党组书记：陈光辉
宁波市生态环境局奉化分局局长、党组书记：
徐　军
区安全工作站站长：宋希宇
区烟草专卖局局长、书记，宁波市烟草公司奉化分公司经理：袁　静
区气象局局长、党组书记：廉　亮
人民银行奉化支行行长、党组书记、外汇局局长：
傅华明（2020年2月任）

市属企业驻奉机构

国网奉化区供电公司执行董事：应肖磊
国网奉化区供电公司总经理、党委副书记：吴　军
区电信局（中国电信股份有限公司奉化分公司）局长、总经理、党委书记：陈　伟（2020年8月任）
区邮政局总经理、党委书记：田　华
奉化农村商业银行党委书记、董事长：孙继峰
中国移动奉化分公司总经理：邵先供
中国联通奉化分公司总经理：陈琦琼

镇、街道

锦屏街道党工委书记：施军瑶
锦屏街道办事处主任：王志明（2020年12月免）
章维超（2020年12月任）

岳林街道党工委书记：周武军（2020年12月免）
范申松（女，2020年12月任）
岳林街道办事处主任：范申松（女，2020年12月免）
孙时松（2020年12月任）
莼湖街道党工委书记：刘海华（2020年12月免）
滕晓君（2020年12月任）
莼湖街道办事处主任：滕晓君（2020年12月免）
吴　哲（女，2020年12月任）
西坞街道党工委书记：戴志锋
西坞街道办事处主任：王国成（2020年12月免）
王　刚（2020年12月任）
尚田街道党工委书记：周开波（2020年1月免）
张维斌（2020年1月任）
尚田街道办事处主任：张维斌（2020年1月免）
李　琳（2020年4月任）
萧王庙街道党工委书记：陈横栩
萧王庙街道办事处主任：陆剑波
江口街道党工委书记：卓仲强
江口街道办事处主任：周　原
方桥街道党工委书记：江雪明（2020年7月免）
褚明生（2020年7月任）
方桥街道办事处主任：毛海涛
溪口镇党委书记：江定康
溪口镇镇长：张安乐
大堰镇党委书记：宋炳林
大堰镇镇长：王　盛
裘村镇党委书记：裘尧辉
裘村镇镇长：陈　璟
松岙镇党委书记：童华斌
松岙镇镇长：周　平

中共宁波市委溪口雪窦山名山建设工作委员会

书　记：高浩孟
副书记：胡永光
周世君
党工委委员：江定康
谢功益（2020年6月免）
楼正进（2020年8月免）

宁波溪口雪窦山名山建设管理委员会

主　任：胡永光
副主任：周世君
江定康
谢功益（2020年6月免）
办公室主任：竺　丰
投资促进局局长：庄科裕
名山发展局局长：曹培珍
开发建设局局长：沈　孟
景区管理局局长：夏　勇（2020年1月免）
财政局局长：胡志春

中国共产党宁波市奉化区委员会

综　述

2020年，面对百年未有之“大变局”和突如其来的新冠疫情，区委常委会全面落实中央决策部署和省委、市委工作要求，推进“5+5”等中心工作，“十三五”规划主要目标任务完成。

始终把加强党的政治建设摆在首要位置，树牢“四个意识”，坚定“四个自信”，做到“两个维护”。创新推出“周自学、月集中、季交流”常态化学习制度，习近平总书记发表的重要讲话、作出的重要指示，中央、省委、市委作出的重大部署要求，第一时间传达学习、研究部署、贯彻落实。全年开展区委理论学习中心组集体学习11次、区委常委会集体学习33次，持续深化巩固主题教育成果。深入贯彻习近平总书记考察浙江重要讲话精神，深化开展“人人争当窗口、处处呈现风景”等“8方面具体行动”，召开区委全会专题部署争做“10个领域模范”工作，持续掀起学习宣传贯彻热潮。同时，严格对照中央环保督察、长江经济带发展领导小组会议、省委巡视反馈问题及市委“七张清单”问题，紧扣整改要求，逐项抓好落实，中央第一轮环保督察反馈问题基本整改完成，垃圾填埋场渗滤液超标排放问题整改按计划推进，省委巡视反馈问题28个、完成整改20个，“七张清单”33个问题落实整改措施141条、完成整改21个。坚决落实中央和省委、市委关于意识形态工作的决策部署，全力做好省委巡视意识形态工作责任制落实情况专项检查反馈意见整改落实工作，巩固完善意识形态“三五”工作法，深化“情报联通、定期联席、舆情联处、危机联控”网络舆情闭环管理模式，实施“清朗”“拔钉清零”等专项行动，牢牢把住意识形态领域的政治方向关、价值取向关、舆论导向关。支持人大打造“三零”特色代表联络站、政协组建应用型智库、“一府一委两院”依法依规履行职能，充分发挥统一战线、群团组织等各条各线积极性、能动性和创造性，推动形成团结一心战疫情、共克时艰勇担当的强大合力。

始终统筹推进疫情防控和经济社会发展，交出“两手硬、两战赢”的高分答卷。第一时间成立“双组长”领导小组、封闭开放式小区、建立对口支援机制，严格落实“硬核隔离+精密智控”防疫机制，构筑起严防严控、群防群控、联防联控、智防智控的坚固防线，用10天时间实现确诊病例“零新增”、用33天时间实现确诊病例“清零”。及时出台中小微企业19条、用工就业保障10条、关爱人才暖心12条等政策举措，深入实施“五减”“两直”专项行动，全年减免税费17.2亿元。创新开展“联企跑企”专项行动，选派801名机关干部“一对一”担任“驻企专员”，帮助企业解决问题2505个，区企服专班获评市“三服务”标兵集体，相关事迹入选“六争攻坚”先锋榜。严格落实“外防输入、内防反弹”总体防控策略，接续部署、精准落实秋冬季和冬春季疫情防控任务，建立智能化监测预警体系，推行重点人员重点区域常态化抽检机制，第一时间启动应急响应，迅速稳妥处置1例外地到奉化无症状感染者病例。

始终围绕高质量发展目标，扎实开展“六稳”“六保”工作，推动经济发展稳中有进。大力推进3号青创大走廊建设，引入硕士、博士526人、较上年翻了一番，引进重点人才科创项目50余个，实现省级产业创新服务综合体和国家级众创空间零的突破。深入实施“春苗计划”，首批30家“小而美”苗子企业、4家“春苗计划”创新孵化平台完成认定，新增高新技术企业53家、省科技型中小企业269家，数字经济核心产业制造业增加值、高新技术产业增加值分别增长25.4%、7.5%，增速分列全市第一、第二。连续3个季度组织重大项目集中开工，25个省市重点工程超额完成投资目标，累计完成固定资产投资306亿元。纵深推进平台突破，经济开发区列入省级“链长制”试点，宁波农副产品物流中心一期建成投用，中国滨海体育旅游产业发展大会在奉举行。持续打好招商引资攻坚战，新引进亿元以上项目31个，其中10亿元以上项目6个，网易宁波中心、浙栋资产、小米数科、云弧集团总部等优质项目相继签约落地。部署实施“亮点比晒”工程，新增省级及以上试点8个，入选全省机关内部“一件事”便利化集成改革试点，“最多跑一次”改革许可类事项即办实现率96.4%、跑零次实现率99.1%。深入对接“225”外贸双万亿行动，指导企业云上参展、海外拓市，货物出口总额同比增长6.5%，“一带一路”沿线国家出口总额增长18%。深度融入长三角一体化发展，宁波上海产业转移双创示范基地正式签约，与杭州上城区签订合作框架协议，甬绍合作先行区建设方案启动实施。坚决落实对口支援机制，助力安图正式脱贫摘帽。

坚持系统理念，一体推进新型城市化和农村现代化，城乡品质全方位提升。27个城市品质提升攻坚战项目扎实推进，完成城乡危旧房改造106万平方米，桃源小区改造获评省级样板。轻轨3号线、机场快速路南延、金海路客运中心建成投用，新增公路通车里程33.8千米，全面进入宁波30分钟交通圈。启动美丽城镇建设三年行动，总投资92.2亿元的140个项目开工率达94.3%，溪口、萧王庙入选美丽城镇建设省级样板，举办全市美丽城镇建设工作现场推进会。积极落实“4566”乡村产业振兴行动，新希望综合养殖项目建成投产，农林牧渔业增加值同比增长2%。82个农房改造项目全面启动，完成农房拆旧978亩、建新633亩，创成省美丽乡村达标村88个、省特色精品村4个、A级以上景区村76个。城区污水处理厂提标升级，垃圾焚烧厂建成投用，改造提升绿道30千米，全国首个生态环境教育特色小镇落户奉化，蝉联“中国天然氧吧”，通过“污水零直排区”省级验收，生态环境质量公众满意度全市第一。

对标民生同城化补短板，群众获得感、幸福感进一步增强。教育现代化发展水平达成度升至全省第22位，市第一医院迁建一期、区中医医院迁建项目主体结顶，“老年食堂”获《人民日报》点赞。创新实施区领导“周一夜访”机制，累计化解办结各类信访事项123件，获评省无信访积案区。牢牢守住平安底线，事故起数、死亡人数分别下降38.4%、36.3%，连续7年刑事、治安案件发案量全市最少。全面开展共建“我们的家园”活动，深入推进“五整顿两提升”“奉邑文明”等专项行动，“双中心”建成投用，新时代文明实践志愿服务总队组建成立，“奉邑有我”党员志愿服务品牌正式发布，全国文明城市省市测评成绩位居全市前列。

坚持把“严”的主基调贯穿管党治党全过程、各领域，全力维护山清水秀的政治生态。全市率先出台村级班子配备指导意见，全面推行村社书记政治素质考察办法，311个村社100%实现“一肩挑”，村书记平均年龄较换届前下降7.1岁。制定非公企业党建效益提升12条，区域党建联合体入选“浙江乡村振兴十大模式”，滕头乡村振兴学院相关做法获央视新闻联播聚焦报道。纵深推进“破除中梗阻、提升软环境”专项行动，开展中层干部“大联评、大轮岗、大选聘、大问政”活动，30名中层干部实现跨岗交流，25名较差中层干部被免职，7人被授予“宁波市‘六争攻坚’好干部”称号。创新推出“五大员”机制，选派1492名干部赴基层担任“驻企专员”“村社指导”“项目经理”“街巷跑长”“镇街帮办”，累计发现问题52985个，解决52821个，解决率99.7%，相关做法入选全市争当模范生“十佳实践范例”。驰而不息正风肃纪，开展“烟票”“酒局”“牌局”专项整治，查处违反中央八项规定精神问题35起、处理党员干部55人。正确运用监督执纪“四种形态”，党纪政务处分250人、监察留置8人、移送检察机关13人。扎实开展扶贫帮扶等重点领域专项督察，完成对143个村（社区）、55个基层站（所）巡察，“五小一跑”获评全国“新时代清廉乡村建设与乡村治理现代化”优秀案例。

重要会议

【区委一届七次全体（扩大）会议暨区委经济工作会议】 1月6日召开，区委常委会主持会议。区委书记高浩孟代表区委常委会作报告，并在全会结束时讲话。区委副书记胡永光部署2020年度经济工作。会议以习近平新时代中国特色社会主义思想为指导，全面贯彻党的十九届四中全会、中央经济工作会议、省委十四届六次全会和市委十三届七次全会精神，总结回顾2019年工作，审议并通过《中共宁波市奉化区委关于贯彻落实党的十九届四中全会精神高水平推进区域治理现代化的决定》，研究部署2020年工作。

【区委一届八次全体（扩大）会议】 7月17日召开，区委常委会主持会议。区委书记高浩孟代表区委常委会作工作报告，并在全会结束时讲话。区委副书记胡永光出席。全会听取和讨论区委常委会工作报告，审议通过《中共宁波市奉化区委关于坚定不移实施人才强区创新强区战略加快推进高质量发展的决定》。

办公室工作

【概况】 2020年，区委办公室以习近平新时代中国特色社会主义思想为引领，深入贯彻落实习近平总书记考察浙江、宁波重要讲话精神，围绕区委工作大局发挥职能作用，以高质量服务助力“六争攻坚”“5+5”等中心工作，为保障省委巡视及整改工作、打赢奉化战“疫”等做出了积极贡献。区委办公室获区县（市）党办“业务大学习、能力大提升”知识竞赛一等奖，并被评为宁波市推进“六争攻坚三年攀高”行动先进集体。

【以文辅政】 全年共编发区委主要领导讲话文件11个、《奉化调研》12期，完成课题研究报告30余个。全年编发本级《奉化信息》303期，编报信息397篇；上报信息1631篇，被上级采用236篇，其中中办录用17篇，省委办录用63篇，市委办录用201篇；获区领导批示71人次，上级领导批示19人次，其中2篇得到时任省委书记车俊批示肯定。积极保障省委巡视及整改工作，牵头起草完成文件材料10余个，完成《区委一届九次全体（扩大）会议报告》《中共宁波市奉化区委关于制定宁波市奉化区国民经济和社会发展第十四个五年规划和二〇三五年远景目标的建议》等重要文稿、文件的起草、送审、签发工作。制定区委重要工作、重大活动方案，高效率地收、转、发各类文件，确保信息畅通。全年撰写各类文稿近300篇、100余万字，起草常委会纪要57期、财经委员会纪要6期，审发媒体新闻稿件300余篇，筹备召开各类重要会议40余场次，共收文办理文件5000余件，发文350余份。

【办会办事】 做好上下对接、内外协调、左右统筹等工作，牵头完成各级领导、客商到奉化考察调研等活动150余人次；规范工作机制，梳理公布机关内部“最多跑一次”事项10件。做好党的规范性文件备案审查对象提质扩面和审查全覆盖工作，上报市委备案文件29件，位于全市各区（县）市前列，镇（街道）党的规范性文件备案工作成效得到市委办公厅领导肯定。

【督查工作】 聚焦疫情防控、“六争攻坚”等重点工作，不断深化督查体制机制，持续提高督查实效，2020年累计办理、上报省政府领导批示件5件，宁波市委市政府领导批示件196件，交办、办结区领导批示件1457件；办理民生问政和媒体曝光答复督办5次，交办、督办人大建议198件，政协提案197件，牵头或参与专项督查43批次，编发《督查与落实》51期。不断提升基层减负实效，严格控制发文、会议数量，提高发文、会议质量，在全区上下形成“减负”的浓厚氛围，2020年“三类文件”发文减少36%，会议减少12%，清理撤销镇（街道）领导小组628个、合并减少46个，精简率69.1%，减负成效明显。

【史志工作】 巩固和扩大党史阵地建设，打响奉化红色名片，顺利推进《中国共产党奉化历史（第三卷）》编写工作，编撰完成《浙江省革命烈士传略·奉化卷》，出版《奉化红色记忆》。出版《奉化年鉴（2020）》《光绪〈奉化县志〉点校本》《奉化历史人物传略》等史志书籍。审阅修改《裘村镇志》《松岙镇志》等送审稿，指导《区图书馆志》《区检察志》《大堰镇徐马站村志》《尚田街道冷西村村志》《裘村镇应家棚村志》等编纂工作。点校《奉化补义志》《奉化民国漫志》。建设完成裘古怀烈士纪念馆，参与制订和审改胡华纪念馆设计方案及展陈大纲。编印《奉化史志》刊物1期、《奉化史志工作简讯》4期。

【队伍建设】 始终把政治建设放在首位，以办公室理论学习中心组、“三会一课”等平台为载体，扎实做好意识形态责任制，持续推进“不忘初心、牢记使命”主题教育制度化、常态化，深入学习贯彻习近平新时代中国特色社会主义思想、党的十九届五中全会精神和省市区各级全会精神，牢固树立“四种意识”，不断增强政治敏锐性、坚定性和鉴别力，以实际行动践行“两个维护”。严格落实党风廉政建设各项制度，将党风廉政建设工作纳入办公室工作全局，做到同研究、同部署、同落实、同考核。认真履行“一岗双责”制度，分级分层做好各类风险把控。严格落实中央八项规定精神，注重自身的道德修养，树立良好形象。定期开展谈心谈话，从严监督管理全办干部，不断巩固思想防线。2020年，全区未发生违反党风廉政建设等情况。结合全区干部作风大整治行动，深入贯彻落实习近平总书记考察浙江、宁波重要讲话精神，围绕“政令梗阻”“责任梗阻”“服务梗阻”“作风梗阻”四个方面，发动全体干部开展“担当作为大讨论”活动和“人人争当窗口、处处呈现风景”主题活动。认真落实领导干部重大事项报告制度，严格执行中央和省、市、区各级廉洁从政相关规定，加强对办公室党员干部“八小时外”管理，树立良好委办干部形象。严格执行《党政领导干部选拔任用工作条例》，探索“双向交流、实战赋能”办法，抽调10名骨干赴区疫情防控工作专班参与抗疫，选派3名中层干部赴一线历练攻坚。

（李鑫江）

组织工作

【概况】 2020年，全区组织系统发挥组织优势、强化组织担当、贡献组织力量，扎实推进“党建争强”，全力保障“两战两赢”，积极调配干部攻坚重点项目，主动有效招引青年人才，探索实践加强基层治理，组织工作取得积极成效。

【干部队伍建设】 精准施策服务保障“两战”，第一时间抽调99名干部成立工作专班，建立区直部门对口支援镇（街道）机制，实施“驻企专员”制度，制定实施关爱激励干部“8条举措”、援鄂医疗队员“依家送暖”“五个一”志愿服务举措，选派801名干部入企助推防疫及复工复产。优先提拔晋级干部21人，1人被评为全国抗击新冠肺炎疫情先进个人，36人和14个集体获评省市先进，相关做法受到《人民日报》、新华社客户端等多家央媒报道。加强干部梯队建设，开展优秀年轻干部专项调研，265名中层干部纳入储备库，35岁以下干部有61人。探索选调生日常管理“十个一”机制，招录20名公务员及事业选调生、40名公务员，落实67名“名校优生”岗位安排。组织开展“人人争当窗口、处处呈现风景”主题活动，选派1492名干部赴基层担任“驻企专员”“村社指导”“项目经理”“街巷跑长”“镇街帮办”，激励展示“奉勇争先奔跑者”风采57人，“五大员”相关做法受到浙江省委副书记、宁波市委书记郑栅洁批示肯定，入选全市争当“重要窗口”模范生“十佳实践范例”。

【干部日常监督管理】 严格执行干部选拔任用条例，以省委巡视为契机，重新审视历年来的干部管理监督工作，全年共对5批次77名拟任干部个人有关事项进行查核，其中1人因漏报情节较重，被给予诫勉处理。建立完善中层干部选聘全程纪实制度，共审核40家单位46批次192名的中层干部选任情况，对存在选聘程序不规范、人选资格把关不严等问题的10余家单位责令限期整改。深化党员干部“身份识别体系”，修订《奉化区干部监督工作联席会议制度实施办法》，健全完善干部大监督工作体系。扎实推进领导干部报告个人有关事项专项整治工作，对2019年以来228名领导干部的查核情况进行专项审核。大力实施“破除中梗阻、提升软环境”专项工作，精心设计百名科长下基层“坐堂答疑”“双向交流、实战赋能”等活动载体29项。深入开展文明城市创建和生态环保督察干部作风“双线”考察，联动推进1500名中层干部“大联评、大轮岗、大选聘、大问政”活动，30名中层干部实现跨岗交流，25名较差中层干部被降、免职，有效推动干部作风大转变、能力大提升。

【干部教育培训】 以“四大课堂”为主要载体，做精做亮本土化教学品牌，全年累计开办主体班次46期，培训干部8000余人次，配合选调市管干部65人次、区管干部64人次参加上级组织部门主办的各类脱产培训。聚焦中层干部执行力提升，建立健全“年轻中层干部培养导师制”，全区完成“师徒结对”245对，举办“科长讲堂”534次。根据疫情形势下教育培训工作的新情况新要求，开展线上线下培训，开设“周二云课堂”，及时推送至珲春、安图、库车党政干部、扶贫系统干部、行业干部及贫困村干部等，累计培训当地干部5000多人次。做优做强滕头乡村振兴学院，不断加强经验输出，培养造就乡村振兴人才，累计落实导师结对指导、难题会商会诊、项目实时跟踪，帮扶提供乡村振兴发展难题解决方案200余个，推动扶贫扶智项目落地30余项，并在新疆、河北、吉林等地建立分院。已承办来自山东、吉林、贵州、广西、新疆等地培训班120余个，培训近5000人次，相关做法得到省市主要领导批示肯定，央视新闻联播、《光明日报》《中国组织人事报》、新华社《高管信息》等央媒相继报道。

【基层组织建设】 坚持把建强基层堡垒作为推动社会治理现代化的重要抓手，高质量抓好村社换届，全市率先出台村级班子配备意见，创新推行村社党组织书记政治素质考察，严格落实区级联审机制，村社干部年龄、学历、能力结构得到明显优化，“四张名单”“五道定标”“破难五法”等做法得到市换届办、市委办公厅等推介，政治素质考察工作得到央广网、《中国组织人事报》、市委办公厅简报等推介，课题获市党建研究会三等奖。深化导师帮带机制，出台《关于全面深化导师帮带机制深入推进“蓝青共育百千工程”的实施意见》，中改办调研组专门赴奉调研并高度肯定，相关做法得到《人民日报》等5家国家级媒体重点推介、中央组织部《工作通报》引用肯定和省委办公厅简报推荐。滕头乡村振兴学院受到央视新闻联播聚焦报道、并在全省基层党建论坛作经验交流。探索“效益党建”模式，制定“非公企业党建效益提升12条”，25个两新党组织创建市级“双强六好”，“车间政委”“锋领信贷”“效益党建”等做法受到《中国组织人事报》《浙江共产党员》《非公企业党建》等媒体推荐，“效益党建”课题被评为全国党建研究会调研成果一等奖，受到市委组织部钟关华部长批示肯定。开展城乡党组织结对共建，安排300个区直机关基层党组织与全区村社党组织结对，实行“一户一策一干部”帮扶低收入农户。建成运行区级党群服务中心，发布“奉邑有我”党员志愿服务品牌，年度组织各类活动5000余场次、服务群众50多万人次。

【机关自身建设】 始终把政治建设摆在首位，一以贯之狠抓理论武装、成果巩固、疫情防控，常委部长带头，部机关全体干部深入联系镇村、交通卡口、重点企业助推疫情防控和复工复产。大力弘扬“讲政治、重公道、业务精、作风好”的组工精神，谋划打造“组工文化长廊”，持续开展专题警示教育，每月组织主题党日活动，从严教育管理机关干部，努力锻造“模范部门、过硬队伍”，组工信息连续五年蝉联宁波第一。健全落实“五张清单一张网”，聚焦选人用人、评先评优、大额经费等重点领域，梳理制定组织部门党风廉政建设责任清单，常委部长与部会成员、部机关副处级以上干部、镇（街道）组织委员签订廉政责任书，形成层层抓责任落实的全覆盖网。

（印晨瑶）

宣传工作

【概况】 2020年，全区宣传思想工作深入贯彻落实中央和省、市、区委决策部署，聚焦举旗帜、聚民心、育新人、兴文化、展形象的使命任务，服务区委区政府工作大局。滕头爱国主义基地作为全省唯一，入选全国爱国主义教育特色案例；平安亮万家志愿服务项目作为全市唯一，入选全国志愿者扶贫案例50佳。全国文明村镇、文明单位、文明家庭、文明校园受表彰数量位居全市第二，新入选中国好人、全国最美大学生、浙江好人、浙江骄傲数量位居全市第一。“奉邑学堂走乡间”“青鸟探巢”“孝膳堂”“礼堂文化节”“奉化红志愿服务”等特色品牌全面绽放，“奉邑学堂走乡间”获省委常委、宣传部部长朱国贤批示，“青鸟探巢”获省、市新时代文明实践志愿服务项目大赛金奖，并夺得全市宣传思想文化工作创新大奖，“孝膳堂”品牌实现《人民日报》、新华社、央视新闻联播等中央主流媒体报道全覆盖。通过全国文明城市及省市测评，通过省委意识形态责任制专项检查，深入推进新时代文明实践全国试点；全年工作得到省委宣传部领导批示6次、市委宣传部领导批示1次，理论教育、意识形态、对外宣传、文明综合创建、重大网络舆情处置等各项工作走在宁波全市前列。

【理论学习】 建立区委理论中心组“周自学、月集中、季交流”常态化学习制度，实施“比学提升正两风”干部理论学习考核，在《奉化日报》和掌上奉化开设理论学习专栏。围绕“习近平总书记考察浙江、宁波重要讲话精神”等主题，组织区委理论中心组学习37次，专题报告会6次，全年编发周自学材料51期。《着力打造“三型”中心组学习模式》得到省委宣传部盛世豪副部长批示肯定，《践行“两山”理念的滕头模式研究》入选浙江省“两山”理念发表15周年优秀调研文章，并在《浙江日报》理论版刊发。提升打造“奉邑学堂走乡间”特色品牌，构建“奉邑学堂人”三级宣讲梯队，持续开展“微型党课”“我最喜爱的习总书记的一句话”大赛，一人获全省微型党课比赛特等奖，实现了宁波在全省的突破，两名选手分获全市一等奖和三等奖，居全市第一。全年开展奉邑学堂走乡间“大脚板宣讲团”走一线活动97场，相关做法得到省委常委宣传部部长朱国贤肯定。全省青年宣讲团巡讲启动仪式在奉举行。实施学习强国专项提升行动，学习强国平台累计刊发稿件1170余篇，全国平台发稿量居全市第一，全市“学习强国最强学习者”总决赛获奖人数排名全市第一。

【宣传报道】 建立正面宣传立体式传播机制，组织区级媒体刊播各类抗疫报道3000余条次，推出抗疫先进人物50多名，微博话题“奉城抗疫”累计阅读量9953万次。深化“一线筛选、策划包装、渠道开拓、见缝插针”全链条外宣推送模式，全市最早在央视推出党员个人抗疫先进事迹报道，全市最早在《人民日报》推出复工复产单条报道，“政府链长制”实现《人民日报》《新闻联播》《焦点访谈》等主流央媒报道。紧扣区委区政府中心工作，坚持月度重大主题策划会和新闻例会机制，推进“五大专项行动”和“五大攻坚战”“破除中梗阻 提升软环境”“人人争当窗口、处处呈现风景”等重大主题宣传，突出外宣报道“三重”传播导向，推出“解码”系列报道，全方位展示奉化“蝶变”成就，努力引导、汇聚起奉化发展的民心、力量与正能量。全年推出《思想大解放 发展高质量》《奋力新奉化 全力抓落实》《奋进中的十三五》等系列专栏报道26个，累计刊发各类外宣稿件5000余篇次，其中中央级主流媒体191篇，同比增加35%，在宁波甬派发稿量858篇，均居宁波各区市县前列，实现“人民报系媒体半月谈、央视所属频道周周见、其他央媒省媒常常报”，奉化环保议事厅做法在《人民日报》报道并配评论整版刊登。持续强化网上推介，在中央级重点网络媒体上刊发报道400余篇，在甬派重磅推出“快进·奉化”“奉甬革新”系列报道10余篇、短视频80余部。设置“奉城暖心事”“在奉化真好”等新浪微博话题20余篇，累计阅读量超过27亿次，制作VR、H5、沙画、短视频等融媒作品180多个。

【文化发展】 公共文化服务优化提升。城市文化中心投入使用，常态开展“棒集”“红帮时尚秀”“桃花音乐节”等精品化文化惠民活动。新建农村文化礼堂53家，提前实现功能全覆盖，深入实施“品质大提升”工程，青云村文化礼堂入选浙江省首批19家书香文化礼堂建设试点，西坞街道获评浙江省农村文化礼堂建设示范街道，新增五星级文化礼堂7家、四星级文化礼堂17家。举办农村礼堂文化节，参与数达到18万人次，“兴赛办节”做法在省新时代文明实践中心暨农村文化礼堂建设推进会上作经验交流。完成农村电影放映3080场，开展“万场活动进百村”3600场次。

文艺精品创作量质并举。聚焦时代精神，立足奉化特色，创新形式载体，加强重大题材文艺精品创作。文旅集团投资的电视剧《大国飞天》列入国家广播电视总局2018—2022年重点电视剧规划选题，舞蹈《信仰的力量》入选中国文联2020年青年文艺创作扶持计划资助项目，小说《红帮裁缝》、广播剧《炮兵的眼睛》等作品正在有序推进。

文化产业发展逆势而上。强化政策引导、招商引资、企业服务、园区打造，规上文创产业增加值达到20.91亿元，同比增长17.4%，居全市第三。1家企业入选省文化产业示范基地，1家企业入选省文化出口重点企业名录库，3家企业入选省级成长型文化企业。溪口民国风情街入选省级文创街区，“山丘汇·青创园”创建市级文创产业园区。

文化特色标识亮点纷呈。佛教名山影响力不断扩大，以

“中国佛教五大名山”及“弥勒根本道场”的形象“登上央视”“飞上东航”“落地虹桥”“驰骋高铁”。桃花品牌持续唱响，高水平举办“桃文化节”，得到中央级主流媒体和海外华文媒体的集中报道，桃花音乐节等品牌IP深入人心，“宁波奉化水蜜桃”登上综艺“流量王”湖南卫视《天天向上》栏目，助推奉化桃文化品牌“扎根”全国青年群体。强化“宁波湾”宣传推介，集中组织17家主流媒体开展“走进宁波湾”采访活动，先后刊发立体式新闻报道30余篇。

（王　烜）

统一战线工作

【概况】 2020年，全区统一战线工作紧紧围绕区委“5+5”工作部署，以“深化落实年、担当作为年、服务助推年、品牌提升年、队伍提效年”五个年活动为主线，全力服务“六稳”“六保”，各领域工作取得新进展。2020年，奉化区获评“浙台经济社会融合发展突出贡献单位”称号；区台办获评全国对台宣传工作先进单位；区工商联获评全省工商联系统先进单位、省五优县级工商联；中国佛教协会人间佛教思想研究基地落户雪窦山；《宗教场所“拆改扩”中涉地问题研究》获评全省统战理论政策研究优秀成果二等奖；“新农创e站”获评省级实践创新基地，全市“数字统战”现场会在奉化召开。4个民主党派组织获省市级集体荣誉8项。

【多党合作】 巩固“不忘合作初心，继续携手前进”主题教育成果，举办“聚焦‘重要窗口’模范生、担当统一战线新作为”读书会，贯彻落实关于参政党建设的“三个文件”精神；协助民盟支部升格为总支部，协助民革基层组织换届；开展“党派之家”规范化建设，创设“知联思享会”载体，建立健全对口联系、民主协商等五项制度，推动多党合作事业持续健康发展。开展“同心风华”示范组织评选和“四比四强”活动，促进党派组织建设提档升级，相关做法被中央统战部《每日汇报》采用。开展“周一随访”14次，组织“建言献策月月谈”6期，收集合理化建议80余条，推动党外人士知情明政渠道从“案头”向“田头”延伸，建言献策从“单打独斗”向“集思广益”转变。

【民族宗教工作】 开展宗教领域“六进”“四治”工作，防范抵御极端思想渗透，确保宗教领域和谐稳定。雪窦寺获评省级平安宗教场所、溪口教堂获评省级宗教法治宣教基地。夯实“三人驻堂（寺）”工作机制，创新场所第三方安全监管模式，累计发现整改各类安全隐患1936处，相关做法被中央统战部《每日汇报》刊登。启动宗教场所规划编制，《宗教场所“拆改扩”中涉地问题研究》获评全省统战理论政策研究优秀成果二等奖。指导宁波雪窦山佛教协会换届，宗教人才队伍结构更加合理。深化民族团结进步教育，区少数民族团结进步促进会成立，畸山小学获评省级民族团结进步重点培育单位。

【引导民营经济】 推进工商联所属商协会改革，成立区总商会党委，全面推行基层商协会“执行会长制”，岳林商会获全国“四好商会”称号。开展“亲清直通车·政商面对面”恳谈会4期，推动解决涉企问题73项。推进“亲清家园”规范化建设，“靶向服务”项目模式获评全省工商联服务“两个健康”优秀案例。深入开展“纪企联动、清廉共建”活动，“清廉民企”工作作为区县（市）工商联唯一代表在全市推进会上交流发言。引导民营企业助力脱贫攻坚，累计参与东西部扶贫到位资金456万元、实物价值1173.7万元。

【交流联谊】 深化联络联谊，举办“海燕归巢·创业家乡”奉籍海外知名高校留学生奉化行、2020“海燕集结”乡村产业振兴创意比赛等活动，区侨办获第二十届“茶花杯”国际华裔学生书法比赛优秀组织奖。助力引资引智，举办“2020宁波双创会走进奉化”活动，组建“新侨驿站”和“侨梦苑”奉化分中心，吸引各类海外人才15人，协助引进项目5个。以第三届世界“宁波帮·帮宁波”发展大会为契机，涵养海内外乡贤资源，丁磊、叶泰海以“大咖”微视频形式在开幕式亮相，10余名重点嘉宾受邀参会，云弧集团总部项目参与开幕式集体签约。引导乡贤积极参与美丽乡村建设，推进“乡村振兴合伙人计划”项目12个，涉及资金4614万元，乡贤“一三五工作法”被《中国统一战线》杂志报道推广。

【名山名镇品牌建设】 名山建设硬件项目有序推进，雪窦名山寺院群落布局进一步完善。中国佛教协会换届大会相关活动保障工作完成，中国佛教协会人间佛教思想研究基地落户雪窦山。第十三届弥勒文化节举办，央视、《人民日报》等60多家中央、省、市媒体和20余家海外华文媒体平台专题报道，雪窦夜游吸引1.2万余名游客入园，海内外影响力进一步提升。2020海峡两岸婆媳文化节、中华弥勒台湾慈行启动仪式、海峡两岸体育舞蹈（国标舞）公开赛等一系列特色基层交流项目举办。

【统一战线阵地平台建设】 承接“数字统战”省市两级试点工作，录入统战组织42个、各领域成员4900余名，形成清晰的框架体系和翔实的人物数据库。启用600平方米的“统战之家”综合展示服务平台，累计开展各类活动19次，统战阵地集聚作用进一步发挥。挖掘梳理一批具有特色的教育实践基地，创建省社会主义学院现场教学点3个，市多党合作教育基地1家，市社会主义学院教学科研实践基地2家，统战示范点建设初具规模。

（叶徐挺）

人才工作

【概况】 2020年，奉化人才工作以高质量发展为主题，以“追赶跨越”为主线，围绕“人才强区、创新强区”发展战略，为宁波当好“重要窗口”模范生汇聚人才力量。2020年，全区新增各类人才1.65万人，增幅12.14%，其中新增硕士、博士526人，比上年翻了一番，新增大学生7200人，增幅46.7%。新引进顶尖特优人才21人，入选国家、省级引才计划各1人，省领军型创新创业团队1个，市“3315系列计划”2个，新增省级以上企业创新平台32家，省级产业创新服务综合体和国家级众创空间实现零的突破。

【工作体制机制完善】 优化运作机制，调整充实区委人才工作领导小组力量，建立人才工作领导小组成员单位年度重点工作和重要指标任务清单，完善人才工作月度信息报送、季度会商通报、年度考核述职制度，优化部门和镇（街道）人才工作考核办法，明确单位职责分工。优化政策体系，出台人才优先购房办法、人才企业“三员”服务机制，“凤麓英才”计划实施“常态化受理、阶段性评审”，全年发放人才政策资助资金7100余万元。优化会商制度，全面贯彻党管人才原则，健全完善人才办主任会议、驻外招商引才联络站站长会议和人才工作领导小组成员单位季度例会制度。

【人才引育结构优化】 抓高端人才招引，持续实施“凤麓英才”计划，新评选2020“凤麓英才”项目及个人30个；引进5G芯片设计制造、智能吸能保护材料、博坤生物科技、棱镜空间智能科技等51个人才科创项目。抓实用人才培育，积极实施高技能人才培养工程，新增高技能人才6821人，培养企业新型学徒253人。大力实施“乡土人才”百人计划，选树传统文化艺术类、生产生活技能类、经营管理服务类等人才37人。抓青年人才集聚，大力开展“全国选才、才聚奉化”赴外招聘活动，赴西北、湖南、长春等地区7所高校开展校园招聘活动。持续推进“名校优生”招聘工作，共有38名重点高校优秀应届毕业生签约奉化。

【平台承载能力提升】 打造战略平台，项目化推进3号青创大走廊建设，编制“五城”发展规划，助推中交智慧城、茗山科技城与宁波甬江科创大走廊对接，引育“小而美”苗子企业30家、创新孵化平台4家。做深做实“双飞地”模式，“北上深杭”4个“飞地”

投入运营，4个“飞入地”正式签约落地，同时新设武汉、成都、西安3个工作站，引才规模不断扩大，引才阵地不断拓展。培育产业平台，突出产业发展导向，引进深兰工业智能创新研究院、国泰智能制造产业创新中心，实质运行宁波·上海产业转移双创示范基地、国家技术转移东部中心宁波分中心，入选省级小微企业园4家，奉化气动产业创新服务综合体入选省级产业创新服务综合体，凤麓新材料加速器入选国家级众创空间。建设企业平台，推动本土企业与俄罗斯自然科学院、中国石油大学、西安交通大学等国内外高校院所共建研发中心5家，新建省级博士后工作站3家，省级学会服务站1家。

【人才服务品质提升】 服务环境更优质，投资4亿元的“东部人才社区”项目开工建设。建成使用奉化“人才之家”，常态化开展项目路演、资本对接、产品发布、创业访谈等活动，打造功能丰富的人才服务综合体。自9月12日正式启用以来，先后举办双创活动30场，参与1800人次，5家人才企业与资本方达成融资意向，人才服务的系统集成化程度不断提升。服务模式更创新，推进人才创新创业全周期“一件事”改革，全面启用惠企、人才政策“一键通”，上线人才事项39项，兑现补助资金3600余万元。持续拓展高层次人才服务包内容，启用“人才服务码”，实现人才办事“一站受理”、人才服务“一码供给”、人才政策“一键兑现”。服务手段更贴心，建立助创专员、法务专员、财务专员“三员”服务机制，聘请服务专员19名，为人才企业提供专业化服务。疫情期间，专门出台“关爱人才暖心12条”等惠才政策，实施“1+1+1”重点人才企业复工联系制度。

（印晨瑶）

信访工作

【概况】 2020年，区信访工作以实现“无信访积案区县（市）”为主线，以“最多跑一地”改革为牵引，完成重点时间段信访安保任务，全区社会面总体平稳可控。全年信访总量（不含来电）6683件人次（含上级转办件2481件人次），其中来信672件（含上级转办546件），网上信访5061件（含上级转办1757件），全区四级走访共253批/950人次；政务服务热线平台受理群众来电、网上投诉共122049件。疫情防控期间，受理网上信访和“12345”政务热线涉疫信访事项6945件，均在24小时内办结，“12345”政务热线团队被区委组织部评为第二批战“疫”先锋团队。奉化区连续三年实现省“无信访积案县（市、区）”目标。

【机制体制建设】 3月20日，召开全区信访工作会议，区委书记高浩孟、区长胡永光与12个镇（街道）、38个区直部门签订《2020年信访工作目标管理责任书》，镇（街道）党政领导分别与村（社区）签订责任书，将工作任务目标逐级分解细化，切实扛起信访工作的第一责任。坚持把信访工作与区委中心工作同研究、同部署、同落实，2020年，区委常委会、区政府常务会议专题听取并研究信访工作20余次，区信访联席办召开重大或疑难复杂信访事项协调会议90余次。每周二、四、五（“两会”等重要时期每日）安排一名及以上区级领导接待来访群众，至年底，区党政领导接待群众101批/474人次。

【信访源头治理】 结合信访工作实际，梳理全区存在的不稳定因素，逐一建立人员台账、逐一落实工作责任、逐一做好化解稳控。严格落实首办责任制、初信初访每季度通报制，加大群众来信办理力度，确保初信初访化解走在矛盾激化前，降低新增积案率。6—12月，区信访局民情会办中心通过浙里访平台转办首问事项共5453件，均已按承诺时限要求办结，并将首问办理情况纳入《12345政务服务热线平台受理办理情况分析》每月通报中。据宁波市有关通报数据，奉化区在7—8月的效能指数排名列全市第一，全年初信初访的群众满意率达97%以上。

【信访积案化解】 设立区信访工

作联席会议专项工作小组，持续开展破解历史遗留问题专项行动，加大信访事项处置力度。信访局会同政法委、作风办和督查考核室先后2次对全区12个镇（街道）信访事项的处置情况开展“回头看”和“再督查”，对发现的问题当场指出并落实整改。将解决好群众合理诉求作为信访工作的出发点和落脚点，广泛动员信访志愿者、律师、人民团体等基层第三方力量参与信访疑难问题调处，构建多元化解闭环，增强纠纷调处合力，一批老访户息访罢诉。持续推进依法终结，依照《关于开展信访事项终结试点工作的通知》《奉化区信访事项听证终结实施细则（试行）》要求，着力做好相关的司法和信访终结程序，截至12月，完成2件信访事项的听证和3件信访事项的公开评议。

【开展“周一夜访”】 根据《关于区级党政领导干部“周一夜访村（社）”制度的实施办法》，区领导下访约访工作于3月16日全面实施。区委作风办、区委组织部先后印发《关于深化“周一夜访村（社）”制度有关事项的通知》和《关于进一步做好“周一夜访”工作的通知》，区领导通过“周一夜访”主动下访约访重点人员、重点群体，使疑难复杂问题得到有效处置，并逐步将“周一夜访”深化拓展至镇（街道）和区直相关部门。截至12月，周一夜访已实施36周，共接待群众460批/1071人次。已化解信访事项68件，已办结各类事项45件，已帮助解决（调研）民生实事275件，引导走司法途径的事项10件。交办的信访事项由区委作风办、区委区政府督查考核室负责跟踪监督，督促承办单位按期办结，确保群众“事心双解”。

【规范业务办理】 压缩民生诉求事项办理时间，实现网上信访提速增效。印发《关于进一步加强网上信访工作的实施意见》，着力打造“阳光信访”常态化新模式。将信访网站、领导信箱、手机APP（掌上奉化一报料、浙里办一咨询投诉）等渠道反映的投诉请求一揽子纳入网上信访，构建起便捷、高效、公开、透明的网上信访服务体系，全区网上信访占比达70%以上。定期发布各项效能指数。每日编辑《每日民情动态》《每日一报》《12345政务服务热线月度分析》，切实提高及时解决群众合理合法诉求的质量与效率，压实信访责任“每千米”。每季度发布《全区信访事项办理效能指数排名情况》，从“按期受理率、按期办结率、回访核实率、满意率”等方面制定评价指标体系，对承办单位的“信、访、网、电”的办理质量予以排名，全年共有9家单位被公开预警，并对被“预警”单位整改情况开展跟踪督查，确保一抓到底。

（周　辉）

党校工作

【概况】 2020年，区委党校深入学习贯彻习近平总书记在考察浙江宁波时重要讲话精神，贯彻落实《中国共产党党校工作条例》，践行区委“人人争当窗口、处处呈现风景”新要求，严格执行抗疫工作制度，有序推进教育培训、科研资政主业。

【干部培训】 2020年，区委党校围绕习近平新时代中国特色社会主义思想、十九届四中全会精神进行教学设计，将习近平总书记在浙江重要讲话精神、十九届五中全会精神等内容纳入主体班次教学重要内容，开发新课10多门。依托领导干部大讲堂、星期六课堂、局长汇智论坛、乡邑学堂等“四大课堂”，分类分层开展党员领导干部培训。共举办新任区管干部培训班等主体班次31期，培训2346人次。落实领导干部上党校讲课制度，区长胡永光、宣传部长邵方毅等区委常委及各部门负责人10余名领导干部到党校授课。

【理论宣讲】 针对疫情期间干部培训和线下宣讲工作无法正常开展实际情况，创新宣讲形式，借助学习强国、甬派、宁波咨询平台、奉化发布、滕头乡村振兴学院微课堂等各类网络平台，积极开展线上教学，制作《疫情下的家庭事业成长契机》系列微党课，点击量4万余次，连续三期在学习强国推送，并在国家教育行政学院网络课程播出。组织区发改局、区农业农村局等21个部门，分工业商贸、生态环保、区域发展与文化旅游等11个专题编写“乡邑学堂”本土系列教材。探索农村党员干部“案例解析”“实景教学”“体悟实训”的培训新模式，统筹全省“兴村（治社）”名师资源，以名师为导师、乡土作教材，田间地头建课堂，通过在一线开展“书记教书记、同行学同行”的沉浸式教学，使学员更加直观地感受工作成效、掌握工作方法、提高工作能力。全年共承接对外培训班次65期，培训7830人次。1名教师获得区《决胜小康 奋斗有我 共享小康 幸福有我》微型党课比赛三等奖，1名教师获宁波市党校系统教学创新奖。

【课题研究】2020年，全区有《乡村振兴中产业发展之路探析》等14项课题结题。

2020年奉化区委党校结题课题一览表

表1

序号	姓名	课题名称	级别			验收单位
			省级	市级	区级	
1	邬志坚	乡村振兴中产业发展之路探析		√		宁波市委党校
2	邬志坚	实施乡村振兴战略中发挥农合联作用研究			√	奉化区委政策研究室
3	裘曙洁	乡村振兴背景下发挥基层党建引领作用研究	√			浙江省委党校
4	裘曙洁	宁波市奉化区“一三五工作法”凝聚新乡贤合力	√			浙江省委统战部
5	裘曙洁	乡村振兴战略背景下奉化推进民宿发展研究	√			宁波市哲学社会科学联合会
6	裘曙洁	乡村振兴中发挥基层党建联合体引领作用研究		√		宁波市委党校
7	裘曙洁	加强基层党建联合体的建设		√		宁波市委党校
8	江长军	关于构建完善干部应急管理培训体系提升治理能力和专业能力精准培训的思考与建议		√		宁波市委组织部
9	江长军	多维着力 打造现场教学新高度			√	奉化区委组织部
10	张烜华	提升基层党建联合体研究	√			浙江省委党校
11	张烜华	宗教事务管理中社会主义核心价值观践行的研究		√		宁波市统战部
12	张烜华	乡村振兴视域下乡村旅游品质提升路径研究		√		宁波市委党校
13	张广州	基层党建信息化研究	√			宁波市哲学社会科学联合会
14	张广州	基层党建信息化的实现路径研究		√		宁波市委党校

【学术交流】 2020年，区委党校共有16篇论文发表于《干部教育研究》《江南论坛》等各类报纸杂志，《加强奉化区基层商会党建工作的建议》等资政报告获区领导肯定性批示。

2020年奉化区委党校在区级部门以上刊物发表论文及获奖一览表

表2

序号	作者	论文名称	发表报刊
1	邬志坚	坚持党管党校 打造“五彩工程” 推进基层党校工作再出发	《强化理论武装 坚定信仰信念》
2	邬志坚	聚焦短板推进基层农合联发展的建议	《奉化调研》
3	张亚君	扛起建设“重要窗口”的使命担当	《奉化日报》
4	陈海存	关于推进县级党校教研咨一体化的思考	《干部教育研究》
5	裘曙洁	乡村振兴中发挥基层党建联合体引领作用研究——以宁波市奉化区为例	《奉化日报》
6	裘曙洁	加强基层党建 引领乡村振兴	《宁波市情研究》
7	裘曙洁	完善基层党建联盟设置模式 形成推进乡村振兴强大合力	《奉化日报》
8	袁霞	新时代农民幸福感提升之“大堰样式”	《江南论坛》
9	袁霞	新时代农民幸福感的提升路径	《宁波日报》
10	吉瑞娜	乡风文明建设中激活基层党组织网格治理功能思考——基于奉化青云村的考察	《三江论坛》
11	吉瑞娜	基层党建引领乡风文明建设的实现路径研究	《奉化日报》
12	陈海存	关于推进县级党校教研咨一体化的思考	全省党校（行政学院）系统教学改革研究优秀论文奖
13	裘曙洁	宁波十四五发展前景中发挥基层党组织在乡村振兴中引领作用研究——基于奉化区的考察	2019 年宁波哲学学会理论研讨会获优秀奖
14	陶杰	推进法制建设实现乡村生态振兴	省法学会三等奖

【助力防疫】 奉化区委党校作为奉化区第一个集中医学观察隔离点，第一时间参与隔离点的各项筹备工作，成立领导专班，配备专职干部，协同相关部门做好党校隔离点工作。区委党校集中医学观察隔离点被评为战“疫”先锋团队、优秀志愿服务组织等荣誉。针对复工复产的资政报告《复工复产背景下畅通民营企业“双重循环”的建议》等获区领导批示肯定。

（邬佩红）

老干部工作

【概况】 2020年，区老干部工作立足高质量发展要求，探索创新在疫情防控常态化形势下老干部工作的新路子、新方法，进一步推动老干部工作高质量转型发展，为实现“五年奉献一个新奉化”增添“银辉”力量。年末，全区共有离休干部43人，其中抗日战争时期入伍的4人，曾担任副区级以上领导职务的离退休干部35人（其中离休干部1人）；另有代管离休干部2人。

【365银辉党建工作】 与区委组织部等部门联合下发《关于进一步规范干部退休有关工作的通知》《关于推进离退休干部党支部规范化建设的通知》等文件，进一步规范干部退休工作并推进离退休党支部规范化建设，同时在广大离退休党支部中培树规范化建设先进典型。依托各离退休党支部，通过云端学习、远程交流等形式组织引导广大离退休人员学习贯彻习近平新时代中国特色社会主义思想、习近平总书记在浙江宁波考察时重要讲话精神、十九届四中五中全会精神等。开展“颂歌献小康 建言现代化”征文书画摄影作品征集活动，得到离退休人员积极响应。

老年大学、老干部活动中心通过微信公众号累计开设微党建、微党课、“思政精品课”等17期，通过送学上门、网络学习等形式引导离退休人员居家自学。在老干部活动中心挂牌成立宁波市“银辉”党建研究中心奉化分中心，探索开展“银辉”党建理论研究。充分发挥老干部活动中心“老党员驿站（银辉之家）”、老年大学“老党员工作室”共建共享功能，进一步优化丰富主题党日活动内容菜单，在做好疫情防控措施前提下，向离退休党支部及“银辉”党支部以预约形式有序开放。七一前夕，邀请部分离休干部代表、离退休党支部书记代表、社区银辉党支部书记和志愿服务大队负责人代表到老干部活动中心（老党员驿站）开展“不忘初心跟党走 银辉闪耀映党旗”主题党日活动，并首次创新采用“线下+线上”“现场+直播”的方式，展现新时代广大离退休人员“离岗不离党、退休不褪色”的精神风貌，该离退休干部主题党日活动新模式得到市委老干部局和省委老干部局的认可和推广。

推进城区社区“银辉”党建工作。联合组织部、区直机关工委、财政局、人社局下发《关于进一步加强社区“银辉”党建工作的意见》，从制度层面给予“银辉党建+正能量”工作大力支持，并先后在居敬、长岭等社区组织召开“银辉党建+正能量”工作现场交流会，全面部署将各社区“银辉”党支部融入社区大党委、“银辉”党建融入社区大党建，推动“银辉”党建工作与社区党建同计划、同部署、同推进。在开展“银辉”党支部规范化建设的同时积极开展“一社区一品牌”建设，创建金钟社区“银龄有约”、新民社区“龙津姐妹花”、长岭社区“五心银辉”等社区“银辉”党建品牌，将社区“银辉”党建工作推向纵深。丰富社团（公益组织）党建载体。探索城区社区与社会公益组织合作共建新模式，如长岭社区“银辉”党支部与区“锋之社”公益组织合作共建。通过原单位离退休党支部、两个阵地、社区、社团（公益组织）形成“365银辉党建”合力，将离退休干部原来参与学习教育活动的时间从十几天扩展到365天，进一步加强离退休干部“三项建设”，引导他们发挥正能量。

【承办全省“银耀之江”走进奉化活动】 9月24日，全省“银耀之江‘走进宁波奉化——银耀七彩我助力’”现场志愿服务活动在奉化华侨豪生大酒店举行启动仪式。各市委老干部局代表、宁波各区（市、县）委老干部局代表，省、市、区“银辉”志愿者代表等150余人参加活动。区委书记高浩孟全程参加活动并致辞。启动仪式现场展示了全省老干部志愿服务成果、全国全省“双先”先进典型事迹、宁波市“银辉”亮显工程实物、奉化区老干部工作特色亮点以及先进个人和团队典型事迹等。宁波市“银辉”党建研究中心、奉化分中心在启动仪式现场一同授牌成立。张鸿铭向12名最美“银辉”代表赠送公筷公勺，并发出节约粮食、使用公筷公勺的倡议。活动期间，在居敬社区、方桥安全生产志愿服务基地、春晖社区、关爱助学基地、大堰镇箭岭村等地同步开展了志愿服务活动，

9月24日，全省“银耀之江”走进奉化——银耀七彩我助力现场志愿服务活动启动仪式

开展以“银雁返乡”“银耀有我”“倡树文明新风”为主要内容的银耀志愿服务“四级联动”。本次活动是2020年省委老干部局组织“银耀”志愿者“五走进”系列活动的第五站，也是首次实现省、市、区、镇（街道）志愿服务活动的四级大联动。

【“增添正能量”活动】 深化“三服务三助力”活动，组织老同志实地考察轨道交通3号线、区城市展览馆等地，让他们切身感受到奉化新的发展变化，引导他们多形式多途径建言献策。广大老同志充分发挥先锋模范作用，积极参与疫情防控、文明城市创建、公筷公勺文明新风宣传、人口普查等工作，减轻基层社区的工作压力，有效促进社会基层治理。毛茂金、汪安昌获评全省最美“银耀”抗疫志愿者，区“银辉”志愿者联合会获评全区抗疫先进组织。奉化“银辉”志愿者积极助力基层人口普查事迹得到省委老干部局头条报道。下半年，区“银辉”志愿者联合会组织志愿者先后走进西坞街道庙后周村、岳林街道绿都社区、溪口镇等地开展结对助学、济困扶弱、医疗义诊、法律援助、文化传播等“九大服务”志愿服务活动累计6次，服务群众1000余人次，向基层送去了党和政府的关心关爱。《奉化日报》开设《“银辉”有为 再启征程》专版，弘扬正能量主旋律，报道了尚田街道退休干部吕鹏飞、区税务局退休干部刘安芬等一批“银雁返乡”退休党员先进典型事迹，在老同志中引发热烈反响。离休干部周平、尹树民，退休干部方伟、董荣华等11人获评市最美“银辉”志愿者，区人大机关退休党支部、尚田街道退休教师支部、区税务局退休支部获评市最美离退休党支部，长岭社区“五心”银辉志愿服务大队、金钟社区“银龄有约”志愿服务大队、新民社区“龙津姐妹花”志愿服务团队获评市最美“银辉”志愿服务大队，老干部活动中心、老年大学被授予市最美“银辉”志愿服务基地。

【为老服务保障】 充分做好疫情期间老同志关爱服务工作。疫情初期第一时间响应，专门成立服务关怀组，通过“早提醒、早准备、早关怀”，向广大老同志及时传达疫情情况、各级通知精神和温馨提示，确保老同志“早知晓、早防护”。该做法得到省委老干部局的肯定和推广。同时根据离退休干部的实际需求，合理争取统筹防疫物资，受到老同志来信感谢。全面优化老同志日常关爱服务。完善并落实每月电话“关爱热线”、包片联系走访、定期集中走访慰问长期住院老干部等制度，与区卫健局共同制定落实离退休干部家庭医生结对联系制度，确保家庭医生每月必访，提升老同志满意度。做好“迎新春”“送清凉”“迎重阳”全覆盖走访慰问活动。春节前夕，区四套班子主要领导走访慰问部分区级老领导，并向他们征求“不忘初心、牢记使命”主题教育的问题意见建议。督促社区落实“四就近”服务工作；根据上级精神，走访慰问参加人民志愿军抗美援朝出国作战的离退休干部，倾听他们的心声，传达党中央对他们的关心和爱护。探索创新老年教育发展新模式。疫情期间老年大学积极创新教学方法，组织部分教师采用录播、直播、微信群实时教学等多种形式，累计推出书法、舞蹈、瑜伽、纸艺等7个专业52课时的精品网课视频，同时还接入中国老年大学、宁波老年大学等优质网课资源，供老年学员居家学习。在做好疫情防控措施的前提下，老年大学推出了小班化短训班、线下交流班等，受到老年学员欢迎，为探索创新疫情防控常态化形势下开展老年教学工作，做了新的尝试、积累了实践经验。积极推进“家门口老年大学”建设，新拓展9个校外教学点，形成以学校为中心，辐射街道（镇）、社区的教学网络，实现校外教学点各镇（街道）全覆盖。推动老干部活动中心内涵提升。活动中心与老年大学、区“银辉”志愿者联合会实现资源融合共享，设立“银辉”志愿服务岗，引入“三自管理”模式，充分发挥老干部自主能动性。同时加强与离退休党支部、离退休干部的联系，多方征求意见，进一步完善“银辉之家”服务菜单。联合区“锋之社”公益组织，开设“银尚沙龙”，丰富活动内容。此外，中心进一步加大外宣力度，开设微信公众号，与老年大学公众号资源实现共享联动，打造老干部工作高质量发展的“窗口风景”。

（谢晓宇）

档案工作

【概况】 2020年，区档案工作围绕全区发展大局，履行全区档案事业行政管理和区级档案保管、利用职能，以档案中心建设为重点，以档案资源建设为抓手，加强监督指导和执法检查，深入推进档案工作规范化，不断提升档案管理和服务水平，被省市档案部门确定为省级档案工作服务农村基层社会治理试点区。

【档案资源建设】 2020年，向全区16家单位发放重大项目和重要活动接收函，累计接收照片805张、视频19.75G；接收区委组织部 原工贸公司等单位文书档案8342卷1050件、照片档案37卷；接收寄存会计档案90箱共5253卷。征集乾隆五十六年卖地契约等档案资料136件、实物3件、电影视频3部83.5G，原清华大学教授陈效中与屠呦呦的合影照片3张，区各单位内部编纂资料38本（册）9916页。局馆联合下发《关于在防控新型冠状病毒感染的肺炎疫情工作中切实加强档案管理的通知》，联系区防办对接防疫档案进馆，组织开展疫情防控档案资料征集活动，接收区防办首批3520件防疫档案以及12家单位共计9213件防疫档案数字化成果进馆，征集相关照片1330余张、视频资料1.33G、防疫战袍等实物20余件。

【馆藏档案管理】 完善《档案库房管理制度》《档案收集工作制度》《档案保管制度》《档案整理编目制度》《档案利用制度》《档案鉴定制度》等制度，落实各项工作程序和流程，促进馆库管理科学化、规范化、制度化。完善机房管理及数据备份各项制度落实，确保档案信息安全。与杭州图讯公司签订机房巡检包干合同，全年共开展6次巡检和2次漏洞扫描工作，确保机房安全运行。开展馆藏档案抢救和保护工作，完成馆藏民国《奉化日报》以及中国第一代大提琴家张贞黻、男高音歌唱家斯义桂23张唱片转译数字化，累计裱糊修复破损档案78张。有序开展档案鉴定，完成馆藏1989年166个全宗档案鉴定审核，开放档案8941卷114996件。依托数字化档案建设成果，2020年，为3554名群众快速有效地调阅档案9021卷（件），借助长三角、省、市及区级跨馆查档系统提供跨馆查档服务134例，其中“长三角”跨馆服务5例（成功2例），省级121例，市级11例。

【档案行政管理】 制定《关于在防控新型冠状病毒感染的肺炎疫情工作中切实加强档案管理的通知》，明确各单位防疫档案收集的范围和保管期限，确保全区防疫档案齐全完整、整理规范。与区村社换届办联合下发《关于转发〈浙江省村（社区）组织换届档案管理办法〉的通知》，指导各镇街道做好村级换届文件材料收集工作。做好宁波生命科学城、轨道交通建设工程、中交城市转型区、垃圾焚烧发电项目等重点工程、重大建设项目的档案指导工作，发放重大建设项目档案工作提醒函17个。完成对浒溪线工程、葭浦路工程的档案专项验收。为危旧房改造、农村土地确权等工作提供档案业务指导，保证专项工作档案的齐全完整，各镇街道完成土地确权档案整理并进馆。对区水利局、区商投集团等20家单位在档案室建设、分类方案、制度建设、各类档案整理等方面开展档案业务指导，对目标管理上等级单位区教育局、区人社局、区卫健局等单位进行业务指导。

推进行政执法监管平台全面应用，建立完善“两库”，掌上执法开通率达100%。制订双随机抽查计划，全年共组织20次执法检查，其中双随机检查16次，专项检查3次，即时检查1次，全面覆盖行政监管事项。开展镇（街道）档案工作责任落实专项执法检查，重点检查村级档案监督、村级换届档案移交、镇（街道）档案工作责任落实情况。开展事业单位档案处置工作，完成交通设计所和浒溪线指挥部积存档案处置，协调处置原公路管理所和公路段档案。开展档案馆和机关单位档案安全检查。对档案馆、交投集团、农业农村局开展汛期档案安全检查，查漏补缺，完善档案安全工作制度。

扩大网上年检的力度和广度，对全区人社、建设系统下属10家单位开展档案年检工作，对教育系统下属学校进行“回头看”。做好各个上等级单位的指导和验收工作，全年共有10家机关单位上等级，其中评3家，上省级7家，通过省示范数字档案室5家，20家单位完成规范化综合档案室创建。会同区大数据中心对编制的目录和资源信息进行系统梳理和集中审核，政务信息资源目录共计收录1个业务系统、140条信息资源、1151个数据项，确保编制出台的政务信息资源目录能够全面覆盖业务系统。推进2家机关单位电子公文单套制归档试点，实现电子公文全流程记录。2020年，举办了档案上岗、社区档案人员、镇（街道）行政村档案业务等3期培训班，参训165人。

【村级档案规范化建设】 奉化区分三年时间开展行政村规范化档案室创建活动，并列入省、市级档案工作服务农村基层社会治理试点。全面开展村级档案管理情况摸底调查，分类统计村级档案室设施和档案整理情况，组织召开全区镇（街道）档案工作会议，印发《村级档案规范化建设实施方案》，把握规范和标准，建立“清单制+责任制”，为试点村统一配备档案箱、温湿度仪、灭火器和上墙制度牌，确保建档工作有序推进。2020年，锦屏街道、西坞街道和尚田街道率先完成行政村规范化档案室整体创建，其他镇（街道）各有1个行政村完成创建。

【档案信息化建设】 推进数字档案馆（室）建设，拟定纸质档案数字化成果接收办法，完善数字档案馆（室）系统功能，重建馆、室藏系统全文索引，完成存量及新增文书、教学等档案合计32万件350万页的数字化成果OCR自动识别；接收工贸公司8342卷101348件806092页电子目录及数字化成果进馆；完成馆藏392卷户籍档案的目录著录和数字化加工，以及新冠疫情防控档案的电子目录和数字化成果接收进馆；对馆、室藏系统重建一次全文索引，提高档案全文搜索的成功率。按照电子文件应归尽归的目标，浙江政务服务网行政权力运行系统平台（奉化区）归档办件147451件，宁波预归档平台（奉化区）归档办件110109件，奉化数字档案管理平台（室藏系统）归档办件110082件，各单位电子化归档质量有较大提高，统建系统单位办件按照要求进馆；重新梳理了预归档操作流程，制作预归档操作手册，明确预归档操作流程。提高归档电子文件的数据质量，完成47882件电子文件归档移交，并在接收统建系统数据的基础上，扩展接收区劳动保障局、医保局、民政局自建系统数据，初步实现区政府OA系统与虚拟档案室的系统接口对接。继续接收民生领域电子业务数据及各全宗数字化成果，并按规定完成重要数据的异地备份。

【“查档下乡”平台建设】 全面推进“查档下乡”工作，实现档案公共服务“就近跑一次”。在总结尚田街道及鸣雁村试点经验的基础上，修订完善相关制度和工作流程，在其余11个乡镇（街道）分别设立档案查询服务受理点，配齐人脸识别摄像头、二代身份证识别器、办公电脑、打印机等设备，组织工作人员开展业务培训、签订保密承诺书。该项目被列入全区治理创新专项行动实施项目。平台运行以来，累计完成网上办件402件，档案服务效率提高25%。主动对接区行政审批服务中心，在民政、人社、公安、自规、住建等5个行政服务窗口建立档案资源共享平台，让提交资料不够齐全的办事群众无需“跑空趟”“多地跑”便可享受查档出证服务。

【档案宣传】 以纪念“6·9国际档案日”为契机，举办“大美医者 奉城骄傲”——援鄂援甬抗疫珍贵资料捐赠、以“为逆行者留存国家记忆”为主题的新冠肺炎疫情防控档案资料全民征集、“档案见证小康路、聚焦扶贫决胜期”征文活动，并在奉化档案信息网设立“6·9”国际档案日宣传专栏进行宣传。其中，《一尺兰台的功能辐射》《读您，奉化英雄》《凝聚爱心力量 助推精准扶贫》分别获宁波市档案征文二等奖、优秀奖。

【档案文化与编研出版】 完成《2020年度奉化区大事记》的编纂、印刷工作。按月整理、编写并在馆档案网上发布《奉化区2020年度大事记》、区委书记区长重要活动记事。与区地方志编纂办合作出版《奉化历史人物传略》，完成裘村——后琅片区方言语音建档工作。5月，档案馆一楼展出《奉化设区三周年成果掠影》图版展览。

（王衡山）

宁波市奉化区人民代表大会

综　述

【概况】2020年，区人民代表大会在中共奉化区委的坚强领导下，高举习近平新时代中国特色社会主义思想伟大旗帜，全面贯彻党的十九大和历次全会精神，按照新时代人大工作新要求，以习近平总书记关于坚持和完善人民代表大会制度的重要思想为根本遵循，坚持党的领导、人民当家做主、依法治国有机统一，围绕中心、服务大局，依法履职、扎实工作，较好地发挥了地方国家权力机关的作用，为全区经济社会平稳健康发展作出了积极贡献。

2020年，奉化区举行区人民代表大会1次，召开常委会会议8次、主任会议14次，听取和审议“一府一委两院”工作报告36个，作出决议、决定19项，任免地方国家机关工作人员65人次，审查备案规范性文件19件，受理群众来信来访33件（批）次，完成区一届人大四次会议确定的各项目标任务。

重要会议

【区一届人大四次会议】5月8—9日，奉化区第一届人民代表大会第四次会议举行。大会听取和审查代区长胡永光所作的区人民政府工作报告、区人大常委会主任周涛所作的区人大常委会工作报告、区人民法院院长赵江涛所作的区人民法院工作报告以及区人民检察院检察长叶林达所作的区人民检察院工作报告，书面审查并批准《关于奉化区2019年国民经济和社会发展计划执行情况及2020年国民经济和社会发展计划草案的报告》《关于奉化区2019年预算执行情况及2020年预算草案的报告》，审议奉化区2019年民生实事项目实施情况并进行满意度测评，对奉化区2020年民生实事项目进行投票表决。大会补选奉化区人民政府区长，奉化区一届人大常委会副主任、委员，奉化区监察委员会主任，并表决通过奉化区一届人大社会建设委员会、监察和司法委员会部分组成人员人选。大会共收到代表建议198件，其中涉及城建环保方面48件，社会事业方面43件，工业交通方面37件，农业农村方面32件，财政商贸方面18件，政治法律方面10件，综合方面10件。会后，这些建议依法交区人民政府及有关部门办理并负责答复代表。

【常委会会议】2020年，奉化区共举行区人大常委会会议8次。

1月17日，区一届人大常委会召开第二十八次会议。会议审议通过《宁波市奉化区人大常委会关于任免地方国家机关工作人员的规定》。会议表决通过有关人事任免事项。

3月27日，区一届人大常委会召开第二十九次会议。会议听取和审议了奉化区政府关于提请增加33省道奉化段改建工程边坡费用的议案，通过区人大常委会2020年工作要点，听取国有资产特定问题调查进展情况汇报，听取和审议人大各街道工委工作报告，会议表决通过了有关代表辞职及人事任免事项。

4月23日下午，区一届人大常委会召开第三十次会议。会议听取和审查奉化区政府关于区2019年预算执行情况及2020年预算草案初步方案的报告，通过区人大常委会关于区2019年预算执行情况及2020年预算草案初步方案的初步审查意见；听取和审查区政府关于全区2019年国民经济和社会发展计划执行情况及2020年国民经济和社会发展计划草案初步方案、关于2019年政府民生实事项目实施情况和2020年候选项目形成情况的报告；听取区一届人大四次会议筹备工作情况汇报；讨论区人大常委会工作报告和区政府工作报告；讨论通过《区一届人大四次会议日程实施意见（草案）》《区一届人大四次会议选举办法（草案）》《区第一届人民代表大会有关专门委员会组成人员人选通过办法（草案）》《区2019年民生实事项目实施情况满意度测评办法（草案）》《区2020年民生实事项目票决办法（草案）》，以及区一届人大代表变动和补选代表资格审查的报告，区一届人大四次会议主席团和秘书长、各代表团团长等名单草案和列席人员建议名单。会议表决通过有关委员辞职事项。

5月29日，区一届人大常委会召开第三十一次会议。会议听取和审议关于法治政府建设情况的报告，表决通过有关人事任免事项。

7月22日，区一届人大常委会召开第三十二次会议。会议听取并审议关于国有资产特定问题调查情况的报告，作出《关于加强国有资产监管提升资产使用绩效的决议》；听取并审议奉化区2019年度城乡规划实施情况的报告、卫生硬件设施建设情况的报告、食品安全保障工作情况的报告。会议审议通过区人大常委会办事机构和工作机构组成人员调整方案（草案）。会议表决通过有关代表、委员辞职及人事任免事项。

8月21日，区一届人大常委会召开第三十三次会议。会议听取和审议区政府关于奉化区数字经济发展情况的报告、关于提请审议批准309省道（江拔线）大张至沙堤段改道工程变更的议案、关于提请审议批准奉化区剡江（畸山至萧王庙）及支流河道治理工程设计变更的议案，听取和审议2020年上半年区国民经济和社会发展计划执行情况的报告、2019年区本级决算的报告、2020年上半年区预算执行情况的报告、2019年区预算执行情况和其他财政收支情况的审计工作报告、2019年度奉化区环境状况和环境保护目标完成情况的报告、关于葛岙水库建设进展情况的报告、关于奉化区《浙江省公共文化服务保障条例》实施情况的报告、关于奉化区城乡社区治理工作情况的报告。同时，对4名法院、检察院“两官”开展履职评议。会议表决通过相关决议决定及有关人事任免事项。

11月3日，区一届人大常委会召开第三十四次会议。会议听取和审议关于区一届人大四次会议代表建议办理情况报告；听取和审议关于奉化区企业（不含金融）国有资产管理情况的报告，并书面审查关于奉化区国有资产管理情况的综合报告；听取和审议2020年奉化区政府债务限额和地方政府债券预算调整方案的报告、关于2020年预算调整方案的报告，依法作出《关于批准2020年宁波市奉化区政府债务限额和地方政府债券预算调整方案的决议》《关于批准2020年区本级预算调整方案的决议》；听取和审议关于奉化区“七五”普法工作情况的报告、关于奉化区农村住房改造工作情况的报告；听取和评议区发改局局长、区综合执法局局长工作报告，并进行满意度测评。会议表决通过有关人事任免事项。

12月15日，区一届人大常委会召开第三十五次会议。会议听取关于区人大常委会会议部分审议意见整改落实情况的汇报；听取全区国有资产特定问题调查整改落实情况的汇报；会议作出召开区第一届人民代表大会第五次会议的决定。会议表决通过有关代表委员辞职和人事任免事项。

【重要情况通报会】 8月19日，区人大常委会举行年中重要情况通报会。区长胡永光代表区政府，向全体区人大代表通报上半年全区经济社会发展情况、民生实事项目进展情况、人代会建议办理情况以及下半年政府主要工作安排。

监督工作

【概况】 2020年，区人大紧贴中心、精准发力，把握大局、依法履职，围绕经济社会发展重点领域和人民群众关心关注的热点、难点、痛点问题，主动履职、担当作为，以有效监督促进和保障全区经济社会持续健康发展。

【疫情防控常态化监督】 扛起非常时期的责任担当，从人大职能定位和特点优势出发，因时因势调整工作着力点和应对举措。第一时间组织主任会议成员和人大机关干部认真学习习近平总书记一系列重要讲话和重要指示批示精神，学习中央及省委、市委、区委有关文件，使各项工作始终与党委中心工作同向合拍，与战疫情、促发展的大局紧紧相扣。针对疫情带来的新情况新问题，专题听取和审议全区疫情防控工作和公共卫生服务体系、卫生硬件设施建设情况，专题调研动物防疫管理工作情况，提出针对性意见建议，推动完善重大疫情防控体制机制，促进公共卫生体系建设。同时，各级人大代表深入村（社）、企业等，了解疫情防控、复工复产真实情况，宣讲法律法规和政策精神，帮助解决实际问题，为进一步夯实常态化疫情防控工作贡献人大力量。

【谋划“十四五”发展规划监督】 高度重视、积极参与，全力推动“十四五”规划编制更加顺应全区人民意愿和所思所盼。常委会相关工委提前介入，同步了解规划编制进展情况，按照职责分工开展专题调研和意见征集；全区各级人大代表走进代表联络站，广泛听取基层群众对“十四五”期间奉化发展的愿望和要求。2020年7月，常委会牵头举办“新城区·新奉化·新跨越”——奉化区“十四五”发展论坛，邀请省市专家就未来五年奉化区经济社会发展重大战略问题作专题报告，为规划编制集思广益、开门问策。12月，组织常委会组成人员专题视察听取“十四五”综合交通规划编制情况，为高水平编制综合交通规划、推进交通强区建设贡献人大智慧和力量。常委会专题听取和审议“十四五”规划和2035年远景目标纲要编制工作情况，提出进一步修改完善意见，为区一届人大五次会议审查批准纲要打下基础。

【“我们的家园”创建工作监督】 立足自身职能作用，通过综合行权、整合力量、融合方式，全力助推“我们的家园”建设。第一时间发出《助力文明创建，共建“我们的家园”》倡议书，号召全区各级人大代表积极参与到家园建设工作中来。主任会议成员分赴联系镇(街道）指导建设工作，分析存在问题，研究制定整改措施；机关干部踊跃参与“跑街巷”“桶边督导”等活动，深入一线发现问题、督促整改问题；全区各级人大代表纷纷加入所在镇（街道）志愿者队伍，参加环境整治、创建宣传等志愿服务活动，“我们家园我们建”的主人翁意识逐步形成，有效推动文明创建变“要我做”为“我要做”，变“政府推动”为“社会主动”。同时，常委会还就争创全国文明城市“六连冠”、农贸市场建设管理提升、生活垃圾分类管理等工作开展专项视察，着力查找短板弱项，积极建言献策，有力促进各项工作扎实推进。

【“我们的财富”摸底工作监督】 根据区委指示，以实现全面摸清资产底数、盘活存量优化结构、深化改革规范监管为目标，首次启动国有资产特定问题调查。通过历时半年的全面自查、重点核查、分析研究，形成调查报告和底数清单、问题清单、建议清单等“三张清单”，开发建设重大国有资产地图分析平台，并作出《关于加强国有资产监管提升资产使用绩效的决议》。区政府认真落实，组织实施国有资产整合提效专项行动，统筹推进“六个一批”，截至年末，整改问题1156个，绝大部分的国有资产管理“老大难”问题得到有效解决。建立区政府国有资产管理情况报告制度，首次审议国有资产管理情况综合报告和企业国有资产管理情况专项报告，实现了人大对国有资产监督的规范化和制度化。

【经济发展监督】 高度关注经济发展态势，审议全区国民经济和社会发展计划执行情况报告，支持区政府坚持稳中求进工作总基调，统筹做好“六稳”“六保”工作。加强对财政预决算的审查监督，跟踪督促审计发现问题整改落实，关注政府债务管理，促进公共财政健康运行。省市区上下联动开展数字经济专项监督，采取实地调研和听取汇报相结合的形式，摸透实情、精准把脉，全力拉动后疫情时期经济发展。专项监督“小而美”科技初创型企业培育情况，提出强化协同推进、破解要素制约、优化服务环境等意见建议。市区上下联动开展《宁波市科技创新促进条例》实施情况执法检查，全力支持创新强区战略倍速推进。听取和审议《浙江省民营企业发展促进条例》贯彻实施情况，调研督促市人大常委会《关于加快推进先进制造业发展的决定》《关于促进民营经济高质量发展的决定》在奉化区的落地落实，加强重点工程跟踪监督，高效助推“五年奉献一个新奉化”。

【城乡环境监督】 着眼全面加强生态文明建设，切实加大生态环境保护工作监督力度，听取和审议2019年度环境状况和环境保护目标完成情况的报告，开展环境状况执法检查和水污染防治审议意见整改落实情况的跟踪监督，持续推动环境保护有关问题整改落实。专题视察宁波湾建设情况、雪窦山名山建设情况，合力念好全域发展“山海经”。听取和审议农村住房改造工作情况，并就提高效率、强化保障、创新模式、提升品质、凝聚合力等提出意见建议，聚力打赢农村住房改造攻坚战。专题调研民宿产业发展、低收入农户增收工作，重点督办关于发展山区特色农业经济的建议，促进农民增收、农业增效、农村发展。常委会还听取和审议了城乡规划实施、城乡社区治理等工作情况的报告，全力推动城乡融合发展。

【民生领域监督】 持续关注食品安全问题，督促区政府加快专业队伍建设、加强食品安全保障、加大食品产业引导帮扶监管力度，着力保障广大群众“舌尖上的安全”。聚焦养老服务体系完善，开展老年助餐服务工作调研，形成调研报告，提炼总结4种老年助餐服务模式，供区政府及有关部门参考。结合重点建议督办，专题审议《浙江省公共文化服务保障条例》实施情况，就奉化区公共文化服务工作进行深入调研和监督检查。紧扣住宅小区大批量建成的实际情况，开展住宅小区物业管理工作调研和审议，推动提升老百姓居住环境和自治管理水平。综合运用专题审议、视察调研、重点建议督办等监督方式方法，对社会保障、智慧气象、中等职业教育、住宅电梯安全等工作开展监督，回应群众关切，推动保障和改善民生。积极推动民生实事办实办好，对2020年区人代会票决产生的民生实事项目开展跟踪监督，主任会议成员领衔组建10个监督小组，相关工委具体组织，代表专业小组全程参与，每季度开展跟踪监督检查。

【社会治理监督】 专题听取法治政府建设工作情况报告，推动法治政府建设实施纲要全面落实。听取和审议“七五”普法工作情况，巩固提高普法工作成效。高质量完成矛盾纠纷化解“最多跑一地”专项监督，助力奉化区“最多跑一地”改革向纵深推进。关注华侨权益保护，专项检查《浙江省华侨权益保护条例》实施情况，提出深化宣传引导、加强协调联动、拓展工作手段等意见建议。积极开展《中华人民共和国民法典》宣传工作，为《中华人民共和国民法典》有效施行创造条件。继续开展常委会任命干部工作评议，常委会会议专题听取和审议了区发改局、区综合执法局局长的述职报告，并开展专题询问和满意度测评。

采取民主测评、履职自查、调研走访、庭审旁听、案卷抽查等“组合拳”，对4名法官、检察官履职情况进行评议，推动两院工作和法官、检察官整体素质提高。

代表工作

【概况】 2020年，区人大围绕保障代表依法履职、发挥代表主体作用，不断完善代表履职平台、提升代表履职质效、激发代表履职热情，以深化代表工作推动人大整体工作，积极回应新时代人民群众对人大工作的新期待。

【“三零”特色化代表联络站建设】 在标准化代表联络站（点）建设全面铺开的基础上，常委会以联系群众零距离、服务中心零时差、回应需求零等待为目标，突出因地制宜、服务中心、各具特色，围绕密切联系群众、疫情防控、征地拆迁、基层治理、电商服务、党建引领等重点工作和群众需求，精心打造“三零”特色化代表联络站（点）15个，相关经验做法得到市人大常委会和区委的充分肯定，《溪口镇人大移动代表联络站助推乡村治理》经验做法受到全国人大常委会办公厅刊文肯定。同时，紧扣市人大常委会和区委要求，以代表联络站（点）为依托，组织各级人大代表常态化开展“周一夜访”和代表督事，形成收集民意、调研献策、跟踪督办、回访评价的代表闭环监督机制，有效发挥代表在反映社情民意、化解矛盾纠纷、维护公共利益方面的积极作用。全年代表参与“夜访”和代表督事906人次，走访选民群众3610人次，收集各类意见建议、民生诉求402件次，督办解决“民生小事”224件次。

【代表建议办理】 按照内容高质量、办理高质量的“两高”要求，通过加强会前建议撰写指导培训、会后分层分类督办和跟踪回访，加强代表建议提出、交办、办理的全流程管理。进一步深化建议办理“双考核”制度、重点建议督办制度和代表建议“回头看”制度，区委区政府督查考核室全程参与建议交办、督办和考核，定期督查回访建议办理工作，并将有关情况向全区通报，切实提高建议督办力度。区一届人大四次会议以来代表提出的198件建议均已按时办结，建议办结率、面商率、办理态度满意率均为100%，代表建议问题解决和基本解决率51.5%，较上年度提升17.7个百分点。

【代表履职服务保障】 线上线下并行，有序开展代表培训工作，不断提高代表履职能力，全年共组织代表参与本级和上级各类培训38批次、411人次。组织召开重要情况通报会，帮助代表更加全面深入地了解全区经济社会发展情况。坚持和完善代表列席常委会会议制度，组织代表常态化参与常委会各项监督活动，不断扩大代表参与常委会工作的广度和深度，全年代表列席常委会会议和参与常委会执法检查、视察调研等活动130余人次。落实代表述职制度，全年共组织53名区人大代表向原选举单位报告履职情况并接受评议，测评满意率达98.9%。完善代表履职登记制度，做到履职有记载、考核有依据，有效激发代表履职动力。

自身建设

【概况】 2020年，区人大常委会主动对标省委“重要窗口”建设要求和市委“模范生”标准，认真落实“两个机关”建设任务，不断推进人大工作制度化规范化程序化。

【监督机制建设】 及时修订完善讨论决定重大事项的规定，进一步规范和保障常委会依法行使讨论、决定重大事项的重要职权。完善“三精准一管用”监督模式，突出精准选题、精准选人、精准审议，建立常委会审议主发言人制度，主发言人必须全程参与会前调研、调研报告起草、审议意见汇总整理、审议意见跟踪督办等工作，切实提高会议审议的针对性和实效性。根据巡视巡察反馈意见，加强内部制度建设，修订完善人大机关学习培训、办文办会、财务管理、信访工作等制度15项，促进人大机关工作规范高效。

【“智慧人大”建设】 抓住国有资产特定问题调查的有利契机，开发奉化区重大国有资产地图分析平台，充分用好大数据信息化手段，加强国有资产后续动态监督管理。实行预算联网监督，通过网上平台实时采集182家部门单位预算数据，提高预算监督的实效性和精准度。在常委会会议上启用无纸化会议系统，依托浙政钉平台搭建起代表专业小组、代表中心组网上联络平台，全力推进“智慧人大”建设。与时俱进开通“奉化人大”微信公众号，及时宣传人大工作动态。

【基层基础建设】 认真落实《浙江省街道人大工作条例》，制定出台《全面加强街道人大工作和建设工作方案》。全面推行街道居民议事会制度，共选聘议事员177名，召开议事会16次，向街道办事处提出意见建议147件，会商形成街道民生实事项目41个。建立健全主任会议成员联系镇（街道）人大工作制度和机关各工作机构工作协同机制，不断加强对镇（街道）人大工作的联系和指导。各镇（街道）人大强化担当、主动作为，围绕财政预算、“我们的家园”建设、民生事业等重点领域开展监督，切实提升全区人大工作的整体水平，形成一批行之有效的基层经验做法。

（陆　逊）

宁波市奉化区人民政府

综 述

2020年，面对国际国内形势的深刻复杂变化，特别是突如其来的新冠肺炎疫情，区政府深入贯彻习近平总书记考察浙江宁波重要讲话精神，坚持稳中求进工作总基调，抓“六稳”、促“六保”，打赢了疫情防控阻击战、经济社会发展总体战、高水平全面建成小康社会收官战。全年实现地区生产总值685.77亿元，其中区属地区生产总值增长4.4%，增速全市第二；财政总收入突破百亿，增长11%，其中一般公共预算收入增长7.5%；固定资产投资增长15.1%，区属规上工业增加值增长5.7%，规下工业增加值增长3.2%，货物出口总额增长6.2%；城乡居民人均可支配收入分别为58983元和34945元，分别增长4.3%和5.3%。

重要会议

【区政府常务会议】 区政府常务会议由区政府领导班子组成，由区长或受区长委托主持工作的副区长召集和主持。区政府办公室主任，相关副主任，区发改局、区财政局、区司法局、区审计局等相关单位主要负责人列席，其他人员根据会议议题需要列席，邀请区人大、区政协、区监察委员会、区人武部领导参加。2020年，共召开区政府常务会议21次。主要内容及议题如下：

1月20日，代区长胡永光主持召开区政府第61次常务会议。会议原则同意《宁波市奉化区实施惠企、人才政策兑现“最多点一次”改革的工作方案》，要求根据会议审议意见作进一步修改后以区府办名义印发实施。会议审议并原则同意《宁波市奉化区2019年城区小学入学招生学区划分方案》，要求根据会议审议意见作进一步修改后向社会公布。

3月3日，代区长胡永光主持召开区政府第62次常务会议。会议原则同意《宁波市奉化区推进“五大专项行动”和“五大攻坚战”实施方案》，要求根据会议审议意见作进一步修改后提交区委常委会审议。会议原则同意《关于进一步规范区政府常务会议区政府专题会议议事程序和议事内容目录的通知》，要求根据会议审议意见作进一步修改后以区政府名义印发实施。

3月25日，代区长胡永光主持召开区政府第63次常务会议。会议原则同意《宁波市奉化区5G应用和产业化实施方案》和《宁波市奉化区推进5G通讯基础设施建设的实施意见》，要求根据会议审议意见作进一步修改后分别以区政府和区府办名义印发实施。会议原则同意《宁波市奉化区高水平推进美丽城镇建设工作实施方案2020—2022》《关于开展行政村规模调整工作的实施意见》《关于抓好“三农”领域重点工作确保高水平实现全面小康的实施意见》等文件，要求根据会议审议意见作进一步修改完善后提交区委常委会审议。

3月31日，代区长胡永光主持召开区政府第64次常务会议。会议原则同意《关于加快建立健全农村饮用水水费收缴制度的指导意见（试行）》和《宁波市奉化区农民饮用水达标提标专项行动攻坚实施方案》，要求根据会议审议意见作进一步修改后依法依规组织实施。会议原则同意《关于在全区开展沿街店铺、沿街企业大排查大整治专项行动实施方案》，要求根据会议审议意见作进一步修改后提交区委常委会审议。

4月20日，代区长胡永光主持召开区政府第65次常务会议。会议原则同意《宁波市奉化区“千吨万人”以上饮用水水源保护区整治工作方案》，要求根据会议审议意见作进一步修改后以区政府办公室名义印发实施。会议原则同意《宁波市奉化区国有土地上房屋征收补偿奖励规定》和《宁波市奉化区征收集体所有土地房屋拆迁实施办法》，要求根据会议审议意见作进一步修改后以区政府名义印发实施。会议原则同意《政府工作报告（书面印发版）》和《政府工作报告（大会报告版）》，要求根据会议审议意见作进一步修改完善后提交区委常委会审议。

5月20日，区长胡永光主持召开区政府第66次常务会议。会议原则同意《宁波市奉化区生态保护红线评估调整方案》《以“五新”为引领加快农业提质增效三年行动计划》《宁波市奉化区惠企人才专项资金管理办法》《奉化区2020年控制性详细规划编制调整计划》等文件，要求根据会议审议意见作进一步修改后依法依规组织实施。会议原则同意《关于推进全区政策性融资担保体系建设的实施意见》，要求根据会议审议意见作进一步修改后以区政府办公室名义印发实施。会议原则同意《宁波市奉化区征收拆迁项目社会风险评估工作的实施意见》，要求根据会议审议意见作进一步修改完善后以区征收办名义印发实施。

6月3日，区长胡永光主持召开区政府第67次常务会议。会议原则同意《宁波市奉化区首贷户拓展三年行动方案（2020—2022）》《宁波市奉化区殡葬建设项目设计方案》等文件，要求根据会议审议意见作进一步修改后依法依规组织实施。会议原则同意《2020年度宁波市奉化区首批“小而美”苗子企业名单》和《2020年度宁波市奉化区首批“春苗计划”创新孵化平台名单》，要求根据会议审议意见作进一步修改后依法依规做好公示等工作。会议原则同意《宁波市奉化区促进民宿发展的若干政策意见》，要求根据会议审议意见作进一步修改后以区政府办公室名义印发实施。

6月28日，区长胡永光主持召开区政府第68次常务会议。会议原则同意《关于加快推进新时代民政事业高质量发展的实施意见》，要求根据讨论意见作进一步修改完善后提请区委常委会会议审议。会议原则同意《补短板促动力加快实现低收入农户高水平全面小康实施意见》，要求根据讨论意见作进一步修改完善后提请区委常委会会议审议。会议原则同意《奉化区推进经营性国有资产统一监管攻坚工作实施方案》等文件，要求根据讨论意见作进一步修改完善后印发实施。会议原则同意《关于加快推进溪口镇小城市培育试点工作的若干政策意见》，要求根据讨论意见作进一步修改完善后提请区委常委会会议审议。

7月16日，区长胡永光主持召开区政府第69次常务会议。会议传达学习《中共浙江省委办公厅浙江省人民政府办公厅印发省委省政府领导同志有关指示批示的通知》精神，并听取奉化区下一步贯彻落实有关情况汇报。会议原则同意《2019年度市区两级考核结果》和《2020年度市区两级考核办法》，要求根据讨论意见作进一步修改完善后提请区委常委会会议审议。会议原则同意《人防工程产权登记实施细则》《宁波市奉化区人民政府关于进一步加强防汛防台工作的若干意见》《宁波市奉化区危险化学品运输专项整治工作方案》和《宁波市奉化区第二轮安全生产综合治理三年行动计划》等文件，要求根据讨论意见作进一步修改完善后印发实施。

8月6日，区长胡永光主持召开区政府第70次常务会议。会议传达学习国务院联防联控机制严防集聚性疫情做好秋冬季防控工作电视电话会议精神，并听取奉化区下一步贯彻落实有关情况汇报。会议原则同意饮用水水源地保护区关停待搬迁企业政策处置有关细则，要求根据会议审议意见作进一步修改完善后依法依规组织实施。会议原则同意将岳林街道东郊之家职工宿舍用于过渡性人才公共租赁房，要求根据会议审议意见作进一步修改完善后依法依规组织实施。

8月27日，区长胡永光主持召开区政府第71次常务会议。会议原则同意《宁波市奉化区"三线一单"生态环境分区管控方案》《关于建设高水平交通强区的实施意见》《宁波市奉化区溪口镇综合行政执法体制改革试点工作》，要求根据会议审议意见作进一步修改完善后提交区委常委会审议。会议原则同意《宁波市奉化区"无废城市"建设实施方案》《奉化交通强区基础设施建设三年行动计划（2020—2022年）》《定向培养中小学教师的实施意见》《宁波市奉化区公共数据管理办法》等文件，要求根据讨论意见作进一步修改完善后印发实施。

9月11日，区长胡永光主持召开区政府第72次常务会议。会议原则同意《深化国资国企改革推进高质量发展的实施意见》，要求根据会议审议意见作进一步修改完善后提交区委常委会审议。会议原则同意《宁波市奉化区属国有企业投资监督管理办法》《推进健康奉化行动实施方案》《奉化特定国有资产不动权证办理操作办法》等文件，要求根据会议审议意见作进一步修改完善后印发实施。

9月30日，区长胡永光主持召开区政府第73次常务会议。会议原则同意《关于全面深化改革推进实现食品安全治理现代化的实施方案》，要求根据会议审议意见作进一步修改完善后提交区委常委会审议。会议原则同意2020年奉化区"强龙工程"新入围企业名单，要求根据会议审议意见作进一步修改完善后予以公布。

10月28日，区长胡永光主持召开区政府第74次常务会议。会议原则同意《关于推进新时代社会救助体系建设的实施意见》，要求根据会议审议意见作进一步修改完善后提请区委常委会会议审议。会议原则同意《宁波市奉化区投资集团有限公司改革转型实施方案》《奉化区新型服务业招商政策》等文件，要求根据会议审议意见作进一步修改完善后依法依规组织实施。

11月16日，区长胡永光主持召开区政府第75次常务会议。会议原则同意《宁波市奉化区关于贯彻落实习近平总书记重要讲话精神扎实推进长三角一体化发展的实施意见》，要求根据会议审议意见作进一步修改完善后提请区委常委会会议审议。会议原则同意《宁波市奉化区政府投资项目管理办法》《宁波市奉化区建设一流营商环境实施方案》《宁波市普惠金融改革试验区建设奉化实施方案》和《宁波市奉化区国有企业投资项目管理办法（试行）》等文件，要求根据会议审议意见作进一步修改完善后印发实施。

11月27日，区长胡永光主持召开区政府第76次常务会议。会议听取关于中央环保督察问题反馈整改工作有关情况汇报，原则同意《关于持续做好生态环境保护督查工作的通知》，要求根据会议审议意见作进一步修改完善后提请区委常委会会议审议。会议原则同意《奉化区促进商贸流通业高质量发展的意见》《关于综合行政执法事项划转情况的通知》等文件，要求根据会议审议意见作进一步修改完善后印发实施。

12月15日，区长胡永光主持召开区政府第77次常务会议。会议传达学习省、市规范企业职工养老保险省级统筹专题部署会议精神，原则同意《宁波市奉化区做好被征地农民参加基本养老保险工作实施方案》，要求根据会议审议意见作进一步修改完善后提交区委常委会会议审议。

12月17日，区长胡永光主持召开区政府第78次常务会议。会议传达学习了《中共宁波市委办公厅宁波市人民政府办公厅印发关于建立房地产市场平稳健康发展主体责任制的实施意见》精神，并听取奉化区下一步贯彻落实有关情况汇报。会议原则同意《奉化区人民政府质量奖管理办法（2020年修订）》，要求根据会议审议意见作进一步修改完善后印发实施。

12月20日，区长胡永光主持召开区政府第79次常务会议。会议原则同意《关于进一步做好被征地农民参加基本养老保险有关工作的通知》，要求根据会议审议意见作进一步修改完善后提交区委常委会会议审议。

12月23日，区长胡永光主持召开区政府第80次常务会议。会议原则同意《全国文明城市“六连冠”记功（嘉奖）单位和个人推荐名单》，要求根据会议审议意见作进一步修改完善后上报市文明办。

12月30日，区长胡永光主持召开区政府第81次常务会议。会议原则同意区城投集团关于推进奉化区2021年度重点市政道路合作项目建设方案，要求根据会议审议意见作进一步修改完善后依法依规组织实施。会议原则同意《奉化区2020年“凤麓英才”计划（第二批）入选项目名单》，要求根据会议审议意见作进一步修改完善后予以公布。

【区政府党组会议】 区政府党组会议由党组书记或书记委托副书记召集并主持，党组成员参加。党组会议须有半数以上党组成员参加方可召开，讨论决定干部任免事项必须有2/3以上党组成员到会；根据工作需要，会议召集人可根据议题指定有关人员列席会议。2020年，奉化区召开区政府党组会议7次。

【区政府全体会议】 5月27日，区长胡永光主持召开区政府全体（扩大）会议暨领导干部大讲堂，作题为《续写“大文章”争当“模范生”在浙江“重要窗口”建设中展示奉化篇章》的讲座。会议指出，要以更大的胸怀和气魄，更多的智慧和汗水，用心成大事、实干谱新篇，为“两手都要硬、两战都要赢”和建设“后来居上、最美最好”新奉化不懈奋斗。会议强调，全区上下要在“船到中流浪更急”的大势中，进一步坚定目标和决心，积极应对当前疫情防控下经济社会发展面临的困难和挑战，打好“化危为机、转危为安”主动仗；要在“长风破浪会有时”的征程中，进一步强化担当与作为，续写“加速南融合、念好山海经、做强增长极、建设新城区”四篇大文章，争当“深化开放合作、践行‘两山’理念、产业化危为机、城乡融合发展”的模范生；要在“会当水击三千里”的担当中，进一步激发信心与豪情，以更加紧迫的战斗意识、更加高涨的工作激情、更加开放的发展理念、更加务实的执行力度，做好每一件小事、完成每一项任务、履行每一项职责。

（汪黎明）

办公室工作

【概况】 2020年以来，在区委、区政府的正确领导下，区府办领导班子带领全办人员，深入贯彻习近平新时代中国特色社会主义思想，全面落实习近平总书记考察浙江重要讲话精神，紧紧围绕“两手硬、两战赢”“六稳”“六保”等中心工作，统筹推进“五大专项行动”“五大攻坚战”，切实履行参谋辅政、综合协调、督促落实等职能，充分发挥承上启下、沟通内外、联系左右的枢纽作用，完成各项工作任务。

【以文辅政】 高标准、高质量完成政府工作报告、区委经济工作会议讲话等重要文稿，累计起草各类综合文稿400余篇。深化信息服务，及时提炼上报特色亮点工作，累计向上级报送约稿238篇、领导专报63篇、要情700余篇，省、市政府办公厅采用319条，获省、市领导批示19条。进一步落实精简公文制度、压缩公文数量、提高公文质量，累计办理各类文电3700余件，制发公文700余件。政务公开力度不断加大，全年通过不同渠道主动公开政府信息71187条，解读文件150件，处理依申请公开答复310件。全面做好浙江省行政规范性文件与行政合同管理示范点建设，累计审核制发规范性文件27件、合同协议31件，提出合法性审查意见112条。

【督查工作】围绕“督查+协调”“督查+服务”，不断深化督查体制机制，持续提高督查实效，有力推动各项工作的落实。2020年，累计办理、上报省政府领导批示件5件，市委市政府领导批示件196件，交办、办结区领导批示件1457件；办理民生问政和媒体曝光答复督办5次，交办、督办人大建议198件，政协提案197件；牵头或参与专项督查43批次，编发《督查与落实》51期。被评为宁波市推进“六争攻坚 三年攀高”行动先进集体。

（汪黎明）

流动人口服务

【概况】2020年，奉化区流动人口服务管理工作，以推进流动人口市民化、实现基本公共服务常住人口全覆盖为主线，充分发挥量化积分机制调节功能，着力稳定和扩大流动人口就业创业，不断提升流动人口工作治理能力。年末，全区登记在册流动人口为202701人，其中居住六个月以上的流动人口131882人，在册出租房屋85131间，少数民族流动人口24000余人。

【新型居住证制度】奉化区以“最多跑一次”改革为抓手，以镇（街道）综治工作中心为依托，打造集出租房“旅馆式”总台服务、各类证件证明办理、矛盾纠纷化解、便民服务等功能于一体的“新居民驿站”。在全区8万余间出租房安装二维码，开发“流动人口社会化服务管理”APP，在全省首创“扫二维码网上自助申报”服务，实现出租房入住人员“人来登记，人走注销”的“旅馆式”24小时管理，实现一次都不用跑。全年累计登记流动人口311265人，注销228155人，新增流动人员自主申报登记率已达80%以上。在居住登记零跑次的基础上，建设申领居住证量最大的“合法稳定”类居住证的网上申领，通过与社保数据库的对接，实现居住证申领零次跑。全年，全区办理IC卡居住证24484人，新申领3942人，签注7544人。大力开展“科技赋能”助力流动人口智慧管理，结合疫情防控需要，研发“e码通”快速核查人员身份系统，并以方桥街道为试点，在所有出租房屋安装“智能门锁”，在主要道路安装各类前端感知设备，通过多维数据分析研判，积极推动流动人口智能化管理。

【流动人口量化积分申评工作】2020年进一步放开放宽落户条件，大幅降低积分落户门槛，进一步完善与量化积分评价相挂钩的服务和便利供给机制，先后发布《2020年奉化区外来务工人员子女积分入学办法公告》《2020年奉化区外来务工人员积分免费体检办法公告》《2020年奉化区流动人口量化积分落户公告（试行）》《2020年奉化区外来务工人员公共租赁住房租赁补贴申请公告》，共受理申评2443人次。制作印刷《奉化区流动人口量化积分申评指南》，并借助手机客户端、微信及宣传册进行推送、发放，开展广泛宣传。

【流动人口公共服务和权益保障】奉化区义务段公办学校共接纳流动人口学生14957人，占全区义务段流动人口学生18003人的83.1%，其余3046人由3所民办流动人口子女学校接纳，实现应收尽收。大力改善流动人口子女学校办学条件，对辖区3所民办流动人口子女学校，根据相关政策按公办学校生人均公用经费1/2补助，全年各项补助总额超800万元。积极开展对7周岁以下流动儿童预防接种的调查评估，每半年开展一次流动儿童免疫督导工作，覆盖率达100%。在全市率先探索疫苗补充保险，纳入医疗责任保险，实现疫苗保险覆盖0—6岁接种流动儿童。全年奉化区流动儿童国家免疫规划疫苗接种率达95%以上。对外来妇女实行与当地妇女“同管理、同服务、同享受”的计划生育服务措施，落实流动人口计划生育“一盘棋”工作任务，全年奉化区免费计划生育技术服务基本项目覆盖率达100%。深入开展健康促进家庭、企业、学校创建活动，结合疫情防控开展流动人口“把健康带回家”送健康、送温暖等活动，进行流动儿童青少年近视综合防治等工作。全年累计开展各类活动40余次，惠及外来儿童0.5万余名，参与流动人口6万余人次。坚持把新就业无房职工和稳定就业的外来务工人员纳入公租房保障体系，2020年审核发放外来务工人员申请公租房租赁补贴132户，发放金额13万余元。继续对公交、环卫、物业等公共服务行业的外来务工人员进行保障，2020年新增40户，共计发放316户，发放金额33万余元。积极开展各种文体活动，2020年安排48个村（社区）开展布龙“走乡串村闹新春”活动，并在端午、七夕、中秋等传统节日民俗举行节庆活动。先后举办桃花马拉松、徒步毅行大会、广场舞比赛、工间操展示大会等多项体育赛事，吸引广大流动人口踊跃参与。连续8年为流动人口免费提供意外伤害保险，充分展现了“奉邑有你”诚挚欢迎外来人口的拥抱态度。坚持以人为本、为民解困的服务宗旨，认真开展救助管理工作，全年共救助277名流动人员，完成长期滞留救助人员落户安置并为9名安置人员发放身份证。

【创新劳动关系协调模式】 奉化区把化解劳动争议作为保障企业流动人口合法权益的一个突出抓手，将“小三级”工会协调劳动关系体系建设与调裁诉联动化解工作有机结合，创新构建三道保障线、六项新举措、全闭环机制协同运作的“360”劳动争议化解模式，探索形成外来务工人员合法权益保障的奉化方案。立足企业、行业（区域）、镇（街道）“小三级”工会组织架构，坚持劳动争议调处关口前移、哨站前设，建立维护企业外来员工合法权益的“三道保障线”，争取矛盾纠纷化于未发、止于未诉，使外来务工人员的合法权益得到低成本、高效率和高质量的保障。推行“月月查、周周送、时时帮、三报制、四心法、五疏导”6项举措，力求矛盾及时掌握、纠纷有效化解、法律规范执行，实现劳动关系预警、劳动争议调解、政府法律监督等程序有效衔接，使外来务工人员的合法权益得到及时、有效和长久的保障。联合融合工会、人社和法院三方力量，构建“调解—仲裁—诉讼”劳动争议多元化解工作全闭环模式，实现争议调解“最多跑一次、最多跑一地”。2020年，全区调处组织有效化解外来员工劳动争议案件285起，涉及金额1860万元。建立“X+1+4”工伤预防工作机制，从源头上减少和降低工伤事故发生。奉化区首家宁波市工伤康复定点医疗机构在新桥骨科医院挂牌。依法开展工伤认定，积极打造“阳光工伤”模式。

【流动人口职业技能提升】 2020年，奉化区深入贯彻落实“援企稳岗”系列政策，组织开展“工匠成才计划”，扎实推进“匠心课堂”“匠心学院”“匠心工坊”系列行动，着力提高外来务工人员整体素质和技能水平。“匠心课堂”先后邀请高凤林、竺士杰等大国工匠以及各级劳模、优秀行业代表等畅谈成长经历，分享技艺坚守，通过思想引领铸“匠心”。“匠心学院”邀请各级工匠、技术能手、资深讲师入企业、进车间、下班组开展技术指导、疑难诊断、实操帮教等送教服务，通过技能培育练“匠艺”。“匠心工坊”聚焦重点工程、重大项目、重大活动和新经济新业态领域，多层次、多渠道、多类型开展劳动和技能竞赛，形成本级技能竞赛与上级技能大赛逐步接轨、竞赛标准与人才培养紧密衔接的竞赛选拔机制，通过劳动竞赛展“匠作”。全年，开展“匠心课堂”3期，其中第2期在“甬派”直播线上点击量超20万人次。授牌成立“匠心学院”10所，开展服装、气动、厨卫、建筑等多个行业领域的各层级、各行业职业技能大赛30场。落实以工代训、职业技能培训补贴、技能提升补贴等政策，全年累计发放各类补贴700余万元。下发《关于开展外来务工人员等素质提升培训工作的通知》，通过“春潮行动”“学历能力提升行动”“技能培训促就业行动”、返乡入乡合作创业带头人培训、建筑业技能培训以及从事高危行业人员安全技能培训等，超额完成省里培训计划分配给全区8000人次的指标任务。

【构筑聚才高地品牌】推动服务环境更优质，建成使用奉化“人才之家”，常态化开展项目路演、资本对接、产品发布、创业访谈等活动。推动服务维度更全面，建立助创专员、法务专员、财务专员“三员”服务机制，全面启用惠企、人才政策“一键通”，持续拓展高层次人才服务包内容，起用人才服务“一码通”。推动服务方式更暖心，疫情期间，专门出台“关爱人才暖心12条”等惠才政策，实施了“1+1+1”重点人才企业复工联系制度。2020年，新增各类人才1.5万余人。组织实施“多证联办、网上注册、先照后证、照后减证、证照通办”等系列措施，极大方便经营主体的注册登记，推动域外各类人才到奉化创业屡创新高。至年末，外来人员到奉化登记注册企业1104家、人员1412人，个体工商户3115户、人员3825人，为经济社会发展注入新活力。

（蒋志归）

行政审批服务

【概况】2020年，行政服务中心共受理事项88.36万件，办结88.35万件。区政务办获选市“六争攻坚”先进集体，机关党委被评为宁波市“五星”级先进基层党组织。

【行政审批服务改革】开通政策服务专窗、搭建惠企人才政策奖补兑现“一键通”平台，实现每个兑现事项材料由4份减至2份，环节由5个减至2个，时间由33天减至21天（5天为网上公示时间）。截至12月底，“一键通”平台办件2381件，累计开通批次245次，累计兑现金额14169万元，224条政策上线至“一键通”平台。该做法在《改革先锋》第12期上刊登，在市“三服务”办专报录用，并得到省委改革办副主任董继鸿肯定。

以企业名称和社保信息变更为切入点，将涉及公民个人信息连锁变更的7个部门6个事项（学籍信息、社保信息、预防接种证明、供水账户、供电账户、供气账户）和涉及企业信息连锁变更的7个部门6个事项（公安刻章备案、银行账户、税务账户、社保账户、不动产证、机动车证件）进行分别整合，相关申请材料合并成一张表格，身份信息经系统同步流转，实现公民企业身份信息变更“一表申请、一窗办理”。相关做法获选省“最多跑一次”改革实验室竞跑者先进案例。

开发智慧残联服务管理系统，通过“数据连+网上转”实现残疾人证申办各环节网上流转的有效整合，使残疾人网上（掌上）申请、村（社区）协办、镇（街道）审核、区残联审核预约、医院专家网上评定签字、区残联审定办证等自动连接成一个体系，通过申请、远程审核、接口共享或部门联办等方式，构建办证“一网流转”“全网通办”服务体系。《宁波市奉化区打造办证“全网通”》在省《竞跑者》期刊报道。

充分运用银行网点多优势，通过开拓接口、联通网点、权限外放、后台授权等方式，推进行政审批向基层延伸。区行政服务中心与20余家当地银行开展合作，内容涵盖10余类民生服务领域。如全市首创不动产登记“家门口办”服务模式，将缴税、面签、递交材料、缴费等不同部门的办事流程、手续整合，实现不动产抵押、过户网点统一代理办结。

编写一本通《办事去哪儿》，以企业群众办事需求为导向，以解决“办什么事”“去哪里办事”为切入点，整合线上操作平台、线下办理路径、医院诊疗科目、银行网点等资源，共涉及93个单位，2587条办事信息，简单问题实现“自助办”，事项表述用“群众用语”代替“专业术语”，全书2231项事项均用群众用语进行表述，群众办事准确度和有效度提高了41%。“一本通”做法获市“三服务”办信息录用。

【营商环境优化】以企业满意为出发点，优化统办服务机制，运用会商会审、快速审批等工作方法，建立“菜单式”精准服务机制，为企业量身定制方案，做到全程代办、全程协调、全程监督。组建“绿叶帮跑团”专业代办团队，推行无偿式保姆化服务，通过“一对一”个性化代办服务，着力推进项目审批落实，助推奉化企业投资项目全流程审批100%完成“最多80天”。创新推出公用事业“联合报装”。从环节、时间、材料入手实现流程再造，设立水电气网受理专窗，推行水电气网一体化报装，打造公用事业申请“一窗报装”“一表采集”“一次踏勘”“一并施工”“一站服务”。共取消收费8项，降低收费2项，环节精简至2个，材料压缩至1份，12项审批事项改审批为备案，9个事项实行告知承诺。通过优化审批途径、创新服务方式，着力推动项目高效落地，出台“竣工验收一路通”“农居房项目改造”“政府项目审批最多80天”等高效审批方案。如“政府项目开工前审批‘最多80天’”，通过开展多规合一论证、提前勘察设计招标等方式压缩项目前期准备时间，采用“并联审批、提前审查、编审同步、模拟审批、承诺后补”等方式压缩项目审批时间，实现政府类项目从立项到施工许可全流程时间压缩至“最多80天”。

【服务平台建设】 建立闭环式、细粒化大厅监管体系，持续践行国标式OSM管理模式，全力保障中心有序、高质对外服务。每日主任进大厅巡查，每周印发督查通报，每月“最多跑一次”满意度测评及窗口积分评比，每季对进驻部门绩效考核，并将结果在奉化日报头版公示，每年对各窗口单位进行年度定级定档，形成全方位、多层次中心动态管理样板，促进各窗口部门高效履行职责，各窗口人员行为规范、优质服务。根据省、市“好差评”工作要求，第一时间制定“好差评”实施方案，由区政府发文在全区实施，中心对外服务窗口第一时间布置“好差评”软硬件，实行“一事一评价”。2020年，完成文本审核3818条，差评处理118条，其中涉及行政服务中心的63条，其他各部门的55条，所有差评件均在规定的时间内审诉、整改到位，达到群众满意率100%，申诉率100%，整改率100%。实施窗口“考级制”管理。6月，以“练兵强技能、服务树新风”为主题，完成全中心窗口工作人员初级技能考级，310人参加，题库5789题，涉及政务服务事项2153项，高频热点事项全覆盖，考试优秀占比为78.97%。在全市首届政务服务技能比武中，获得团体一等奖、优秀组织奖、个人风采奖等荣誉。

（沈　磊）

外事工作

【概况】 2020年，奉化区外事工作坚持以习近平新时代中国特色社会主义思想为指导，认真贯彻习近平外交思想，坚决落实区委区政府各项部署要求，及时转变工作重心，全力服务复工复产复学工作，取得良好的成效。

【防范境外疫情输入】 区外办牵头组建区境外疫情防控工作组，调配力量组建工作专班，建立多种机制，在境外疫情输入防控上取得积极成果，累计境外返奉化839人次（其中外籍99人次）。全力协助集中隔离点（维也纳大酒店）做好境外到宁波人员集中隔离工作，承接宁波下发境外到宁波人员集中隔离5航次（包机3航次、商业航班2航次）。

【助力复工复产复学】 积极利用“快捷通道”政策，协调做好从事科研、技术和经贸合作的外籍人士到奉化工作，共办结28批56人次。通过召开协调会、组建微信工作群等办法，为奉化龙泰进出口有限公司解决活鱼出口困境，“东远6”“龙泰6”2艘运输船共完成38个航次，活鱼出口量超过1300吨。统筹安排重要经贸人员“点对点”接回事宜，积极对接市防办、省防办，批准亚德客1位和超竣电器3位重要经贸人员通过“点对点”接回奉化，并协调交通、卫健、街道等多部门和企业进一步落实后续管控措施。

【统筹国际抗疫合作】 深挖外交外事资源，结成友好城市7对，其中亚洲占43%、美洲占29%、欧洲占14%、非洲占14%。国内疫情发生后，奉化区友城日本入间市向奉化区捐赠8890只口罩和41件防护服。在国际疫情持续升级的情况下，奉化区积极开展抗疫国际合作，向友城日本入间市捐赠20000只口罩、100件防护服、120个护目镜、1200只手套等防疫物资，先后向多地留学生和社会团体寄去民用口罩6000多只、护目镜250副。

【加强外事管理服务】 纵深推进机关内部“一件事”改革工作，加强数字化政府建设，将因公出国、赴港澳任务审核工作结合电子公文系统实现“掌上办”，优化材料数量45%，提升办理时间5～10个工作日。完成省因公出国“一件事”系统操作网上演练。通过建立部门联办工作机制，优化APEC商旅卡办理流程，由区外办和区贸促会替企业“代跑”，共集中办理APEC商旅卡7批15人次。

（李　益）

侨务工作

【概况】 2020年，区侨办在区委、区政府的正确领导下，牢固树立“融入中心、服务大局”意识，按照“党政所需、侨胞所盼、侨办所能”的工作要求，凝侨心，发侨声，聚侨智，出侨力，各项工作均有长足的进展。

【经贸交流】 立足侨企所需，强化部门对接，充分发挥柬埔寨侨商宁波（奉化）经贸联络处作用，引导长隆制衣、丹盈服饰等侨资企业主动走出去，在柬埔寨下订单、建厂房，在柬的奉化企业已达20多家，业务涵盖服装、物流、餐饮等领域。积极筹建东南亚宁波奉化华侨联合会，侨团将以区侨联兼职副主席沈琦明为发起人，柬埔寨宁波商会为核心，辐射周边东南亚地区的华人华侨社团，通过以侨为桥、以侨引侨，让奉化更多的劳动密集型企业走出国门，参与“一带一路”建设。

【创业创新】 加大与上级侨务部门的对接联系，争取更多的人才项目资源导入奉化，组织举办2020“智享天下 侨创奉化”宁波双创会新侨英才交流分享活动。立足凤麓新材料加速器和千人创业园侨界“双创基地”和“山丘汇”留学归国人员创业基地，主动做好新侨企业服务工作，引导他们在创新驱动、高精产品研发中发挥生力军作用，至年底，吸引各类海外人才15名。留创会副会长企业海上鲜获2019—2020年度产业互联网最具影响力企业和2019年中国大宗商品电商百强企业第29名。

【文化传播】 积极组织海创青年参加“宁波市第九届侨界英才创新创业峰会”“宁波帮·帮宁波”发展大会等各类海外人才项目招引活动，大力推介奉化良好创业氛围和政策环境。以海联驿站和海外侨务工作点为依托，在加拿大、德国、柬埔寨等国家的华人学校和华人协会播放《中国佛教五大名山雪窦山》和《老家奉化》宣传片，不断提升奉化在全球的影响力和知名度。策划实施“海燕归巢 创业家乡”奉籍海外知名高校留学生奉化行、2020“海燕集结”乡村产业振兴创意比赛活动，组织国际华裔学生参加第二十届“茶花杯”国际华裔学生书法比赛，配合参与界界乐世界街舞挑战赛，进一步提升海外侨胞对国家的自信力和家乡的自豪感。

【自身建设与重要活动】 开展示范创建年活动。延伸侨办工作手臂，壮大侨办工作队伍，按照“成熟一家、组建一家”的发

7月3日，海燕归巢　创业家乡——奉籍海外知名高校留学生奉化行活动

展原则，组建江口、方桥、松岙3家基层侨联，实现全区12个镇（街道）侨联组织全覆盖。以“重要窗口”为担当，加大示范创建指导，适当补助创建资金，通过比学赶超，引领裘村、莼湖等6家基层侨联从“五有”向“五好”提升，争创侨界奉化样板和典范。开展侨（留）企服务年活动。积极投身“三服务”，出台侨（留）资企业服务年活动方案，通过“联片蹲点”“四联四跑”“周一夜访”等工作载体，主动入企开展走访调研，精准助力60多家侨（留）资企业复工复产。在留创微信公众号上共推出4期“一心‘移疫’拓市场，专心致志做品牌”侨企推文，大力推介侨（留）资企业产品，公众号链接点击达3万多次。开展阵地拓展年活动。聚焦奉化海创、海归人员和留学生家属集聚主要场所，组织成立凤麓新材料加速器“新侨驿站”、千人创业园“新侨驿站”，筹划组织奉化中学海外校友会，助力新侨企业快速成长，凝聚新侨精英人心，发挥新侨才智作用。深化海外联谊工作平台建设，密切与德国、法国和美国“海联驿站”的联系，建立“奉化海外重点人士”资料库，联络联谊网络不断向全球拓展。

【基础工作】 深入贯彻《浙江省华侨权益保护条例》，联合区人大教科文卫工委开展《条例》贯彻落实情况执法检查，从华侨人身权益、政治权益、经济权益等方面全方位督查涉侨部门在维护侨益、落实侨事上的工作举措。加大各级侨法宣传力度，联合锦屏街道、建设银行、司法局等部门，组织举办侨法专题讲座和“宁波市侨法宣传系列活动走进奉化”。至年底，涉侨部门共为归侨侨眷、侨资企业办理各项专利注册12件、税务及不动产登记43项，为24位华侨侨眷办理低保手续，落实10位华侨子女高考、中考加分事项，疫情期间为32家侨（留）资企业提供补助资金39笔，共计193万元。充分发挥法顾委作用，通过承办、督办、转办和协办方式，认真做好涉侨信访事务受理工作。2020年各级侨务组织共受理涉及经济纠纷、侨房拆迁、子女就学、社会保险、医疗救助等各类涉侨来信来访18件（次），提供法律政策咨询服务50多人次。多渠道筹措爱心资金，宽领域惠及困难侨群，整合侨爱帮困金、甬港联谊会爱心资金及上级侨务下拨基金等资源，组织基层侨联深入开展“归侨侨眷关爱工程”和“侨界暖巢行动”，慰问贫困归侨侨眷和留学人员家庭100余户次，涉及慰问资金15万元，确保知侨情、解侨困、暖侨心，努力提升为侨服务水准。着力打响“留创爱”基金和“侨·爱心”“侨”棚志愿者服务队两个侨务工作品牌，助力美丽乡村建设、“我们的家园”创建及垃圾分类等工作，充分发挥侨界围绕中心、服务大局的作用。继续开展为侨界群众助学、助教、助困和送医疗、送法律、送文化“三助三送”活动，尽力解决教育、医疗、养老、社保等反映强烈的民生问题。

【队伍建设】 组织基层侨联和新侨驿站认真学习党的十九届五中全会精神，习近平总书记在浙江、宁波考察时的重要讲话精神和省侨联“十代会”工作部署，不断提升侨务干部的政治站位和理论修养。积极参加区委统战部开展的“人人争当窗口、处处呈现风景”和“破除中梗阻、提升执行率”专题大讨论活动，深刻查找不足，切实整改提升，增强“三服务”的意识和能力。围绕“促中心、筑同心、聚人心、守初心”主题，邀请部分侨团组织参加统战系统暑期读书会，会上区留创会代表新侨组织作《凝聚侨心担使命、汇集侨力谋发展》表态发言，主动展示侨界人士担当和作为。严格落实侨务各项制度规定，定期召开全委会、常委会、主席会议和基层侨联负责人会议，商讨阶段工作安排和重大活动，通报区委和上级侨务组织最新政策动向和工作要求，着力建设规范、高效、和谐的班子团体。依托区侨联换届契机，加大对海归新侨、基层侨联负责人的推荐力度，按照“政治硬、实力强、热情足、学历高、年纪轻”的选人用人原则，吸纳一批年富力强、敢当敢为、善作善成的侨界精英进入侨联班子，让侨联组织更有活力和希望。充分借助奉化融媒体、奉化统一战线公众号、微信群等各类宣传平台，大力宣传叶氏家族造福桑梓、市侨商会会长徐旭昶获省“侨界十杰”和基层侨联主席刘上严的先进事例，先后在《宁波日报》《奉化日报》数字平台刊出《省第十次归侨侨眷代表大会举行 我区两人会上受表彰》等10多篇奉籍海外优秀侨界人士事迹，扩大侨界典型人物在全市的影响力，提升侨办在社会的知名度。

（吴　桁）

涉台湾地区事务

【概况】 2020年，进一步加强与港澳台地区交流合作，在疫情防控、宣传教育、经贸合作等方面取得了新的进展与成效。奉化区台办获得中央台办“两刊”对台宣传工作先进单位；奉化区台联获得宁波市群团工作作出突出成绩集体；调研课题《奉化雪窦山海峡两岸交流基地窗口作用发挥的再研究》获得宁波市2020年度涉台调研课题二等奖。

【交流交往】 开展形式多样的线上线下交流活动。8月10日，“家乡美·两岸情”线上书画交流展在浙江佛教学院、台北市阳明山草山行馆举行。10月29日，2020海峡两岸婆媳文化节开幕式暨“家风·家训·家教”主题论坛举行，围绕“家风·家训·家教”这一主题，举行了奉化台湾“家·宣讲”讲师团受聘仪式、《“相约奉化”2020海峡两岸家风家训名家书法邀请作品集》发布赠书仪式及“家风·家训·家教”主题论坛等活动。11月7日，2020年第二届中国·宁波奉化海峡两岸体育舞蹈（国标舞）公开赛举行。11月9—13日，举办台湾收藏家古汉杰个人收藏展活动和中华弥勒台湾慈行启动仪式，邀请100多名台商共同见证。

【经贸活动】 发挥奉化特色产业优势，注重多平台结合、多渠道招商。7月16日，组织奉化区20多名民宿经营户代表与来自台湾“天空的院子”负责人、亚洲创生发起人何培均就民宿如何发展运营等问题进行线上交流。11月9—13日，结合弥勒文化节活动，邀请昆山、福建、宁波等地近百名台商、台青到奉化参加活动，并召开招商推介会，向台商们详细介绍奉化的招商政策和人才政策，以吸引更多地台商、台青到奉化投资、创业。超竣电器制造（宁波奉化）有限公司、宁波吉田智能洁具科技有限公司2家侨资企业获评2020奉化“强龙工程”新入围企业。

【涉台宣传】 2020年，紧紧围绕岛内局势和对台工作中心任务，精心策划各项对台宣传工作，开展多种形式的学习宣传教育活动。积极开展涉台调研工作，总结提炼的有关海峡两岸婆媳文化节活动的经验探索——《十年风雨路 两岸婆媳情》在《两岸关系》杂志上发表。加大宣传力度，以婆媳文化节、中华弥勒台湾慈行等重大活动为契机，广泛邀请各级新闻媒体来奉实地采访报道，进一步扩大活动的知名度和影响力。加强理论宣讲教育活动，12月24日，邀请全国政协委员、市政协副主席张明华走进奉化“两岸交流”委员会客厅，向台胞台属宣讲党的十九届五中全会精神，并就如何加强两岸经贸文化交流进行座谈。

【基层组织建设】 发挥台联组织民间性特点和亲情乡情优势，做好镇（街道）台联会成立换届的指导工作。深入各镇（街道）调研走访，指导基层台联会开展工作，并指导江口街道做好台联会成立大会及锦屏街道台联会换届选举等工作。开展台胞台属慰问工作。春节期间，走访慰问困难台胞台属及重点台胞台属56户，台资企业23家，送上慰问金、慰问品等4万余元。推出清明期间“代祭扫”活动。受疫情影响，针对外地台胞台属无法回乡祭祖的情况，区台联联合基层台联开展“代祭扫”活动，溪口、锦屏等台联开展“代祭扫”活动，祭扫完成后，将照片和视频通过网络传送给台胞、台属，得到台胞、台属的肯定。

（骆　波）

政协宁波市奉化区委员会

综　述

2020年，区政协及其常委会坚持以习近平新时代中国特色社会主义思想为指导，学习贯彻党的十九届五中全会精神，深入践行习近平总书记在浙江、宁波考察时的重要讲话精神，全面落实中央重大决策和省委、市委、区委部署要求，坚持双向发力，服务发展大局，以争当“重要窗口”模范生的责任担当深入履职，为推进全区经济社会高质量发展和决胜全面建成小康社会作出应有贡献。2020年，奉化区政协委员经1次调整，增补4人，至年末有政协委员223人。

重要会议

【一届四次会议】 5月7—9日，区政协第一届第四次会议召开，委员214名出席。大会听取和审议政协第一届宁波市奉化区委员会常务委员会工作报告；听取和审议政协第一届宁波市奉化区委员会常务委员会提案工作情况的报告；列席奉化区第一届人民代表大会第四次会议（视频会议），听取并讨论《政府工作报告》，讨论人民法院工作和人民检察院工作；举行报告会；选举区一届政协主席、1名副主席和2名常务委员；审议通过政协第一届宁波市奉化区委员会第四次会议决议；听取中区宁波市奉化区委员书记讲话。一届四次会议期间共收到委员提案246件，经审查立案222件，其中关于高质量推进名山建设管理的建议等7件提案被列为年度重点提案。

【常委会会议】 2020年，区政协第一届常务委员会举行3次会议。

4月24日，区政协召开一届十四次常委（扩大）会议，会议协商通过有关人事事项，审议通过区一届政协常务委员会第十四、十五、十六次会议主持人名单；协商讨论区政府工作报告；审议通过区一届政协常务委员会工作报告；审议通过区一届政协常务委员会提案工作情况报告；审议通过区一届政协常务委员会工作报告报告人名单、区一届政协常务委员会提案工作情况报告报告人名单；审议通过区政协一届四次会议议程（草案）和日程安排；审议通过2019年度区政协工作各项先进；审议通过有关人事事项；传达学习习近平总书记考察浙江时的重要讲话精神。

5月7日，区政协召开一届十五次常委（扩大）会议，会议听取各工作委“两个报告”讨论情况汇报；酝酿通过选举办法（草案）、总监票人、监票人建议名单；酝酿通过区一届政协主席、1名副主席和2名常委候选人建议名单。

5月8日，区政协召开一届十六次常委（扩大）会议，会议听取各工作委2020年度主要工作安排讨论情况汇报；听取各工作委对选举办法（草案），区一届政协主席、1名副主席、2名常委候选人及总监票人、监票人酝酿情况汇报；审议通过区政协一届四次会议决议（草案）；审议通过区政协一届四次会提案审查报告（草案）。通过有关人事事项。

政治协商

【全委会整体协商】 5月7—9日，在区政协一届四次会议期间，通过分组、联组讨论等形式，全体委员就“一府两院”工作报告及区委、区政府重大决策以及群众反映强烈的社会热点、难点问题进行大会协商讨论。委员们共提出提案246件，经审查立案222件，会后报送区委、区政府供决策参考。

【政情通报会】 8月19日，区政协召开政情通报会，听取区政府上半年全区经济社会发展情况、政协提案办理情况及下半年政府重点工作安排情况。区委副书记、区长胡永光出席并通报相关情况。与会委员当场进行讨论并发表意见。区政协主席陈红伟代表政协常委会对区政府上半年工作表示肯定。

【主席议政会】 4月3日，区政协依托“请你来协商”平台，举行“加快奉化区疫后经济复苏的对策措施”主席议政会。区发改局、经信局、商务局、人力社保局等部门汇报复产复工情况及下一步工作举措，与会政协委员结合前期调研情况，与相关部门进行面对面交流。智库专家代表结合奉化实际，就如何推进奉化区经济社会有序健康发展积极建言献策、出谋划策。

8月13日，区政协组织召开科学编制“十四五”规划主席议政会。会议听取区发改局等部门的专题汇报，市改革办、市发规院、市工程学院的3位专家分别为奉化科学编制“十四五”规划精准把脉、科学建言，综合专家和委员发言，会议提出四点意见、建议。

【主席询政会】 7月22日，区政协召开“大力推进民生待遇同城化发展”询政会。区政协主席陈红伟代表政协常委会肯定设区以来民生待遇同城化发展取得的成绩，并指出存在的问题。发改、财政、教育、卫健等部门负责人详细汇报当前各领域同城化发展状况及下一步工作计划。

12月3日，区政协就保护与适度开发利用象山港召开主席询政会。区发改局、区农业农村局等部门介绍象山港区域开发利用现状，并汇报工作推进情况。与会政协委员积极发言，围绕“对象山港的保护与适度开发利用”，提出针对性意见和建议。

【专题民主协商】 5月29日，区政协依托“请你来协商”平台，举行“建设品质社区”专题民主协商会。区住建局通报奉化区现阶段社区建设和物业管理相关情况，政协委员和智库专家发表各自的看法。

6月9日，区政协召开“加速交通同城化，加快区内交通互换与宁波中心城区交通对接”专题民主协商会，进一步推进有关部门深化交通路网布局研究，完善交通路网体系规划，加快交通道路建设步伐。区交通局汇报奉化区推进交通同城化相关工作情况，其他相关单位结合自身工作作补充发言，政协委员围绕谋划规划、交通建设等方面进行座谈发言。

6月11日，区政协依托“请你来协商”平台召开“推进传统产业智能化改造”专题民主协商会。区经信局等部门介绍奉化区“推进传统产业智能化改造”相关工作情况。与会政协委员、相关协会负责人和企业家展开协商讨论，提出意见建议。

【政协论坛】 11月14日，区政协承办以“聚焦长三角 智慧看浙甬”为主题的2020雪窦山全球智库论坛在奉化举行。经济学家、国务院发展研究中心党组书记马建堂，国务院原稽查特派员刘吉，第十一届全国政协委员、外事委员会委员、新华社原副社长兼常务副总编辑马胜荣，全国供销合作总社原党组成员、理事会副主任戴公兴，国务院发展研究中心办公厅主任、人事局局长张辉，国务院发展研究中心发展战略和区域经济研究部部长侯永志等领导嘉宾应邀参加。市委副书记、市长裘东耀致辞，市委常委、秘书长施惠芳，市政府秘书长朱金茂及区四套班子领导出席。

11月15日，奉化区举行应用型智库专家座谈会。与会专家学者围绕“谋划‘十四五’助推奉化高质量发展”主题座谈交流。区委书记高浩孟出席并讲话，区委副书记、区长胡永光介绍奉化设区以来经济社会发展情况，区人大常委会主任周涛出席。座谈会由区政协主席陈红伟主持。奉化区聘请综合、产业经济、规划建设、社会管理与法制等4大类37位专家学者组成奉化区应用型智库，为党委政府的科学决策建言资政。

11月15日，2020雪窦山全球智库论坛子活动之一，雪窦山佛教名山建设战略研讨会在浙江佛学院举行。中国社科院学部委员、中国社科院世界宗教研究所研究员魏道儒，北京大学经济学院副院长张辉，中国佛教协会副会长、江西省佛协会长纯一法师，浙江省文化和旅游厅党组成员、副厅长王峻，宁波市政协原副主席郁伟年，“一带一路”中小企业国际创新联盟主席胡莹莹等6位专家学者从不同角度、不同层次、不同方位，就如何深化名山建设、提升名山能级作主旨发言，为名山建设建言献策。

民主监督

【重点提案重点督办】 2020年，区政协确定7件重点提案，由政协主席、副主席领衔督办。通过召开专题督办会、现场视察活动等形式，集思广益，协商解决重点提案办理中遇到的问题。配合区政协组织的“提案回头看”活动，促进相关重点工作开展。

8月26日，区政协举行推进竹全产业链建设打造竹艺小镇重点提案督办活动，就大力推进奉化区竹资源发展和利用，加快传统竹产业转型升级作提案办理情况汇报。会议指出，要高度认识发展竹产业对推进当前全区各项工作的重要意义，攻坚克难、注重统筹，以超常举措推进竹全产业链发展、建设竹艺小镇，在全区上下努力形成加快竹产业发展合力。副区长张巍作表态发言。

9月11日，区政协召开高质量推进名山建设管理重点提案督办座谈会。会议听取名山建设管委会名山发展局关于新一轮名山建设的工作汇报，以及发改、财政、文广旅体等单位的补充发言。与会政协委员围绕高质量推进名山建设管理议题提出意见建议。会议强调，要坚持高水平建设，全力打造名山精品工程；注重高质量管理，建立健全名山运作机制；突出品牌化宣传，持续提升雪窦名山影响力。江定康表示，要深刻认识高质量推进名山建设管理的重大意义，提高站位、认真研究、落实举措，进一步扩大雪窦山的知名度和影响力，持之以恒地夯实雪窦山五大名山的社会地位。

9月17日，区政协召开重点提案办理协商座谈会，围绕“发挥山海资源优势，推进全域旅游发展，建设美丽大花园”展开讨论。区文广旅体局就近年来奉化区旅游业发展基本情况、存在问题以及下一步做法作重点提案办理落实情况汇报。资规分局、农业农村局等相关部门结合各自职能补充汇报，与会政协委员和区政协智库专家代表作交流发言。会议提出要强化协同推进、强化要素集聚、强化配套建设、强化产业融合等建议。张巍副区长作表态发言。

9月25日，就城里厢历史文化街区保护改造工作，奉化区政协召开重点提案督办会。区资规分局、住房和城乡建设局、文广旅体局、锦屏街道以及蕾奥规划设计院在会上作工作交流，与会政协委员提出建设性的意见和建议。会议指出，要正视当前城里厢片区保护改造的困难问题，要科学合理推进保护开发，高起点谋划功能定位，体现完整性、注重特色性、突出前瞻性；要把山水之城、文化之城、名人之城体现出来；要保护改造一次规划，分批实施、相对集中、兼顾个体、交通为干、提前征迁；要在充分挖掘文化内涵的基础上，合理布局产业，注重非遗文化的现代化开发和新业态开发；要抓紧招商引资，选择合适的开发单位，边保护边开发，强化统筹协调。傅岳炳表示，区政府将抓紧完善规划设计方案，坚持保护为先，科学合理开发布局。做足做实前期工作，切实将历史街区保护好、开发好、建设好。

10月29日，区政协组织举行“加大国企改革力度，加快专业化、市场化步伐的建议”重点提案督办会。会议认为，区委改革办和区国资管理中心高度重视提案办理工作，及时成立工作专班，研究出台《深化国资国企改革推进高质量发展的实施意见》和相关配套文件，稳步有序推进国资国企改革。同时，认真做好提案的面商、办理和答复工作。会议在综合委员发言基础上，提出坚定改革方向不动摇、防范和化解重大风险和防范和化解重大风险等三点意见建议。

11月3日，区政协就《关于发防范和化解重大风险展“小而美”企业的建议》召开重点提案督办会。与会人员一行先后来到宁波启迪智能装备（气动）科技园招商中心及园区内宁波鸿瑞精密科技有限公司，视察园区建设情况，了解企业落户进展情况。座谈会上，区科技局汇报了提案办理和“小而美”企业扶持培育相关情况，与会政协委员为“小而美”企业的培育壮大提出意见和建议，区投促局、区委人才办等相关部门与委员们进行交流互动。

11月26日，就如何发挥3号青创大走廊引领作用，打造宁波生命科学城，区政协召开重点提案督办会。会议指出，生命科学城是奉化融入主城区、实现新跨越发展战略的桥头堡，是3号青创大走廊的核心。建议相关部门主动对接，围绕建设“医疗高地”“康养胜地”“医教要地”“产业重地”，做好招商选商工作，加快引入各类项目，努力做好要素保障和政策服务，推进城市配套设施建设，打造环境优美的人居福地。

【专项监督】 7月8日下午，区政协组织开展“大力推进农村住房改造工作”专项民主监督活动。与会人员一行先后实地考察莼湖街道漂溪村等农村住房改造情况。在民主监督交流会上，区农业农村局、住房和城乡建设局等单位相关负责人作交流发言。政协委员代表结合自身实际和考察情况，作民主监督发言。

10月15日，区政协就“五年奉献一个新奉化”重点项目推进情况开展专题民主监督。视察组一行先后到轨道交通3号线鄞奉段金海路客运中心等地察看项目进展情况并提出三条建议，副区长章程作表态发言。

主题调研

2020年，区政协对群众关心的热点难点问题，组织开展3个重点课题调查研究，调研报告以政协常委会建议案形式报送党委政府供决策参考。

【关于城市智慧化管理中软硬件整合的调研与思考】 3月上旬，区政协成立调研组，广泛听取相关街道、业务部门、重大平台等意见建议，并参考杭州市、萧山、建德等先进经验，针对相关问题进行分析探讨，形成《关于城市智慧化管理中软硬件整合的调研与思考》的调研报告，经区政协一届十七次常委（扩大）会议协商通过。报告认为，相较于先进地区，奉化智慧城市建设还存在信息化建设统筹不够、信息孤岛现象严重、智慧化治理程度偏低、网络安全风险隐患较大、专业技术力量薄弱等问题，一定程度上制约了区域治理现代化的发展。为此，区政协常委会以建议案形式向区委、区政府提出加强组织领导，统分结合提高效能；加强资金统筹，推动长效持续发展；加强资源整合，打破部门信息“孤岛”；加强应用场景建设，推进数字化转型；加强网络综合治理，确保网络信息安全；加强人才保障，汇聚智慧化治理发展动能等6条建议。

【关于加快推进奉化中医药事业发展的思考】 4月上旬，区政协成立调研组，通过对区卫健局、区中医院及部分中医个体诊所和中医门诊部的实地走访，广泛听取中医名专家意见建议，并参考周边县市的先进经验，重点就奉化区中医药事业发展面临的困境、制约创新发展的主要因素进行研究分析，形成《加快推进奉化中医药事业发展的思考》调研报告，经区政协一届十七次常委会议审议通过，以区政协常委会建议案形式向区委、区政府提出抓机制建设，提升中医药事业组织凝聚力；抓保障力度，提升中医药事业核心竞争力；抓人才培养，提升中医药事业对外影响力；抓文化传承，提升中医药事业宣教创新力等4条建议。

【关于行政区划合理调整后基层组织运行情况的调研与思考】 4月中旬，区政协成立调研组，会同区委组织部、区民政局、区农业农村局等部门进行专题调研，形成《关于全区行政村规模优化调整后村级组织运行情况的调研与建议》调研报告，经区政协一届十七次常委会议协商通过。会议认为，行政村规模优化调整后，应密切关注调整村的后半程工作，要继续加强村级组织建设，出台相关扶持政策，切实推进新村的融合发展，不断壮大村级集体经济。区政协常委会以建议案形式向区委、区政府提出党建引领，新村要凝聚新合力；顶层设计，新村要绘好新蓝图；强化治理，新村要提升新能力；精准施策，新村要焕发新动能等4条建议。

【组织各类视察活动】 2020年，区政协和各工委针对群众关心的热点难点问题和中心工作，组织开展形式多样的视察活动近30次。先后对突发公共卫生事件风险监测预警体系、老工业园区改造、全区扫黑除恶工作等进行视察，并将视察情况向有关部门作了反馈和建议。

经常性工作

【团结联谊工作】 2020年，区政协坚持团结民主两大主题，发挥开放包容独特优势，凸显联络联谊统战功能，广泛凝聚改革发展的社会正能量。密切与各民主党派、工商联、无党派人士的合作关系，经常邀请他们参加调研视察、民主监督、专题协商、议政询政等“请你来协商”活动，确保其履行职责有舞台、参政议政有渠道、发表意见有机会。切实加强同党外知识分子、非公有制经济人士、新的社会阶层人士的交往联系，着力构建和谐的民族、宗教、阶层和海内外同胞等各种关系，不断巩固发展最广泛的爱国统一战线，积极引导各方力量共同致力于全区经济社会高质量发展。举行中秋茶话会，叙友情、话发展、谋未来，寄语社会各界合心合力、齐头并进，积极为助力当好“重要窗口”模范生凝聚智慧、凝聚共识、凝聚力量。发挥政协之友联谊会平台作用，通过书画创作、项目视察等方式，促进老领导老同志老委员联络联谊、建言献策、发挥余热。用好政协委员自身资源，鼓励委员通过外出考察、项目合作、招商引资等途径，加强与各地客商的交流联络，大力宣传奉化、推介奉化。

【文化宣传工作】 编撰出版《雪窦行旅》，不断完善雪窦名山文化体系，持续夯实名山文化底蕴，有效提升五大名山知名度，更好发挥名山效应。选送优秀作品参加全市政协系统书画作品巡回展，充分展示奉化书画爱好者的艺术才能。编印《奉化政协》杂志，交流工作经验，传递动态信息，展示委员风采。编发《参政议政》26期，提出各种意见建议300余条，有力推动相关工作。按季度编报《社情民意专刊》，传递反映民意呼声，社情民意信息工作在全市区（县、市）政协系统名列前茅，并作经验交流。通过运用网络、微信等渠道载体，加大政协工作宣传力度，让各界群众更好地了解政协组织、支持政协工作。

【委员平台建设】 健全委员工作室平台，新增8家部门委员工作室，实现政协工作委员工作室全覆盖。溪口“两岸交流”委员会客厅先后举办民宿经济线上交流研讨、“家乡美·两岸情”线上书画展等活动，通过视频连线方式促进两岸同胞联络联谊。“家乡美·两岸情”线上书画展活动，在央视四套《海峡两岸》栏目播出。大堰、岳林等多家委员工作室相继开展线上线下协商活动。深化委员服务管理，建设委员履职管理系统，组织人员专题培训，加强委员履职考评，进一步增强委员履职的主体意识和责任意识。

【提案工作】 区政协一届四次会议召开以来，广大政协委员和政协各参加单位坚持习近平新时代中国特色社会主义思想，全面贯彻落实区委区政府决策部署，紧扣奉化经济社会发展及人民群众普遍关心的突出问题，积极履职建言，共提交提案246件，经审查，立案222件，其中集体提案50件，委员提案172件，合并处理后为173件，交由43家单位办理。区委区政府高度重视，承办单位认真落实，所有提案已全部办复。所提问题已经解决或基本解决的91件，占52.6%；正在解决或列入计划解决的80件，占46.2%；因条件限制留待以后解决的2件，占1.2%。总体来看，提案内容丰富，调研深入，针对性强，反映了党政重视的重点难点和群众关心的热点焦点问题，提出许多具有前瞻性、科学性、可行性的意见建议，为奉化区推进“五大专项行动”、打好“五大攻坚战”“五年奉献一个新奉化”发挥了积极的作用。

2020年度政协奉化区委重点提案一览表

表3

序号	提案人	案　由
1	溪口地区工委	《关于高质量推进名山建设管理的建议》
2	农村经济工委	《关于推进竹全产业链建设，打造竹艺小镇的建议》
3	裘村地区工委	《关于发挥山海资源优势，推进全域旅游发展，建设美丽大花园的建议》
4	文体新工委	《关于积极推进城里厢历史文化街区改造建设的建议》
5	罗云、陈炳武	《关于发挥轨道交通优势，科学规划“3号青创大走廊”平台，谋划争取宁波医疗康复中心的建议》
6	张　磊	《关于发展“小而美”企业的建议》
7	民　革	《关于加大国企改革力度，加快专业化、市场化步伐的建议》

（王　淑）

纪检 监察

综 述

2020年，全区纪检监察工作坚持以习近平新时代中国特色社会主义思想为指导，贯彻落实党的十九大和十九届二中、三中、四中全会精神，按照十九届中央纪委四次全会、省纪委十四届五次全会、市纪委十三届五次全会和区委一届七次全会部署，围绕中心，服务大局，通过践行“两个维护”、深化“四风”纠治、推动基层治理、突出政治巡察、一体推进“三不机制”、深化体制改革、奋力锻造铁军等举措，聚焦主责主业，认真履职担当，充分发挥监督保障执行、促进完善发展作用，纪检监察工作呈现高质量发展的良好态势。

重要会议

【区纪委常委会扩大会议】 2月25日，区纪委常委会扩大会议召开，传达学习习近平总书记在统筹推进新冠肺炎疫情防控和经济社会发展工作部署会议上的重要讲话精神，学习贯彻省委、市委、区委和上级纪委一系列会议精神，并对全区纪检监察机关统筹做好当前各项工作进行研究部署。

【清廉奉化建设座谈会】 3月20日，清廉奉化建设座谈会召开。会议强调，清廉奉化建设是推动全面从严治党向纵深发展的有力抓手，是推进区域治理能力现代化的重要内容，是助推奉化区“五年奉献一个新奉化”的重要保障。各牵头单位要根据“清廉奉化”的总体要求和主要目标，增强主体意识，各司其职、配合协作，抓实抓细各项工作举措，深入挖掘各领域先进经验和示范品牌，努力打造具有奉化历史底蕴、人文特色、精神风貌的清廉样板。

【区纪委一届六次全会】 4月10日，区纪委一届六次全会第一次大会召开。区四套班子领导、法检两长及现职副区级领导干部等参加会议。区委书记高浩孟强

4月10日，奉化区第一届纪律检查委员会第六次全体会议召开

调，政治建设与政治监督要一并用力，切实增强“两个维护”的政治自觉；作风整治与优化服务要一并推进，全力攻坚“五年奉献一个新奉化”的政治任务；惩治腐败与清廉建设要一并抓牢，努力营造山清水秀的政治生态；主体责任与监督责任要一并到位，全面落实管党治党的政治责任。随后召开的区纪委一届六次全会第二次大会，区委常委、纪委书记、监委代主任徐震宇代表区纪委常委会做题为《全力推进纪检监察工作高质量发展 为奉化区高水平全面建成小康社会提供坚强保障》的工作报告。会议审议通过《中国共产党宁波市奉化区第一届纪律检查委员会第六次全体会议报告》和全会《决议》。

【一届区委第七轮巡察工作动员部署会】 8月3日，一届区委第七轮巡察工作动员部署会召开，区委书记高浩孟强调，各地各部门务必高度重视巡察工作，以更高站位、更硬举措、更强担当，推动巡察工作走向纵深、走在前列、落实落细。徐震宇主持并传达全省巡视巡察工作会议及十四届省委第十轮巡视动员部署会精神，唐军华部署一届区委第七轮巡察工作。

【省委第二巡视组巡视宁波市奉化区工作动员会】 8月4日，省委第二巡视组巡视宁波市奉化区工作动员会议召开。会前，省委巡视工作领导小组办公室副主任王俊向区委书记高浩孟传达省委书记车俊关于巡视工作的讲话和指示精神。会上，省委第二巡视组组长宋涛就即将开展的巡视作动员讲话，王俊就配合做好巡视工作提出要求，高浩孟作表态讲话。区委副书记、区长胡永光主持会议。

【“守初心 强担当 铸铁军 做模范”专题教育推进会】 8月13日下午，全区纪检监察系统召开“守初心 强担当 铸铁军 做模范”专题教育活动推进会。区委常委、区纪委书记、区监委主任徐震宇出席会议。全区纪检监察干部参加。为抓好此次专题教育活动，深化监察体制改革，推动监察机关依法接受民主监督、社会监督、舆论监督，促进全区纪检监察干部依法履职尽责，区监察委员会聘请邬培达等12人为第一届特约监察员。

【镇（街道）及派驻纪检监察工作会议】 9月24日，区纪委区监委召开镇（街道）及派驻纪检监察工作会议。委机关相关领导、各镇（街道）纪委（纪工委）书记、派驻纪检监察组组长、委机关各纪检监察室主任参加会议。区纪委副书记、区监委副主任何彪出席会议并讲话。

【全区纪检监察工作会议】 12月17日，区纪委区监委召开全区纪检监察工作会议，回顾总结2020年工作，剖析存在问题，研究谋划明年任务。区委常委、区纪委书记、区监委主任徐震宇出席会议并讲话。各镇(街道)纪委(纪工委)、部分派驻纪检监察组在会议上进行交流发言。

重要调研

【疫情防控工作督查指导】 2月1日，市纪委常委、市监委委员、市委巡察办主任张国锋带队到奉化督导新型冠状病毒疫情防控工作。市纪委市监委第二纪检监察室主任张重光等参加。奉化区委常委、区纪委书记、区监委代主任徐震宇等陪同督导。

【疫情防控和企业复工复产工作检查督促】 3月5日，市委常委、市纪委书记、市监委主任傅祖民赴奉化检查督促疫情防控和企业复工复产工作，走访宁波麦博韦尔移动电话有限公司、绿都社区、城市展览馆、宁波秉航电子科技有限公司等地，强调各级各部门要学懂弄通做实习近平总书记重要讲话精神，深入贯彻党中央、省委和市委部署要求，充分发挥联防联控、群防群控的机制优势，统筹兼顾、聚焦重点、精准发力，做到防疫和生产两手抓两手硬。奉化区委书记高浩孟，市纪委常委、秘书长王寅星，奉化区委常委、区纪委书记、区监委主任徐震宇等参加相关调研活动。

【"五小一跑"工作调研】 9月14日，区委书记高浩孟到溪口税务所、萧王庙街道卫生院调研"五小一跑"工作（围绕"小单位决策、小资金使用、小物资采购、小项目实施、小干部管理五类基层权力事项以及'最多跑一次'基层服务事项"）情况，并在奉化博物馆参观"五小一跑"成果展示。高浩孟在调研时强调，区纪委监委和各部门要稳扎稳打推进"五小一跑"工作，按照制度、规范、标准，加强探索、落实落细，真正管住基层权力事项的权、钱、物、事、人。

党风政风监督

【概况】 构建"四责协同"机制，全年开展"三交底"（交底主体责任履责、所在单位问题、重要廉政风险三份清单）廉政谈话51人次，反馈问题431个，制定整改措施423条；对政治生态考评较差单位督促约谈整改，视情追究主要负责人党纪责任并记入领导干部个人廉情档案，累计问责党组织3个、党员领导干部33人；压实分管（联系）区领导的"一岗双责"，累计向区领导发放函告书7份。

【疫情防控和三复工作监督】 全区纪检监察机关成立6个检查组，累计检查发现问题3500余条，下发督查专报48期，当日整改率达到98%以上。护航企业复工复产，督促各有关单位一手抓疫情防控，一手抓复工复产，累计检查走访复工企业1300余家次，发现并督促整改问题256个，对检查发现问题的30家企业责令停工，帮助企业解决问题、反馈意见建议156条。精准监督、精准问责，从快处置涉疫信访件8件，问责党组织2个，查处26人，其中党纪政务处分3人。

【扶贫开发和扶贫协作监督】 2020年，全区纪检监察机关累计成立专项监督组44个，走访低收入农户11621人，查看扶贫资金项目104个，发现并解决问题80个，累计查处扶贫帮扶领域的优亲厚友、贪污挪用等问题线索2起4人，其中党纪政务处分1人，组织处理3人。严格"一案双查"，责令扶贫帮扶领域工作责任落实不到位、履责不力的1个党组织作出书面检查，对履责不力、把关不严的2名干部进行严肃问责，下发监察建议书4份，通报曝光典型案例1起。

【"四风"问题监督】 全年累计开展正风肃纪专项行动980次，发现问题888个，查处人员445人次。坚决查处违规收受礼品礼金、违规接受管理服务对象宴请等享乐主义、奢靡之风问题，累计查处问题18起，处理党员干部25人，党纪政务处分13人。坚决整治在疫情防控和服务经济社会发展方面不担当、不作为、乱作为、假作为，以及文风会风不实不正等形式主义、官僚主义问题，累计查处问题17起，查处党员干部30人，党纪政务处分16人。开展"烟票"（烟酒商行违规发售的高档香烟购买券）背后的"四风"问题专项整治，查处涉及"烟票"问题线索5起，查处党员干部7人，其中党纪政务6人，移送司法机关4人，涉及金额20.3万元。

【专项督查】 开展"酒局""牌局"等问题专项整治，突击检查棋牌室52家次、饭店68家次、烟酒商行28家次、高档KTV娱乐场所12家次。开展制止餐饮浪费专项行动，累计开展监督检查208次，检查单位388家次，发现并解决问题107个，下发通报6期，督促建立完善制度38项。

【"清廉村居"建设深化】 构建41个"清廉共建点"，督促建立健全村务监督平台，打造村级"四务通"大数据云平台，开设10个模块，定期、适度将村级小微权力运行情况进行公开。全年11个镇（街道）332个村公示8046次、公布信息335300余条，核查出并督促整改问题730余个。

【基层公权力监督体系构建探索】 召开清廉奉化推进会、公布2019年度清廉示范点42个，督促各牵头单位严格按照清廉奉化建设的总体要求，有序有力抓好清廉示范点建设。召开专题调研会，走访调研清廉村居、五小一跑示范点30余个，积极探索如何推进以“五小一跑”和“清廉村居”为核心的基层公权力监督体系的运行。

宣传教育

【概况】2020年，以“五小一跑”、基层治理、清廉村居、脱贫攻坚及推动“清廉奉化”建设等为重点，在宁波市级及以上媒体发表稿件298条，其中国家级45条，省级101条，宁波市级152条，奉化日报清廉专栏刊登14条。“五小一跑”基层案例入选由中国纪检监察杂志社、省纪委主办的新时代清廉乡村建设与乡村治理现代研讨会，获评十大优秀案例；中国纪检监察报聚焦奉化区推进东西部扶贫协作刊发文章《异地察访紧盯扶贫项目》；中国纪检监察杂志《浙江：打出“组合拳”护航攻坚战》综合采用奉化区扶贫工作素材。省市媒体采用清廉村居建设方面稿件20篇，以江口街道村级监察微平台为主题，拍摄清廉村居微视频1部。

【清廉文化挖掘】整理清廉文化资源，将红色松溪、大堰镇党校、青云村、中医院萧王庙分院、溪口税务所等8个点位纳入宁波市清廉文化云地图，供党员干部现场教育和学习参观；在凤山体育公园布置清廉景观带，增强清廉文化影响力和辐射面；重点挖掘地域特色清廉文化资源，召集相关部门共同梳理挖掘当地人物典故、历史遗迹、民俗文化中的清廉文化元素，打造奉化的“清廉品牌”。

干部工作

【概况】围绕疫情防控和复工复产工作，安排6名委领导带领6个监督检查组分赴各单位开展专项检查，派出志愿者200余人次协助各村（社区）卡点防控，派出13人支援小分队到松岙协助企业复工复产，小分队被评为“抗疫优秀志愿服务组织”。对接区直机关党工委，成立区纪委区监委机关党委，重新设立7个党支部（含退休支部）。结合全国文明城市创建，充分发挥区纪委“清风志愿服务队”的作用，累计组织4批共300余人次参加街巷环境集中整治行动和垃圾分类桶边督导行动。

【监察体制改革延伸】设立监察工作联络站387个，聘任站长387人、联络员905人、监察信息员476人，累计报送问题信息334条，转问题线索共55条，镇（街道）纪检监察机构规范化建设工作水平不断提升。

【纪检监察干部培树】常态化推行“1+X”多岗培养、导师带徒等机制，53名青年纪检监察干部全年轮流兼职2个以上其他岗位，通过跟班锻炼、实践演练、结对指导全面淬炼业务能力。选优配强干部队伍，加大干部选调力度，选调12名政治素质好、业务能力强、群众认可度高的优秀年轻干部进入纪检监察系统。

信访处置

【概况】2020年以来，全区纪检监察机关共受理信访举报256件，与2019年同期412件相比下降37.86%。其中，来信举报194件，来访27批，来电7件，网络举报28件；中纪委转办24件，省纪委转办76件，市纪委转办101件，自收56件；从检举控告情况看，共接收检举控告类信访件204件，其中初信举报90件，重复举报166件，占检控总量81.37%。

【涉纪信访处理力度提升】通过“巡回督办”促信访举报“双清”，全年开展巡回督办20次，走访12个镇（街道）、31个村，回访重点信访户23人，督促整改办理时限超期等问题24个；领导包案、全委办信促信质效“双提升”，全力化解一批疑难信访和重信重访。坚持严管与厚爱结合，严格按照“三个区分开来”（即把干部在推进改革中因缺乏经验、先行先试出现的失误和错误，同明知故犯的违纪违法行为区分开来；把上级尚无明确限制的探索性试验中的失误和错误，同上级明令禁止后依然我行我素的违纪违法行为区分开来；把为推动发展的无意过失，同为牟取私利的违纪违法行为区分开来）要求，全年为10名受到不实举报的党员干部澄清正名。

纪律审查

【概况】 2020年，全区纪检监察机关累计处置问题线索687件，同比上升36.3%；立案查处各类违纪违法人员250人，其中区管领导干部13人；结案260件，处分250人，采用监察留置措施8人，移送检察机关13人，追回违纪违法所得422.66万元；运用“四种形态”处理993人次，同比增长38.7%，其中第一、第二、第三、第四种形态分别占比74%、15.6%、4.7%、5.6%。

【反腐败工作】 发挥区委反腐败协调小组职能作用，及时更新党员信息和监察对象信息。2020年5月，调整区委反腐败协调小组领导成员；6月11日，召开区委反腐败协调小组工作会议，强化成员单位在正风反腐、追逃防逃、扫黑除恶斗争中的协作配合，提升工作合力。

【党风廉政审核】 完善区管领导干部廉政档案，健全自身纪律审查信息管理系统和登记档案，提高资格审查的质量和效率。全年，受理各部门党风廉政意见征询共计108批6426人次，其中表彰奖励、干部任免等反馈个人6390人次，单位239家次，经济责任审计意见28人次，出入境8人次。

巡察工作

【概况】 2020年，共开展常规巡察2轮，巡察20个党组织，完成村（社区）和基层站（所）“点穴式”巡察和专项巡察1轮，巡察4个村（社区）和4个基层站（所），完成基层站（所）交叉巡察1轮，巡察8个基层站（所），累计发现问题1080个，督促被巡察党组织制定整改措施597条，完善制度95项，向相关职能部门发送巡察建议12条，向区纪委区监委、区公安分局移送问题线索35条，问责220人次。

【深化基层巡察】 2020年以来，完成对143个村（社区）巡察，其中常规巡察村（社区）121个、延伸巡察村（社区）18个、“点穴式”巡察村（社区）4个，在村级组织换届选举前实现了100%村（社区）巡察全覆盖的硬指标，共发现问题736个，问责62人次，其中党纪政务处分2人；对44个基层站（所）开展巡察，其中开展专项巡察2个，“点穴式”巡察2个，交叉巡察8个，全覆盖率69.41 %，共发现问题176个，问责9人次，其中党纪政务处分1人。

派驻工作

【概况】 推动派驻机构管理“六个一体化”，完成派驻公检法纪检监察干部党组织关系、工资关系、工会关系统一划转工作。完善派驻机构积分考核办法，制定派驻机构工作绩效单和问题线索月清单，督促主动发现问题。深化区属企业纪检监察体制改革，配齐配强区属企业纪委书记，完善医共体纪委书记双重管理机制，探索发挥监督作用新模式。

【派驻机构一体化】 将派驻公检法纪检监察干部党组织关系全部纳入区纪委区监委机关党委统一管理。加大干部选调力度，通过多种途径在全区各单位物色、筛选政治素质好、业务能力强、群众认可度高的优秀年轻干部充实到队伍中来，改善队伍的年龄和知识结构，不断充实纪检监察后备人才库。2020年，区纪委、区监委共选调10名干部进入派驻机构，完成派驻机构缺编率不得大于15%的工作目标。

（杨　晶）

民主党派

中国国民党革命委员会宁波市奉化区委员会

【概况】 2020年，中国国民党革命委员会宁波市奉化区委员会（以下简称民革奉化区委会）坚持把思想政治建设放在首位，深入推进“不忘合作初心、继续携手前进”主题教育活动，不断夯实共同思想政治基础，积极落实上级民革和中共统战部门提出的各项工作要求，认真履行参政党职能，各项工作取得新进展。年末，区委会下辖4个总支、13个支部，共有党员172人，全年共发展新党员8人。党员平均年龄48.64岁；本科以上学历118人，其中研究生13人；有高级职称38人，具有党派结构特色66人。党员中有宁波市人大代表3人、政协委员2人，奉化区人大代表6人、政协委员21人。

【参政议政】 在2020年市、区“两会”上，民革成员中各级人大代表、政协委员共提交建议提案34件。其中，《加快实施奉化火车站提等升级及宁奉铁路“南延北连”工程的建议》被评为宁波人大优秀建议；区委会、邬优芬、张磊、吴玲珊、任益鑫等分别提交的5件提案被评为区优秀提案；王国仙、袁国辉、翁幼辉被评为区优秀政协委员，毛春林、毛明玉被评为区提案积极分子；区委会提交集体提案5件，其中《关于走市场化道路，推动奉化区国企改革发展的建议》被列为重点督办提案。

【祖国统一工作】 11月12日，联合溪口台联会建立“同心基地”，在溪口开展孙中山先生154周年诞辰纪念活动。奉化首家省级“两岸交流”政协委员会客厅在溪口创建，并联合溪口台侨联开展了清明“代祭扫”、中秋茶话会、祖统联谊等一系列促进两岸交流的活动。2020年清明期间受疫情影响，许多台湾同胞无法到奉化扫墓祭祖，奉化民革党员和溪口台联会一起，为29户不方便返乡的台胞侨胞祭扫祖墓53座，并将祭扫情况拍摄视频发给远方的同胞，受到一致好评，并被多家新闻媒体报道。

【民主监督】 聚焦“高水平推进区域治理现代化”等议题，11月24日，锦屏三支部赴长岭村开展“三大革命”（即农村垃圾、污水、厕所革命）专项民主监督活动；12月8日，区委会牵头赴西坞街道开展“三大革命”专项民主监督活动，听取街道及农业农村局、改革办等工作汇报后，提出相关意见建议，并形成调研报告提交相关部门。

【社会服务】 积极开展社会服务活动，扩大“同心博爱”品牌影响。区委会4个社会服务团联合锋之社、绿叶志愿者服务队，开展“风雨同舟四十年，凝心聚力谱新篇”纪念奉化民革成立40周年大型社会服务活动，为市民送上体检、义诊、法律咨询、心理咨询、理发、家电维修等服务。在2020年初抗击新冠肺炎疫情的行动中，全区民革党员在不同岗位坚守阵地，深入防疫一线和企业复工一线，累计捐款33.71万元，捐献防疫物资价值3万元，涌现出一批“战疫先锋”和榜样人物。

【组织发展】 做好基层组织换届工作。区委会多次与宁波民革、中共奉化区委统战部联系沟通，征求相关中共党委部门的意见，综合对班子成员政治标准和德才标准，代表性、影响力和群众公认度等方面的考虑，最终形成各基层组织班子规模、职数及人选安排，并于9月底前完成11个支部换届选举。在上级民革、区委统战部和区卫生健康局党委的关心支持下，4月，原医卫支部顺利升格为卫生健康总支部，下设卫生健康一、二支部，基层组织框架进一步拉大。

【信息宣传】 举办纪念奉化民革成立40周年书画展，刊印40周年纪念专刊，拍摄纪念视频，总结展示宣传民革发展历程和工作成就，激发党员使命感、归属感。全年刊出《奉化民革》刊物 4 期，累计发表各类文章120余篇，办刊质量继续提升；“奉化民革”微信公众号推送各类信息44期。区委会被评为2020年度民革浙江省宣传思想工作先进集体。

【制度建设】 实行主委班子联系支部制度，并明确联系工作职责，提升工作成效。建成建筑面积230多平方米的党员之家，并出台制度确保党员之家管理规范、发挥作用。教育支部党员之家被评为省“五好”民革党员之家，奉化民革、锦屏三支部、岳林一支部、岳林二支部党员之家被评为省“五有”民革党员之家。

【奉化民革成立40周年纪念大会】 11月24日，奉化民革成立40周年纪念大会举行。省政协副主席、民革浙江省委会主委吴晶，市人大常委会副主任、民革宁波市委会主委王建康应邀出席，区委书记高浩孟讲话。镇海区人大常委会副主任、民革镇海区基层委员会主委陈志红代表民革兄弟党派致贺词；区政协副主席、民盟奉化区总支部主委邬旭光代表奉化区各民主党派、工商联致贺词。会议表彰了奉化区十大民革优秀党员，并为党龄30周年以上的民革党员颁发荣誉证书。

（吕林焕）

中国民主同盟奉化区总支部委员会

【概况】 2020年，中国民主同盟奉化区总支部委员会（以下简称民盟奉化总支部）在中共奉化区委和民盟宁波市委会的领导下，在区委统战部的指导帮助下，高举习近平新时代中国特色社会主义思想伟大旗帜，全面贯彻中共十九大和十九届二中、三中、四中、五中全会精神，深入贯彻习近平总书记考察浙江重要讲话精神，贯彻落实民盟十二届三中全会和中共浙江省委、宁波市委、奉化区委全会精神，深入推进“不忘合作初心，继续携手前进”主题教育活动，对标新目标新定位，坚定政治信念，加强自身建设，提升履职能力，较好地完成了各项目标任务。至年底，总支

11月24日，奉化民革成立40周年纪念大会召开

共有盟员38人，其中研究生16人（博士1人、硕士15人），占42.1%。

【表彰奖励】 2020年，民盟奉化总支部获民盟浙江省委会“抗击新冠肺炎疫情先进集体”称号，陈斌、林碧丰获民盟浙江省委会“抗击新冠肺炎疫情先进个人”和区战“疫”先锋个人称号。王君威等人作品《高中地理难点突破微课系列》获评2020年度省级精品微课程，王君威获宁波市第32届“王宽诚育才教师”奖。卓宜男获区论文比赛二等奖、区职业教育技能大赛优秀指导教师、课题《中职生SQ现象的剖析与引正策略研究》获区三等奖。马建芳被评为浙江省第二次全国污染源普查成绩突出个人。

【民盟奉化区总支部委员会成立大会举行】 8月8日，民盟奉化区总支部委员会成立大会举行。宁波市副市长、民盟宁波市委会主委许亚南出席会议并讲话。中共宁波市委统战部副部长戴凌云，中共奉化区委常委、统战部部长黄峻，民盟市委会专职副主委郭强等应邀出席。会上，奉化区政协副主席邬旭光当选民盟奉化区总支部第一届委员会主委，民盟江北区总支部代表民盟区县（市）基层组织代表致贺词，民革奉化区委员会代表区内民主党派致辞。

【思想建设】 深入学习贯彻习近平新时代中国特色社会主义思想，坚持把政治理论学习放在首要位置。深入学习习近平总书记考察浙江重要讲话精神，积极学习全国“两会”、中共十九届五中全会、中央经济工作等会议精神，不断强化理论武装。同时，组织盟员参加盟市委新盟员培训班、区委统战部2020年全区党外人士培训班等，组织盟员参加盟市委组织的高质量发展论坛智能制造专题学习、甬盟讲坛等。

【组织建设】 积极落实人才强盟战略，新增盟员3人，努力建成政治素质好、代表性强、结构合理的人才队伍。利用“盟员之家”平台，开展盟员活动日，录制宁波民盟成立70周年祝福视频等，不断完善盟员活动日制度。慰问家属赴武汉医疗支援的盟员沈江威，给予组织温暖。建立与浙江医药高等专科学校支部协作机制，联动开展《中华人民共和国民法典》宣讲、送医下乡等活动。加强与统战部门、盟员所在党组织、其他党派的协商沟通，提升队伍活力和凝聚力。

【参政议政】 在区政协一届四次会议上，提交集体提案3件，为助推奉化高质量发展出谋划策。积极做好与区教育局等对口联系工作，赴奉化区技工（旅游）学校就职业教育工作进行专题调研，推进全区职业教育的高质量发展。赴尚田街道、锦屏街道和岳林街道，开展生活垃圾分类民主监督活动，就生活垃圾分类工作进行民主监督座谈。参加“民营经济高质量发展”专项民主监督工作座谈会。做好争创全国文明城市六连冠暨建设“我们的家园”民主监督活动等。参加做好“月月谈”相关工作。

【社会服务和相关活动】 坚持“有特色、有亮点、有成效”的发展理念，充分发挥好自身优势，积极开展送教下乡、送医下乡、法律咨询、三味公益流动图书等活动，打响奉化民盟总支特色服务品牌。10月23日赴医药高等专科学校联动开展《中华人民共和国民法典》宣讲。11月29日，赴余家坝村开展送医下乡等活动。

（林碧丰）

中国民主建国会奉化区基层委员会

【概况】 2020年，中国民主建国会奉化区基层委员会（以下简称民建奉化基层委员会）下设4个支部，共有会员67名。各支部深入学习理解习近平新时代中国特色社会主义思想，积极开展“不忘合作初心，继续携手前进”主题教育活动，使多党合作的政治共识薪火相传。民建奉化基层委员会被民建浙江省委会评为浙江省先进基层组织，一支部被宁波市委员会评为2020年度优秀支部和社会服务先进集体。韩础被省委会评为“优秀会员”；周吉被省委会评为“抗疫先进个人”、丁文军、周吉被市委会评为“抗疫先锋”、李晴、胡林华、王盛浪等10多位会员被市委会评为“抗疫先进个人”；李晴、姚晶晶被市委会评为“社会服务先进个人”。

【自身建设】 坚持以“注重质量、注意数量、优化结构、保持特色”的原则发展新会员，党派特色进一步凸显，会员结构进一步优化。2020年，新发展会员5人，67名会员中经济界人士有50名，占比75%，形成了党派界别特色鲜明、分布均衡、年龄合理的会员结构。各支部积极组织开展各类活动，会员参会率高。在区委统战部关心支持下，基层委员会完成“民建之家”基地建设，基地位于统战服务中心内，作为宣传展示的窗口、履行职能的阵地和活动联谊的家园。组织参加宁波民建组织的2020“如意杯”健步走运动会活动（获团体第二名）；加深与主流媒体的交流合作，利用《浙江民建》《宁波民建》等刊物和微信公众号等平台，宣传奉化民建的良好形象，扩大奉化民建的影响力。

【参政议政】 民建奉化基层委员会现有区人大代表5人、政协委员8人。“两会”期间，向政协提交集体提案3件，个人议案和建议20余件。积极参加中共奉化区委、区人大常委会、区政府、区政协组织召开的议政座谈会、专题协商会、情况通报会，就重大决策和重点工作提出意见建议。积极参与调研、协商、视察，发挥会内特约监督员监督职能，积极参加专项民主监督，在促进政府效能与作风建设、美丽乡村建设等方面发挥了积极作用。承办“发展数字经济、助推转型升级”党外人士建言献策座谈会，为奉化区数字经济高质量发展积极建言献策。周吉《关于中医药适宜技术在乡村推广的建议》、陈啸《关于推进我市乡村旅游服务小程序的建议》等2个建议被市委会立项。

【社会服务】 立足奉化区情，在脱贫攻坚、爱心助学、特殊群体帮扶、参与社区服务等领域，不断探索新的结合点和参与点。积极营造扶危助困氛围，鼓励广大会员量力而行献爱心、行善举，传播社会正能量，助推和谐社会建设。5月，联合开展奉化区战“疫”物业先锋公益表彰活动。7月，赴大堰学校开展第二季“同心·青联”优秀毕业生助学活动。11月，联合中医院甘草园志愿者服务队，在江口街道王溆浦村开展送医送药下乡活动。12月，赴溪口镇任宋村送书、送健身器械，助力美丽乡村建设。借助浙江省民建会员企业商城及正在打造的“甬建同心”平台，积极发挥奉化民建企业家协会资源优势圆满完成市委会“捧着初心而来，为决胜脱贫下单”消费扶贫专项行动。

（王文巧）

九三学社宁波市奉化区支社委员会

【概况】 2020年，九三学社宁波市奉化区支社委员会（以下简称九三学社奉化支社）共有社员15人（2020年新增社员2人），其中博士2人，硕士5人；教授级高级工程师1人，副教授1人，高级工程师2人。社员中科技工作者7人，医卫界人士5人，教育界人士1人，检察院1人，律师1人。

【表彰奖励】 九三学社宁波市奉化区支社委员会获得九三学社浙江省委员会2020年社会服务集体、九三学社宁波市新冠肺炎疫情防控工作先进集体、九三学社宁波市委员会2020年度先进基层组织等荣誉，社员路波获评九三学社浙江省委员会优秀社员、2020年社会服务先进个人；马彦俏获2020年宁波市最美家庭 、2020年九三学社宁波市新冠疫情防控先进个人、2020年九三学社抗击新冠肺炎疫情湖北抗疫一线优秀社员、2020年宁波市抗击新冠肺炎疫情先进个人等荣誉；陈凯获 2020年九三学社宁波市新冠肺炎疫情防控工作先进个人、2020年度骨质疏松症防治工作先进个人等荣誉；王畅获评九三学社宁波市委员会2020年社会服务先进个人。

【参政议政】 2020年撰写提案

《关于搭建人力交流的对接平台的建议》《关于加强奉化区医共体信息化发展的建议》《关于加强职业技术教育的建议》等共3条；撰写合理化建议《关于合理设置“云停车”收费标准，提高公共车位使用效率的建议》《关于优化设置四明路浙江医药高等专科学校大门口交通指示灯的建议》《关于在上畸线增加道路引导线的建议》《关于加强〈建筑装饰装修工程质量验收标准〉等两项标准宣贯的建议》等共4条。9月，牵头组织“加大奉化区小而美企业引育，助推奉化高质量发展”的月月谈议题，得到区领导肯定；11月12日，社员单军波《九三学社奉化支社民情随访显成效》一则信息获浙江省政协联谊报发表；12月23日《关于奉化区竹产业发展状况的调查和建议》调研课题获区委书记高浩孟批示。

【社会服务】 6月13日，奉化区支社“同心·筑梦”社会服务实践基地揭牌仪式暨社会服务活动在奉化区尚田街道冷西村举行。为奉化首个“同心 筑梦”社会服务实践基地，基地将围绕冷西村居民的实际需求，发挥奉化区社员的智力优势，通过开展医疗专家义诊、健康知识宣讲和农业技术指导等活动，助力当地提升人居品质，推动乡村振兴，为高水平建设新时代美丽乡村作出积极贡献。社市委专职副主委童文俊，中共奉化区委常委、统战部部长黄峻共同为基地揭牌。8月7日，国科大宁波华美医院支社联合奉化区支社，携手走进奉化区大堰镇，共同开展义诊活动，纪念九三学社创建75周年。国科大宁波华美医院支社主委陈勇、副主委任海珍，奉化区支社主委路波等20余位社员参加活动。9月3日，社市委联合奉化区支社举办奉化区首届新材料产业发展论坛暨“九三甬创汇”活动。中共奉化区委常委、统战部部长黄峻，市政协副秘书长、社市委专职副主委童文俊出席并致辞，奉化区支社主委路波主持。12月12日，社市委副主委黄求理带领的九三学社专家团队携手奉化区骨质疏松防治临床指导中心走进尚田街道冷西村，联合开展医疗义诊、农业咨询和图书捐赠活动。市第一医院基层委主委季蕴辛、奉化区支社主委路波、农技支社主委安学君参加活动。

8月7日，国科大宁波华美医院支社联合奉化区支社到大堰镇开展义诊活动

【影响力提升】 2020年，奉化中医医院马彦俏社员主动请缨出征武汉抗疫一线典型事迹得到多个媒体宣传报道，并推荐参加社市委第35次思想政治工作会议，在“九三论坛”上做主题演讲。9月20日，支社召开思想政治工作会议庆祝支社成立一周年，组织社员学习九三宁波社市委印发的《甬九践行 尽责建功——九三学社宁波市委员会学习贯彻习近平总书记重要讲话精神，助力宁波当好浙江建设“重要窗口”模范生行动方案》和奉化区统战部印发的《奉化区统一战线高水平推进区域治理现代化专项民主监督工作实施方案》《深入学习贯彻高浩孟同志在全区统一战线读书会上的讲话精神》的相关通知。10月22日，支社主委路波参加九三学社中央督导检查座谈会。

（陈晓燕）

群众团体

奉化区总工会

【概况】 2020年，全区各级工会认真学习贯彻习近平总书记考察浙江、宁波重要讲话以及关于工人阶级和工会工作的重要论述精神，落实区委和上级工会的工作要求，以当好浙江建设“重要窗口”模范生的政治自觉，紧紧围绕中心大局，忠诚履行职责职能，全力推进“360”劳动争议联动化解模式、“匠心·蓝”铸匠工程等工作，为团结动员全区广大职工群众助力推进奉化高质量发展作出积极贡献。

【组织建设】 年末，全区有基层工会1490家，其中单建工会1325家、联合工会165家，联建覆盖企业5945家，会员16.44万人，APP认证3万余人。持续加大工会干部协管力度，12个镇（街道）、开发区共选聘20名兼职副主席，配备25名职业化工会工作者。坚持职代会、集体协商建制工作，规上非公企业的职代会、厂务公开建制率80%以上。全年投入专项经费大力推进工资集体协商工作，已建会的外来务工人员的工资集体协商率动态保持在92%以上，在全市第二届集体协商比赛中获二等奖。全区有2家企业被评为2019年度宁波市集体协商精细化示范企业和行业，30余家企业获评2020年度区级集体协商精细化示范单位。组织举办全区工会干部业务培训班，来自各业的300余位基层工会干部积极参与。

【劳动竞赛】 举行“牢记嘱咐再出发，助力发展立新功”劳动竞赛授旗仪式。联合区委组织部、区人社局等5家单位举办2020年宁波市职业技能大赛及奉化区“凤麓杯”职业技能大赛，设砌筑工、架子工、电工、焊工、育婴员5个项目技能比赛，全年完成53个各级技能竞赛，参与职工1万余人。开展抖音实时直播培训课程，点赞7648次，粉丝3611人，观看量11.6万次。

【创业创新】 牵头推进落实奉化《关于推进新时代产业工人队伍建设改革的实施意见》的相关政策内容，推出致力于奉化产业工人技能提升的4大类47门培训课程，邀请各级工匠、技术能手入企开展送教服务。5月，组织全国劳模、大国工匠竺士杰，区首位援鄂医护人员何洋，区供电公司小草服务队队长周国军等代表畅谈匠心匠艺，传达党和国家领导人对产业工人的期望和嘱托。全年开展产业工人技能培训班72期，培训职工共计6000余人。在2家省、市级产业工人队伍建设改革试点企业的基础上，精选28家区级试点企业，拉长产业工人队伍建设改革“阵线”。

【劳模先进】 发挥劳模工匠的“传、帮、带”作用，广泛开展“名师带徒”活动，促成实现师徒结对104对。5月24日，组织医疗服务队、小草服务队、电工维修服务队等8支劳模工匠志愿服务队到艾盛春天里小区，为居家群众开展理发、磨刀、小家电维修、血压测量、老年人免费义诊等服务。至2020年底，全区共创建各级各类劳模工匠创新工作室22家，其中省级工作室2家，市级工作室8家，区级工作室12家。2020年，新创建6家区级劳模工匠创新工作室，推荐申报省、市级劳模工匠创新工作室各1家，推荐参评港城工匠5人。

【维护职工合法权益】 构建“360”劳动争议多元化解模式，主动把工会组织优势融入调裁诉工作格局。2020年，由工会参与法院委派调解案件154例，其中成功调解103例，劳动争议诉前化解成功率近七成。该模式得到省总工会、区委主要领导的批示和肯定，全国总工会调研组、省调裁诉三方工作组专程到奉化开展调研考察，8月20日，全市劳动争议化解现场推进会在奉化召开。深入开展第七批区级和谐企业创建先进单位评选活动，30家企业参与，和谐企业的创建率88%以上。全年开展“遵法守法·携手筑梦”公益法律服务活动10场次，服务职工5200人次。2020年全区各级工会调解组织化解纠纷225起，涉及金额1987万元。开展宣法普法活动43场次，服务企业72家，受惠职工6700余人。开展法律监督12次，检查企业52家次，抽查劳动合同1650份，指出安全生产隐患40处，帮助规范规章制度320份（件），积极畅通12351服务热线，进一步构建和谐劳动关系。

【扶贫帮困】 开展困难职工家庭脱困解困工作，全年开展生活救助精准帮扶建档困难职工149户，使用帮扶资金24.21万元。对全区26名符合条件的困难职工家庭上学子女发放助学补助6.9万元。连续3年给予吉林省延边州安图县总工会、宁夏回族自治区吴忠市总工会共计50万元的资金支持，同时指导各级工会做好新增消费扶贫及节日慰问，使用工会经费购买对口地区农特产品工作，2020年全区消费扶贫总金额约1052万元。积极响应区委区政府关于春节期间“留奉过年”的号召，投入130余万元专项资金，通过云上倡议、送福进家、子女托管、免费保险、热线维权、邮寄年货、定制卡券、电台送礼等系列举措，引导企业弹性留工优工，鼓励职工安心留奉留岗。2020年，全区职工医疗互助保障共计参保65480人次，其中在职职工住院医疗30361人，特种重病19690人，女职工安康互助8130人，退休人员住院医疗7299人，参保人次比2019年增多7925人次。

【疫情防控】 通过用好“专项款”、当好“服务兵”、守好“热线台”、把好“引导关”四项举措助力疫情防控和企业复工复产。设立120万元疫情防控专项资金，用于采购物资、慰问一线防疫工作者。进一步落实党中央、省委纾解企业困难政策重大决策，助力小微企业发展，截至12月底，为283家小微企业核定返还工会经费321万元，切实减轻小微企业负担。深入推进“驻企服务”行动，组织32名机关干部成立4支“全脱产”服务小分队，协助建立健全疫情防控工作体系，累计蹲点、走访复工企业1100余家次，参与人次2000余次。区总工会驻溪口镇企服小分队被评为区级第二批战“疫”先锋团队。

【文化建设】 结合“中国梦·劳动美”主题教育，成立22个职工阅读团队，承办第二届全市职工读书节首场读书沙龙，同步开展“红之悟”“海之恋”读书分享会、“我心向党·匠心永挚”区职工阅读团年度风采展示暨“蒲工英”劳模工匠悦讲团成立仪式等8场活动。以职工艺术团、文艺小分队等为主体，全年进企业车间、食堂送去12场“小而美”的文艺演出，开展职工体育健康欢乐送12场次，赠送电影票1000张、图书1430册，覆盖5万余名职工。持续开展“美丽乡村·与惠同行”职工健步走活动，全年共开展3场次活动，1500余名职工参加。组织300余名职工参加第四届全市企事业文体联赛8个项目。构建“奉化蒲工英”网上工会服务体系，公众号全年推文300余篇，阅读量超20万人次，吸引粉丝近3万人，有效增强工会的影响力和凝聚力。

【志愿服务】 成立“1+7街巷跑团”“全员桶边督导”志愿服务队，办好入户宣传、劝导纠正、问题采集、督促整改4件文明事。开展各类服务工作120余人次，现场纠正各类问题520余个，上报街巷疑难问题87个。开展“当一周工人，体工会初心”活动，30名机关干部分组赴8家企业与一线工人同吃同住同劳动，切实推动各级工会干部履职尽责能力。

【全市劳动争议调裁诉联动化解现场推进会在奉召开】 8月20日下午，全市劳动争议调裁诉联动化解现场推进会在奉化召开，总结交流全市劳动争议多元化解试点工作经验，部署下一步推广劳动争议调裁诉联动化解工作任务。市人大常委会副主任、市总工会主席李谦，省总工会党组成员、副主席徐前出席并讲话，区委常委、区政府党组成员杜中权致辞。各区县（市）总工会、人力社保局、法院调裁诉三方相关负责人参加会议。

（应彩芬）

8月20日，全市劳动争议调裁诉联动化解现场推进会与会人员，实地参观西坞街道“老李工作室”和区劳动争议调诉对接工作室

8月20日，奉化莼湖街道老庄工作室、奉化溪口镇老何说和工作室、余姚市梨洲街道阿伟工作室等10家单位被命名为2020年度市级工会劳动关系调处工作室并接受授牌

共青团奉化区委员会

【概况】 2020年，共青团宁波市奉化区委员会(以下简称团区委)在区委和团市委领导下，带领广大青年砥砺奋进、实干担当，为交出宁波当好“重要窗口”模范生高分答卷贡献青春力量。至年末，全区有团员13115人，其中农村社区团员4348人、企事业单位团员3802人、学生团员4961人；有基层团组织1357个，其中团委64个、团工委10个、团总支26个、团支部1257个；有团干部2279人，其中专职团干部20人。

【青年思想建设】 深入学习习近平总书记在浙江、宁波考察时的重要讲话精神和党的十九届五中全会精神，发动各级团组织、少先队开展团（队）课、集中学习会230余场，“青年大学习”网络平台覆盖全区万余名团员青年，学习率平均80%。举办“学习家乡英雄·传承红色基因”“青年北仑行”等5场大型主题教育实践，1232名少先队员、团员青年参与活动；深入打造“奉化·青团联盟”公众号、“奉化·新青年制造”抖音号，培养奉化网红团队，开辟“青说·奉城故事”“青享·阅读时光”“青探·城市角落”专栏，发布青春正能量、战“疫”青春等推文1489篇、视频107个，受到3.7万名青年点赞关注，浏览量超过150万次，并在《人民日报》《光明日报》《中国青年报》、央视新闻、《浙江日报》《宁波日报》等媒体上刊登报道。培树市级3名、区级129名“新时代好少年”，选评100余名“青竿计划”优秀青年标杆，选拔各级青年文明号42名优秀青年组建“源泉”青年讲师团，录制覆盖14个领域的10节精品、35节特色微团课，组织参加“弘扬‘四知’精神、抗‘疫’有我”等10场宣讲赛会，获得2枚银牌荣誉，为63个村（社）、学校带去党的理论、青年之声；培育区级优秀少先队辅导员，获市级“双技”比赛1枚金牌3枚银牌荣誉；选树2名市级、44名区级青年岗位能手，11位来自“小而美”科技创先苗子企业。

【青年建功服务】 疫情期间，奉化团区委发起战“疫”青春行动，动员1.5万余名团员、青年志愿者奔赴防疫一线，设置7200多个志愿服务岗位，开展1400余场志愿活动，服务时长近10万小时，筹集物资415万元，获得市级、区级战“疫”荣誉80余项；后疫情时期，以“青力而为”行动为抓手，组建青年突击队28支（团员青年1300人），助力169家企业复工复产，持续开展“青竿公馆”探店行动，助力服务业经济复苏。定向帮扶全区134名困境儿童，募集2500余个口罩进行分发，组织87名志愿者前往12所学校举行20场消杀活动，确保学校有序安全复学。实地走访33名援鄂及一线医务人员家属，开通24小时服务热线，建立“心语·心理咨询公益课堂”500人微信群，录制微课15期，在线答复130余件次，接待18起“一对一”个案咨询，切实为医护人员家庭排忧解难；动员万余名少先队员通过手抄报、短视频、书信作文等形式向身边的“战疫先锋”致敬。牵头成立58科创·（奉化）青年农创园，整合1400平方米青创空间，流转300亩试验田，总投资490万元，为青农创客提供产业咨询、创业辅导、注册运营、猎头招聘等服务。至年底，引入54家企业（12家常驻，40人缴纳社保），阿里巴巴春雷计划、创源生物技术、小微律政等企业已达成进驻意向；培育创建青创农场，创建1家省级、2家市级、7家区级青创农场（青创空间），遍及10个镇（街道），提供18.5万元资金补助；发起“青春直播助村”活动，发动青年帮助王夹岙、滕头、雷山等10个村开展直播带农产品活动，为乡村农产品扩大销路。

开展困难学生帮扶行动，发布并完成珲春、安图地区贫困青少年“微心愿”350余个，发动各界向对口地区100名贫困学生和孤儿募集专项助学金累计15万元；以“2020一束从雪窦山到长白山的光”为主题，号召30个团组织开展趣味义卖，邀请宁波西门町和奉化团属网红团队为“欢喜奉桃”直播带货，收入4.6万元用于延边州对口帮扶。

动员全区万余名少先队员、团员、青年志愿者积极参与争创全国文明城市“六连冠”，组织324名青年志愿者开展“美丽店铺”宣传检查，走访6795家沿街商铺，评选出2200家“三美店铺”；动员298名青年志愿者参与“天天志愿”“街岗巷队”等活动，沿着奉化70千米主要路线，开展村庄环境卫生巡查、不文明行为劝止、老旧小区清理、乱搭乱建乱停车整治等志愿活动。

【青年成长成才】 建立青年创业人才汇聚平台，重点打造58众创、复旦科技园青年之家“双子星”，依托阵地开展凤来·栖奉、夏日倾城、七夕缘来等大型“亲青恋”活动5场；深化“筑梦计划”，整合一批专业素质高、社会责任感强的本土创业大咖，成立梦想导师团，为新兴青年提供政策法律、创作创业等针对性服务，创建复咖咖啡为市级实体“筑梦空间”；开展“奉化外卖小哥，春夏秋冬有了你”“共青团与人大代表、政协委员面对面”等系列活动，持续为新兴行业青年群体送去关心和温暖。

完善志愿服务体系。培育当地青年社会志愿服务队8支，吸纳329人，开展12期青年志愿骨干交流促进会，全方位参与新时代文明实践中心全国试点；推动志愿服务品牌化、项目化运行，孵化4个优质志愿服务项目，获得志愿大赛省赛金奖、市赛1枚金牌2枚银牌1枚铜牌1个优胜荣誉；为弥勒文化节等大型赛会贡献志愿力量。

常态化开展“以心化烛·为爱引路”“和风抚芽”“躯造”“挟稚”等志愿服务项目，面向254名不良行为青少年、留守儿童、残疾青少年、涉罪人员未成年子女形成一对一结对机制，定期进行走访慰问、心理疏导、人文关怀，已有5名不良行为青少年走出阴霾，重新融入社会；培育“和善”青少年事务社工队伍，推出针对青少年心理健康项目，挂牌区12355服务台，专门处理青少年维权事务。

启动“片羽行动”计划，发动疾控、卫健、法院、检察院等团支部与学校、社区结对，每1—2周到全区各中小学开展1次青少年心理健康、法治实践、预防犯罪等宣教课程；深化与法院、检察院协作机制，建成“成长路上与法同行”未成年人教育展厅、少年法庭，成员已超过70名，累计举办活动100余次，线上线下参与人数超过2万人，向全区各界发放法制宣传材料8万余份。

【基层组织建设】 抓好基层组织建设，制定《奉化共青团高质量推进团的基层建设三年行动计划（2020—2022）》，推动奉化基层团组织规范化运行，激活基层组织活力；推进党建带团建，联合区委组织部共同下发《关于切实加强党建带团建工作的通知》，突出党建引领，做到应建尽建；以村（社）换届为契机，推荐120名35周岁以下青年干部成为村（社）党组织班子成员，占比增长3倍，进一步拓宽青年选才用才渠道。严格准入制，制定区分批入队规定和中学“入团十则”，严把少先队入口关，严控团员数量，其中初中、高中毕业班团学比例分别不超过20%、50%；出台区红领巾争章细则，完善“三亮三比”团员考核制度，对少先队员和团员青年形成“全年龄”管理；加强网上共青团建设，提升“智慧团建”平台操作规范性，稳步提升组织密度，完成学生衔接和团支部对标定级任务。加大对青年聚集领域组织覆盖力度，新建四通易达、顺丰速递、美团、饿了么等新兴领域团支部，麦博韦尔、58众创等大型园区、企业团支部，新建复旦科技园、奥迪斯丹、亿舟影视等新型青年之家，创建中交城投、瑞凌新能源、吉舞街舞、小话筒工作室等19个领域23家青年文明号集体，为2350余名团员青年成长发展提供服务支持；加强青年之家建设管理，100%完成“青年之家”云平台建设任务。

【共青团宁波市奉化区第一次代表大会召开】 5月25日，共青团宁波市奉化区第一次代表大会在奉化华信天港禧悦酒店召开。中共宁波市奉化区委书记高浩孟，共青团宁波市委书记金昕出席开幕式并讲话。区委、区人大、区政府、区政协领导胡永光、周

5月25日，共青团宁波市奉化区第一次代表大会在奉化华信天港禧悦酒店召开

涛、陈红伟、周世君、邵方毅、徐震宇、唐军华、黄峻、傅岳炳等出席开幕式。共青团宁波市委组织部部长王欢、共青团嵊州市委负责人李梦爽、共青团浙江医药高等专科学校委员会书记张佳玲，以及群团组织负责人、各镇（街道）共青团工作分管领导，正式代表、列席代表，各界青年代表共200余人参加了开幕式。会上，团区委书记吴哲代表共青团奉化市十八届委员会向大会作题为《砥砺奋进勇拼搏实干担当筑未来团结带领广大团员青年为“五年奉献一个新奉化”而不懈奋斗》的工作报告，报告全面回顾了过去五年奉化区共青团工作，提出今后三年全区共青团工作的主要任务。在大会开幕式上，少先队员上台献词，区妇联代表群众团体向大会致贺词。

【宁波市奉化区青年工作联席会议第一次全体会议召开】 7月2日，宁波市奉化区青年工作联席会议第一次全体会议召开。区委常委、组织部部长唐军华参加会议并讲话，区委办分管副主任王剑波主持会议。会上，团区委书记吴哲介绍了宁波市奉化区青年工作联席会议制度的有关情况，与会人员审议并通过了《宁波市奉化区青年工作联席会议工作规则》和《宁波市奉化区青年工作联席会议成员单位2020年重点工作任务》。部分成员单位代表就各自领域青年工作情况与下一步工作指引做了交流发言。

【“中国农民丰收节”青年网络主播助力消费扶贫活动暨“2020年寻访新时代脱贫攻坚青年网络主播”颁奖仪式举行】 9月24日，由团中央网络影视中心、共青团浙江省委、浙江省委网信办、浙江省扶贫办公室等联合主办，团宁波市委、奉化区人民政府承办的中国农民丰收节青年网络主播助力消费扶贫活动暨“2020年寻访新时代脱贫攻坚青年网络主播”颁奖活动在奉化区体育馆举行，团中央书记处常务书记汪鸿雁、中青报党委书记张坤、团省委副书记王慧琳、周苏红、宁波市委副书记、政法委书记宋越舜、宁波市奉化区委书记高浩孟参会，浙江省委网信办、浙江省扶贫办、浙江省供销社、浙江日报报业集团、阿里巴巴集团等单位领导、村播学院地区代表、获奖网络主播等近200人到场参加。浙江省委网信办副主任许晴，浙江日报报业集团副总编辑张亮，共青团浙江省委副书记周苏红，浙江省农业农村厅二级巡视员徐建华，浙江省供销社监事会副主任、二级巡视员吴建鸿，阿里巴巴集团阿里研究院副院长杨健，共青团宁波市委书记金昕为30名新锐主播颁奖；共青团浙江省委副书记王慧琳、宁波市奉化区委书记高浩孟为10名榜样主播颁奖；共青团中央宣传部部长景临、中国青年报社党委书记张坤为10名先锋主播颁奖。黄薇（薇娅viya）作为全体青年网络主播的代表宣读“凝聚青春力量 助力脱贫攻坚”倡议书，发出“青春倡议”。颁奖仪式还安排了《主播名人堂》栏目开讲第一课，邀请青年网络主播黄薇（薇娅viya）、白杨（白小白）、安秋金（贫穷料理）分享直播技巧以及在参与脱贫攻坚、乡村振兴中的动人青春故事。仪式期间，

9月24日，“中国农民丰收节”青年网络主播助力消费扶贫活动暨“2020年寻访新时代脱贫攻坚青年网络主播”颁奖仪式在奉化体育馆举行

获奖青年网络主播代表和山西省石楼县、吉林省桦甸市、西藏那曲市比如县等9个对口帮扶地区代表分别进行结对，共同助力乡村振兴、决胜脱贫攻坚。奉化区人民政府联合淘宝（中国）软件有限公司、浙江国贸数字科技有限公司共同签署淘宝直播村播学院战略合作协议。

【团中央书记处常务书记汪鸿雁一行到奉化调研】 9月25日，团中央书记处常务书记汪鸿雁一行到奉化滕头村、宁波海上鲜信息技术有限公司进行实地考察，就基层团组织改革、青年助力乡村振兴、青年返乡创业、高新技术企业助力脱贫攻坚等工作进行调研。共青团浙江省委副书记王慧琳、宁波市奉化区区长胡永光、共青团宁波市委书记金昕、共青团宁波市奉化区委书记吴哲等陪同调研。

（裘　可）

奉化区妇女联合会

【概况】 2020年，奉化区妇女联合会（以下简称区妇联）以习近平新时代中国特色社会主义思想，党的十九届四中、五中全会精神为指导，贯彻落实中央、省、市、区委决策部署，立足职能、发挥优势，凝聚巾帼力量，筑牢抗疫防线，以暖心服务传递党的关怀，展现妇联作为，书写“妇联答卷”，推动新时代妇女工作取得新进展。2020年，区妇联获得了全国妇女宣传舆论阵地建设“先进单位”、《中国妇女》宣传工作贡献奖；“兰馨HUI”枢纽平台建设、“七彩巧妇”创业行动被《中国妇女报》报道。至年末，区妇联下辖12个镇（街道）妇联、40个机关妇委会、4个区级妇联团体会员、40个社区妇联、319个村妇联。

【助力防疫工作】 疫情期间组织全区各级妇联2953名执委下沉一线，在疫情防控、企业复工复产等各项工作任务中发挥巾帼排头兵作用。联合区巾帼创业创新联谊会开展“疫路相伴·暖心守护”结对援鄂医务人员家庭行动，筹集8万元物资每周为结对援鄂家庭输送蔬菜水果等生活物资和抗疫物品。“三八”节期间，开展“爱涌奉城·情暖天使”专项行动，为全区249名一线女性医务工作者送去价值3.8万元暖心礼品。开展“致敬逆行中最美的她”系列主题活动，线上线下寻找致敬34名最美白衣天使、70名最美妇女干部、47名最美巾帼志愿者、11个最美女性社会组织和43户最美家庭，其中中医院何洋被评为抗击新冠肺炎疫情全国三八红旗手、“挡刀女孩”崔译文家庭获评全国文明家庭、何美蓉家庭获评全国五好家庭、马旭辉家庭被评为省抗疫“最美家庭”、李春娜等6户家庭被评为宁波市抗疫“最美家庭”，进一步彰显奉城女性在社会发展中的独特作用。举办“四明女儿 窗口担当”巾帼大宣讲暨女领导干部培训班活动，讲述援鄂抗疫、基层社会治理、垃圾分类志愿服务以及助推复工复产的巾帼故事。在“奉化女性”微信公众平台开辟“兰馨公益·疫路相伴”专栏，累计推出“蕙质匠馨”巧妇课堂12期，兰馨战“疫”微悦读25期，为广大妇女群众及家庭提供抗疫“精神食粮”。

【妇女创业就业】 实施“七彩巧妇”巾帼创业行动，汇集31家“妇字号”农旅基地和70多名女能手成立“七彩巧妇联盟”，通过选树巧妇能手、打造巧妇基地、开设巧妇工坊、创设巧妇讲堂、开通巧妇汇办、推出巧妇惠贷、开办“七彩巧妇”超市等七项措施，切实提高城乡妇女创业创新能力。拓展“云创经济”巧妇增收平台，开展“七彩巧妇趣胃购”直播带货活动，在线观看20万人次，首播1小时售出1万余份销售礼盒；联合区人力社保局开办超级主播训练营，培育优秀女主播38人。积极发展以来料加工为主要内容的美丽经济，以“一分、二拓、三提高”为工作主线，建立以首席经纪人领航、一级经纪人联动、家庭加工为主的三级运行模式，推动全区美丽经济（来料加工）持续健康发展，不断提高低收入人群的收入。2020年，全区共发展来料加工家庭加工点2885个，带动妇女从业3500人，共计增收3000余万元。举办区第十八届女性就业专场洽谈会，组织78家进场企业为女性提供2086个就业岗位，促成就业意向达成223人。组织乡村厨娘参加浙江省“妈妈的味道”民间美食展、“奉化十大碗”妈妈菜评选等活动，以乡味经济促进农旅产业融合发展。开办巾帼云创客能力提升研修班，为120名女创客授教直播搭建与场控运营技巧。举办“桃娘/渔嫂”巧妇讲堂种植养殖实用技术培训班12期。开展“巾帼行动·助力就业”女性职业技能进村行活动，为20余个村（社区）4300余名农村妇女送去母婴护理、中级茶艺师等就业技能培训。

【妇儿维权保障】 开展“关爱女童 呵护花开”活动，邀请律师妈妈团、心理咨询师共同开设“维权夜门诊”4期，参与家庭150余户。提档升级12338妇女维权热线，推行每月15日妇联主席接访日制度。组建“奉帮和事嫂”婚调志愿服务队进驻区矛调中心，探索社会矛盾调解“最多跑一处”。通过提供驻点服务、专家轮值、线上咨询等多种方式，有效化解婚姻家庭矛盾纠纷353起、邻里纠纷147起，解决各类维权诉求71起，提供法律咨询及心理疏导服务384人次。丰富关爱帮扶内容，呵护困境儿童健康成长。着眼新形势下困境（留守）儿童实际需求，研究制定“助苗行动”三年实施计划，全面排查建档238名困境（留守）儿童信息库，发起“弱苗助长”“优苗奖学”“孤苗援爱”三大专项行动，通过联合社会力量广泛开展“守护‘心灵之窗’关爱困境（留守）儿童眼健康”活动、“甬尚明天·疫路关爱”助学关爱活动、“爱约盛夏 乐享成长”暑期关爱服务活动、“情牵小候鸟 伴爱共成长”新奉化人暑期亲子文化探索营等活动，关爱服务困境（留守）儿童600余人次，发放关爱物资20余万元。为就近结对帮扶困境（留守）儿童招募“代理家长”志愿者150人，常态化开展入户家访、结对帮扶、家庭教育等工作。

【妇儿关爱工作】 增强救助帮扶实效，优化妇女儿童发展环境。落实开展女性健康知识宣传进基层活动，依托兰馨公益基金和康乃馨关爱基金，持续开展患癌、患病困难女性定向关爱援助活动，发起兰馨关爱基金社会捐助倡议，收到各类爱心款项45.1853万元，定向救助患癌贫困妇女32人，向贵州望谟女童捐款12万元。联合亚德客持续推动“阳光行动”落实见效，全年走访慰问困难家庭142户，开展长期结对50户，发放专项资金691200元。此外，依托各地儿童之家阵地建设，巡回开展“困境（留守）儿童关爱保护”政策宣讲进村（居）活动，邀请市、区两地专家开展宣讲活动12场，覆盖人群500余人次。做好“十三五”妇女儿童发展规划收官工作，科学编制“十四五”妇女儿童发展规划，进一步提升妇女儿童发展良好社会环境。

【基层组织建设】 深化妇联组织建设改革，实施“八大破难行动”，抓好村（社区）妇联组织换届工作，村（社区）妇联主席100%进两委会；加强“四新”领域妇联组织建设，创建952个妇女之家，45个特色姐妹驿站，其中三玫花店、锦屏街道农副产品展销中心等5家姐妹驿站被评为宁波市特色“姐妹驿站”妇女微家。开展“我是妇联执委·我为妇女办实事”活动，依托“省妇联执委工作室”“省妇联执委宁波工作室蒋家池头联络站”，开启“线上执委工作站”，在西坞街道试行省、市、区、街道、村（社区）五级线上执委联动机制，发挥各领域执委本职特长优势帮助基层妇女群众解决实际难题。搭建“兰馨HUI”女性社会组织公益服务平台，依托区妇女儿童活动中心主阵地，为广大女性社会组织提供信息咨询、资源拓展、能力提升、项目承接、交流联络等集约化服务，不断推动女性社会组织发展壮大。至年底，孵化联系各类女性社会组织46个，并以此为契机成立“兰馨HUI”枢纽型女性社会组织妇联会，累计开展各类女性社会组织骨干业务培训37期、开展联谊交流活动50余次，各类女性社会组织承接对口支援协作挂职干部人才家庭关爱服务、老妇女主任关爱、公益红娘项目、圆梦助学、困境（留守）儿童等各类公益服务项目30余项。

【第十届海峡两岸婆媳文化节】 10月29日，2020海峡两岸婆媳文化节开幕式暨“家风·家训·家教”主题论坛正式启幕。国台办交流局一级巡视员王明鉴，宁波市台办主任许义平，宁波市妇联主席顾卫卫，奉化区委副书记、区长胡永光，奉化区委常委、统战部部长黄峻等领导出席。来自两地的婚姻家庭代表、台商代表、奉台姐妹会、宁波市台协120余人参加。因受全球疫情影响，台湾高雄、南投两地妇女会不能到场出席当天活动，两地妇女会负责人发去视频表示祝贺。开幕式上，奉化区委常委、统战部部长黄峻为奉台“家·宣讲”讲师团代表颁发聘书。活动现场，发布《“相约奉化”2020海峡两岸家风家训名家书法邀请展作品集》，国台办交流局一级巡视员王明鉴为“奉台姐妹会”和奉化家风馆赠送了作品集。

【七彩巧妇超市开业暨巧妇联盟成立仪式】 9月22日，“助乡村振兴·扬巾帼风采”七彩巧妇超市开业暨巧妇联盟成立仪式在溪口武岭广场举行。七彩巧妇联盟由来自全区各镇（街道）50名女能手组成。联盟以提高女性素质、赋权女性、助力女性走入经济领域增收致富为宗旨，努力打造一个服务女性创业、就业，促进女性发展的平台。活动现场，宁波市妇联党组书记、主席顾卫卫对“七彩巧妇”寄予厚望，并提出三点指导意见。副区长张巍为巧妇联盟授牌，溪口镇党委书记江定康致辞，区妇联主席邬伦素、区巾帼创业创新联谊会会长周建平为“七彩巧妇”示范基地授牌，东西部扶贫协作专班副主任张真雷、溪口镇党委副书记张伟建为“七彩巧妇”女能手颁发证书。

（沈武娜）

10月29日，2020海峡两岸婆媳文化节开幕式暨“家风·家训·家教”主题论坛正式启幕

9月22日，七彩巧妇超市开业暨巧妇联盟成立仪式在溪口镇武岭广场举行

奉化区科学技术协会

【概况】 2020年，奉化区科学技术协会（以下简称区科协）有学会协会20个、镇（街道）科协12个及1个开发区科协、社区科普分会29个、企业科协19个。2020年，奉化区科协获评省级“示范数字化档案室”。

【科学防疫抗疫工作】 自接到发生疫情信息开始，区科协发动各镇街道科协、各学协会开展科普宣传，在掌上奉化、奉化日报、奉化科协微信平台、科协工作微信群、科协工作钉钉群等媒体上推送新冠肺炎相关文章与科普视频109篇，总阅读量/点击量超过22万次；在《奉化日报》开通“科普天地”专栏，防疫期间刊登18篇防疫科普文章；在《掌上奉化》开设“科普在身边”专题，播放科普中国联合制作的口罩正确选择和佩戴公益MG动画短片、省科协“新型病毒预防”等科普视频，点击量3.23万次；发布新型冠状病毒感染的肺炎健康科普知识等37篇，点击量超过11万次。与区融媒体中心《阳光城》栏目合作录制一期时长30分钟的《防疫期间中小学生科学护眼讲座》，主要讲述疫情期间如何科学护眼爱眼健康知识。区科协全体工作人员积极投入防控志愿队伍中，开展社区（村）、企清楼行动、车站、路口管理志愿服务及驻企三复工作组。

【科普宣传】 7月，举办科普周（日）活动，组织科技志愿者赴溪口镇里村开展健康科普活动；9月，联合奉化区中医医院医共体甘草志愿服务队科技人员到溪口镇塔下村，开展科普日联合宣传服务活动；9月，在实验小学开展“决胜全面小康、践行科技为民”为主题的全国科普日暨青少年科技嘉年华活动。科普周（日）活动发放科普书籍1万多本，为群众免费进行技术咨询和科技服务。在《奉化日报》开设“科普天地”栏目，每月3期。

【科普惠农】 开展农函大培训，在萧王庙、尚田、西坞等地举办桃农“直播带货”、桑果基地“食用菌种植技术”培训等农函大培训班85班，培训学员5986人，提高农户种养殖水平。实施科普专项服务计划，指导各镇街道科协、学协会、基地对口申报奉化区区级科普项目；排查软弱涣散农技协并进行整治；资助竹笋、水蜜桃、草莓、猕猴桃、茶叶等农技培训8万元，使基层工作开展有一定资金补助，提高基层农技协、基地的工作积极性。

【科普进基层】 开展科普进企业活动。邀请宁波市银辉志愿者联合会和宁波市老科协派出10多名安全生产志愿服务专家，开展“消除事故隐患，筑牢安全防线”安全生产月活动和以“加强环保知识宣传，提高企业环保意识”为主题的科普报告进企业活动，累计服务不同类型企业70余家。开展科普活动进农村文化礼堂10场、进社区6场、进企业8场、进机关（其他）32场，发放《高血压病防治》《糖尿病人的食谱》《科普历书》《生活安全常识》等科普书籍3万多册。组织社区居民赴宁波科学家展览馆参观、交流学习，参观《我和我的祖国》科学家精神主题展。在学生中广泛开展《我和我的祖国》科学家精神主题教育，为溪口中学学生发放相关书籍。与奉化区移动公司一起开展中老年智能手机操作培训班，培训学员8000多人。走进锦溪书院开展“天涯共此时”的流动科技馆科普活动。

9月23日，在实验小学开展“决胜全面小康、践行科技为民”为主题的全国科普日暨青少年科技嘉年华活动

【考察调研】 8月7日，宁波市奉化区铸造协会组织协会企业代表一行9人，赴杭州参观考察杭州汽轮铸锻有限公司、浙江省机电研究院，为浙江省机械工程学会在奉化建立服务站做好准备工作。9月22日，中国科协李冬晖（中国科协科创中国浙江挂点组宁波组组长、副研究员、教育心理学博士）到奉化银龙竹笋合作社（奉化区竹笋专业技术协会）走访调研学会服务站工作，对林学会竹子分会奉化服务站科普惠农工作给予肯定。10月15日，浙

江省园艺学会奉化服务站开展学术交流沙龙活动，理事长曹家树教授和秘书长黄鹂到奉化溪口，对设在奉化区花木协会的学会服务站工作进行调研，并为奉化区花木种植大户进行技术培训，与花农们就苗木行情品种技术等作进一步交流。

【学会服务站和院士工作站】 9月17日，在宁波逸东豪生大酒店举行“服务站”签约仪式，浙江省机械工程学会铸造分会奉化服务站成立。12月14日，宁波科协发文件公布2020年度宁波院士工作站名单，经材料审核与实地考察，宁波锋成先进能源材料研究院有限公司成为7家建站单位之一，建立卡杰特·瓦列里与哈夫金·亚历山大2名俄罗斯自然科学院院士及其团队院士工作站。

【推荐创建活动】 推荐奉化区人民医院王晓亮副院长为宁波市科技追梦人；推荐宁波佳尔灵气动机械有限公司科协获评省“百佳企业科协”；推荐宁波杰森绿色能源科技有限公司总经理邬仕平获评省“百佳企业科技工作者”，入选2020年浙江省企业“创新达人”。积极开展创建活动，推荐奉化爱歌顿农场成为省科普教育基地、奉化南山茶场成为宁波市科普示范基地、宁波隆丰农业科技有限公司椴木灵芝基地成为宁波科普示范基地；包含奉化博物馆及溪口古镇的奉化区自然与文化科普游路线被认定为2020年宁波市五条科普旅游线路之一。

4月18日，奉化区博士服务团走进企业

【奉化区博士走进企业】 4月18日，由奉化区博士联谊会组织的博士服务团，与宁波市博联领导一起走进宁波星宇电子有限公司，与企业负责人共谋发展。服务团成员先后参观企业园区、新工厂、下一代生产线，详细了解企业产品的生产流程，并举行座谈会，共商气动产业发展，并结合自身研究领域提出意见和建议，为企业下一步发展出谋划策。

（邬宏萍）

奉化区工商业联合会

【概况】 2020年，奉化区工商业联合会（以下简称区工商联）以服务企业会员为根本宗旨，围绕“两个健康”主题，履行工商联主体职责，充分发挥党和政府联系民营经济的桥梁纽带作用。获2020年度省工商联系统先进单位和浙江省2019—2020“五优工商联”称号；《新时代加强基层商会党建工作的对策研究》获得2020年全省工商联系统优秀调研成果三等奖；《推动“政府靶向服务”助力优化营商环境》被省工商联评选为县级工商联服务“两个健康”优秀案例。至年底，全区有乡镇（街道）商会11家、行业协会22家、直属商会1家、其他商会组织3家、异地商会2家，会员2729人。

【思想政治引领】 以习近平新时代中国特色社会主义思想为指引，围绕“两个健康”主题，强化民营企业党建促商会工作，带头学习宣讲党的创新理论，并组织民营企业家深入学习贯彻习近平总书记在企业家座谈会上的重要讲话精神和在浙江、宁波考察时重要讲话精神，增强民营经济人士对中国特色社会主义的信心，充分发挥工商联作为党和政府联系民营经济人士的桥梁纽带、政府管理和服务民营经济的助手职能作用，切实调动民营经济人士的积极性和主动性，不断提升“品质奉商”。加强宣传教育引导，组织开展《中华人民共和国民法典》《浙江省民营企业发展促进条例》等法规宣传。在基层商协会全面推行“执行会长制”，让企业家站前台，通过宣传优秀企业家、先进商协会，讲好“奉商故事”。通过开通“奉商之家”微信公众号等方式，丰富宣传学习渠道，提升学习氛围，促进民营经济人士健康成长。

【助力防疫工作】 面对疫情挑战，区工商联贯彻落实上级部署，积极响应区委区政府号召，广泛动员民营企业和商协会投入到疫情防控阻击战，发布《给全区民营企业家的倡议书》，引导广大会员企业坚决执行各项防疫措施，为企业家出谋划策，组织采购N95口罩、口罩垫等防疫物资，抽调5名干部驻企联络员并深入一线指导企业复工复产，开展疫情背景下民营企业复工复产和涉企政策落实情况专项调研，对民营企业生产经营、相关政策落实、存在困难等情况进行调研，广泛收集掌握民营企业意见诉求，及时向上级反映，推动有关困难问题及时得到解决。区工商联获“浙江省工商联抗击新冠肺炎疫情以来民营企业调查点工作先进单位”称号，副主席傅平均获评全国抗疫先进个人。

【优化营商环境】 开展“问千家、进百企”活动和“四跑四促”专项行动，进一步完善四套班子领导干部联系民营经济人士、民营企业和基层商协会常态化机制。助力推进“联企跑企”专项行动，建立“驻企专员”制度，开展复工助企、政策惠企、法律援企、生态立企、人才暖企五大行动，打造企服信息、企业融资、资源供需三大平台，助力传统产业改造提升、企业家素质提升、“小而美”企业培育三大工程，切实为企业解决难题问题，稳定企业发展预期和信心。持续开展工商联“问千家、进百企”走访活动，深入一线听意见，帮助企业解难题。打造“亲清直通车·政商面对面”品牌建设，围绕“两个健康”主题，举办“亲清直通车·政商面对面”恳谈会4期，现场收集企业家意见建议73条并落实跟踪办理，区领导和相关部门负责人与60多名民营企业家代表参加。

搭建政商交流互动平台，不断优化营商环境。带领企业家“走进法院”，对接法院联合制定出台《关于建立服务保障民营经济健康发展合作机制的意见》，制定十五项实质性的举措，护航民营经济健康发展。组织100名中小企业主参加省市“首贷户”拓展专项行动启动仪式和政银企座谈交流，落实“千名行长进民营”“百家律所进万企”等专项活动。注重调查研究，提高参政议政水平，重视民营企业调查点工作，落实民营企业信息采集，高起点、高规格、高标准配合完成营商环境等调查工作，完成全国工商联民营企业调查点和上规模民营企业调研等工作，获“浙江省工商联抗击新冠肺炎疫情以来民营企业调查点工作先进单位”称号。

【清廉民企建设】 在区委坚强领导下，工商联多渠道宣传亲清政商关系，严格贯彻落实政商交往正负面清单，扎实推进亲清家园建设。配合区委制定出台进一步构建亲清政商关系、明确党政部门清而有为、涉企事项“六不准”和公职人员亲而有度、涉企行为“八严禁”负面清单。深入开展“纪企联动、清廉共建”活动，组织学习、观摩、考察，对照《清廉民企建设评价标准》，协同九部门合力打造一批清廉商会和清廉民企示范基地。清廉民企创建工作得到宁波市委统战部、市纪委和工商联主要领导的充分肯定。9月，区工商联组织各商协会召开现场会，总结部署清廉民企建设工作，观摩示范企业、发放汇编资料，在全区各企业中推进清廉民企建设，30家企业获评清廉民企示范点单位。在12月下旬召开的宁波市清廉民营企业建设工作推进会上，奥迪斯丹被授予市级创建示范单位，区工商联作为工商联系统的唯一代表在大会上作典型发言交流，奉化区《加强示范引领，扎实推进“清廉民企”建设》的做法得到与会领导和同仁的肯定，建成3家区级清廉创建示范基地，落实

3家清廉商会。

【商协会改革】区委、区政府两办联合发文，制定出台《奉化区关于促进工商联所属商会改革和发展的实施办法》，在制度层面理顺了商协会管理体制，明确总商会职能，并在加强商会党建、落实“五项机制”、增加人员配备、提供经费保障等方面获得创新与突破。落实《促进工商联所属商会改革和发展的实施办法》，筹建区总商会党委，发挥党建引领作用。完成经济类商协会归并，靠前服务、精心指导到期商会做好换届工作。

全面推进基层商协会规范化建设，落实岳林、大桥综合性商会改革和莼湖商会专项改革试点。在区社会主义学院举办商会会长、秘书长培训班，着力加强商协会建设，开展专题培训、研讨、交流，在规范、提升的基础上，打造“一会一品”。推广莼湖商会“政府靶向服务”，构建亲清政商关系。《推动“政府靶向服务”助力优化营商环境》获评服务“两个健康”优秀案例，区工商联、莼湖商会评获宁波市工商联2020年度商协会改革发展试点先进单位，岳林商会、大桥商会党支部获评宁波市党建工作示范党组织。

【助力脱贫攻坚】引导企业家积极投身光彩事业，在东西部结对帮扶、消费扶贫等社会公益事业中成绩斐然。依托区光彩事业促进会，在扶贫帮困、社会公益、助学助残等方面体现奉化区企业家的爱心和社会责任。积极引导企业家履行社会责任，完成东西部扶贫资金140万元、大学生助学款22万元和消费扶贫81万元。接待延边州工商联、安图县企业家到奉化实地考察，组织15名企业家赴缙云开展“山海协作”考察交流。10家民营企业入榜“宁波市脱贫攻坚爱心企业”并参加集中授牌仪式，浙拖奔野、汪海明、竺尧金等获评省级东西部结对脱贫、“消薄”先进集体和个人，岳林商会会长方金夫被授予浙江省社会组织“领军人物”称号。

【基层队伍建设】重视“青蓝接力”新生代企业家培育，为新生代企业家确定“导师制”，有40多名新生代企业家参加企业竞争力系列培训。区工商联、经济部门、科技部门、金融机构、商会协会共同发挥职能优势，搭建各类活动平台、沟通平台、提升平台，举办多种形式的企业家创业分享会，切实为新生代企业家提供交流沟通的机会和抱团发展的机遇。组织新生代企业家走进企业考察学习，并为企业发展难题出谋划策，更好发挥新老企业家之间“传帮带”及“互学互看”作用。本着“请进来，走出去”的学习交流理念，不定期组织新生代企业家走访外地优秀企业和外地商会进行互看互学，走访了解外地企业的发展经验，建立不同行业、不同企业、不同地域的交流合作平台。鼓励新生代企业家深入基层，了解社会，激发新生代企业家的社会责任感。

（胡坤鹏）

奉化区文学艺术界联合会

【概况】2020年，奉化区文学艺术界联合会（简称区文联）以服务发展大局为目标，不断加强自身建设，努力创作文艺精品，认真培育“文艺奉军”，促进了奉化文艺事业的发展。全年共发表小说、诗歌、散文等文学作品500余篇，文艺作品在全国级比赛中获奖或入展19件，在省级比赛中获奖或入展78件，在宁波级比赛中获奖或入展235件。

【文艺创作】高鹏程获浙江省作协2020年度期刊创作成果奖；林杰获首届谢璞儿童文学奖；卓亚辉的《经典·传承》获2020中国青年新写实绘画艺术大展优秀奖；吕科入展“中国书法·年展”全国楷书作品展；杨炳通获“浙里小康”系列书法基层会员展优秀作品奖；单陆咪作曲的《我的桃花源》获浙江省第十九届音乐新作演唱演奏大赛金奖；王桃波、傅聂等创作的《老家奉化》获“万众一心战胜疫情”暨第五届中国梦青年影像盛典一等奖；杨洁波获於梨华青年文学奖优秀作品奖；吕午飞、吴洁等创作的《我的环保故事》获宁波市基层文艺社团风采大展微视频大赛“红杜鹃”奖；虞燕《理想塔》、王海平《特警系列之守卫家园》、单陆咪《梦里梦外都想你》等9件作品获宁波市各文艺门类常设性奖；《金峨村的杜鹃花》被评为“2020年宁波市优秀村歌”；杜亮亮的长篇纪实文学《那曲、那曲》入选2020年度浙江省作协定点深入生活创作项目；长篇报告文学《摆渡人》、儿童诗集《请你住在春天里》、宁波走书《丁国郎传奇》等3件作品列入宁波市文联文艺创作重点项目。

【“打赢疫情防控战”文艺创作活动】 面对突如其来的新冠肺炎疫情，区文联号召各文艺家协会和广大文艺工作者，积极创作疫情防控相关文艺作品，以文艺的形式为抗击疫情出一份力。“奉化文艺”微信公众号共推出17期“抗击疫情，文艺同在——我们在行动”专刊，作协、书协、美协、摄协等协会通过各自的微信公众号推送会员创作的文艺作品200余件，其中20余件优秀作品参加省、市文联举办的抗疫主题线上或线下展览。

【“我们的家园”文艺助推活动】 4月25日，区文联会同宁波市曲艺家协会、溪口镇人民政府，在浙江佛学院举办“疫去春来，乡约溪口”宁波市第六届故事会比赛并编印《溪口新故事选》，以文艺的形式展示奉化溪口人文历史。5月初起，会同区妇联举办“美哉我家”奉化区美丽庭院拍摄活动，组织摄协骨干拍摄300余幅美丽庭院照片并编印成册，展现奉化美丽乡村建设成果。6—9月，组织美协骨干为溪口镇沙堤村、联胜村、状元岙村，萧王庙街道云集村、岭丰村等20余个村进行村庄艺术亮点设计。9月20日，会同浙江省美术家协会在奉化区博物馆举行“乡村振兴，和美奉化”全省美术作品展开幕式，浙江省文联副主席、书记处书记赵雁君，宁波市文联主席、党组书记杨劲，中共奉化区委常委、宣传部部长邵方毅以及来自全省各地的百余位美术家及爱好者参加。

【助力2020雪窦山弥勒文化节】 区文联会同区银辉志愿者联合会、雪窦山佛教协会举办“百姿弥勒”禅画作品展，于11月8日在浙江佛学院图书馆开幕，展出作品100余幅；11月10日在奉化城市文化中心博物馆举行“东方的微笑——西泠印社当代名家走进雪窦山”书画联展活动开幕式，组织当地书画名家精心创作书画作品95幅参加联展。

（周　杨）

奉化区残疾人联合会

【概况】 2020年，奉化区残疾人联合会（以下简称残联）坚持以习近平新时代中国特色社会主义思想为指导，全面贯彻党的十九大和十九届二中、三中、四中、五中全会精神，深入学习贯彻习近平总书记考察浙江、宁波时重要讲话精神和关于残疾人事业的重要指示、批示精神，高标准推进年度计划落实，扶残助残工作取得较好成效。5月，奉化区打造办证“全网通”，被列入省“最多跑一次”改革竞跑者，入选宁波市“最多跑一次 全优满意办 残联在行动”优秀案例，在市政府残工委全体会议上，得到副市长卞吉安的肯定和推广。11月23日，“甬派”推出“奉勇革新”系列报道，对奉化改革做法和成效进行专题宣传报道。至年底，奉化区二代证持证残疾人有14684人。

【残疾人证历史遗留问题处置】 2019年12月18日制定处置方案，12月23日召开处置工作会议，将问题证复评、注销等事宜通知到每个持证人员，并印发《中华人民共和国国家标准——残疾人残疾分类和分级》册子，告知持证人员复评工作的标准和要求。至6月底，在册的1243名持照顾证人员全部清理完毕，注销1170人，复评后符合条件发放新证的73人。

【省政府民生实事项目】 完成2家“残疾人之家”建设星级改造提升；10家机构分别于9月18日和10月9日接受提升验收和复评；完成161户困难残疾人家庭无障碍改造。推进公共无障碍环境建设，参与项目规划论证会、竣工验收会79次，提出有效建议意见73条，创建第二批省级无障碍社区2家。实施康复体育进家庭139户、困难残疾人“净居亮居”改造行动17户。

【助残服务“最多跑一次”改革】 通过网上（掌上）申请、预约评残、快件送达、全程代办等措施简化流程、缩短时限，实现残疾人证办理“全网通”，新办证最快三天可完成；两项补贴、康复补助等资金发放在网上申请审核后直接打入残疾人个人银行账户，大大缩短补助期限；纳入医疗救助的精神残疾人门诊服用基本抗精神病药物和住院康复补助实现“一次申请、一站结报、就近取药”。截至12月，全区接受残疾人证办理网上申请1168人，新办证679人，补办88人，提供残疾人“两项补贴”申办、康复补助、辅具配发等“零次跑”服务3万余人。落实省残联推进政务2.0系统使用的要求，8月残疾人证办理和两项补贴发放等8个事项通过省政务2.0系统流转。

【残疾儿童教育康复】 为满足奉化区自闭症儿童教育康复需求，解决家长陪读奔波、经济负担重等实际困难，区残联以定向招租形式引进省级儿童定点康复机构（鄞州区小星星特殊儿童训练部）建立奉化区第一家自闭症儿童康复机构，于7月正式招生运行，20余名儿童接受康复训练。

【残疾人生活保障】 动态实施残疾人两项补贴政策，会同民政部门、居民家庭经济状况核对中心对两项补贴实施对象进行动态管理，发放生活补贴5596人1656万元、护理补贴6788人1795万元，170人退出生活补贴，基本做到应补尽补，应退则退。积极落实残疾人参保优惠政策，发放三、四级残疾人参加宁波市城乡居民基本医疗保险补助5432人134万元。向80名残疾人个体工商户发放养老保险参保补助9万元。为14939人残疾人免费参保综合医疗保险，支付保费59.5万元，理赔275件59.53万元。

【残疾人康复服务】 全年有2448名残疾人接受精准康复服务，完成率100%（服务率待省里统一核算），辅具适配服务、残疾儿童康复补助、精神残疾人免费服药等项目均超额完成指标任务。残疾人基本康复服务率达到100%，财务支出精准康复经费431万元。社区康复成效显著，通过省残疾人社区精准康复试点评估验收。在4个镇（街道）开展精神残疾人“同伴支持”活动44次，49人参加。引导庇护性机构建立精神残疾人社区康复站11家，覆盖8个镇（街道），137名精神残疾人参加日间康复活动。家庭医生签约任务完成。签约服务率、重点三类残疾人签约率分别为80%、88.3%，均完成年度目标。发放重点三类残疾人家庭医生签约费用自缴部分补助1343人53720元。

【残疾人就业创业】 开展就业援助活动，选送3项优秀创业项目参加宁波“甬上乐业 公益助残”第55期创业集市；新增残疾人就业156人，为386家企业712名残疾人办理残保金抵扣手续；元旦、春节走访慰问残疾人家庭150余户，走访对接用人单位20余家，帮助实现就业19人；联合宁波超峻电器制造有限公司共同举办“2020年奉化区专场招聘会”，36名残疾人参加；积极推进辅助性就业工作，9个镇（街道）建立9家工疗车间，安置精神、智力和重度肢体残疾人就业324人，发放就业补助金111.99万元。完成新一轮残疾人扶贫基地申报验收工作，认定区级基地8家，其中6家上报市残联接受市级基地或市级示范基地认定。至年底，8家基地安置残疾人就业26人，辐射带动残疾农户增收189户，发放基地补助款91万余元。按需开展残疾人职业技能培训。依托镇（街道）和残疾人服务机构共举办各类培训班10余期，277人接受培训。

【残疾人文体教育】 开展“五进”巡演活动13场，惠及残疾人395人次；办好每月一期的奉化日报“残联之窗”专题栏目，完成区政府宣传窗宣传版面；选送作品《葛剑虹》参与宁波市“自强达人秀”微视比赛并获二等奖；

7月24日，奉化区第一节运动会残疾人部四项比赛举行

组织40位视力残疾人朋友及陪护人员、志愿者开展无障碍观影活动；发放残疾人教育专项补助687人89.99万元。7月24 日，奉化区第一届运动会残疾人部（乒乓球、羽毛球、中国象棋、飞镖）4项比赛在区残疾人体艺活动中心举行，来自锦屏街道、岳林街道、尚田街道、裘村镇等镇、街道的11支代表队50名选手参加比赛。

【基层基础工作】 按计划推进群团改革，落实区残联“一兼两挂”要求。开展“周二夜学”“周一夜访”“人人争当窗口、处处呈现风景”主题活动、“中梗阻”问题专项整治等活动。加强基层队伍建设，实施残疾人“基层组织建设年”活动，加大残疾人专职委员业务培训力度，组织304人参加全国专职委员知识竞赛。做好残疾人信访工作。残疾人来电来访或政务网反映事项办结率100%。完善残疾人基础信息动态管理，推进数字残联建设，发放智能证14574张。完成14536名持证残疾人动态更新调查和133户残疾人家庭收入状况入户监测。坚持变动人员信息月核对制，实现残疾人证基础信息数据动态管理。助残日期间开展“一家人”爱心大篷车送温暖活动，发放慰问品250余件11850元，向45户困难残疾家庭发放爱心企业赠送的羊奶粉总价值77040元。与省狮子协会合作，开展困难残疾人家庭儿童焕新工作。

（周雅婷）

奉化区慈善总会

【概况】 2020年，奉化区慈善总会认真贯彻《中华人民共和国慈善法》和国务院、省、市人民政府关于促进慈善事业发展的工作意见，在区委、区政府的领导下，在宁波市慈善总会的具体指导下，全力组织慈善力量参与疫情防控、助力脱贫攻坚、开展扶贫济困、服务社会公益，较好地完成了年度工作目标。

【慈善募集】 2020年慈善总收入4680.77万元，其中募集慈善资金4384.35万元，同比增长0.9%。全区12个镇（街道）全年募集善款2102.15万元，占总会募集的48%。在疫情防控背景下开展“慈善一日捐”活动，募集资金同比增加5%。加强与政府及民间等组织的联系，加强大额善款募集。2020年，亚德客（中国）有限公司捐款200万元；杭州宋都集团在奉化设立“宋”爱千里助学基金，捐款340万元；杭州富阳崇胜贸易有限公司捐款199.6万元；永康旺新进出口有限公司捐款90万元；家和兴有限公司捐款84.6万元；宁波富晟制业有限公司捐款50万元；埃美仪表有限公司捐款55万元；上海申宏凯林进出口有限公司捐款40万元；奉化农商银行捐款90万元。公益捐助范围有所扩大。通达创新合金科技有限公司、浙威熔模有限公司分别捐赠15万元、25万元，资助莼湖楼隘村建设；金娥生态建设有限公司捐赠20万元，资助金娥村建设；商学鸣和他的15名香港宁波同乡会会员捐赠80万元，资助江口街道三头朱村建设；申宏凯林有限公司捐赠40万元，资助西坞街道东陈村建设。宁波亚德客集团和董事长王世忠捐款购买2辆高档消防车，2020年第二期付款135万元。企业定向捐赠不断增加。亚德客（中国）有限公司、奉化农商银行、永康旺新进出口有限公司等捐赠项目采用定向捐资的方式，分别用于城市垃圾分类、总工会的工匠建设、法院的天平基金、尚田新农村建设项目等。社会各界人士慈善捐款热情高涨。亚德客（中国）有限公司董事长王世忠个人捐赠60万美元，折合人民币421.36万元；市民施幼华、林国存分别捐赠10万元和5万元；奉化籍上海爱心人士胡先生，捐款15.72万元，8年累计捐款103.33万元；16名爱心人士分别捐赠1万元或建立个人小额冠名基金。

【慈善救助】 2020年，慈善救助支出4191.44万元，同比增长2.68%。开展“送温暖”活动，元旦、春节期间对困难家庭进行有重点的走访、慰问，全区共发放救助款183.76万元，受助人数3181人。增大助学力度，确立助学项目，重点帮助有关学校购置教育设备和设施改善。杭州富阳崇胜贸易有限公司捐款199.6万元，定向用于武岭中学的学生奖学金和科技教学大楼建设；宋都集团资助100万元人民币，资助困难大学新生每年100人，每人5000元；资助困难高中生每年200人，每人2500元；鲁冠球三农扶志基金资助23名特困学生就读，金额6.78万元；杰龙电子有限公司捐款9.72万元，资助困难学生就读。持续实施助医项目，对困难群众大额医疗支出予以适当补助。2020年续签三年合同，继续实施H型高血压与脑卒中防控惠民项目。历年共检测6451人，向山区H型高血压患者送药389人，免去检测费、药物费43.21万元；资助癌症康复协会13.8万元。重视和加强慈善扶贫基地建设，新增区级扶贫基地2家（奥纪农业科技、爱歌顿），至年底共有市级扶贫基地3家、区级扶贫基地5家。落实有关扶贫基地的帮扶措施，通过对扶贫基地的考核，落实慈善基地补助款80万元，已补助兑现57万元，其中市级24万元，区级33万元，扶贫基地帮扶贫困户脱贫的效果进一步显现。全面开展特困人员调查摸底工作，全区排查无依无靠特困人员102人，失独家庭贫困家庭51人，总会根据各乡镇申报情况，进行调查核实，确保申报准确，救助精准。

【对口扶贫】 总会积极响应区委、区政府号召，认真做好对口援助工作，2020年全区50家单位和个人出资捐助，重点支援吉林安图、珲春二县，合计完成对口援助金额432.95万元。区慈善总会出资20万元，对口援助安图县明月镇和县民政局。在做好援助工作的过程中，切实加强与对方的沟通，把握好资金用途，确保资金落实到每个项目。

【义工工作】 重视和支持义工工作，发挥义工组织在应急治理、疫情防控、文明城市建设中的作用，按照基地化、常态化、品牌化的要求，广泛开展具有慈善特色的义工活动。全年共组织各类服务活动223次，参加1030人次，服务时间5338小时。积极开展便民和公益服务活动，重点解决居民日常生活困难。组织各种便民服务9次，先后到徐马站、许家、傅家岳、锦山公园等村、社区开展服务，参与194人次。配合政府有关部门重点参与春运志愿服务、农村环境综合整治督查、垃圾分类等公益服务活动21次。注重抓好品牌服务项目，2020年重点实施“和风抚芽”“礼敬老兵”“导医传爱”3个品牌服务项目。“和风抚芽”项目的服务对象是留守困境儿童，全年确定重点帮扶对象80人，针对性地开展帮扶活动。“导医传爱”项目的服务对象是有困难的看病就医人员，选择区人民医院为服务地点，由义工开展导医陪护工作，为医院和城市和文明建设出力。“礼敬老兵”项目的服务对象为困难复退军人，重点走访中华人民共和国成立·前参加革命的老兵，在纪念抗美援朝出国作战70周年期间，协助退役军人事务局走访慰问出国参战的54名志愿军老战士，为他们拍照、拍视频，并在银泰广场展出。重视基地服务和结对服务，建立兰峰村、人民医院、长岭社区、启航等8个义工服务基地，3个义工服务点，开展结对帮扶。

【慈善宣传】 2020年通过各种慈善活动、会议及有关媒体开展宣传，把慈善精神落实到实处。9月

5日中华慈善日期间，总会与区摄影家协会联合举行慈善摄影比赛。做好慈善刊物的宣传报道。2020年《大爱》杂志第100期，刊登奉化慈善工作特别报道。2020年奉化慈善总会获《大爱》宣传报道先进集体称号。《浙江慈善》先后刊登奉化先进人物介绍、水蜜桃拍卖、赠送防疫物资等4篇信息。积极推荐评选各类慈善先进。亚德客（中国）有限公司董事长王世忠获评宁波市第六届十大慈善之星；滕头村获评省级慈善村；5人获省级战疫群英；义工分会获区最佳志愿服务组织。建立和完善信息公开机制。按照《中华人民共和国慈善法》规定，定期公开救灾资金、物资的管理使用情况。2020年，总会在《奉化日报》先后刊登《接收使用疫情防控捐赠物款公示》和《2019年慈善募集公告》，接受社会各界的监督，提升慈善组织的公信力，营造良好的慈善工作环境。

（吕　娜）

奉化区红十字会

【概况】 2020年，宁波市奉化区红十字会以“保护生命，维护人的尊严”为工作主线，以打造“群众身边的红十字会”为工作目标，以新时代文明实践中心建设为抓手，聚焦主责主业，夯实基层基础，助力中心工作，为助力奉化区加快建设现代化健康美丽新城区作出了积极贡献。是年，区红十字会被浙江省红十字会评为2020年度浙江省红十字工作先进单位。

【救护培训】 指定专职干部负责救护培训工作，对所有培训班次开展学员培训课程满意度评测、教学质量反馈及和培训质量督导。全区新增救护师3人；培训红十字救护员2341人，普及培训14452人；深入推进健康素养“进农村文化礼堂”，礼堂培训224家，普及村民5223人次。在景区、学校、大型企业、蔬果批发市场、建材市场、购物中心、政府机关大院等地新配AED设备35台。

【三献工作】 新增造血干细胞捐献者101人，累计入库1384人，新增造血干细胞捐献者3人，累计捐献11人；新增器官捐献登记志愿者8人，累计登记184人，新增器官捐献2人，累计器官捐献10人；新增遗体（角膜）捐献登记志愿者18人，累计登记126人，新增遗体捐献1人，累计遗体捐献11人，角膜8人。

【宣传活动】 利用区青少年宫、奉化滕头学生社会实践基地等红十字阵地，向市民宣传红十字知识，向社会传递正能量。隆重纪念5・8世界红十字日，积极参与“云端红五月·我‘看’红十字”线上宣传活动，主动携手奉化日报小记者工作室，发布“世界红十字日”主题征稿活动，吸引11所小学1000余名小记者参与，在《奉化日报》刊出3个整版，65件作品，宣传红十字精神。伴随着20000多份发行量的助力，在小学生心中种下“红会精神”。

【志愿服务】 区博爱志愿服务协会下辖7支红十字志愿服务队全年组织红十字志愿服务活动627次，参与志愿者5593人次，服务25444小时。志愿者缪亚春被市委组织部评为“战疫先锋个人”，被省委省政府评为“浙江省抗击新冠肺炎疫情先进个人”。

【人道救助】 2020年，区红十字会累计接受捐赠款物2191万余元，支出2266万余元。其中，“博爱万人行”活动，动员机关干部捐款47.71万元，接受浙江爱伊美服装有限公司等爱心企业捐赠739.50万元（人道物资），用于黔西南扶贫工作；疫情期间，接收社会各界新冠疫情防控款物捐赠848.95万余元。

（高雨峰）

军　事

综　述

2020年，在省军区、军分区党委机关和奉化区委、区政府的正确领导下，人民武装工作始终坚持以习近平新时代中国特色社会主义思想为指导，深入贯彻新时代军事战略方针，坚持政治建军、改革强军、科技兴军、人才强军、依法治军，着力提高防范化解重大风险的忧患意识和应对能力，确保全面建设稳步向前推进，整体向好发展。核心军事能力不断提升，动员体系建设日趋完善，管理保障效益稳步增强。全区12家基层武装部全部完成“五星”“四星”达标创建。

坚持思想政治建设首位首抓，坚持举旗铸魂，着力强基固本。抓实党委中心组理论学习，与区委同步开设每周二夜学课堂，突出习近平强军思想、“两会”精神、总书记考察浙江讲话、党的十九届五中全会等内容的学习理解，不断营造大抓理论学习、厚实理论根基的氛围。强化党管武装和国防教育制度落实，协调召开党管武装暨国动委全体会议，激励表彰一批武装工作先进单位个人；及时调整国教委成员单位，呈报下发国防教育要点，充实国防教育讲师团，持续开办《奉化日报》国防专刊。

【国动委会议】 5月27日，召开党管武装暨国动委全体会议。各地各部门切实增强责任感、使命感，严格执行党管武装的各项制度规定，忠于使命、主动担当，切实把武装和国防动员各项工作职责履行到位、制度落实到位、工作推进到位。会上激励表彰一批武装工作先进单位和个人。

【基层规范化建设】 为持续深化奉化区后备力量基层规范化建设，夯实基层建设根基，进一步提升后备力量建设水平与层次，人武部采取试点先行、以点带面、稳步推开的方法，抓建基层武装部规范化建设试点。其中，大堰镇、锦屏街道、莼湖街道、江口街道、萧王庙街道、方桥街道被评选为“五星”，其余镇（街道）武装部全部达到“四星”以上标准。

【国防教育活动】 围绕“奋进新时代，聚力强军梦”主题，广泛开展全民国防教育日宣传活动，邀请奉化区籍抗美援朝老兵走进中小学校园，讲述革命故事，激发爱国情怀；充分借助传统手段和新兴媒体，深入开展全民国防教育，及时调整国教委成员单位，呈报下发国防教育要点，充实国防教育讲师团，持续开办《奉化日报》国防专刊。在辖区人员密集场所放置国防宣传广告牌，主流媒体开设八一光荣榜，不断营造全民国防意识。

民兵　兵役

【概况】 2020年，积极开展民兵战备拉动，组织实战化训练，提高民兵应急机动能力；完成上级赋予的兵员征集任务，确保兵员质量；开展民兵整组点验，提升民兵综合素质。

【民兵整组点验】 为扎实抓好军事斗争准备，打牢后备力量建设基础，根据区民兵整组工作计划安排，结合各镇（街道）出入队仪式，5月底各基层武装部组织基干民兵点验，使民兵充分认清地位和作用，增强大局意识、忧患意识、责任意识。

【民兵训练工作】 1月2日，人武部在区民兵训练基地举行2020年开训动员誓师大会。民兵和各镇（街道）专武干部冒雨进行10千米徒步行军拉练。用实际行动坚持以习近平强军思想为指导，聚焦主责主业，聚力练兵备战，提高整体能力。6月2—8日，在民兵训练基地组织民兵连长集训。通过集训，民兵连长对岗位所需的应知应会的基础性常识性内容及政策法规得到进一步熟悉，军事技能得到进一步提高。6月、7月及11月，在民兵训练基地集中组织区属民兵应急连进行共同基础、专业科目及复补训共计10天训练，完成军事理论、实弹射击、队列训练、抗洪抢险、森林灭火等科目训练。6月10—12日，邀请水鹰专业救援队教员在县江黄泥段集中组织水上分队训练，主要突出防汛抗台风的组织指挥、水上救护、操舟划桨、投掷、水上编队航行等课目的训练，提高民兵水上分队应对突发事件的能力。6—8月，组织4批人员参加省军区、军分区组织的跨区集训。

【水陆空应急演练】 12月10日，奉化区首次水陆空一体应急救援综合演练在莼湖街道翡翠湾外围海域开展，人武部派出莼湖街道民兵应急排参与演练，锻炼民兵队伍同多部门、多兵种的协同作战能力，提高民兵在面对突发事件的应急处置能力。

【征兵工作】 2020年，完成新兵征集工作。在征兵期间，创新开展“线上+线下”征兵宣传，各镇街道做好上门走访宣传工作，发放宣传手册6000余份，借助微信朋友圈精准推送征兵广告187500人次，在主要街道设置灯杆旗标语440幅。8月29日起，组织预征新兵开展役前教育训练，让准新兵提前了解部队纪律，体验军营生活，旨在提高新兵思想、身体素质，为向部队输送优质兵员打好基础。9月9日，举行新兵入伍欢送大会。

军地共建

【概况】 2020年，区人武部常态化开展军地共建工作，积极参与抗击疫情、创建文明城市、应急救援、扶贫帮困以及拥军优属工作，获得人民群众好评。

【文明城市创建】 积极配合宁波市“创建文明城市”工作，完成站岗执勤、维护秩序等工作人物。5月12日上午，参加区减灾委“5·12防灾减灾日”宣传周活动。通过设立宣传展板、发放宣传材料等方式，与市民朋友零距离谈安全，提高群众防灾减灾意识。

【学生军训】 在完成辖区每年例行7所高中学生军训任务的同时，10月末组织军训教官集中岗前培训，11月上旬组织完成浙江医药高等专科学校2批次、4455人次学生军训工作。这是奉化第一次组织对高等院校学生军训，在完成上级赋予任务的同时，展现了奉化民兵队伍良好风貌，获得学校师生的一致好评。

【拥军优属】 区人武部和镇（街道）在春节前走访慰问本辖区在外军官的父母家庭，全区有30多家企事业单位与部队结对共建；定期组织召开军政座谈会，主动过问部队需求，听取意见建议，在力所能及的范围内帮助部队解决问题。妥善安置军转干部，始终把军转安置工作作为稳军心、保稳定的大事。关心解决军属困难，妥善处理随军家属就业和21名军人子女入学等问题，解决他们的后顾之忧。积极做好区政府八一宣传橱窗，奉化发布、《奉化日报》八一光荣榜、国防之窗刊登工作。

（徐　晶）

人民防空

【概况】 2020年，全面试行人防工程产权改革，推进人防规划融入城市规划；完善指挥所管理制度，开展指挥所评估检查，增强指挥所应急应战能力；结合指挥部常态化运行机制，开展人民防空实战化演习；完善专业队伍建设，联合综合执法局、应急管理局、卫生健康局等部门组建人防专业队伍；推行人防政务服务数字化转型，推动人防审批事项合并成“N合一”审批，提高审批效率；强化人防政策法规宣贯，组织人防创立70周年特色宣传、“防灾减灾”科普宣教等。

【人防工程产权制度改革】 7月，奉化区政府审议通过《奉化区人民防空工程产权登记实施细则（试行）》《奉化区国有人民防空资产平时使用管理办法（试行）》，并于7月31日发布实施。文件实施后，各类国有出让、划拨地块都需在土地招拍挂、划拨书、规划条件中，明确义务修建类人防工程产权归国家所有，同时明确义务修建类人防工程平时使用功能应以机动车停车为主，人防区域设置机动车停车位净面积不得少于人防工程总面积的20%，明确人防工程产权登记参照不动产登记制度，产权归人防办所有，维护管理由人防办指定国有公司负责，并试行收支两条线管理。

【新中国人民防空创立70周年主题宣传活动】 2020年是新中国人民防空创立70周年。奉化区人防办以“铸盾护民七十载，‘窗口’担当谱华章”为主题，综合运用多种途径，组织开展庆祝新中国人民防空成立70周年系列宣传活动。10月27日，奉化区人防办在万达广场开展集中宣传活动，通过布设宣传展板、发放宣传手册以及现场解答的方式，向市民普及人防法律法规、传授防空防灾、自救互救日常应急避险等基本知识。现场发动广大市民关注公众号参与人防线上答题活动，宣传活动吸引大量群众参与，共发放宣传手册资料500余份，宣传品800余件。其间对县江两岸的人防公益宣传牌进行翻新，并在区岳林、锦屏等主城区街道设立人防宣传横幅50条。通过电信公司、“奉化建设”微信公众号等新媒体平台，开展为期一个月的社会宣传，进一步提高群众对人防工作的了解，提高宣传活动的社会知晓率和关注度。

（周益扬）

10月27日，奉化区人防办在万达广场开展集中宣传活动

法 治

综合治理

【概况】 2020年，围绕区域社会治理现代化目标，树立“数字赋能、整体智治”理念，构建大平安工作机制，坚持系统观念、系统方法，统筹疫情防控和经济社会发展，以夺取星级“平安金鼎”为抓手，求真务实、真抓实干，开展基层系列平安创建、市域社会治理等重点工作，群众安全感达到97.82%，平安建设考核结果性指标居全市第四。政企社联动社区矫正“奉化模式”分别被省委副书记、省长郑栅洁和省司法厅厅长马柏伟批示肯定，并在央视社会与法频道播出。奉化“环保议事厅”入选“美丽中国，我是行动者”全国十佳公众参与案例。

【社会治理创新】 高标准推进区、镇（街道）、村（社区）三级社会矛盾纠纷调处化解体系建设，切实提升全区社会治理体系和治理能力现代化水平。区委区政府高度重视区矛调中心建设，成立区委直属正处级事业单位，投入1000多万元资金，优化区矛调中心的资源配置，对中心大楼办公场地进行智能化改造提升。7月，全区社会矛盾纠纷调处化解中心挂牌成立并投入运行，实现9个部门常驻，15个部门轮驻，3个部门定期驻点，其他单位随叫随驻。镇级矛调中心重点整合四个平台力量，共涉及派驻人员808人，同时配备专职人民调解员30余人。319个村（社区）建成村级矛盾纠纷调处化解平台，落实专人进行轮流坐班接待。落实“镇街吹哨、部门报到”制度，充分运用道德庭、品牌调解等协商载体，把更多资源、服务、管理放到基层，推动社会治理重心向基层下沉。矛盾纠纷就地调处化解率达66.8%，按时办结率100%，群众满意率99.4%。

【整治社会治安重点】 持续深化电信网络诈骗等新型犯罪打击，立案459起，抓获131人，移诉案件317起，破案率达到25.1%。深入开展道路交通安全综合治理攻坚、沿海中线集中严管整治，全口径统计亡人数较前三年平均数相比下降43.4%。全力开展危爆品治安管理专项整治。共整改隐患问题301个，处罚41家企业，金额达51.6万元。扎实推进防溺水工作。组建整合民间专兼职防溺水队伍15支、180余人，实现全水域快速救援。突出禁毒专项整治。禁毒“云战”行动打掉涉毒犯罪团伙2个，破获省督案件1起。

【平安宣传】 深入发动，强化宣传，全力提升平安三率。全区召开3次专题会议，将平安宣传纳入公益宣传范畴。自9月开始，实行全领域、全时空、全媒体大强度宣传，线上线下、新媒体与传统形式共同发力，电视、电台、网站、报纸、微信公众号齐头并进，实现村（社区）、医院、学校、商圈、金融网点、车站、公交车、集贸市场、建筑工地、建筑围挡、重点路段等全覆盖，“平安奉化”微信公众号粉丝总量近8万人，每日推送平安建设宣传图文4则；发放《给全区人民的一封信》50万余份，宣传小礼品20万份，发送平安宣传手机短信50万条、钉钉短信5万条；组织开展以平安宣传为主题的网格拉练活动30次，走访宣传3.8万余户。

（孙　健）

公　安

【概况】 2020年，面对突如其来的疫情冲击和重大任务考验，区公安分局在宁波市公安局和区委、区政府的坚强领导下，深入贯彻习近平总书记考察浙江、宁波重要讲话精神，统筹“疫情防控和社会稳定”两手抓、两手硬，立足防范化解重大风险，聚焦七大警务战力提升，全面构建与高水平区域治理现代化相匹配的现代警务模式，有力维护了奉化城市安全和社会大局稳定。全年共接报有效警情91036起，比上年上升3.9%。其中刑事警情1267起，比上年下降18.5%；治安警情19971起，比上年上升8.5%。共受理各类案事件5879起，比上年下降5.9%。刑事案件2236起，同比下降17.5%；治安案件3643起，同比上升3.1%；发案为全大市最少。共侦破各类案事件1291起，其中破获刑事案件1042起，破获治安案件249起；移诉1277人，行政拘留930人。分局被省委省政府评为平安浙江建设先进集体，人民群众安全感达98.34%，居宁波市第三，创近年来新高。全年共有1个集体、2名个人荣立二等功，4个集体、21名个人荣立三等功，45个集体308人次受到各级表彰奖励，萧王庙派出所获评“枫桥式公安派出所”，应方赤获评“2020年全国交警系统训练标兵”。

【惩治违法犯罪】 打击严重刑事犯罪。2020年，区公安分局快侦快破严重暴力犯罪案件，对现发命案、五类案件集势打击，力争发一破一。全年破获命案1起，破案率100%；另破获21年前命案积案1起，协助外地抓获命案在逃犯罪嫌疑人2名。

深入开展扫黑除恶。全年打掉涉黑团伙2个、恶势力犯罪集团14个、恶势力团伙38个，案件均已判决，实现案件清结目标；抓获各类涉黑涉恶犯罪嫌疑人1226人，移诉1131人，累计查扣非法资产5.41亿元。涉黑涉恶目标在逃犯罪嫌疑人10名，其中公安部督捕在逃犯罪嫌疑人6名，省公安厅公开缉捕在逃犯罪嫌疑人1名，均抓获归案，实现清零目标；联动纪监委打击涉黑涉恶腐败分子及“保护伞”16人。

严打电信网络诈骗犯罪。全年累计打掉电信网络诈骗犯罪团伙17个，摧毁从贩卖公民个人信息到制作假信用卡、贩卖银行黑卡实施诈骗的整条犯罪产业链，共抓获犯罪嫌疑人170名。

重点打击跨境网赌犯罪。全年侦破案件22起，抓获涉案人员180名，采取刑事强制措施101名，扣押非法资产8631万元。成功侦办省督朱涛等人开设赌场案、市督倪斌等人开设赌场案。

严打经济犯罪。全年破案105起，涉案金额3亿余元，抓获犯罪嫌疑人201名，移诉95起161人，追缴赃款赃物、非法所得折合人民币3500余万元。

严打黄赌违法犯罪。全年破

7月31日，分局召开全区公安机关扫黑除恶专项斗争决战决胜会议

获涉黄刑事案件27起，刑事拘留49人，移诉56人，查处涉黄治安案件77起，行政处罚234人；破获涉赌刑事案件46起，刑事拘留161人，移诉191人，查处涉赌治安案件352起，行政处罚1228人。涉黄赌类警情比上年下降14.54%。

严打涉毒违法犯罪。2020年，抓获涉毒犯罪嫌疑人24人、查处吸毒22人、执行强制隔离戒毒9人，打掉贩卖毒品3人以上团伙3个；破获省毒品目标案件1起，抓获犯罪嫌疑人8人。

严打食药环犯罪。2020年，区公安分局立环境犯罪刑事案件33起，打击处理41人，移诉38人。

4月，侦破宁波市首起涉“暗网”侵犯公民个人信息案件，抓获犯罪嫌疑人10名，查获公民个人信息1亿余条及大量黑灰产（电信诈骗、钓鱼网站、木马病毒、黑客勒索等利用网络开展违法犯罪活动的行为）数据；7月，侦破夏某等人为各类网络赌博平台提供资金结算服务的帮助信息网络犯罪活动罪案，抓获犯罪嫌疑人23名。

5月7日，全区疫情防控守住“小门”工作推进会召开

【行政管理】 加强维稳安保工作。2020年，区公安分局积极打好疫情防控背景下维稳安保主动仗，完成十九届五中全会等重大时段维稳安保任务。溪口景区游客中心被评为首批省级反恐防恐行业标杆，建成包括奉化体育馆和龙津实验学校2处新增点位在内共14处“四联三防”点位。加大对反恐重点目标单位、党政机关、寄递业等部位及敏感物资销售点的检查力度，开出罚单17张、处罚金额10.8万元。

深化最多跑一次改革。2020年，区公安分局在全省率先实现国家工作人员因私出国（境）登记备案全程网上办，累计已办结1740起，做法被《浙江法制报》《平安时报》等多家媒体报道；深化公民身份信息连锁变更改革，弥补水、电、气公共服务领域办理盲区，累计办件27起，被省《竞跑者》期刊及学习强国刊登；推动村两委干部选任调整资格联审“零次跑”，审查时间缩短50%，累计审核7500余人次，经验做法入选市委改革办《改革先锋》专刊；将出入境证件服务延伸至溪口镇资源配置和综合（政务）服务中心，按照综合考量、合理布局的方针稳妥有序地推进溪口出入境受理延伸点建设，以方便群众就近办证。

开展危爆品安全整治。2020年，区公安分局深入开展危爆物品安全整治，定期进行现场检查和通报，及时督促各派出所落实监管职责，并组织开展全局危爆品治安管理培训3次、各派出所培训8次；开展安全大检查和交叉检查，9—12月，共检查各类危爆品单位239次，发现各类隐患321处，当场整改125处，对10家单位下发责令整改通知书，办理相关案件49起，罚款56.8万元。

加强交通安全管理。全年累计查处交通违法294833起，其中酒驾773起、醉驾239起、违法停车179740起、非机动车违法61984起、工程车违法13109起，办理醉驾刑事案件249起，刑事拘留164人，行政拘留147人。全年累计接处警48227起、受理交通事故29051起、交通事故全口径亡人数比上年下降16.13%，办理窗口业务411144起，新增交通科技设施524套。深化公安交管“放管服”“最多跑一次”改革，推进车辆检测“一件事”集成改革，全年办理车管业务184704起。书面答复办结各类投诉、信访、舆情、上级转办件745件，完成人大、政协转办的提案议案18件。

5月29日，全区召开养犬管理联席会议

2020年，区公安分局深入推进“枫桥式公安派出所”创建活动，积极开展警务品牌创建活动，召开派出所工作会议，11个派出所敲定“一所一品”方案，并摄制宣传片进行展示。在全市率先制定“枫桥经验扬旗行动”考核办法，对派出所品牌创建工作、社区警务工作进行再提炼、再促进、再完善。

【警务保障】 继续推进视频监控“进农村、进社区、进重点部位”三进工程，在全区行政村、社区及重点部位等主要出入口安装视频监控6964个，全部接入公安视频专网或属地派出所视频分控中心。

继续推进“全息感知”建设，已建人脸识别、MAC数据采集等“全息感知”点位1230个，全年通过“全息感知”系统预警及二次研判工作，共抓获各类网上逃犯22名。

立足公安职能，充分发挥文明城市创建主力军、排头兵作用，助推文明城市创建工作。向区委区政府提交整治方案，围绕城区9条主要道路路口，新增28套非机动车信号灯，更换非国标主灯灯盘48套，新增行人灯及杆件40套及重点路口隔离护栏2610米。

12月2日，区公安分局举行森林公安划转仪式，划转区森林公安分局，并设立森林警察大队，与环境犯罪侦查大队合署办公。

【队伍建设】 全面落实从严治警。2020年，区公安分局抓牢两个“责任”，建立全面从严管党治警领导小组及办公室，开展专项检查3次，督察检查98次，下发督察通报12起，发现指出问题124个，全局74名民警因工作执行不力、履职不到位、执勤不规范等原因被队伍记分，1人被追究刑事责任，3人被党纪处分（含2名退休民警），批评教育3人。

2020年，区公安分局全力争取落实基层派出所和交警中队民警每年享受镇（街道）考核奖50%政策；合理利用党费、工会费27.35万元，走访慰问战斗在疫情防控第一线的民警、辅警。严厉打击阻碍民警、辅警正常执法、有损执法权威的违法犯罪，办理相关案件31起，刑拘13人、行政拘留21人、行政罚款2人、教育谈话2人。维权35人次，发放专项慰问金3.7万元，为2名民警进行了督察正名。

（陈　旖）

6月30日，分局举行“战士·我们的荣光”主题党日暨集中授奖授衔仪式

检　察

【概况】 2020年，在全面建成小康社会和“十三五”规划收官之际，区检察院全面对标“重要窗口”新目标、新定位，忠实履行宪法、法律赋予的职责，各项检察工作取得良好发展。坚持围绕党委中心工作，常态化落实“六稳”“六保”任务举措，深入推进“四大检察”“十项业务”全面充分协调发展，强力有效破解积案清理难题，工作成效获省检察院贾宇检察长批示肯定；溪口检察室获评全省首批基层检察室联系点；派驻公安机关检察监督机制建设获评全市检察机关“十佳”创新成果。全年共获得市级以上荣誉41项，有关工作获各级领导批示肯定6次。

4月28日区检察院召开扫黑除恶专项斗争领导小组会议

【助力疫情防控阻击战】 第一时间响应区委号召，检察干警参与一线防控率达100%，抗疫小分队获评全区战“疫”先锋团队称号，1名干警获全区“抗疫优秀志愿者”称号。依法快捕快诉妨害疫情防控相关犯罪嫌疑人15人，积极开展远程讯问“零接触”、认罪认罚“云见证”等办案工作，用一天时间办结一起殴打防疫志愿者案件，保障“非接触办案”提速增效。

检察干警到松岙镇开展疫情防控志愿工作

【保障服务大局】 克服疫情导致各类办案困难，从严从快办理涉黑案件3件17人、涉恶案件23件127人，在全市率先实现在办涉黑恶案件全部清零，1名干警被省委、省政府授予“全省扫黑除恶专项斗争成绩突出个人”。重点针对套路贷领域，办理涉恶“网贷APP”系列案3件114人；强化“打伞破网”，办理涉黑恶“保护伞”案件5件5人。

【服务民营经济】 严厉打击破坏经济秩序、损害企业利益的犯罪，依法惩治挪用、侵占企业资产、制造销售假冒伪劣产品、损害商业信誉等犯罪，建立涉企案件经济影响评估机制，对事关企

10月20日 区检察院联合区工商联开展“服务‘六稳’‘六保’护航民企发展”检察开放日活动

业生存发展的17名涉罪企业负责人、技术骨干慎捕慎诉，相关做法被《法治日报》宣传报道。持续做好检察环节“三服务”工作，帮助企业筑牢合规经营和防范金融风险“防火墙”，多次获企业赠送锦旗，8件案件入选宁波市检察机关服务“六稳”“六保”典型案例。

【办好检察为民实事】 持续深化检察环节“最多跑一次”改革，12309检察服务中心实质化入驻区社会矛盾纠纷调解中心，建立“窗口受理+驻点解决”办理工作机制，努力实现一站式接收、一揽子调处、全链条解决。充分发挥溪口检察室全省首批检察机关践行新时代“枫桥经验”示范基地的先发优势，对接“道德庭”、融入“大调解”，做到化解矛盾纠纷“靠前一步”，溪口检察室获评首批全省基层检察室联络点。

【履行职能】 刑事检察方面，监督立案7人，纠正漏诉10人、漏罪5项，纠正违法14件，提请抗诉2件，发出再审检察建议2件，办理刑事执行法律监督案件39件，重大案件侦查终结前讯问合法性核查率100%。立案查办刑事诉讼法修改后宁波大市首起司法工作人员职务犯罪案件，办理监察委移送审查起诉案件7件9人，5件案件获评全市刑事检察专项精品案例。

民事检察方面，与区人民法院就司法业务对接、案件信息共享、业务交流培训等建立“三协同”“八机制”，共办结民事检察监督案件18件，提出再审检察建议6件，提请上级院抗诉1件，办理虚假诉讼监督案件12件，办结民事执行监督案件6件，1件案件获评全市民事检察优秀案例。

行政检察方面，与区司法局、区社会矛盾纠纷调解中心建立案件信息共享机制，参与化解行政复议案件6件；协同区人民法院化解行政非诉执行争议案件16件，开展涉及生态环境与资源保护、违法占地等领域的非诉执行监督专项活动，发出检察建议10件。

公益诉讼检察方面，坚持以公益保护为核心，办理公益诉讼诉前程序案件54件，强化国有财产保护，办理服刑人员违规享受低保金、国有财产流失等案件21件，助力有关部门追缴国有土地出让金和滞纳金。办理宠物医院行政公益诉讼案获检察日报、正义网等媒体宣传报道；办理消防安全通道专项行动相关做法获区委主要领导批示肯定。

【创新发展】 建立环象山港公益诉讼检察联盟。发起“守护同一片蓝湾”行动，牵头成立环象山港五县（区）公益诉讼检察联盟，建成公益诉讼快速检测实验室，协同区农业农村局、区生态环境分局开展海域专项检察，助力打造宁波“滨海会客厅”，相关经验做法被《浙江法制报》头版头条报道。

推进未成年人检察融合式监督。办理全市首起撤销监护权支持起诉案件，相关做法在全省会议上作经验交流。办理的陆某某受教育权保护行政争议实质性化解案入选省检察院《案例指导》。

探索建立“不起诉宣告+”

工作模式。规范不起诉权适用，专设不起诉宣告训诫室，推行“不起诉宣告+训诫”“不起诉宣告+听证”模式，开展不起诉宣告训诫80余人次，对被不起诉人提出行政处罚、政务处分等检察意见17次，相关经验获人民日报客户端、学习强国平台转载报道。

打造检察“双线”普法高地。认真落实省检察院检察长、区委主要领导对“宁波奉化刑事犯罪警示教育基地”关于普法效能最大化要求，深化“实体基地+云端展厅”检察普法模式，成立“宣讲团”、开办“云课堂”、制作“微视频”，累计接待参观团体182批3500余人，其中区外47批730余人。

深化派驻公安检察官办公室机制建设。构建“专职常驻+巡回检察”检警协作机制，推动检察官办公室工作再升级，获评全市检察机关十佳创新成果。

【队伍建设】 锻造专业队伍。5名干警分别入选全省检察业务领军人才、全省百名检察教官、全省检察理论研究人才、宁波市级青年岗位能手、宁波市教育法治讲师团。加大年轻干部培养使用力度，选派7名干警到系统内外交流挂职；经过新一轮干部选聘，全院中层干部平均年龄从43岁降至37岁。全年，获得市级以上荣誉41项，有关工作获各级领导批示肯定6次。

【省级个人荣誉】 区检察院第五检察部主任盛文超获评2019年全省扫黑除恶专项斗争成绩突出个人。区检察院第二检察部主任詹政洁入选全省检察机关专业人才库，获评全省刑事检察人才库业务领军人才、全省检察机关“百名检察教官”。

（高文艺）

法 院

【概况】 2020年，新收各类案件11763件，办结12105件，未结案1212件，收案数、未结案数比上年分别下降7.6%和22.01%；一审判决案件改判发回瑕疵率0.04%，比上年下降0.12个百分点，居全省第四名；超12个月以上未结案实现“清零”，并列全省第一名；服判息诉率92.61%，比上年提高0.6个百分点。对照省高院“七升五降”评估指标，11项指标实现优化，完成率在全市法院最高。全院获得省、市级集体荣誉6项、个人荣誉13项，行政庭被省高院授予“集体二等功”。

【刑事审判】 新收刑事案件839件，审结835件。其中审结涉“网贷APP”“套路贷”、非法吸收公众存款等涉众型犯罪案件45件；判处贪污贿赂等职务犯罪16人。决战决胜扫黑除恶专项斗争，39件涉黑恶案件全部审结，判处涉黑恶罪犯280人，其中五年以上有期徒刑41人，判处财产刑201人，执行到位3363万元。落实宽严相济刑事政策，对895名认罪认罚被告人依法从宽处理，对217名被告人适用缓刑等非监禁刑。

【民商事审判】 新收民商事案件6171件，审结6437件，收案数比上年下降8.67%。审结婚姻、赡养、抚养、继承等家事类纠纷365件；审结涉劳动争议、交通事故、工伤、医疗赔偿等案件658件；审结涉房屋买卖、租赁、建设工程、物业等纠纷608件，

4月24日，联合区市场监督管理局、奉化海关共同举办新闻发布会，通报知识产权保护工作并发布典型案例

10月15日，区法院开展2020年秋季第一场集中专项执行行动

涉案金额4.3亿余元；审结民间借贷、金融借款等借贷类纠纷1727件，涉案金额8.2亿余元。

【行政审判】 新收行政诉讼案件69件，审结92件；审结非诉审查案件160件，裁定准予执行159件，准予执行率99.4%。联合区政府召开行政复议和行政审判联席会议，发布行政审判白皮书，邀请全区40余家行政机关百余名公职人员旁听庭审。建立健全败诉风险预警机制，38件行政诉讼案件调解或撤诉。积极推动行政机关负责人出庭出声，全区行政机关负责人出庭出声率达100%。

【执行攻坚】 新收执行案件4447件，执结4506件，执行到位金额5.5亿余元。推动协助法院执行“一件事”联办，在线查询被执行人出入境信息2102人次，查封不动产688处、车辆891辆，冻结股权107次。坚持严惩拒执行为，纳入失信名单2971人次，官微曝光220人次，罚款、拘留78人次，判处刑罚3人。拓宽司法救助渠道，为31名“执行不能”案件中生活困难的申请执行人发放救助款98万元。

【区域社会治理】 2—4月，“零接触”线上办结案件2383件，同期结案率106.38%；积极参与社区卡点排查和企业复工复产指导；区人民法院战“疫”小分队获评区战“疫”先锋团队，2名干警分别获评防疫抗疫优秀志愿者和最美女干部；组建专班为葛岙水库征迁移民、黄贤违建别墅拆除、南山路中段危旧房屋改造等重点工作推进提供法律意见；争取并获批开展涉重大工程项目补偿安置协议司法确认试点；审结涉环保、土地行政非诉审查案件145件，准予执行率99.3%，判处破坏生态环境犯罪15人；审结涉企商事纠纷2167件，涉案金额12.2亿余元；出台《关于加强民营经济司法保障的意见》；审结知识产权民事纠纷113件，涉案金额2018万余元；审结知识产权刑事案件8件，判处假冒注册商标等犯罪20人；连续两年召开知识产权新闻发布会，发布典审结破产案件26件，促成24家“僵尸企业”退出市场、2家企业和解重整；在全市率先出台《关于破产案件简化审理程序的若干意见》，破产案件平均审理期限5.3个月，相比近三年平均审限缩短63.3%；将司法确认、简案速裁、信访接待，以及民商事、行政、刑事自诉案件立案服务入驻区矛盾调解中心，2610件案件经过诉前调解，其中调解成功1356件；联合区总工会、区人社局建立劳动争议调裁诉对接工作机制，全年劳动争议诉前调解成功率达93.79%，居全市第一名；4家法庭民事可调撤率达84.04%；开展“奉法讲堂”进企业、进学校、进基层普法宣讲12场；全院新收案件数自2018年起实现“三连降”，全区诉源治理成效明显。

【审判体系审判能力现代化】 在全市首创数字卷宗中心和送达服务中心，自7月启动无纸化改革，民商事、行政、执行案件网上立案率96.23%，电子送达各类文书41923次，电子送达适用率居全市第三名，100%的文书审签、上诉案件移送在线完成，全部案件实现电子卷宗随案生成，其中超过40%的案件实现

9月24日，与金融消费纠纷人民调解委员会签订合作协议，启动金融纠纷诉调对接机制

“零”纸质归档；打造“诉前调解+司法确认”解纷模式，全年受理司法确认案件530件，比上年上升90.65%，审结小额诉讼案件1203件，平均审限仅16.18天；完善简易程序规则，推行要素式审判和简式裁判文书，审结简易程序案件3545件，平均审限33.74天，二审改发率0.11%，为全市法院最低；扩大独任制适用范围，除小额诉讼和简易程序之外，适用独任制审结普通程序案件138件，平均审限98.17天，较全市平均审限短13.2%。

【队伍建设】 扎实开展司法规范化水平提升年活动和执行不力问题专项治理，明确32项具体任务，聚焦全院、部门、个人三张“问题清单”，累计解决司法不严格、不规范等方面的问题20余项；加强教育培训，组织干警参加各类培训2500余人次；做强做优“奉法论坛”品牌，定期组织干警围绕理论实务热点难点问题交流研讨；干警撰写的20余篇调研文章在省、市级期刊发表；常态化开展纪律作风大检查，并发布“黑榜”实名通报批评；开展审执岗位廉政风险大排查、“家属助廉”“以案释德、以案释法、以案释纪”警示教育活动；开展“月度办案之星”评选，定期发布表扬“红榜”；开展集中谈心谈话、“金点子评选”活动，了解干警思想动态，主动征求意见建议；开展“健康奉法人”活动；加强法官履职保障，旗帜鲜明向侵犯法官合法权益的违法犯罪行为“亮剑”，1名在网上发帖诽谤法官的当事人被判处有期徒刑一年六个月。

【监督公开】 建立健全代表委员分片联络制度和日常联络八项机制，定期向人大代表、政协委员、各民主党派、工商联和无党派人士通报法院工作，依托官方微信号开通联络专用通道，班子成员集中走访，听取意见建议，改进自身工作；联合区人民检察院建立法律监督协同工作机制，以主动接受监督，促进办案规范；完善检察长列席审委会机制，邀请检察长列席审委会讨论案件12件；新收再审检察建议6

12月4日，区法院举行集中宪法宣誓仪式

份，依职权对6起案件启动再审程序，目前已审结并改判3件；主动走访辖区律师事务所，征求律师评价法官意见；定期电话回访人民陪审员，诚恳听取意见建议；先后邀请300余名群众参加公众开放日；网络公开裁判文书14808份；网络直播庭审3193场，67万人次点击观看；区人民法院被最高院评为“司法宣传和通联工作先进单位”。

（江　艳）

4月24日，区司法局与区8718平台共同组织律师为民营企业开展“劳动争议”专场讲座

司法行政

【概况】 2020年，全区司法行政系统根据省厅、市局工作部署，紧紧围绕区委、区政府 战略决策，牢固树立“开拓创新、争创一流”工作目标，以实施“人民群众满意年”“规范化建设提升年”和“能力素质提升年”为抓手，部署“六个一”工程，通过点面结合、量质并举，切实提升司法行政机关核心战斗力，努力为“五年奉献一个新奉化”提供坚强的法治保障。其间，涌现一批以社区矫正“奉化模式”为代表的亮点成果。

【推进法治奉化建设】 完善党委“一把手”负总责的法治建设领导体制和工作机制，推动党委法治建设议事协调机构全面有效运行。先后组织召开区委全面依法治区委员会第二次会议、区委全面依法治区委员会办公室第三次（扩大）会议，压实工作责任。将法治建设纳入全区镇（街道）和部门领导班子及其主要负责人政绩考核指标体系，列入年终述职内容，加大考核结果运用。制订依法治区《督察工作实施办法》，创新建立“督察+巡察”联动机制，将法治建设、依法行政纳入区委作风建设巡察重要内容，实行高频次督察，全年组织疫情防控、合法性审查、行政争议“双下降”等重点工作督察20次。加强镇（街道）合法性审查工作，印发合法性审查全覆盖工作实施意见，明确审查机构、审查范围、审查内容、审查流程，健全审查机制，制订5项重要审查事项流程清单和统一指导目录。同时，要求区政府及其部门进一步规范合法性审查工作，全

8月4日，区委召开区全面依法治区委员会守法普法协调小组（扩大）会议暨“七五”普法总结验收部署会

区各地各部门均已实现合法性审查全覆盖。

【社区矫正“奉化模式”再创佳绩】 2020年，社区矫正“奉化模式”作为创新典型在全省司法行政系统司法局长会议上进行推广，司法部简报、《法治日报》等专门进行报道，被区委改革办、区委政法委推荐为法治浙江“重要窗口”实践100例、全省“领跑者”改革事项、全省政法工作现代化创新引导项目等候选项目。完善社区矫正指挥中心建设，以政法一体化单轨制协同办案系统和数字卷宗数据化建设为支撑，完成硬件设备更新换代，形成信息互通、共管共治的工作格局。针对春节、两会、防疫等特殊时期和节点，加大信息化核查与专项走访排查。其间，累计走访排查1500余人次，信息化核查25000余人次，全区现有社区矫正对象482人，未发生脱漏管、重新犯罪等现象。

【法律服务】 深化“最多跑一次”改革，推出“特殊人群零次跑”机制，主动为群体性讨薪农民工、高龄老人、残障人士等特殊对象提供预约上门服务。创新推出“一案三审”机制，将法官、公职律师等专业人员纳入案卷评审小组，把牢办案质量关，优秀案卷数量居全市第一。持续推进营商环境优质化法治化建设，推行“企业家周一法律夜学”，设置劳动争议、建筑行业风险防范、公司债权债务风险防范等10个学习专题，由资深律师进行授课，目前已组织4个专题14场讲座，参与企业近260家。组建法律服务工作组进驻区企业服务专班，通过“全科门诊+特约专诊”帮助企业全面防范法律风险。推出法律服务“网格化”计划，在开发区、南海锦地等企业、商家聚集片区专门设立法律服务站，安排律师提供法律服务。厚培律所、青年律师成长土壤，对律所引进、业务创收、青年律师培养、争先创优等进行大力扶持，奖励额度最高可达60万元。全年律师人数增长14.2%，兑现扶持资金117万余元。

【人民调解和司法所建设】 全年受理各类矛盾纠纷3175件，成功调处3167件，调处成功率99.75%。以诉求处理和专业调解组织建设协同推进为原则，实现区人民调解委员会及行业性专业性人民调解委员会全面入驻区矛调中心。构建以人民调解为引领的多元调解格局，联合区法院推行1名法官对应1个镇（街道）调委会的“1+1”工作指导机制，填补调解员业务短板，全年开展业务指导100余次，参与矛盾纠纷调处化解50余次。推出“调委会+法庭”结对机制，溪口、江口、萧王庙等调委会先后与基层法庭确立双向协助联动机制，成立联动工作室，实现诉调无缝衔接。拓展“最多跑一次”改革覆盖面，依托莼湖法庭与宁波海事法院之间的“点对点”跨域立案协作机制，创新海事渔业纠纷人民调解协议司法确认“代跑制”。准确把握“枫桥式”司

3月12日，省委政法委副书记卫中强（左二）一行到奉化检查全区平安建设

法所建设实施路径，在全区推行“示范化”司法所建设，溪口、岳林率先实现独门独户独立办公，走在全市基层司法所建设前列，受到上级领导高度肯定，被命名为浙江省“枫桥式”司法所。

【普法宣传】 出台《关于构建社会大普法格局的实施意见》，严格落实普法责任制，推出年度普法共性工作8项、个性工作136项。整合社会力量组建公益性社会普法组织，新增普法工作室3家，新建普法志愿者队伍3支。开展民法典、“防控疫情 法治同行”、《浙江省民营企业发展促进条例》等主题法治宣传，利用“两台一报”“掌上奉化”客户端、公共场所显示屏等开展“智慧普法”，累计发布微博3500多条、微信2000多条。统筹部署“七五”普法总结验收工作，完成市级验收。联合区纪委监委、城投公司在凤山体育公园建成廉政法治文化园，与毗邻的中山公园宪法主题馆相互呼应，形成“一馆一公园”的法治文化特色阵地群。深化基层法治文化“一地一品”建设，新建以奉化中学宪法主题公园、江口民法典公园等为特色的主题性阵地8个，其他综合性阵地6个，全区法治文化阵地有86个，其中区级法治文化阵地7个。落实民主法治村（社区）创建经费补助制度，向20个新增省市级民主法治村（社区）发放经费补助24万元。办好“全国民主法治示范村（社区）”普法骨干班滕头现场教学活动，共接待普法骨干2批80人次。全年重点培育省级民主法治村（社区）6个、市级民主法治村（社区）11个。

8月11日，“七五”普法终期检查组成员在西坞街道蒋家池头实地检查

【队伍建设】 以从严锻造“四铁”司法行政干部为指引，抓实干部思想政治建设，依托“周二夜学”、中心组学习、“中层干部大讲堂”“领导干部大讲堂”等载体，实现学习教育常态化、特色化，全年组织开展各类学习31期。开展“中层赛马、比选竞优”活动，不断激活干部内生动力，其间，完成4名中层干部补聘、15名干部职级晋级。落实中层干部“双向交流、实战赋能”工作，选派4名干部参加全区“压担式”挂职，3名科长下基层“坐堂答疑”，选派20余名干部参与全区征地拆迁、村社换届选举等重点中心工作，有力展示司法行政干部担当。围绕执法司法规范化提升年活动要求，明确社区矫正、执法监督领域、公共法律服务等五大领域16项任务清单。多形式开展问题查摆，排查个人问题125个，科室、司法所问题47个，梳理形成单位问题9个，完成整改141个。结合全区“大学习、大调研、大抓落实”活动，形成调研文章7篇。注重建章立制，出台社区矫正、执法监督、人民调解等相关工作制度10个，司法行政各项工作规范化水平进一步提升。

（葛钰颖）

法制工作

【概况】 2020年法治政府建设工

6月4日，2020年奉化区行政复议和行政审判联席会议

10月16日，区委全面依法治区委员会办公室第三次（扩大）会议

作，按照省市区关于法治建设工作会议的部署，以完成法治奉化建设工作确定的内容为重点，以法治监督为主要手段，在区委区政府的领导下，取得了一定成效。

【**法制监督**】 持续推行行政执法"三项制度"，依法确认35个行政执法部门主体资格，严格实行行政执法人员持证上岗和资格管理制度，组织全区近190人参加行政执法证考试，提升持证比率。合理选聘区第二届特邀行政执法监督员，有效发挥其作用。以溪口镇为试点，推动行政执法权力下放、重心下移和基层行政执法力量整合。加强执法监督信息化建设，全面推进行政处罚网上公示和运行，推广应用省统一行政处罚办案系统。

【**行政争议处理**】 推行行政争议发案量和败诉率月通报、红黄绿"三色"警示、案件研判等制度，健全府院联动调解机制，加大通报力度，向20家单位发出红黄绿"三色"警示，其中红色警告17家，提高政府部门和各镇（街道）政府（办事处）负责人出庭应诉率。1—10月，全区行政争议发案量比上年下降42.7%、一审行政诉讼败诉率比上年下降4.59%。制定行政复议决定网上公开制度、岗位职责和管理规定、责任追究办法等制度，确保案件办理流程、案件结果运用等有据可循，全年共办理行政复议案件21件。创新建立《行政复议、投诉案件法治督察员执法评议办法（试行）》，以互听互议互评为内核，通过执法机关、当事人、法治督察员三方说法辩理，倒逼依法行政。加快推进行政复议规范化建设，奉化区成为首批通过省级评估的县市区。

（葛钰颖）

农 业

综 述

2020年，坚持以习近平新时代中国特色社会主义思想为指导，认真贯彻落实《中共中央、国务院关于抓好“三农”领域重点工作，确保如期实现全面小康的意见》精神，按照中央、省委、市委、区委关于“三农”工作各项部署要求，立足高水平全面小康和常态化疫情防控两个大局，不断强化“争”的意识、保持“冲”的姿态、发扬“实”的作风，推进农业经济运行稳步上升。全区农林牧渔业总产值达到54.93亿元，同比增长2.1%；农林牧渔增加值达到33.95亿元，同比增长2.1%；农村居民人均可支配收入达到34945元，同比增长5.3%；低收入农户人均可支配收入达到15045元，同比增长15.3%；城乡公共服务均等化发展水平持续提高，农村居民生活品质进一步提升。

打好疫情防控阻击战。年初成立粮食生猪保供、复渔复企等7个工作组，出台《做好农业企业节后复工疫情防控工作的通知》等文件，组织3000余人次参与执勤卡点、企业复工复产等，全区37家农业龙头企业及时复工复产。拨付上级下达、区发疫情防控资金448.82万元，支付率100%，直接惠及企业及农户25个（户）。从严做好海上疫情防控工作，与公安部门、海警、莼湖街道建立联勤联动机制，全面排查涉渔人员信息，全系统未发生一起岸线违规登陆和海上渔船境外疫情输入。

推动农业产业提质增效。全面贯彻落实市委“4566”乡村产业振兴行动，创新出台《宁波市奉化区坚持“五新”引领农业提质增效行动计划（2020—2022）》，力争实现农业产业在“新品种、新技术、新装备、新主体、新渠道”等方面的突破。面对新冠肺炎疫情带来的冲击，成立农业专班并进行实体化运作，促使农业经济增先创优，粮食产量稳中有进。麦浪农场连作晚稻百亩方亩产创“浙江农业之最”纪录；生猪产能加快恢复，实现生猪存栏完成目标任务。绿色都市农业产业项目有序推进，创建完成雪窦山省级现代农业园区和滕头田园综合体项目，农村一二三产业融合发展试点县项目、尚田镇农业产业强镇项目完成验收。秸秆综合利用率、测土配方施肥覆盖率分别达到96.5%、92.6%；不断提高农业机械化水平，主要产业综合机械化率达到92.75%。特色农产品品牌进一步打响，水蜜桃品牌通过线下促销活动、直播带货线上营销、强化物流运输保障等举措，销售总产值达4.07亿元，同比增长4.8%；“奉化曲毫”茶叶申请国家农产品地理标志保护登记；“溪口雷笋”入选2020年农业农村部地理标志农产品保护工程项目。

激活强村富民新动能。发展壮大村集体经济，全区安排村集体经济发展项目14个，惠及75个村，总投资8300余万元，全年总收入100万元以上村达到112个（宁波任务100个），经营性收入15万元以上村达到233个（宁波任务210个）。农村“三资”管理更趋规范化，深化清廉村居建设，开展村级财务问题专项整治行动，对所有行政村2017年以来的财务情况进行盘查，发现问题及时整改落实。委托第三方对24个经济发达村、工程建设重点村、三资复杂村进行重点审计，发现问题抓好全面整改。开展规模调整共91个村，组建32个新行政村并完成资产处置方案。抓紧实施赋码登记、开立银行账户、办理移交、建立新村账套等资产处置后续工作。联合区委组织部、区财政局在全区12个镇（街道）展开新一轮村社换届选举工作调研。听取各镇（街道）对村社组织换届有关准备情况和问题建议，以及逐村逐社分析研判情况和选情动态。出台指导意见、编印指导手册，做好村经济合作社换届选举相关指导工作。

织密安全生产责任网。抓好农产品质量安全，出台《关于印发地产食用农产品产地准出与市场准入衔接工作机制的通知》，落实农产品质量安全合格证制度，全年新建立二维码追溯点农业主体23家，累计达到276家。市级以上农产品质量安全监测合格率达到99.5%。强化集中整治和专项攻坚，推进菜牛屠宰“扫雷”行动，开展春、夏、秋“绿剑”三大集中执法行动。开展农药实名制购买专项执法行动，全区84家农药经营门店和1家农资批发企业，基本实现应用信息化系统记载农药购进、储存、销售等电子台账，实名制购买覆盖率达100%。扎实做好动物防疫，聚焦非洲猪瘟等重大动物防控工作，切实加大动物卫生监督执法力度。全面促进渔业安全生产，继续加强渔业安全培训，组织船东船长、外海中队长、船员上岗等安全培训25次、5558人。出台《从严查处渔业安全生产违法行为“八条铁律”》，对在台风“黑格比”期违反规定的3艘渔船处以罚款、停航的处罚。渔船上普及安装太阳能便携式北斗设备，保持渔船北斗在线率100%，减少渔船监管盲区；开展桐照、栖凤渔港智慧化项目建设，实时监控渔船进出渔港，有效打击涉渔“三无”船舶，安装移动式人脸识别装置，识别验证出海船员，确保人证相符。持续深入推进“一打三整治”，开展渔业安全执法检查和各专项执法行动，通过“清港”“清网”行动和日常巡查、夜间蹲点、突击检查等方式，查获的涉渔“三无”船筏全部拆解，清缴以地笼网和流刺网为主的违规网具立案处罚有证渔船违规案件，并予以罚款。

种植业

【概况】 2020年，农作物播种面积共19849.6公顷（297744亩），同比减少0.90%。粮食作物播种面积9960.6公顷（149409亩），同比增加0.006%；总产量63889吨，比上年增长0.29%。

油料播种面积446公顷（6690亩），同比减少6.11%；总产量986吨，同比增长6.71%。其中油菜籽143公顷（2145亩），总产量193吨，同比分别减少25.91%、2.26%；花生280公顷（4200）亩，总产量685吨，同比分别增长6.87%、9.95%；芝麻22公顷（330亩），总产量40吨，同比分别增长10%、14.29%；其他油料1公顷（15亩），总产量1吨。甘蔗播种面积12公顷（180亩），总产量405吨，同比分别增长20%、17.39%。药材类播种面积199公顷（2985亩），比上年增长14.37%；总产量395吨，同比减少4.82%。蔬菜播种面积2421公顷（36315亩），总产量44010吨，同比分别增长3.28%、4.67%。食用菌总产量10090吨，同比增长12.11%。果用瓜播种面积676公顷（10140亩），总产量17636吨，比上年分别减少6.63%、2.68%，主要是西瓜、其他果用瓜减少，而甜瓜、草莓略增。

花卉苗木栽种面积5412公顷（81180亩），与上年相比减少2.22%。其中，花卉、草皮均比上年减少，观赏绿化苗木有增。盆栽类园艺面积减少较明显，总产量未作统计。其他作物播种面积723公顷（10840亩），同比减少10.41%，饲料草复种2公顷

（30亩），绿肥、席草及其他都比上年减少。

【粮食绿色高产高效创建活动】持续开展粮食绿色高产高效创建工作。根据宁波市农业农村局、宁波市财政局《关于印发宁波市2020年农业农村发展指导性任务专项资金项目实施方案的通知》精神，继续开展粮食绿色高产高效创建活动。区农技总站研究制订印发《2020年粮食绿色高产高效创建活动实施方案》，抓好粮食绿色高产高效示范方建设。全区共申请创建粮食绿色高产高效示范方（基地）共26个、面积223.9公顷（3358亩），实割测产验收示范方（基地）18个，面积163.2公顷（2448亩）。其中早稻示范方3个、24.9公顷（373亩），连作晚稻示范方3个、24.7公顷（370亩），单季稻示范方5个、47.5公顷（712亩），优质稻米示范基地6个、62.7公顷（940亩），旱粮（番薯）示范基地1个、53亩。区农技总站组织有关人员对创建主体进行综合考评，择优确定拟补助创建主体共9个，其中早稻示范方2个、连作晚稻示范方 2个、单季稻示范方2个、优质稻米示范基地2个、旱粮(番薯）示范基地1个。

2020年奉化区粮食绿色高产高效创建情况表

表4　　　　单位：亩，千克/亩

序号	示范类型	创建主体	示范地点	示范品种	面积	测产结果	责任人
1	早稻示范方	奉化区骆国民家庭农场	西坞街道亭山村	甬籼 15	105	554.80	骆国民
2		奉化区有为家庭农场	西坞街道东陈村		108	592.70	魏进友
3		奉化麦浪农场	江口街道三进桥村		160	552.90	竺海龙
4	连作晚稻示范方	奉化区骆国民家庭农场	西坞街道亭山村	甬优 538	105	785.34	骆国民
5		奉化区金宁农场	西坞街道金桥村		105	819.30	吴晓雷
6		奉化麦浪农场	江口街道三进桥村	甬优 1540	160	833.04	竺海龙
7	单季稻示范方	奉化辅德农场	西坞街道东陈村	甬优 12	105	752.59	江辅德
8		奉化区有为家庭农场	西坞街道东陈村		102	884.82	魏进友
9		奉化区西坞蒋盛华农场	西坞街道孔峙村		105	761.03	蒋盛华
10		奉化区美芳家庭农场	江口街道张俞村	甬优 1540	100	869.07	王美芳
11		奉化桂意家庭农场	锦屏街道河头村	浙优 18	300	795.20	廖桂意
12	优质稻米示范基地	奉化辅德农场	西坞街道庙后周村	嘉丰优 2 号	110	703.24	江辅德
13		奉化区建辉家庭农场	莼湖街道同山村	甬优 7860	130	745.41	陈建辉
14		奉化区胡勇农场	莼湖街道鲒埼村	甬优 7872	130	901.35	胡　勇
15	优质稻米示范基地	奉化裘村浩淼家庭农场	裘村镇翔鹤潭村	甬优 9 号	240	741.83	屠才军

续表4

序号	示范类型	创建主体	示范地点	示范品种	面积	测产结果	责任人
16	优质稻米示范基地	奉化袭村洪威家庭农场	袭村镇石盆村	甬优 9 号	130	602.41	周洪威
17		奉化区阿雷农场	岳林街道周家村	甬优 15	200	649.76	张明雷
18	旱粮示范基地	奉化袭村顺迪家庭农场	袭村镇袭四村	广薯 79	53	1900.00	庄解迪

【种子引进推广】 2020年疫情期间，免费发放叶菜类种子400千克，确保全区蔬菜基地的种子需求。做好春备耕种子信息调查工作，指导做好早、晚稻种子市场供应，向省、市二级种子管理部门申请早稻储备种子4250千克，全年共供应早稻37625千克，晚稻15286.5千克，杂交水稻16061.5千克。

引进新品种，做好示范和推广工作。引进试种成功5个小麦新品种，平均亩产375千克；在江口街道明春农场和麦浪农场分别种植优质稻米展示示范新品种20个、甬优系列超级杂交稻新品种20个、连晚新品种16个。5月22日，区农技总站组织举办2020年度蔬瓜新优品种展示现场会，展示蔬瓜品种26个，其中在岳林街道瑞丰村宁波奉化常源高山生态农业有限公司展示的品种有西瓜7个、甜瓜4个、南瓜4个、番茄4个、辣椒2个、茄子1个，在江口街道前横村宁波奉化绿苑果蔬专业合作社等展示的品种有甜糯玉米2个、水果玉米2个。充分运用水稻栽培新技术指导农户完成56个优质水稻的展示示范工作，并于10月14日组织召开全区晚稻良种现场考察交流会议，确定下年推广的晚稻品种。

【农作物种质资源普查和收集行动】 2020年，利用尚田街道王董村种质资源圃，种植保护大豆（十月小黄豆、田塍豆）、花生（当地花生、鲁花系列精选种）、带豆（摘豇豆、当地带豆）、玉米(节节芦)、芋艿(奉化芋艿头、乌脚尖、黄粉尖）五大类10个资源品种。做好黄瓜（当地黄瓜及八月白）、长汀萝卜（大头型、高圆型）的提纯复壮工作，确定有一定技术素养的10户农民，进行隔离盆栽和单株种植，及时进行选择，做到本品种纯真性。

【农作物统防统治】 大力推进农作物绿色防控技术，预计投入10万元资金，提升省级水稻绿色防控示范基地——奉化麦浪农场防控能力，新建奉化辅德农场为水稻病虫害绿色防控示范基地。全区从事农作物统防统治的组织与村或种粮农户达成水稻病虫害统防统治协议。安放二化螟性诱捕器5000多只，安装太阳能杀虫灯18盏。全年完成农药减量5.1吨，农作物统防统治6033.3公顷(9.05万亩)，绿色防控推广面积1000公顷（15万亩）。

加强春季农村（田）灭鼠工作，全年向12个镇（街道）发放鼠药10.5吨，4月10日开始全区统一开展灭鼠。监测显示春季灭鼠防效达到80%。

全年共发布病虫情报8期，其中水稻6期；向农户发送病虫预警信息1500余人次。

【土壤污染防治和地力提升】 健全土壤污染监测预警体系。做好农用地土壤污染样品采集和检测工作，以全区20个省控点为主，完成2020年的土壤采样和2019年的监测报告。按有关农用地土壤环境质量类别划定技术规范要求，经对216个表层土壤点位原始调查数据进行统计分析，全部点位无严格管控类，其覆盖的49个综合五项重金属评价单元均属于Ⅰ类。经省厅专家会审、区政府确认，全区耕地土壤环境质量被划分为优先保护类。

合理施肥提高地力。深化测土配方施肥基础工作，加强配方肥有机肥推广，提高土壤地力。全年开展肥料利用率试验和其他田间肥效试验4个，推广测土配方施肥技术面积15333.3公顷（23万亩），主要农作物测土配方技术覆盖率达到92.6%，减少不合理施肥112吨。推广应用配方肥700吨、商品有机肥应用面积4533.3公顷（6.8万亩）。

推进农业废弃物资源化利用。成立秸秆综合利用工作领导小组，于10月23日出台《宁波市奉化区2020年农作物秸秆综合利用实施方案》，对秸秆全量利用示范方建设工程重点补助、秸秆全量化利用技术新模式推广应用与培训等提出具体做法和要求。全年农作物秸秆利用量约4.46万吨，以粮食作物的秸秆为主，其中肥料化利用3.99万吨，饲料化利用0.08万吨，原料化利用0.39万吨，秸秆综合利用率达96.5%。

以畜禽粪便和“三沼”利用为重点，继续推进畜禽粪便收集处理体系建设，加大沼液就地和异地配送利用。全年沼液异地配送2万多吨，使养殖场周围无法消纳的沼液、沼肥输送到各种养殖业基地作有机肥料推广和使用，有效降低环境污染和农业生产成本。

【茶果生产发展】 2020年，全区茶园面积752.9公顷（11293亩），比上年增长2.10%，其中本年采摘584.1公顷（8761亩），同比减少1.07%。产量1034吨，其中春茶727吨、夏茶156吨、秋茶151吨。全年产名优茶314吨，产值7536万元，同比产量减少，产值增加。“雪窦山”牌奉化曲毫品牌价值达1.97亿元。

4月由区农业农村局主办，区茶文化促进会、区茶产业农合联协办的第七届“奉茶杯”茶叶擂台赛，尚田南山茶场、尚田安岩茶场分获曲毫组、白茶组一等奖。7月由中国茶叶流通协会、中国国际茶文化研究会、浙江省农业农村厅、宁波市人民政府主办的第十届“中绿杯”名优绿茶产品质量评选，雪窦山茶叶专业合作社、南山茶场分别选送的奉化曲毫，松岙镇峰景湾茶场的松溪香茗均夺得特金奖，“雪窦山”牌奉化曲毫以95.27得分名列第二；雨易茶场选送的雨易绿茶、雾中云茶场的奉化曲毫茶，安岩茶场的奉化曲毫茶、安岩白茶，奉化城南供销社有限公司的滴水雀顶尚田白茶获得金奖。12月10日，雪窦山牌奉化曲毫获得由中国茶叶博物馆等单位主办的“中茶杯”第十届国际鼎承茶王赛秋季赛金奖。

12月8日，2020年第三次农产品地理标志登记专家评审会在京召开，“奉化曲毫”通过农业部中国绿色食品发展中心专家认定，获得农业部农产品地理标志产品称号。

全年共引进国内新品种水蜜桃8个，成熟期10～11个月；引进国内花桃品种13个，用于品种研究及扩繁；推广早中晚熟水蜜桃良种4万余株，面积66.7公顷（1000亩）。引进各类果树新品种24500株，太秋甜柿、脆蜜金橘和优质柑橘等18个品种为首次引进，通过试种，摸索出一套适应当地的栽培技术，为今后推广优良新品种作准备。同时，加强水果种植技术科技攻关工作，在前期项目准备的基础上，全年开展新项目2个。

奉化区统计年鉴数据显示，果园面积4123.5公顷（61852亩），同比增长1.05%。其中，柑橘349.9公顷（5249亩），桃子2676.3公顷（40144亩），同比分别增长1.05%、2.02%；杨梅580.6公顷（8709亩），同比减少4.10%。水果产量53281吨，同比减少22.88%。其中，柑橘5929吨，桃子37635吨，杨梅5077吨，同比分别增长2.08%、4.84%、3.74%。

畜牧业

【概况】 2020年，加快恢复生猪产能，实现生猪年末存栏目标任务，新希望综合养殖项目于11月28日竣工，引进能繁母猪5330头。全区共有年出栏50头以上的规模养猪场户44个，规模养禽场户15个。生猪（含未断奶小猪）年末存栏8.09万头，能繁殖的母猪0.92万头，同比分别增加30.27%、91.67%；年内出栏同比减少12.28%。牛、羊年末存栏同比分别增加2.34%、9.80%，年内出栏同比分别减少6.62%、24%。活家禽年末存栏、年内出栏同比分别增加2.50%、24.31%。牛肉、禽肉产量分别比上年增长1.45%、55.56%，禽蛋同比增长9.45%，而猪肉、羊肉产量分别比上年减少10.65%、26.88%。

2020年奉化区畜牧业生产情况表

表5

指标	生猪（万头）		牛（头）		羊（万只）		活家禽（万只）		畜禽产品产量（吨）				
名称	年末存栏	年内出栏	年末存栏	年内出栏	年末存栏	年内出栏	年末存栏	年内出栏	猪肉	牛肉	羊肉	禽肉	禽蛋
全区合计	9.01	9.36	788	423	0.56	0.38	64.66	77.77	7816	70	68	1134	3670
上年合计	6.69	10.67	770	453	0.51	0.50	63.08	62.56	8748	69	93	729	3353

注：生猪年末存栏包括未断奶小猪和能繁殖的母猪。

【动物疫病防控】 2020年，全区采集猪场33户、样品760份，养禽场59户、样品541份，羊场18户、样品496份，奶牛场1户，样品95份。开展重大动物疫病的流行病学调查和实验室监测工作，包括禽流感病、口蹄疫、鸡新城疫、猪瘟、猪高致病性蓝耳病、奶牛布鲁氏菌病、奶牛结核病、小反刍兽疫等。发放防护服520件、口罩3500个、消毒药4.5吨，消毒养殖场户68个、村庄53个、无害化处理厂1个、肉品加工厂2个、冷库2个、病死动物无害化处理收集点8个，以及其他风险场所及养殖区域9.2万平方米、道路140千米。

开展重大动物疫病防控督查。全年共完成免疫口蹄疫疫苗24.2万毫升，高致病性禽流感疫苗53.4万毫升，猪瘟疫苗15.6万头份，高致病性蓝耳病疫苗1.2万头份，小反刍兽疫疫苗4.2万头份，实现重大动物疫病强制免疫率100%。免疫犬类狂犬疫苗2117头份，发放犬只免疫牌证2300件。

重视非洲猪瘟防控。开展非洲猪瘟防控培训和指导，全面提升养殖场防控意识和管理水平，升级防控设施设备；实行养殖环节病死动物日报告制度，开展规模猪场消毒点的设置、高压消毒设施设备的配备情况及各项防控制度的落实情况检查；实施非洲猪瘟抽检，检测猪血样760份、环境样本45份、猪肉23份。

加强病死动物无害化处理监管，全年发放病死动物无害化处理补助资金149.88万元，其中宁波市级87.56万元、区级资金62.32万元。结合污染生态治理、防疫执行、投入品使用、安全生产等，开展集中巡查207次，镇（街道）网格化巡查991次。无害化集中处理病死猪24527头，其他动物及产品20.13吨；履行职责，实施犬类集中整治，无害化处理病死犬1312只。

【智慧畜牧业平台应用】 2020年，全区智慧畜牧业登记养殖场（户）369家，全部纳入智慧畜牧业管理系统。全面应用病死动物无害化处理监管系统，全区37家规模猪场、1家规模禽场和宁波奉化森之源动物无害化处理有限公司全面启用病死动物无害化处理监管系统。

开展智慧畜牧业培训工作，内容包括畜禽价格监测、畜禽生产管理、产地检疫等系统应用。通过培训，提高有关人员工作责任性。全年共检疫生猪92950头、家禽182050羽；上传信息猪耳标佩戴121542条、猪免疫信息90431条、猪产地检疫信息83087条、畜禽产地检疫信息158741条。

渔 业

【概况】2020年，全区渔业产业持续稳定发展。水产品总产量15.15万吨，总产值21.59亿元，同比分别上升3.55%、15.21%。奉化区被浙江渔场修复振兴暨“一打三整治”协调小组评为2020年度浙江渔场修复振兴暨“一打三整治”行动目标责任考核优秀单位。

【海洋渔业】海洋捕捞是全区渔业生产的重要组成部分。年底，全区有在册捕捞渔船903艘，其中外海大中型捕捞渔船714艘，渔业辅助船37艘，象山港小型捕捞渔船152艘。外海捕捞生产主要在中韩、中日渔业协定暂定措施海域，小马力及中小型渔船仍在浙中、浙南一带渔场作业。因持续推进海洋捕捞减产工作及新冠疫情影响，全年海洋捕捞产量115925吨，同比减少5.69%，产值156125万元，同比上升2.41%。经济类渔获物价格继续走高，是产量下降背景下拉动产值上涨的主要原因，捕捞品种与上年保持一致，仍以小黄鱼、鲳鱼、带鱼和梅鱼等经济型鱼类为主，占总产量的63%。

海水养殖仍以海上筏式养殖、普通网箱养殖、池塘养殖为主，养殖品种包括海带、牡蛎、鲈鱼、梭子蟹等。养殖面积1334公顷（20010亩），同比减少17.09%，其中池塘养殖面积586公顷（8790亩），与上年数同。海水养殖整体形势平稳利好，因牡蛎养殖面积纳入统计口径，且产量大丰收，全年海水养殖产量32011吨，同比增长57.79%，产值55037万元，同比增长82.18%。苗种繁育仍以梭子蟹、南美白对虾为主，全年产值626万元，同比增加0.32%。

【淡水渔业】2020年，淡水捕捞有鱼类、甲壳类、贝类等，以鱼类为主。全年捕捞产量1610吨，同比增长29.63%，其中鱼类1320吨，同比增长28.16%。淡水养殖的水面包括池塘、水库、河沟和稻田，以池塘、水库为主，养殖鱼类、虾类、贝类等，尤以鱼类为多，品种有草鱼、鲢鱼、南美白对虾等。全年淡水养殖面积187公顷（2805亩），养殖产量1925吨，产值2730万元，同比分别上升4.68%、0.07%。

【休闲渔业】2020年，休闲渔业受新冠疫情影响较大。年末，共有休闲渔业经营主体10家，省级以上精品渔业休闲基地2家，国家级精品休闲渔业示范基地1家（翡翠湾公司），休闲渔船60艘（翡翠湾58艘），从业人员184人，总投资达5180万元。全年产值1712万元，较上年减少50.96%，接待游客19.99万人次。

【渔业安全】加快推进水产养殖绿色健康发展，创建省级水产健康养殖示范场3家，分别为奉化龙泰进出口有限公司、宁波奉化莼湖兴旺水产养殖场和宁波奉化周达军水产养殖场，推广梭子蟹配合饲料面积246.7公顷（3700亩），推广鲈鱼网箱养殖配合饲料5000只标准箱。2020年，全区初级水产品生产环节的质量安全抽检255批次，所检样品合格率100%。年底，全区有无公害水产品产地28家、无公害产品28个，面积1242.1公顷（18631亩）。

渔船安全生产形势总体平稳，开展渔业船舶安全专项整治三年行动、高危渔船整治等行动，加强渔业安全生产监管，加强隐患排查整改，加大渔船科技投入，建立完善相关安全生产制度，实现渔业安全生产目标。全年共检查渔船3000余艘次，排查一般隐患1817处，重大隐患18处，并全部完成整改，开展渔船应急演练2次，商渔船“互登轮”3次，“平安渔场”建设联谊3次，培训船员3600余人。同时出台“八条铁律”、帆张网高危渔船整治政策、渔船违规记分管理办法、外海书记和编组长奖励考核制度等，完善防台操作手册，完成智慧渔港建和区级渔船应急处置指挥中心建设并设立渔业应急指挥莼湖分中心，实现渔业工作视频会商省市县（区）街道四级联动。

组织渔船复渔工作，筑牢渔船防疫屏障。春节后，拟定复渔方案，成立复渔工作组，驻点渔村现场办公，开展渔船申报服务、船员资质与健康情况审查以及出海渔船安全与防疫设施检查等工作，通过定向招人、统一接人和临时安全教育培训等措施，解决船员紧缺问题，并保障渔船防疫物资供应，确保渔船安全出海。

打好“境外疫情输入防控阻击战”，通过制定回港方案、设立卡点核查等举措，全力构筑海上渔船管控严防境外输入的坚固防线。全年共发放渔船防疫二维码963张，排查渔船5786艘次，查验船员16000余人次，未发现境外疫情海上输入。

【“一打三整治”行动】 2020年，坚守渔业安全生产底线，加强渔港基础设施建设，突出渔业环境整治，实现海洋资源有效恢复，全面推进浙江渔场修复振兴。全年共检查渔船1139艘次，清缴违禁网具3354顶（张），检查各类市场、饭店排档、冷库等涉渔经营场所5513家次，没收违禁渔获物284千克，查扣涉渔“三无”船舶87艘，立案26起，移送司法机关9起，增殖放流各类苗种1亿尾（粒）。积极推进渔船渔港防污染工作，投入575万元用于全区751艘大型渔船配备油污水分离器配备，3个三级以上渔港码头安装油污水接收装置并建立渔船油污、垃圾回收及渔港垃圾清运保洁制度。

现代农业

【概况】 2020年，努力建设绿色都市农业，发展绿色畜牧业。巩固国家农产品质量安全县的创建成果，深入开展执法专项行动，农业行政执法立案查处15起，办结15起，罚没款8.35万元。动物卫生监督执法立案调查4起，办结4起，罚没款0.259万元。

组织企业参加中国农产品交易会、省农博会、森博会、网上农博等线上线下农业博览会；继续做好“欢喜奉桃”“奉化曲毫”品牌推广，着力打造奉化香榧品牌。

组织举办2020年名特优农产品春节年货展，设立150个展位，引入安图、珲春、缙云等地方优质农产品，5天销售额350万元。

全年新增柑橘种植气象指数保险、草莓种植气象指数保险及抗疫保供临时性叶菜类蔬菜价格指数保险等新险种，全区政策性农业保险险种达30个。

【农业产业化】 推荐宁波园怡农业科技有限公司申报为宁波市级农业龙头企业。

因新型冠状病毒性肺炎疫情蔓延，对农业龙头企业销售略有影响，2020年全区农业龙头企业37家，实现产值85.4亿元，同比增长5.65%；销售额41.74亿元，同比下降2.82%；出口额14.27亿元，同比下降13.88%。全区农业龙头企业紧密型基地10533.3公顷（15.8万亩），联系带动农户8.45万户，收购当地农产品10.44亿元。

【宁波绿色都市农业示范区建设】 加快实施现代农业提振工程，抓好国家农村一二三产业融合发展试点县建设。完成爱歌顿桃旅融合项目、滕头水蜜桃设施化栽培示范项目和九呑水蜜桃标准化栽培园提升项目，总投资1635.8万元，下达补助资金487.73万元，并通过项目验收。尚田镇农业产业强镇创建完成进度85%，其中宁波奔野奉桃酒业有限公司草莓深加工、宁波尚美农业科技有限公司富硒草莓文创园、宁波安岩茶场基础设施提升、宁波奉化青创农场景观等基本完成项目建设。宁波田园综合体创建项目完工14个，在建1个，完成投资2.48亿元，项目进度95%，其中生态农庄、精品酒店、民俗文化园等项目投入使用。整治清洁田园3333.3公顷（5万余亩），建成松浪涛涛、滨海田园、稻香田园等各具特色的美丽田园示范点14个。完成创建水蜜桃高标准示范基地、水蜜桃休闲观光基地等5家农业美丽田园示范基地。

1月市农业农村局认定宁波市第二批市级农业绿色发展示范区，全区4个市级农业绿色发展示范区名列其中，分别是奉化区溪口市级农业绿色发展示范区、奉化区锦屏市级农业绿色发展示范区、奉化区松呑市级农业绿色发展示范区、奉化区海螺畈市级农业绿色发展示范区。11月，萧王庙林家美丽桃园示范基地、溪口镇溪畔绿境精品花木示范基地、方桥稻香田园美丽农业示范基地、岳林四季花香美丽田园示范基地、宁波奉化九吞水蜜桃园、奉化乐野生态农场、佳恒猕猴桃现代农业庄园分别被市农业产业化工作领导小组办公室认定为宁波市多彩农业美丽田园示范基地、现代农业庄园。12月，宁波市奉化利源农业开发有限公司生态茶园（西坞街道四维村，14公顷）、宁波星隆农业发展有限公司精品果园（裘村镇吴江村，21.3公顷）、宁波奉化双岩谷生态农场精品果园（尚田街道桥棚村，20公顷）通过种植业“五园”省级示范基地验收。继续推进溪口镇五林村农业公园、西坞街道金峨村农业公园、西坞街道甬新河农业公园、尚田街道冷西村长龙农业公园等4个区级农业公园创建项目。

【品牌推广】 组织企业参加各种农展会。年初成立2020年农业展会筹备工作领导小组，统筹落实农业展会有关工作，出台系列扶持政策，鼓励经营主体踊跃参展。同时，积极开展产品推介、评奖、商贸对接、特装等多种营销活动，提升展示展销效果。截至年末，组织36家（次）农业企业参加第十三届中国义乌森林产品博览会、2020浙江省农业博览会、第二十一届中国绿色食品博览会和第十八届中国国际农产品交易会等农业展会，现场销售额累计40余万元，线上线下订单金额累计100万元。“芈食汇”牌桃胶、“兴隆丰”牌红心猕猴桃获得义乌森博会获得金奖。

1月，组织举办奉化名特优农产品春节年货展，设立150个展位，引入安图、珲春、缙云等地方优质农产品，5天销售额350万元。12月，在宁波南塘老街组织举办“云上大堰”品牌发布会，打响区域公用品牌，进一步活化大堰本土文化元素。

创建欢喜奉桃、奉化曲毫、雪窦佛茶、甜间小莓、奉化香榧等农产品品牌，奉化水蜜桃入选“2020年度最受欢迎的果品区域公用品牌100强”榜；继续做好“欢喜奉桃”和“奉化曲毫”品牌推广活动，通过央视、高铁等品牌宣传、直播带货、专场推介等活动，拓展农产品销售渠道、提高品牌知名度；深化打造奉化香榧品牌，通过当地广播电台、报纸、官方公众号、微博等线上线下媒体平台共同推广营销。

【农技推广体系】 巩固事业单位体制改革成果，全区基本形成以2个区级农技推广服务单位（奉化区农业技术服务总站、奉化区农机畜牧发展中心）、12个镇（街道）农业公共服务中心、284个村级农业服务站，以及若干个社会化农业服务主体组成的农技推广体系。

2020年，参加省基层农技人员知识更新培训61人，其中农技推广骨干5人。组织农民专业技术培训62期，共培训科技示范户和农民观摩3100人次；开展粮食高产技术、蔬菜绿色栽培、新型农机操作、机器换人技术等实用技术推广培训，各类农业实用人才培训2040人，普及性培训3400人次，发放资料1.28万余份。全区8个农业产业技术创新与推广服务团队、57名产业乡村“土专家”、33名技术指导员与45户重点科技示范户结对，带动295户科技示范户。实施中央支持推广农技服务项目3个，农业主推技术到位率96%。农业科技示范主体、农业技术推广公共服务对象抽样满意度均为100%。创建宁波市德馨园生态农业科技有限公司、奉化区星隆农业发展有限公司、宁波市奉化翔鹤生态养殖园和宁波隆丰农业科技有限公司为省级高品质绿色科技示范基地。

【农产品质量安全】 利用农产品质量安全监管与服务平台，完善农产品质量安全追溯体系。新建二维码追溯点农业主体23家，年末达到276家，390多家规模主体全面实施合格证制度，全年共张贴合格证（追溯码）10.1万余张。

全年完成区级定量监测640批次，其中例行风险监测357批次，监督抽查293批次，不合格3批次，合格率99.5%。各镇（街道）农残快速检测录入平台累计11000多批次，合格率达99%以上。配合宁波以上农业部门开展农产品定量监测820多批次，其中例行风险监测386批次，不合格1批次，合格率99.7%。对各级监测不合格7家生产主体进行约谈或查处，处置率达到100%。

强化集中整治和专项攻坚，累计出动执法人员1080余人次，常态化突击巡查，推进菜牛屠宰“扫雷”行动，抓好以打击制售假劣农业投入品和保障农产品质量安全为重点的春、夏、秋“绿剑”三大集中执法行动。开展农药实名制购买专项执法行动，全区84家农药经营门店和1家农资批发企业，基本实现应用信息化系统记载农药购进、储存、销售等电子台账，实名制购买覆盖率达100%。突出养殖、屠宰、调运等关键环节，开展打击非法生产经营使用兽用生物制品专项检查、违法违规调运生猪百日专项打击等专项行动，切实加大动物卫生监督执法力度。开展规模猪场健康码试点工作，推进“一场一码”，做好产地检疫工作，确保畜禽调运安全。

开展绿色优质农产品认定和基地创建工作。2020年，新增无公害农产品2个，面积46.67公顷；新增无公害农产品产地整体认定3个，面积3313.3公顷；新增绿色食品10个，面积 126.27公顷。溪口镇、尚田街道列入宁波市2020年精品绿色农产品基地创建单位；宁波市奉化区竹笋专业技术协会的“溪口雷笋”列入宁波市2020年农业农村部地理标志农产品保护工程项目。至年末，全区共有有效期内无公害农产品151个（其中水产品26个），面积2486.67公顷（其中水产品1026.67公顷）；无公害农产品产地整体认定4个，面积3726.67公顷；绿色食品22个，面积1866.67公顷；有机食品4个，面积46.7公顷；农产品地理标志2个，面积6133.33公顷；全国绿色食品原料标准化生产基地1个（雷笋），面积4万亩。绿色优质农产品种植累计面积9606.67公顷，畜禽产品16.1万头（只），水产品1013.33公顷，绿色优质农产品比率61.23%。

农业机械化

【概况】 2020年，继续加大农机政策性扶持，着力推广适用农机，农机化水平不断提升。至年底，全区共有农机专业合作社33家，农机总动力达20.2万千瓦，主要农机拥有量2.3万余台，水稻综合机械化率达到91.45%，名列宁波市前列，农业机械在农业生产中的使用率明显提高。

【农机推广服务】 尚田、莼湖引进应用山地单轨运输机10台套，实现肥药运输、成果装运机械化，解决水蜜桃生产运输问题。规模以上畜牧养殖主体推广应用牧场杀菌除臭设备11套，有效提升畜牧场的环保水平。全区新增（或更新）金属粮仓5台，高速水稻插秧8台、粮食烘干机8台、履带自走式旋耕机18台，种子催芽机3台，满足92个农户、生产经营组织需求。水稻机耕率、机收率继续保持在98%以上，耕种收综合机械化水平率92.75%。

完成宁波市奉化区竺家庄瓜果种植专业合作社承建的“智能化管控系统在火龙果高效栽培中的推广应用”、宁波顺源农业科技有限公司实施的“杏鲍菇生产全程机械化示范项目”等上年立项的农机项目，发放项目补助资金共计35万元。完成宁波明盛牧业有限公司、宁波恒麟环保科技有限公司分别承建的“猪场废水机械化治理示范与应用”“机械化在秸秆收储中的应用”县（市区）级农机化项目，发放资金50万元。

【农机补贴政策】 下发《关于对奉化区2020年度农机购置补贴产品累加补贴额调整的通知》《宁波市奉化区2020年农机发展专项资金项目实施方案》，对水稻插秧机、粮食烘干机、生物质燃料热风炉实行区级定额累加补贴。印发《关于宁波市奉化区设施农业补贴实施方案的通知》，全年验收通过并补贴面积7776平方米，下发补贴资金20.38万元。

按照宁波市“自主购机、定额补贴、先购后补、县级结算、直补到卡（户）”新的农机购置补贴操作模式，创新应用农机购置补贴手机APP操作系统，方便购机农户申请补贴。全年受理购机补贴申请157份，发放购机补贴资金318.32万元，其中中央资金214.13万元、宁波资金32.44万元、奉化资金71.75万元；全区补贴各类农业机械196台，简易保鲜冷库959立方米。补贴的农业机械有高速水稻插秧8台、粮食烘干机8台、履带自走式旋耕机18台、轮式拖拉机16台、谷物收割机2台、茶叶机械44台、单轨运输机10台、种子催芽机3台、其他机械87台。

农村经营管理

【概况】 2020年，继续支持村级集体经济发展，全力提高村级集体经济经营性收入。推进行政村规模优化后的资产调整处置工作，抓好新组建村经济合作社农村集体经济管理工作，加强村级财务监管。有序推进年度国家、省、宁波市示范性合作社、家庭农场的申报认定及监测工作。

【行政村规模优化调整资产处置】 为适应新一轮行政村规模优化调整，同步开展规模优化调整村的资产处置，共涉及规模调整村91个，除撤村纳入社区化管理的17个村外，其余74个村涉及“三资”融合，并组建完成32个新的村级经济合作社，赋码登记、开立银行账户、办理移交、建立新村账套等后续工作全部落实。调整后，全区共有村（股份）经济合作社数量315个，其中行政村284个，撤村建（并）居31个。

【农村集体经济管理】 加强村级财务审计监督。从经济发达村、工程建设重点村、“三资”管理信访复杂村中确定24个村，委托有资质的第三方审计单位开展重点审计，发现库存现金超限额、坐收坐支、合同签订不规范、未按合同约定及时收取资金、流程后补等117个问题，及时督促各村进行整改落实。开展“三资”专项督查和镇（街道）交叉联审工作，会同区委督查考核室、区纪委、区民政局等部门先后2次对12个镇（街道）24个村开展“三资”专项督查，发现村集体举债手续不齐全、资产发包程序不到位、工程建设程序不到位、支付不规范等问题46个，并督促落实整改。

开展村级财务问题专项整治。下发《关于开展村级财务问题专项整治工作的通知》，要求各镇（街道）结合清产核资、内审等方式，对所有行政村2017年村级换届以后的财务情况进行大盘查，对财务管理混乱、群众信访突出、工程项目较多、资金进出较大的村进行重点审计，对违规问题依法依纪严肃处理。共发现问题355个，至年末落实整改269个。

开展村务公开检查。于4月联合区民政局分三组对全区12个镇（街道）36个村第一季度村务公开情况进行抽查，并将相关结果进行了通报。其中，14个村公开情况好，17个村公开情况较好，4个村公开情况一般，1个村公开情况差。

开展农村集体账务和资金“双代理”工作试点。针对村财务人员流动大，文化素质低，业务能力弱等实际困难问题，进一步加强村集体“三资”管理工作，松岙镇率先开展农村集体账务和资金“双代理”工作。“双代理”制度旨在解决白条抵库、白条付款、大额现金付款等“三资”管理制度不落实、操作不规范、监督不到位等问题，特别是改变过去资金管理先使用后审核的监管漏洞，将集体资金使用事后监督变为事前、事中、事后相结合的全程监督，真正实现“三资”管理的关口前移，从制度上、源头上杜绝村干部贪污、挪用集体资金的违法行为。

开展农村集体资产年度清查。按照《浙江省农业农村厅办公室关于做好农村集体资产年度清查的通知》，组织乡镇、村级对2018年度、2019年度的农村集体资产开展清查。

【新型农业经营主体】 全年申报国家级示范性农民专业合作社1家，即宁波市奉化区雪窦山茶叶专业合作社。认定市示范性农业合作社1家，即宁波奉化萧王庙滕头茶叶合作社。认定省级示范性家庭农场5家，分别是宁波市奉化尚田文武农场、宁波市奉化乌花楼农场、宁波市奉化利源农业开发有限公司、宁波市奉化莼湖亚盛农场、宁波奉化九岙水蜜桃园。市示范性家庭农场8家，分别是宁波市奉化区爽爽家庭农场、宁波市奉化区一茗茶场、宁波市奉化区盛王农场、宁波市奉化欣业农场、宁波奉化佳必可果蔬农场、宁波市奉化光良四季园农场、宁波市雨施山农业发展有限公司、宁波星隆农业发展有限公司；区示范性家庭农场4家，分别是宁波市奉化区西坞笔峰山茶场、宁波奉化裘村香泉家庭农场、宁波奉化裘达夫家庭农场、宁波市奉化区龙奉大岙水蜜桃有限公司。

监测合格国家级示范性专业合作社1家（宁波奉化锦啸农机专业合作社），省级示范性专业合作社1家（宁波市奉化青皮红香猕猴桃专业合作社）；省级示范性家庭农场30家，分别是宁波市奉化绿丰家庭农场、宁波奉化润海家庭农场、宁波市奉化区南山茶场、宁波奉化滴水雀顶茶场、宁波市奉化辅德农场、奉化市枫弄生态农庄、宁波市奉化悠然家庭农场、宁波市奉化范氏农场、宁波市奉化羊羔仔农场、宁波奉化爱歌顿农场、宁波奉化昊天农场、宁波奉化王鹤农庄、宁波市奉化忠权家庭农场、奉化市莼湖桃乐仙家庭农场、奉化市麦浪农场、奉化市千花万果农场有限公司、宁波市奉化雨易茶场、宁波奉化爱粿园农场、宁波奉化乐野生态农场、宁波奉化华岭花果山农场、宁波奉化思贤养殖场、宁波奉化溆丰农场、宁波奉化雾中云茶场、宁波市奉化区五金忠宝家庭农场、宁波奉化秋盛生态农场、宁波市奉化区土埭定永农场、宁波市奉化区梅尊农场、宁波奉化胖爸爸生态果园、宁波市奉化溪口永乐果园、宁波奉化裘村天顺农场。市级示范性农民专业合作社4家，分别是宁波市奉化区联丰粮食专业合作社、宁波市奉化区珍峰草莓专业合作社、奉化市好收成植保专业合作社、宁波奉化萧王庙滕头茶叶专业合作社；市级示范性社会化服务组织4家，分别是宁波市奉化区锦屏河头农机专业合作社、宁波市奉化区奉鄞农机专业合作社、宁波奉化银峰农机专业合作社、宁波恒麟环保科技有限公司。

监测不合格的省级示范性家庭农场分别是宁波市奉化区禾胜农场、奉化市富乐生态养殖农场，市级示范性农民专业合作社即宁波市奉化区锦屏山水蜜桃专业合作社。

（方琦璐）

农村工作

综　述

2020年，认真学习习近平总书记关于“三农”工作重要指示批示精神，贯彻中央、省委、市委、区委关于“三农”工作各项部署要求，立足高水平全面小康和常态化疫情防控两个大局，强化“争”的意识、保持“冲”的姿态、发扬“实”的作风，农村美的氛围不断浓厚，城乡公共服务均等化发展水平持续提高，农村居民生活品质进一步提升。

新农村建设

【乡村品质提升】 完成美丽乡村分类创建工作。全区创建省美丽乡村达标村59个、精品村29个（具体见表1）。创建完成2020年度宁波市美丽乡村示范村6个，分别是江口街道三进桥村、前横村，莼湖街道田央村，溪口镇六诏村，大堰镇谢界山村，西坞街道蒋家池头村，其中莼湖街道田央村、萧王庙街道滕头村、西坞街道蒋家池头村、江口街道三进桥村4个村为省美丽乡村特色精品村；美丽乡村示范镇1个为江口街道，并创建为省美丽乡村示范乡镇；美丽乡村风景线1条明山剡水（途经江口街道、萧王庙街道、溪口镇），并创建为省美丽乡村风景线。

继续开展美丽乡村分类创建活动。启动培育市级美丽乡村示范镇2个莼湖街道和松岙镇、小集镇式中心村1个裘村镇马头村、乡村振兴示范带1条“四季花香”提升工程，梳理式改造村44个。开启历史文化保护重点村1个大堰镇大堰村的创建活动。

2020年度新时代美丽乡村达标村创建名单一览表

表6

乡镇（街道）	行政村	乡镇（街道）	行政村	乡镇（街道）	行政村
溪口镇	石敏村	大堰镇	竹林村★	岳林街道	童桥村
	岩坑村		三溪村		瑞丰村★
	锦溪村★		董家村	莼湖街道	四联村
	畸东村		下旺村		陈一村

续表6

乡镇（街道）	行政村	乡镇（街道）	行政村	乡镇（街道）	行政村
溪口镇	六诏村	大堰镇	李家村	莼湖街道	马夹岙村
	升纲村		三联村		陈三村
	柏坑村		社家畈村★		楼隘村
	许江岸村★		西畈村★		朱家店村★
	斑竹村		谢界山村★		东谢村★
	上跸驻村	松岙镇	伍佰岙村		张夹岙村★
	畸上村		山下村		吴家埠村★
	班溪村		街横村★	萧王庙街道	慈林村
	兰峰村		西岙村★		陈家岙村★
	岩头村★		海沿村	西坞街道	王家汇村
	三石村★		后山村		东陈村
	溪口三村★	锦屏街道	城西岙村		虎啸刘村
	葛竹村★		塘下村		金桥村
	五林村★		上宋村		茗杨村
裘村镇	陶坑村		北街村		西坞村★
	吴江村★		长岭村★		白杜村
	裘一村★	岳林街道	东一村		游雁村
尚田街道	溪汪村	江口街道	张村	方桥街道	横里埭村
	后潭村		南渡村		阮家村
	条宅村		浦口王村		后江村
	汇溪村		后横村		盛家村
	山岙村		蒋葭浦村		何家村
	龚原村		前胡村★		方桥村
	王家岭村★		三进桥村★		
	鹊岙村★		前横村★		
	冷西村				
	张家村				
	鸣雁村★				

本年度创建88个，其中精品村29个（带★）

【农村生活垃圾分类减量】 区镇（街道）两级均建立农村生活垃圾分类处理领导小组，构建区农业农村局牵头抓总、有关部门协作配合、各镇（街道）具体实施的工作体系。2020年，奉化区实现341个行政村农村生活垃圾分类处理全覆盖（2019年行政村有353个，其中2个并入社区，10个拆迁不予实施，2020年行政村撤并后，行政村数量从341个减至284个），创建8个省级高标准示范村、5个市级示范镇以及12个市级示范村。

经过六年的努力和摸索，全区初步形成“户分、村收、街道运、区督查”垃圾分类模式，针对复杂的地理形势探索出裘村镇“两收法”、大堰镇箭岭村“零污染模式”和溪口镇下跸驻村“公交模式”等多种模式，初步建立农村生活垃圾分类体系。2020年，创新性地将农村生活垃圾分类处理工作纳入“我们的家园”考核，引入第三方现场检查评价机制，对每月评估检查情况实行“公开和挂钩”，以文件形式通报，考核结果直接与垃圾分类专项奖补资金挂钩。

【农村住房改造】 2020年，全区完成农村住房改造拆旧土地65.22公顷、拆旧建筑70.1万平方米，建新土地42.2公顷、建新建筑66.34万平方米、4058套，完成总投资10.1亿元。涌现出尚田街道许家村、松岙镇西岙村、锦屏街道长岭村、莼湖街道章胡村和鸿峙村等农村住房改造样板村。

【农村劳动力培训】 2020年，开始实施“乡村振兴人才培训计划”，加强实用技术和技能培训，提升农村劳动力创业就业能力。分类推进和完成省、宁波市和区级农村劳动力素质教育培训各项工作和目标任务。以农业龙头企业、示范性农民专业合作社、家庭农场、农家乐等新型农业经营主体带头人为对象，大力推进现代农业农村双创领军人才培育，采用专题讲座、经验传授、研讨交流、主题沙龙、国内访学（现场观摩）等学习方式，引导树立现代企业管理、生态发展、融合发展等理念，提升经营主体决策管理能力，从而培育一支有创业创新精神、有核心竞争力的现代农业农村领军人才队伍。2020年，委托区农合联、区教育局完成农村实用人才培训2040人次，其中实用技术培训780人次（包括后备劳动力培训110人次）；选送12名新型农业经营主体带头人参加宁波市级现代农业领军人才第四期培训；选送30余名各类新型农业经营主体负责人参加宁波大学、浙江万里学院、金华职业技术学院、宁波市农业农村局等举办的农创客创业创新培训班；选送4名新型农业经营主体负责人参加高素质农民涉农院校高职扩招学历教育；选送1名农创客入选2020年农业专业类在职研修生班学员，这是奉化区第一个被浙江农艺师学院录取的在职研修生。至2020年底，全区共有15501名农村实用人才被录入《浙江省乡村振兴实用人才库》，比上年新增918人。

休闲农业

【休闲农业发展】 利用独特的区域位置和环境条件，发挥政府引导扶持和市场主体作用，奉化以乡土文化、农作生产、农村生活为特色，结合“旅游+”“生态+”等模式，推动休闲农业发展再上新台阶。

至年底，全区有全国休闲农业与乡村旅游示范点1个（滕头村），省级农家乐休闲旅游特色村（点）6个（滕头、黄贤、岩头，商量岗、三石农庄、王鹤农庄），宁波市级农家乐休闲旅游特色村（点）14个（滕头、黄贤、岩头、三十六湾、常照，商量岗、三石农庄、王鹤农庄、元宝山庄、尚田草莓、三河养殖、钓鱼山庄、爱歌顿、天下第一桃园），宁波市民宿集聚村3个（大堰村、柏坑村、南岙村），宁波市农家乐休闲旅游特色区块2个（溪口镇、大堰镇）。

【安全管理】 做好休闲旅游特色村（点）日常安全和台风等特殊天气期间安全隐患的检查与警示，进行实地走访和数据统计。2020年，出动工作人员34人次，共检查休闲旅游特色村（点）25家次。

重点区域帮扶

【促进低收入农户增收】 进一步落实“一户一策一干部”工作机制，常态化开展“一户一策一干部”结对帮扶工作，全区6895名干部与7827户低收入农户完成结对，实现结对全覆盖；精准落实低收入农户扶持增收项目，落实产业扶持项目396个和分红投资项目5个，带动低收入农户增收64.08万元；创新实施低收入农户综合性保险，完成11093名低收入农户综合性保险投保，实现全覆盖。全力推进低收入农户增收，截至年底，全区低收入农户共计7769户10862人；全年低收入农户人均可支配收入15045元，与上年同比增长15.3%。

【村级集体经济发展】 认真贯彻落实宁波市委市政府《关于进一步促进集体经济发展壮大的指导意见》(甬党办〔2018〕55号)、《宁波市奉化区村级集体经济发展项目资金管理试行办法》(奉农办〔2019〕4号)文件精神，大力实施“消薄”攻坚提升行动，不断拓宽集体经济增收新路径，着力增强发展内生动力。

全年扶持村级集体经济发展项目14个，涉及8个镇（街道）75个村，其中光伏发电项目6个(42个村)、物业用房项目1个(22个村)、标准厂房建设4个(6个村)、闲置房改建农创公寓1个(3个村)、农业产业项目2个(2个村)，总投资8317.23万元，新增经营性收入727万元。按照文件规定，核定补助资金4767.825万元，其中宁波市级资金2749.92万元、奉化区级资金2017.905万元。

至年底，全区315个村(社)年总收入达到51076万元，村均收入达到179.8万元，比上年同期增幅9.25%。全区284个所有行政村年总收入全部达到30万元且经营性收入10万元以上，其中总收入100万元以上村112个，占行政村的39.44%；经营性收入15万元以上村233个，占82.04%，15万元以下村51个，比上年减少65.54%。

(方琦璐)

自然资源

综　述

2020年，区自然资源和规划系统紧紧围绕对标“重要窗口”新目标、新定位，全力推进自然资源的保护与保障，为高质量建设健康美丽奉化添砖加瓦。

区自然资源和规划分局获评奉化区2019年度“代表好建议”和“承办建议好单位”，2019年度区级机关房屋征收拆迁工作第一名，2019年度全区党委系统信息工作考核先进单位，2019年度全区政务信息和政务公开考核先进单位，被宁波市委市政府办公厅评为耕地保护工作中成绩突出集体，被省政府评为2019年度浙江省“无违建县（市、区）”创建工作先进集体，被省林业局评为县级林业主管部门考核优秀单位。疫情防控期间组建的支援江口街道小分队获“抗疫优秀志愿服务组织”称号，江口自然资源和规划所被区纪委评为清廉站所。庄芬芬被评为第一批战“疫”先锋个人，王志刚被评为第二批战“疫”先锋个人，裘杰获“抗疫优秀志愿者”称号。罗英英、王巧玲2人被市委市政府办公厅评为耕地保护工作中成绩突出个人，张德良被评为2019年度房屋征收拆迁工作先进个人，王芳被评为2019年度全区党委系统信息工作考核先进个人、政务信息先进个人和政务公开先进个人，楼伟忠、阮磊被评为“四联四跑”专项活动季度“优秀驻企专员”，胡林枝被评为2019年度国土资源学会优秀联络员，沈煦郁被授予2019年度奉化区级青年岗位能手称号，戴建峰被评为全省地质灾害隐患综合治理“除险安居”三年行动成绩突出个人，陈东军被评为浙江省森林生态保护突出贡献个人。

【耕地保护】 全面签订耕地保护目标管理责任书，强化各级政府耕地保护主体责任，加强耕地保护力度。划定一个“千亩方”永久基本农田集中连片区，面积137.14公顷（2057.08亩）。为进一步提升农户对永久基本农田的保护意识，印发实施《奉化区耕地保护补偿资金使用管理办法》（奉政办发〔2020〕52号），对永久基本农田示范区、永久基本农田和一般耕地实行差别化补偿，2019年度耕地保护补偿按新标准已完成资金拨付，共计1346万元。

2020年，上报市自然资源规划局复核农用地整治生态修复项目27个，新增耕地面积82公顷（1230亩），新增水田面积31.93公顷（479亩）；上报市自然资源规划局复验农村建设用地复垦项目24个，新增耕地面积16.73公顷（251亩），新增水田面积7.53公顷（113亩）；开展乡村全域土地综合整治与生态修复工程。上报大堰镇、区锦屏街道城西岙村等5个村；江口街道王淑浦村等4个村；西坞街道白杜村等4个村，为全域土地综合整治与生态修复工程。

2020年，深入实施表土剥

离和再利用，进一步加强土地资源的保护和利用。全年共立项批复表土剥离项目42宗，面积104.26公顷（1563.85亩）；完成剥离施工后通过验收43宗，面积115.24公顷（1728.55亩），用于造地复垦12.998万立方米。

【土地利用】 全力申请规划额度，全年向省自然资源厅争取到8批地方规划指标使用额度，总额度数278.13公顷（4172亩），同步下达规划预留指标98.93公顷（1484亩）；2批省留规划指标使用总额度数为146公顷（2190亩）。加快用地报批进度，全年共报批面积312公顷（4680亩），涉及占用新增建设用地284.93公顷（4274亩）、农用地279.2公顷（4188亩）、耕地204.8公顷（3072亩），保障琎琳站周边支路网、时代广场南侧地块、中西医结合医院、滨海学校等项目用地需求。

2020年，全年消化批而未供土地305.33公顷（4580亩），完成年度目标任务的124%；已盘活存量建设用地108.67公顷（1630亩），完成年度目标任务的112%；低效用地再开发任务已完成73.87公顷（1108亩），完成年底考核任务的122%；2017年以前形成的供而未用土地全部处置到位，完成率100%（10个县市区中仅奉化和象山）。同时，供而未用土地处置完成总量达252.33公顷（3785亩），总量完成率99.3%，位列宁波市十个县市区中第一名。

2020年全区招拍挂出让土地123宗，出让面积206.27公顷（3094亩），出让金总额突破203.76亿元，其中完成经营性用地出让29宗，面积132.11公顷（1981.6亩），出让金收入199.08亿元；工业用地出让93宗，面积74.03公顷（1110.4亩），出让金收入4.68亿元；公共管理与公共服务用地1宗，面积0.16公顷（2.4亩），出让金收入0.01亿元。

【地质环境管理】 2020年，注销采矿权证2个（西坞街道南岙采石场和冒头薛家山建筑用花岗岩矿），办理建设用地项目压覆矿产资源审核297宗，办理地质灾害审核239宗，备案地质灾害危险性评估报告58份，办理弃渣公开拍卖18宗，工程性开采3宗。2020年收取采矿权使用费1500元，矿产资源出让金4241万元。至年底全区共有采矿权10家，其中矿山8家（经营性6家，工程性2家），矿泉水2家。根据2019年储量年度报告显示，全区矿山保有资源储量9800万吨，其中经营性矿山保有资源储量600万吨，工程性矿山保有资源量9200万吨。

强化矿山环境整治，通过“突击排查”“日常巡查”“随机抽查”等检查方式，及时发现矿山存在问题，并责令整改到位。同时要求矿山企业落实环境整治主体责任，制定完善爆破、加工、运输各个环节粉尘、扬尘等方面的防治措施，2020年实现粉尘噪音检查全部达标。积极督促各矿山企业按照绿色矿山建设规范，严格依照“企业主建、第三方评估、达标入库、信息公开、社会监督”的创建原则，开展绿色矿山建设。全区已入库绿色矿山6处，做到应建必建。截至2020年12月，在全区开展“宁波市废弃矿山生态修复三年专项行动”中，共计9处废弃矿山的生态治理工作已全部完成，完成率达100%，处于宁波大市前列。

扎实推进地质灾害防治工作。全区历年来有56处未核销地质灾害隐患点，已实现核销55处，尚余西坞街道杨四岙自然村1处。西坞街道杨四岙自然村地质灾害隐患点避让搬迁项目共涉及村民117户，目前，安置小区已完成主体结构和外墙装饰工程的建设，附属工程正有序推进中。围绕地质灾害“风险识别、风险监测、风险预警、风险防范、风险治理、风险管理”六大能力建设等要求，全区正积极部署推进地质灾害“整体智治”三年行动。

【绿化造林】 扎实推进城乡绿化。2020年，全区重点结合主干道路、公共绿地等绿化工程建设，引导乡村结合环境整治开展零星空地、荒坡滩地等闲置土地绿化美化，全区新增国土绿化面积324.87公顷（4873亩），超额完成273.33公顷（4100亩）年度任务，完成率为118.8%。全区完成森林抚育470.4公顷（7056

亩）；为7个村共计9株古树提供应急救助。锦屏街道长岭村，莼湖街道吴家埠村、尚田街道金地寺村、裘村镇甲岙村和松岙镇西岙村等5个村创建浙江省“一村万树”示范村，有48个村创建为“一村万树”推进村。大堰、锦屏2个镇（街道）创建浙江省森林城镇。

以浙江省“森林城镇”创建为契机，积极推进城镇道路、溪河沿岸、公园绿地等绿化项目建设，全面开展村庄庭院、荒山河滩等绿化美化，大力提升人居环境，全区有14个村创建浙江省“一村万树”示范村，滕头、吴家埠等8个村创建为“国家森林乡村”，溪口、大堰、锦屏等8个镇(街道）创建浙江省森林城镇。

区林场已从公益二类调整为公益一类事业单位，人员定编14人，林场职工工资、住房、养老、医疗等福利得到完全保障，继续教育、职称评定、年休疗养等政策得到全面执行，林场管理运行、建设投入由财政预算、部门项目给予倾斜保障。

自然保护地整合优化基本完成。经“二上二下”审核流程，全区4个省级森林公园整合优化预案基本通过省局审核，共计调整区域面积1396.4公顷，金峨山森林公园包含大量花木地、人工商品林，斑竹、黄贤森林公园包含大量村庄建成区等问题区块基本得到调整，缓解了资源保护和科学利用之间的矛盾。

【执法监察】 2020年，作出行政处罚126件，其中土地违法类117件、矿产资源违法类9件。土地违法案件中，涉及占用土地面积29.41公顷（441.22亩），其中耕地5.89公顷（88.4亩）、基本农田2.5公顷（37.44亩），罚款7494873.40元。矿产资源违法案件中，共计没收违法所得294500元、罚款279800元。

通过领导包案，会同当地政府综合运用经济、行政、法律和教育等手段，政府救助、心理疏导、依法处理等多种方式化解18件矛盾纠纷案件和1件省信访局交办的信访积案。2020年，办理各类群众来信、来访、来电和网上信访338件，其中来信39件、来访25批/66人次、网信179件。

（严倩骞）

工　业

综　述

2020年，按照区委区政府统一部署，继续围绕“六争攻坚、三年攀高”工作要求，深入实施宁波“246”万千亿产业集群决策和区委“五倍速五提升”战略决策，积极实施创新驱动，以智能制造为主线，加快平台建设和产业集群发展，继续加强新兴产业培育和传统产业改造提升，加快数字经济建设，推动工业发展质量变革、效率变革、动力变革，促进经济高质量发展。

工业经济

【概况】 2020年，全区规上工业产值760.5亿元，比上年增长5.9%，实现规模以上工业增加值314.6亿元，比上年增长3.0%；区属规上工业产值比上年增长6.6%，区属规上工业增加值比上年增长5.7%，高于宁波平均0.5个百分点，增速位列全市第五；规下工业增加值比上年增长3.2%，高于宁波平均0.5个百分点，增速位列全市第一。数字经济核心产业实现产值64.87亿元，比上年增长25.1%；实现增加值11.9亿元，比上年增长25.4%，增速位列全市第一。

【优质企业培育】 以优质企业培育为抓手，企业主体队伍不断壮大。鲍斯的螺杆压缩机获评国家级单项冠军产品；亿太诺获评省级隐形冠军企业，铝宏获评省级隐形冠军培育企业；霖华塑胶、南海化学获评市级单项冠军示范企业；中迪鞋业、亿太诺、利安科技、创跃园林、力品格、星宇电子、高度环保等7家企业获评市级单项冠军培育企业；瑞利时、霍科、鲍斯3家企业产品获评装备制造业首台套产品。153家企业入选“新增专精特新”培育，25家企业入选宁波市“专精特新”中小企业培育名单，力品格、星宇电子、佳尔灵、创跃园林、松科磁材、吉田洁具等6家企业获得工信部“专精特新”小巨人称号。39家企业入选省级放水养鱼培育库。

【园区建设】 加强小微园区建设。完成工业集聚区规划，建成小微企业园9个，在建小微企业园6个，拟建小微企业园12个。2020年，慧芯时尚小微园（一期）及宁波启迪智能装备（气动）科技园（一期）等4个小微企业园通过省级审核认定。评定三星级小微企业园1家，一星级小微企业园3家。打好老工业园区改造攻坚战。印发《2020年老工业园区改造攻坚战实施方案》。全年共完成投资11.6亿元，拆除旧厂房面积28.2万平方米。做好低效企业改造提升。完成低效企业改造89家。通过改造提升，盘活土地80.3公顷，腾出用能空间534吨标煤，新增产值4.05亿元，新增税收2670.4万元。开展“低散乱”企业（作坊）整治提升，完成“低散乱”企业（作坊）165家，“低散乱”问题企业整治提升排摸312家，“低散乱污”工业区块整治提升任务1家。

【智能化改造】加大对智能工厂（数字化车间）、智能化改造、信息化改造等智能制造项目和智能制造工程服务公司的扶持力度，鼓励和引导企业加快智能化改造、数字化转型。加强服务公司与企业的对接，借助第三方的专业力量加快推进企业智能化改造。召开智能制造现场推进会，推进行业智能化改造试点。完成宁波下达新增180台的推广工业机器人应用目标任务。印发《2020年奉化区数字经济工作要点》《5G应用和产业化实施方案》，积极开展“双招双引”工作，利用各类招商主体和平台大力引进培育5G、人工智能、大数据、工业互联网等核心产业项目。新引进苹芯科技、昌芯科技、甬兴电子、毅兿科技等核心制造业企业和云弧科技、深兰科技、昊控软件等软件企业。网易严选、小米金融项目、宁波·上海产业转移双创示范基地、国家技术转移东部中心宁波分中心等重点项目完成签约。韦尔德斯凯勒的智能机器人嵌入式控制器软件和溪棠科技的建筑结构体安全监测雷达嵌入式系统，列入浙江省2020年软件高质量发展重点项目目录；溪棠科技的高精度三维深度相机获中国芯应用创新设计大赛（IAIC）二等奖；3D视觉的感知和决策项目获浙江大学宁波校区首届全球硬科技创新创业大赛优胜项目。数字经济核心产业实现产值64.87亿元，比上年增长25.1%；实现增加值11.9亿元，比上年增长25.4%，增速位列全市第一。

【联企跑企　精准服务】持续深化“联企跑企”专项行动，完善“驻企专员+专班会商+周一夜谈”工作体系，切实帮助企业解决一批难题。创新实施“政府当链长”，开展上下游供应链对接，为华尔推剪、霍科电器等企业对接协调区外政府、配套企业；动态开展断链断供风险排摸，先后举办服装、汽车及零部件产业链协同创新对接活动，提升重点产业链韧性，共为40多家企业解决供应链问题，相关经验做法4次登上央视报道。助力企业家素质提升。丰富企业经营管理培训载体，启用“1+X”的培训新模式，举办培训37场次，累计培训企业家1390人次。区企业服务专班被评为宁波市“三服务”标兵集体，先进事迹登上宁波市“六争攻坚”先锋榜；“联企跑企”工作得到郑栅洁省长批示肯定，相关工作在省工业专班工作简报上刊登。

【2020年度经济风云榜】2020年6月17日，全区制造业高质量发展大会暨2020奉化经济风云榜颁奖会议在奉化华侨豪生酒店举行。区委书记高浩孟致辞，区领导高浩孟、胡永光等分别为40家获奖企业颁奖。

时尚纺织服装产业

【概况】2020年，全区76家规模以上时尚纺织服装企业实现工业总产值48.9亿元，销售产值44.9亿元，比上年分别下降5.9%、9.1%。实现利税2.3亿元，比上年增长59.9%。2020年，规模以上企业比上年增加7家。

【资源整合共享】依托罗蒙、爱伊美、长隆制衣等企业，加快服装企业由大规模标准化生产向柔性化、个性化定制等服务型制造转变，培育形成以品牌营销、研发设计、时尚创意、智能制造为核心的产业链，加快推进华夏基石奉化国际时尚产业园建设，促进企业提升创新设计、智能制造水平，推动区内外产业资源整合和共享，协同发展。

2020年奉化区销售产值2000万元以上时尚纺织服装企业一览表

表7　　　　单位：万元

企 业 名 称	销售产值	主 要 产 品
罗蒙集团股份有限公司	60554	西服制造
宁波罗蒙制衣有限公司	52952	服装制造
宁波汇峰防护用品有限公司	40080	口罩制造
宁波长隆制衣有限公司	29912	服装加工
浙江爱伊美服装有限公司	25331	服装制造
宁波市千虹服饰有限公司	14941	针织服装制造
宁波依心智能科技股份有限公司	13797	口罩制造
宁波奉化五州服装有限公司	13442	服装制造
宁波浩威纺织品有限公司	11461	针织面料制造
宁波艾盛服饰有限公司	10732	服装制造
宁波丹盈服饰有限公司	10102	运动休闲针织服装制造
宁波市恒艺服饰有限公司	9578	运动休闲针织套装制造
宁波罗蒙三洋时装有限公司	8890	服装制造
宁波铭朗服装有限公司	7357	西服制造
宁波维尼服饰有限公司	6691	服装制造
宁波市富盾制式服装有限公司	6298	纺织服装制造
浙江双盾纺织科技有限公司	6155	OE 纱生产
宁波天盾防水材料有限公司	5956	化学纤维短纤布的制造
宁波升纺制衣有限公司	5742	服装制造
宁波长荣制衣有限公司	5641	羊毛衫制造加工
宁波长隆纺织品有限公司	5599	针织编织物制造
宁波繁拉花边有限公司	5480	花边针织编织品制造
宁波怡顺旅游休闲用品有限公司	5457	帐篷制造
宁波熳迪服饰有限公司	5177	休闲针织服装制造
宁波市奉化区富盛针织制衣厂	5052	针织服装制造
宁波万信纺织有限公司	4988	纺织品加工
宁波市银蝶服饰有限公司	4940	服装制造
宁波龙飞世纪光电科技有限公司	4538	针织服装加工
宁波聚关防坠落装备有限公司	4412	安全带和安全绳制造
宁波荣昌祥服饰股份有限公司	4340	西服制造
宁波市奉化区久利制衣厂	4267	衬衫制造
宁波市源纯服饰有限公司	4235	针织服装制造
宁波奉化帆盛嘉业服饰有限公司	3913	服装加工制造

续表7

企业名称	销售产值	主要产品
宁波市奉化浩虹服饰有限公司	3441	西服制造
宁波金点子服饰有限公司	3432	衬衫生产
宁波天一纺织线业有限公司	3288	涤纶缝纫线染色加工
宁波国泰制衣有限公司	3264	针织服装制造
宁波奉化顺达针织制衣有限公司	3262	针织服装制造
宁波市天仕利和服饰有限公司	3083	服饰制造
宁波爱立嘉服饰有限公司	2899	衬衫制造
宁波霓楷服饰有限公司	2871	羊绒大衣制造
宁波大通制衣有限公司	2840	衬衫制造
宁波璟成服饰有限公司	2793	机织服装男式大衣制造
宁波市奉化正德衬衫厂	2704	衬衫生产
宁波海芙服装有限公司	2646	服装制造
宁波老K制衣有限公司	2610	西服生产
宁波奉化舒逸服饰有限公司	2453	运动休闲针织服装制造
宁波奉化北宸服饰有限公司	2306	机织服装成品裤制造
宁波琦发针织有限公司	2191	针织服装制造
宁波钜亿新材料科技有限公司	2188	淀粉基制品制造
宁波博颜服饰有限公司	2137	针织便服套装制造
奉化富邦化纤制品有限公司	2091	化纤制绒织物制造
宁波市奉化区蒙达制衣有限公司	2037	服装制造
宁波远东织物印染有限公司	2035	羊绒面料生产加工
宁波万宜福纺织制品有限公司	2033	口袋用棉布制造

汽车制造产业

【概况】 2020年，全区有47家规模以上汽车产业企业，实现工业总产值41.3亿元，销售产值41.3亿元，利税1.9亿元，比上年分别下降15.5%、15.1%和17.6%。规模以上企业比上年减少49家，产值亿元以上企业5家。其中宁波比亚迪汽车有限公司实现产值11.3亿元。

【产业领域提升】 围绕节能汽车、新能源汽车、智能网联汽车等领域发展关键核心零部件，大力培育新能源汽车，以及汽车空压机、空调压缩机、底盘转向系列总成、减震器等汽车零部件龙头企业和知名品牌企业，重点发展铝合金轻量化产品、轴类、饰条、儿童安全座椅等汽车零部件。

2020年奉化区销售产值2000万元以上汽车产业企业一览表

表8　　　　单位：万元

企业名称	销售产值	主要产品
宁波比亚迪汽车有限公司	113019	汽车零部件及配件制造
浙江锐泰悬挂系统科技有限公司	71878	汽车零部件及配件制造
宁波海威汽车零件股份有限公司	25876	汽车零部件制造
宁波铝宏汽车零部件有限公司	21822	汽车零部件制造
宁波奉化德朗能动力电池有限公司	21174	锂离子电池制造
宁波市奉化通达创新合金科技有限公司	9258	汽车配件制造
浙江恒基永昕新材料股份有限公司	9064	汽车配件制造
宁波市奉化博龙机械制造有限公司	8674	汽车零配件、五金件
爱科汽车零部件制造（宁波）有限公司	8553	汽车零部件制造
宁波力品格工业机械有限公司	7983	气弹簧制造
宁波奥西汽车部件有限公司	7940	汽车零部件制造
宁波博晨车辆部件有限公司	7340	汽车配件制造
宁波三泰儿童用品有限公司	5660	儿童汽车椅制造
宁波迪尔威动力机械有限公司	5218	滤座（柴油机过滤器）制造
宁波市拓泰智能科技有限公司	4877	管状电机制造
宁波市兴宇电机制造有限公司	4620	电机电器及机械设备制造加工
宁波卡西可减震器制造有限公司	4321	汽车零部件及配件制造
宁波康瑟夫实业有限公司	4304	儿童汽车座椅制造
宁波市仁龙机械有限公司	4153	汽车配件制造
宁波圆合汽车空调有限公司	4083	汽车空调电磁离合器生产
宁波市威宏明实汽车零部件有限公司	3922	汽车零部件制造
宁波顺美金属制品有限公司	3813	货运半挂车制造
宁波市奉化万盛铝业有限公司	3753	汽车配件铝铸件制造
宁波许宇机械制造有限公司	3446	金属制汽车配件制造
宁波友加机械有限公司	3436	汽车配件的制造
宁波市奉化区仁杰车辆配件厂	3419	汽车减震置杆制造
宁波奉化波涛汽配制造有限公司	3412	汽车配件制造
宁波致业机械部件有限公司	3395	汽车配件制造
宁波市盛美特汽车部件有限公司	3178	汽车零部件生产
宁波瑞丰汽车零部件有限公司	3120	活塞制造
宁波海博电泳涂装有限公司	2855	汽车机油滤芯制造
宁波市博华机械配件有限公司	2810	汽车机械配件制造
宁波市广盛轴业有限公司	2588	减震器连杆制造

续表8

企业名称	销售产值	主要产品
浙江润盾差速器有限公司	2550	汽车配件差速器制造
宁波奉化宇翔新科机械有限公司	2538	汽车配件制造
宁波奉化深技机械有限公司	2521	汽车零部件制造
宁波市东方金丰机械有限公司	2509	汽车零部件及配件生产
宁波永朝模具有限公司	2493	模具制造
宁波乾方汽车配件有限公司	2449	汽车配件生产
宁波钧拓机械制造有限公司	2427	汽车拖车臂制造
宁波市奉化动力机械配件有限公司	2322	汽车发动机摇臂产品制造
宁波市奉化拓翔机械有限公司	2295	汽车连杆制造
宁波普力德轴业有限公司	2083	汽车配件活塞杆制造
宁波市祥和源汽配有限公司	2008	汽车零配件制造

关键基础件产业

【概况】 2020年，全区有100家规模以上关键基础件生产企业，实现工业总产值85.1亿元，销售产值83.4亿元，利税13.7亿元，比上年分别增长11.2%、14.4%和24.8%。规模以上企业比上年增加55家。其中，宁波亚德客自动化工业有限公司实现产值25.9亿元，产值比上年增长31.3%。

【完善提升产业链】 实施龙头骨干企业为主导的产业链上下游延伸，积极引进培育产品集成度高的装备企业，引导企业研发高端智能气动元器件及系统，扶持气动企业加大产品质量检测的数量，促进气动产品提质发展，打造特色和优势突出、产业链协同高效、创新体系健全的关键基础件产业集群。

2020年奉化区销售2000万元以上关键基础件企业一览表

表9　　单位：万元

单位	销售产值	主要产品
宁波亚德客自动化工业有限公司	259630	气缸制造
浙江飞达利恩精密制造有限公司	29790	微型轴生产、加工
宁波卡伦特电器有限公司	25008	电圆锯设备制造
星宇电子（宁波）有限公司	19054	电磁线圈元件制造
浙江亿太诺气动科技有限公司	17475	气动液压元件制造
宁波佳尔灵气动机械有限公司	15912	制造加工电磁阀
力星金燕钢球（宁波）有限公司	14564	微小型钢球制造
宁波索诺工业自控设备有限公司	13475	电磁阀生产
科玛（中国）液压设备有限公司	13147	液压油缸制造
宁波精益微型轴有限公司	12165	微型轴制造

续表9

单　位	销售产值	主要产品
宁波新世达精密机械有限公司	9724	齿轮及齿轮减、变速箱制造
宁波市奉化通达创新合金科技有限公司	9258	汽车配件制造
宁波金诚泰电子有限公司	8723	微型电子制造
宁波市博尔法液压有限公司	8512	液压阀制造
宁波盛达阳光气动机械有限公司	7953	气动元件制造
宁波亚路轴业有限公司	7911	齿轮及齿轮减、变速箱制造
浙江奥莱尔液压有限公司	7859	液压蓄能器制造
宁波市宁吉羽立流体设备有限公司	7724	液压件的制造
宁波艾维洁具有限公司	7504	五金阀门塑料制品制造
宁波一机阀门制造有限公司	7440	各类阀门及配件的制造
宁波精科机械密封件制造有限公司	7288	金属密封件制造
宁波英特灵气动科技有限公司	6874	气动元件制造
宁波市鑫潮自动化元件有限公司	6796	气动元件制造
奉化科盛微型轴业有限公司	6467	微型轴制造
宁波市微分电机有限公司	6085	交流电动机制造
宁波奉化金鹰钢球有限公司	5413	轴承钢球制造
宁波奉化恒益微型轴有限公司	5302	微型轴五金制造加工
宁波安睦密封科技有限公司	5192	机械密封件制造
宁波新佳行自动化工业有限公司	5070	气动元件生产
宁波奉化精瑞钢球有限公司	4927	钢球制造
宁波盛强晨亿电子科技有限公司	4884	气动元件制造
宁波市拓泰智能科技有限公司	4877	管状电机制造
宁波兴明液压器材有限公司	4862	液压管件的制造及加工
浙江瑞鹿机电科技有限公司	4849	管状电动机制造
宁波利达气动成套有限公司	4818	气动元件制造
宁波市兴宇电机制造有限公司	4620	电机电器及机械设备的制造加工
宁波晨光威腾自动化机械有限公司	4396	气动元件电磁阀制造
宁波凯航电子科技有限公司	4117	气压动力元件制造
宁波哈克斯车辆部件有限公司	4049	气动执行器生产
宁波朝日液压有限公司	3890	液压气动元件制造
宁波市奉化裘村元顺机械配件厂	3851	液压机械配件制造
宁波鑫力洁金属制品有限公司	3820	水龙头制造
宁波悦威液压科技有限公司	3769	液压元件制造
宁波奉化胜雄机电科技有限公司	3622	气动元件制造
宁波博尔电器有限公司	3617	微电机制造

续表9

单　位	销售产值	主 要 产 品
宁波和博紧固件有限公司	3588	紧固件的制造
宁波市安利特机械有限公司	3586	气动先导头制造
宁波鑫精华轴业有限公司	3573	微型轴制造
宁波天祥新华液压有限公司	3496	液压阀制造
宁波赛夫科技有限公司	3193	汽车用发动机零件制造
宁波市奉化兴权活塞杆厂	3162	活塞杆生产
宁波中皇机电有限公司	3089	油泵制造
宁波麦吉克自控设备有限公司	3056	气动压力控制器制造
宁波普瑞机械科技有限公司	3022	滚动轴承制造
宁波革新电机科技有限公司	3005	电动机制造
宁波开灵气动元件制造有限公司	2996	气动元件电磁阀制造
宁波爱德油塞制造有限公司	2809	金属密封件制造
宁波永美电机有限公司	2761	微电机制造
宁波万机轴业有限公司	2743	滚动轴承制造
宁波精恒泰汽车零部件有限公司	2675	滚动精密轴制造
宁波市奉化恒霖机械有限公司	2637	阀门制造
宁波金洪胜机电科技有限公司	2595	割草机的微电机制造
宁波众基精瓷科技有限公司	2588	氧化铝密封件制造
宁波永朝模具有限公司	2493	模具制造
宁波祥嘉精密轴业有限公司	2468	微型轴制造
宁波远大成立科技股份有限公司	2415	合金产品制造
宁波东泓洁具有限公司	2376	五金阀门加工
宁波市奉化区力迅机械制造有限公司	2363	滑动轴制造
宁波全盛世纪气动科技有限公司	2345	气动元件制造
宁波市恒辉盛业过滤科技有限公司	2309	过滤器（气动元件）制造
宁波智启机电有限公司	2153	齿轮减速箱制造
宁波市奉化益源气动元件有限公司	2128	电磁阀
宁波永益高科气动有限公司	2113	气动元件
宁波天翔精密铸造有限公司	2095	气压动力配件制造
宁波恒源轴业有限公司	2037	滚动轴承制造

智能家电产业

【概况】 2020年，全区30家规模以上智能家电产业企业实现工业总产值45.1亿元，销售产值43.8亿元，利税2.8亿元，比上年分别增长15.9%、16.2%和13.7%。其中宁波新乐电器有限公司实现产值9亿元，比上年增长2%。

【智能家电产业园】 围绕空气调节器、厨卫电器、制冷电器、清洁电器、美容美发电器、水家电等智能家电产业，加强芯片、传感、控制器、人机交互、数据安全（加密）、大数据分析应用等技术研发，积极开发新型智能家电产品，推动家电产业向时尚化、智能化、品牌化、高端化方向发展。

2020年奉化区销售2000万元以上智能家电企业一览表

表10 单位：万元

企业名称	销售产值	主要产品
宁波新乐电器有限公司	90718	制造洗衣机
华尔推剪（宁波）有限公司	82570	家用美容美发电器具制造
宁波辉格休闲用品有限公司	36937	烧烤炉制造
宁波市万茂电器有限公司	29461	燃气灶具制造
宁波安佳卫厨电器有限公司	28020	家具厨房电器具制造
宁波市哈雷换热设备有限公司	21507	钎焊换热器制造
宁波富爵电子科技有限公司	19030	家用眼部按摩器制造
宁波神剑电器制造有限公司	14346	制造电推剪
宁波波英电子有限公司	12839	音响设备制造
宁波霍科电器有限公司	12368	咖啡机制造
宁波欧贝特卫浴有限公司	8809	淋浴房生产
宁波市安通机械有限公司	8573	家具厨房电器具制造
宁波市亿森海烟道制造有限公司	8261	家用燃气热水器零件制造
宁波国普电器有限公司	8182	消毒柜生产
宁波爱克利浦电器有限公司	8005	美容美发器具制造
宁波嘉美电器有限公司	7192	家用美容美发工具制造
宁波好德美电声有限公司	6869	音响设备制造
浙江科麦人工环境有限公司	6447	空气能热水器制造
宁波圣菲机械制造有限公司	6162	壁炉生产
宁波玖越电器有限公司	5088	家用电力壁炉制造
宁波乐开宝电器有限公司	4597	家用饮水净化装置制造
宁波风腾燃具有限公司	4530	家用燃气具配件制造
宁波至威厨具配件有限公司	4117	煤气灶底壳制造
宁波良宇电器有限公司	3863	家用碗架制造
宁波蓝释电子科技有限公司	2687	家用空调设备零件制造
宁波超顺电器有限公司	2427	电动牙刷制造
宁波司杰特卫厨电器有限公司	2406	家用消毒柜制造

生物医药产业

【概况】2020年，规模以上生物医药企业有6家，实现工业产值7.4亿元，销售产值7.2亿元，利税1.1亿元，比上年分别增长24%、34.3%和106%。其中，宁波绿之健药业有限公司实现产值4.7亿元，比上年增长10.6%。

【推动医疗健康聚集发展】积极扶持秉航科技、泽生科技、今日食品、益富乐、大昌制药、绿之健等企业发展，加快建设宁南生命科学城、奉化生命健康产业园、今日食品生物科技健康产业园、秉航健康产业园建设，充分发挥专业产业园集聚效应，引进更多优质医疗设备及器械企业。

2020年奉化区销售2000万元以上生物医药企业一览表

表11　　单位：万元

企业名称	销售产值	主要产品
宁波绿之健药业有限公司 H38	47010	植物提取物制造
宁波大昌药业有限公司 I 11	9551	芪珍胶囊生产
宁波市康家乐医疗器械有限公司 I49	9458	一次性口罩制造
宁波市博坤生物科技有限公司	5056	实验分析仪器制造
宁波一品生物技术有限公司 H77	2004	药用辅料制造

新材料产业

【概况】2020年，规模以上新材料企业17家，实现工业产值6.8亿元，销售产值6.5亿元，利税0.3亿元，比上年分别下降6.5%、9.7%和28.4%。其中宁波松科磁材有限公司实现产值2.2亿元，比上年增长35.6%。

【国内外优质创新】积极扶持众兴新材料、松科磁材等企业发展。围绕金属新材料、先进高分子材料、电子信息材料、磁性材料、新能源材料、海洋新材料、生物医用材料、新型膜材料等新材料产业，大力引进国内外优质创新资源项目。

2020年奉化区销售2000万元以上新材料企业一览表

表12　　单位：万元

企业名称	销售产值	主要产品
宁波松科磁材有限公司	22803	磁性材料加工
宁波昊鑫裕隆新材料有限公司	6018	聚氯乙烯树脂生产
奉化市赛派磁电有限公司	5040	钕铁硼制品制造
宁波海盾涂料有限公司	3370	涂料制造
宁波奉化新赫磁业有限公司	2984	磁性材料生产
宁波众兴新材料科技有限公司	2659	第二代连续碳化硅纤维制造
波瑞泽（浙江）新材料有限公司	2593	粉末涂料制造
宁波科乐新材料有限公司	2419	有机玻璃强化剂制造
宁波钜亿新材料科技有限公司	2188	淀粉基制品制造
宁波辉宏新材料有限公司	2187	轮胎隔离剂制造

电子信息产业

【概况】 2020年，全区有58家规模以上电子信息企业，实现工业总产值76.1亿元，销售产值26.2亿元，利税4亿元，比上年分别增长26.8%、27.8%和32.6%。其中，宁波麦博韦尔移动电话有限公司实现产值27.3亿元，比上年增长43.1%。

【龙头企业快速发展】 积极支持麦博韦尔、利安科技、波导易联等企业发展。大力培育特色工艺集成电路产业和光学电子产业，强化集成电路设计、软件开发与系统集成；积极发展第三代半导体，提高芯片设计开发、制造能力；积极发展智能终端摄像模组、光学精密仪器设备、光学材料及元器件、OLED显示面板等光电成像、光学显示产品。

2020年奉化区销售产值2000万元以上电子信息企业一览表

表13　　　　单位：万元

企业名称	销售产值	主要产品
宁波麦博韦尔移动电话有限公司	273392	生产移动电话制造
宁波利安科技股份有限公司	43811	通信系统设备制造
宁波波导易联电子有限公司	26745	汽车中控电子设备制造
宁波卡伦特电器有限公司	25008	电圆锯设备制造
宁波沈鑫电子有限公司	22938	电子产品支架制造
宁波松科磁材有限公司	22803	磁性材料加工
宁波市信泰科技有限公司	21924	磁性材料加工
宁波奉化德朗能动力电池有限公司	21174	锂离子电池制造
宁波亚茂光电股份有限公司	18971	普通照明灯泡生产
宁波精芯科技有限公司	14071	打印机机芯制造
宁波西尼液晶支架制造有限公司	13776	液晶电子产品支架制造
宁波波英电子有限公司	12839	音响设备制造
宁波耐力誉磁业科技有限公司	11615	磁性材料制造
宁波奉化凯鑫线缆有限公司	11373	电线、电缆制造
宁波金晟芯影像技术有限公司	10610	手机摄像头制造
宁波赛派科技有限公司	10346	电子专用材料制造
宁波宇达光电股份有限公司	9018	有源光网络无源光网络制造
宁波金诚泰电子有限公司	8723	微型电子制造
宁波市国盛仪表有限公司	8279	汽车仪表制造
宁波亚吉机电有限公司	8225	电子工业专用设备制造
宁波恒盛磁业有限公司	7992	钕铁硼磁性材料制造
宁波兴富磁材有限公司	7884	稀土磁性材料制造
宁波新益佳磁业科技有限公司	7412	稀土永磁元件制造
宁波市致远电器有限公司	7175	LED 灯具元件制造
宁波好德美电声有限公司	6869	音响设备制造

续表13

企业名称	销售产值	主要产品
宁波意想磁性材料有限公司	6809	磁性材料加工
宁波润通金属制品有限公司	6199	电池锌粒制造
宁波福科电子有限公司	6101	电子产品制造
宁波菲瑞克斯照明电器有限公司	6032	LED灯制造
宁波市奉化浩轩光电有限公司	5827	LED管制造
宁波市奔阳特种线缆有限公司	5684	太阳能光伏电缆生产
浙江金缘光电有限公司	5598	光电子器件及其他电子制造
宁波美商冠豪电子有限公司	5328	电容器设备制造
奉化市赛派磁电有限公司	5040	钕铁硼制品制造
宁波市拓泰智能科技有限公司	4877	管状电机制造
宁波市兴宇电机制造有限公司	4620	电机电器及机械设备的制造加工
宁波市合美达新材料有限公司	4547	磁钢制造
宁波恒昶磁业有限公司	4513	磁性材料制造
宁波市奉化大桥华能电子厂	4359	电子元件及组件制造
宁波得鑫科技有限公司	4263	汽车零部件制造
宁波海融电器有限公司	3994	电容器类制造
宁波奉化光亚计数器制造有限公司	3897	计数器制造
宁波博尔电器有限公司	3617	微电机制造
宁波市奉化波达电子线缆有限公司	3412	同轴电缆制造
宁波欧行电子有限公司	3118	金属制电视支架制造
宁波市奉化威鑫电工设备有限公司	3048	金属表面镀锌、镀铬
宁波奉化新赫磁业有限公司	2984	磁性材料生产
宁波东欣电子有限公司	2952	汽车仪表配件制造
宁波永美电机有限公司	2761	微电机制造
宁波科杰电子科技有限公司	2735	线路板制造
宁波金洪胜机电科技有限公司	2595	割草机的微电机制造
宁波远大成立科技股份有限公司	2415	合金产品制造
宁波市奉化富达线缆制造有限公司	2318	同轴电缆制造
宁波韦尔德斯凯勒智能科技有限公司	2120	工业机器人制造

高端装备产业

【概况】 2020年，全区有181家规模以上高端装备产业，实现工业总产值188.9亿元，销售产值184.2亿元，利税21.4亿元，比上年分别增长18.6%、420%，利税35.1%，规模以上企业比上年增加15家。

【加强企业培育】 鲍斯能源被认定为国家级单项冠军产品，亿太诺被认定为省隐形冠军企业，利安科技、创跃园林、星宇电子、高度环保等7家企业被认定为市级单项冠军培育企业；

瑞利时数控科技、霍科电器和鲍斯能源装备3家企业的3个产品被评为省内首台（套）产品；麦博韦尔的移动打印终端被评为“浙江制造精品”。

2020年奉化区销售产值2000万元以上高端装备企业一览表

表14 单位：万元

企业名称	销售产值	主要产品
宁波麦博韦尔移动电话有限公司	273392	生产移动电话制造
宁波亚德客自动化工业有限公司	259630	气缸制造
宁波鲍斯能源装备股份有限公司	114619	压缩机制造
宁波利安科技股份有限公司	43811	通信系统设备制造
宁波协诚电动工具有限公司	38768	电圆锯生产
宁波市奉化区南方机械制造有限公司	36158	千斤顶生产
浙江飞达利恩精密制造有限公司	29790	微型轴生产、加工
宁波波导易联电子有限公司	26745	汽车中控电子设备制造
宁波卡伦特电器有限公司	25008	电圆锯设备制造
宁波沈鑫电子有限公司	22938	电子产品支架制造
宁波松科磁材有限公司	22803	磁性材料加工
宁波市信泰科技有限公司	21924	磁性材料加工
宁波奉化德朗能动力电池有限公司	21174	锂离子电池制造
星宇电子（宁波）有限公司	19054	电磁线圈元件制造
超竣电器制造（奉化）有限公司	17823	电器插座制造
浙江亿太诺气动科技有限公司	17475	气动液压元件制造
宁波君禾智能科技有限公司	17335	水泵制造
宁波威克斯液压有限公司	16582	液压泵制造
宁波奔野重工股份有限公司	16081	生产农用拖拉机
宁波佳尔灵气动机械有限公司	15912	制造加工电磁阀
宁波创跃园林工具有限公司	15302	园林工具制造
宁波新邦工具有限公司	14847	风动和电动工具制造
力星金燕钢球（宁波）有限公司	14564	微小型钢球制造
宁波精芯科技有限公司	14071	打印机机芯制造
宁波西尼液晶支架制造有限公司	13776	液晶电子产品支架制造
宁波索诺工业自控设备有限公司	13475	电磁阀生产
科玛（中国）液压设备有限公司	13147	液压油缸制造
百琪达智能科技（宁波）股份有限公司	12894	成型压机制造
宁波波英电子有限公司	12839	音响设备制造
宁波精益微型轴有限公司	12165	微型轴制造
宁波耐力誉磁业科技有限公司	11615	磁性材料制造
宁波奉化凯鑫线缆有限公司	11373	电线、电缆制造

续表14

企业名称	销售产值	主要产品
浙拖奔野（宁波）拖拉机制造有限公司	11240	拖拉机的制造
宁波理工智能电网技术有限公司	11208	智能电网设备、高低压电气设备
宁波金晟芯影像技术有限公司	10610	手机摄像头制造
宁波赛派科技有限公司	10346	电子专用材料制造
宁波新世达精密机械有限公司	9724	齿轮及齿轮减、变速箱制造
宁波永久电梯部件有限公司	9625	电梯部件制造
宁波欧适节能科技有限公司	9108	消防排烟窗制造
宁波宇达光电股份有限公司	9018	有源光网络、无源光网络制造
宁波万融电器有限公司	8990	农机产品松土机生产
宁波金诚泰电子有限公司	8723	微型电子制造
宁波管通机械有限公司	8605	生产专用车辆
宁波市博尔法液压有限公司	8512	液压阀制造
宁波市国盛仪表有限公司	8279	汽车仪表制造
宁波亚吉机电有限公司	8225	电子工业专用设备制造
宁波奉化宁东机械有限公司	8147	生产专用车辆制造
宁波恒盛磁业有限公司	7992	钕铁硼磁性材料制造
宁波盛达阳光气动机械有限公司	7953	气动元件制造
宁波亚路轴业有限公司	7911	齿轮及齿轮减、变速箱制造
宁波兴富磁材有限公司	7884	稀土磁性材料制造
宁波市埃美仪表制造有限公司	7866	民用水表制造
浙江奥莱尔液压有限公司	7859	液压蓄能器制造
宁波市宁吉羽立流体设备有限公司	7724	液压件的制造
宁波市平熔金属制品有限公司	7668	矿用挖掘机配件制造
宁波艾维洁具有限公司	7504	五金阀门塑料制品制造
宁波嵘和达机械有限公司	7489	汽车修理专用机械制造
宁波一机阀门制造有限公司	7440	各类阀门及配件的制造
宁波新益佳磁业科技有限公司	7412	稀土永磁元件制造
宁波万事达综研电气有限公司	7388	电气开关制造
宁波精科机械密封件制造有限公司	7288	金属密封件制造
宁波市致远电器有限公司	7175	LED 灯具元件制造
宁波必达机械制造有限公司	7129	喷笔制造
宁波英特灵气动科技有限公司	6874	气动元件制造
宁波好德美电声有限公司	6869	音响设备制造
宁波意想磁性材料有限公司	6809	磁性材料加工
宁波市鑫潮自动化元件有限公司	6796	气动元件制造
奉化科盛微型轴业有限公司	6467	微型轴制造

续表14

企业名称	销售产值	主要产品
宁波市威优特电器有限公司	6318	手提式电动工具制造
宁波润通金属制品有限公司	6199	电池锌粒制造
宁波市奉化智升机械制造有限公司	6106	机械零部件
宁波福科电子有限公司	6101	电子产品制造
宁波市微分电机有限公司	6085	交流电动机制造
宁波菲瑞克斯照明电器有限公司	6032	LED灯制造
宁波虎翼机械有限公司	5944	液压搬运车制造
宁波市奉化浩轩光电有限公司	5827	LED管制造
宁波市奔阳特种线缆有限公司	5684	太阳能光伏电缆生产
浙江金缘光电有限公司	5598	光电子器件及其他电子制造
宁波奉化金鹰钢球有限公司	5413	轴承钢球制造
宁波美商冠豪电子有限公司	5328	电容器设备制造
宁波奉化恒益微型轴有限公司	5302	微型轴五金制造加工
宁波安睦密封科技有限公司	5192	机械密封件制造
宁波新佳行自动化工业有限公司	5070	气动元件生产
奉化市赛派磁电有限公司	5040	钕铁硼制品制造
宁波朗辉工具有限公司	4936	制造割草机
宁波奉化精瑞钢球有限公司	4927	钢球制造
宁波盛强晨亿电子科技有限公司	4884	气动元件制造
宁波市拓泰智能科技有限公司	4877	管状电机制造
宁波兴明液压器材有限公司	4862	液压管件的制造及加工
浙江瑞鹿机电科技有限公司	4849	管状电动机制造
宁波利达气动成套有限公司	4818	气动元件制造
宁波市欣洲电器有限公司	4635	冷风机及冷风机配件制造
宁波市兴宇电机制造有限公司	4620	电机电器及机械设备的制造加工
宁波市合美达新材料有限公司	4547	磁钢制造
宁波恒昶磁业有限公司	4513	磁性材料制造
宁波爱伊美电气股份有限公司	4446	电力工具制造
宁波晨光威腾自动化机械有限公司	4396	气动元件电磁阀制造
宁波市奉化大桥华能电子厂	4359	电子元件及组件制造
宁波得鑫科技有限公司	4263	汽车零部件制造
宁波宇恒能源科技有限公司	4212	石油钻采专用设备射孔弹壳制造
宁波东大神乐电工合金有限公司	4127	电气机械制造
宁波凯航电子科技有限公司	4117	气压动力元件制造
浙江振源自动化科技有限公司	4100	数控机床制造

续表14

企业名称	销售产值	主要产品
宁波鸿博森机械有限公司	4091	电梯配件制造
宁波哈克斯车辆部件有限公司	4049	气动执行器生产
宁波海融电器有限公司	3994	电容器类制造
宁波海太工贸有限公司	3986	塑料加工专用设备制造
宁波奉化光亚计数器制造有限公司	3897	计数器制造
宁波朝日液压有限公司	3890	液压气动元件制造
宁波市奉化裘村元顺机械配件厂	3851	液压机械配件制造
宁波鑫力洁金属制品有限公司	3820	水龙头制造
宁波悦威液压科技有限公司	3769	液压元件制造
宁波福得机械科技有限公司	3675	食品机械制造
宁波奉化胜雄机电科技有限公司	3622	气动元件制造
宁波博尔电器有限公司	3617	微电机制造
宁波和博紧固件有限公司	3588	紧固件的制造
宁波市安利特机械有限公司	3586	气动先导头制造
宁波鑫精华轴业有限公司	3573	微型轴制造
宁波天祥新华液压有限公司	3496	液压阀制造
宁波市普力电机有限公司	3430	电动绞盘制造
宁波市奉化波达电子线缆有限公司	3412	同轴电缆制造
宁波夏鑫机械制造有限公司	3396	黑色金属制造
宁波市奉化屹东电子元件厂	3367	空调配件制造
宁波赛夫科技有限公司	3193	汽车用发动机零件制造
宁波亘腾机械制造有限公司	3178	拖拉机零配件变速箱体制造
宁波市奉化兴权活塞杆厂	3162	活塞杆生产
宁波中皇机电有限公司	3089	油泵制造
宁波麦吉克自控设备有限公司	3056	气动压力控制器制造
宁波普瑞机械科技有限公司	3022	滚动轴承制造
宁波革新电机科技有限公司	3005	电动机制造
宁波开灵气动元件制造有限公司	2996	气动元件电磁阀制造
宁波奉化新赫磁业有限公司	2984	磁性材料生产
宁波东欣电子有限公司	2952	汽车仪表配件制造
宁波凯通达机械有限公司	2813	注塑机制造
宁波爱德油塞制造有限公司	2809	金属密封件制造
宁波永美电机有限公司	2761	微电机制造
宁波万机轴业有限公司	2743	滚动轴承制造
宁波科杰电子科技有限公司	2735	线路板制造

续表14

企业名称	销售产值	主要产品
宁波精恒泰汽车零部件有限公司	2675	滚动精密轴制造
宁波市奉化恒霖机械有限公司	2637	阀门制造
宁波弘源机械制造有限公司	2629	塑料加工配套装置制造
宁波金洪胜机电科技有限公司	2595	割草机的微电机制造
宁波众基精瓷科技有限公司	2588	氧化铝密封件制造
宁波市三久水表有限公司	2587	水表生产
宁波市喜力食品机械有限公司	2562	食品搅拌加工机械制造
宁波市皓盛铁路电务器材有限公司	2512	接点组制造
宁波永朝模具有限公司	2493	模具制造
宁波祥嘉精密轴业有限公司	2468	微型轴制造
宁波瑞利时数控科技有限公司	2416	金属切割机床制造
宁波远大成立科技股份有限公司	2415	合金产品制造
宁波东泓洁具有限公司	2376	五金阀门加工
宁波市奉化区力迅机械制造有限公司	2363	滑动轴制造
宁波全盛世纪气动科技有限公司	2345	气动元件制造
宁波市奉化富达线缆制造有限公司	2318	同轴电缆制造
宁波市恒辉盛业过滤科技有限公司	2309	过滤器（气动元件）制造
宁波奥柯汽车空调有限公司	2287	汽车空调压缩机制造
宁波钜亿新材料科技有限公司	2188	淀粉基制品制造
宁波智启机电有限公司	2153	齿轮减速箱制造
宁波市奉化益源气动元件有限公司	2128	电磁阀
宁波市奉化区盛隆铸造有限公司	2122	电梯配件制造
宁波韦尔德斯凯勒智能科技有限公司	2120	工业机器人制造
宁波永益高科气动有限公司	2113	气动元件
宁波天翔精密铸造有限公司	2095	气压动力配件制造
宁波天辉机械有限公司	2093	高压控制开关配件制造
宁波鑫华银机械有限公司	2081	空调配件制造
宁波恒源轴业有限公司	2037	滚动轴承制造

节能环保产业

【概况】 2020年，全区有19家规模以上节能环保产业，实现工业总产值33.5亿元，销售产值32亿元，利税48.3亿元，比上年分别增长20.3%、19.6%、45.5%。其中，宁波鲍斯能源装备股份有限公司工业实现产值11.4亿元，比上年增长45.2%。

【产业集群化】 积极发展高效电光源及节能灯具、高效节能输配电设备、高效节能电机、高效节能通用设备、水工艺设备、先进环境保护专用设备、环保药剂及材料、工业废弃物综合利用、城镇生活垃圾、建筑垃圾资源化利用等节能环保产业。

2020年奉化区销售产值2000万元以上节能环保企业一览表

表15　　单位：万元

企业名称	销售产值	主要产品
宁波鲍斯能源装备股份有限公司	114619	压缩机制造
宁波奉化瑞欣环保科技有限公司	30974	电镀用化学用品制造
宁波杰森绿色能源技术有限公司	23231	生物柴油制造
宁波市哈雷换热设备有限公司	21507	钎焊换热器制造
星宇电子（宁波）有限公司	19054	电磁线圈元件制造
浙江亿太诺气动科技有限公司	17475	气动液压元件制造
宁波威克斯液压有限公司	16582	液压泵制造
宁波佳尔灵气动机械有限公司	15912	制造加工电磁阀
宁波南海生物化工有限公司	7317	化学试剂和助剂制造
宁波市微分电机有限公司	6085	交流电动机制造
宁波中皇机电有限公司	3089	油泵制造
宁波革新电机科技有限公司	3005	电动机制造
宁波市三久水表有限公司	2587	水表生产
宁波奥柯汽车空调有限公司	2287	汽车空调压缩机制造

绿色石化产业

【概况】 2020年，全区22家规模以上绿色石化产业，实现工业总产值18.6亿元，销售产值18.3亿元，比上年分别增长0.3%、11.1%，实现利税1.5亿元，下降3.4%。其中宁波南海化学有限公司工业实现产值3.1亿元。

2020年销售产值2000万元以上绿色石化企业

表16　　单位：万元

企业名称	销售产值	主要产品
宁波南海化学有限公司	31178	流平剂制造
宁波奉化瑞欣环保科技有限公司	30974	电镀用化学用品制造
宁波杰森绿色能源技术有限公司	23231	生物柴油制造
宁波申山新材料科技有限公司	15505	胶带制造
瑞博俐密封件（浙江）有限公司	11512	橡胶密封件制造
宁波美特丽化妆品有限公司	9862	化妆品制造
宁波浩阳沥青混凝土有限公司	9418	混凝土制造
宁波内索尔工具有限公司	7396	粘胶带制造
宁波南海生物化工有限公司	7317	化学试剂和助剂制造
宁波奉化圣源化工有限公司	6280	呋喃树脂生产
宁波昊鑫裕隆新材料有限公司	6018	聚氯乙烯树脂生产

续表16

企业名称	销售产值	主要产品
宁波市丽源日用化妆品有限公司	5899	洗手液制造
宁波海盾涂料有限公司	3370	涂料制造
宁波佛来斯通新材料有限公司	3307	墨粉制造
宁波众兴新材料科技有限公司	2659	第二代连续碳化硅纤维制造
波瑞泽（浙江）新材料有限公司	2593	粉末涂料制造
宁波科乐新材料有限公司	2419	有机玻璃强化剂制造
宁波昊基塑胶有限公司	2385	聚氯乙烯胶粒制造
宁波辉宏新材料有限公司	2187	轮胎隔离剂制造

文体用品产业

【概况】2020年，全区57家规模以上文体用品产业，实现工业总产值40.7亿元，销售产值40.2亿元，比上年分别增长3.6%、5.5%，实现利税1.8亿元，下降2.6%。其中宁波秉航科技集团有限公司实现产值6.9亿元，比上年增长11.8%。

2020年奉化区销售产值2000万元以上文体用品企业一览表

表17　　单位：万元

企业名称	销售产值	主要产品
宁波秉航科技集团有限公司	69795	按摩椅制造
宁波滕头祥和纸业有限公司	24145	瓦楞包装纸板制造
浙江高度环保科技有限公司	22319	机制纸制造
宁波海丰纸业有限公司	20005	纸箱制造
宁波锦诠科技有限公司	16416	健身器材制造
浙江奥迪斯丹科技有限公司	15099	包装装潢印刷
宁波鸿越金属制品有限公司	14485	铁制工艺品制造
宁波丰宇包装有限公司	12710	瓦楞纸板容器制造
宁波市新茂纸业有限公司	12508	瓦楞纸箱板制造
宁波九丰电器有限公司	10807	跑步机制造
宁波尚引塑胶有限公司	9848	多米诺骨牌制造
宁波世家洁具有限公司	7736	拖把生产
宁波市海日包装纸业有限公司	7671	瓦楞纸箱制造
宁波市新兆印业有限公司	7231	包装印刷
宁波佰世健健身器材有限公司	6292	动感单车健身器材制造
宁波市奉化祥顺包装有限公司	6242	瓦楞纸板制造
宁波市奉化曙光印务有限公司	5712	彩印包装
宁波超杰电子科技有限公司	5706	乐器支架制造

续表17

企业名称	销售产值	主要产品
宁波大汉印邦股份有限公司	5577	包装装潢
宁波凯辉工艺品实业有限公司	5364	儿童智力拼图制造
奉化市新东方印务有限公司	5275	印刷生产制造
宁波丰和包装有限公司	5139	瓦楞纸板制造
奉化东启包装有限公司	4786	纸板纸箱加工
宁波市溪口锦星木制品制造有限公司	4741	秋千生产
宁波奉联纸业有限公司	4560	印花纸制造
宁波风尚鸿儒文化用品有限公司	4410	木制玩具生产
宁波宇博木制品有限公司	4395	木制玩具制造
宁波市巨星玩具仪表制造有限公司	4331	塑料玩具生产
宁波市强徽包装材料有限公司	4304	瓦楞纸板
宁波市奉化大桥联兴丝网印刷厂	4155	胶袋制造
宁波森田宠物用品有限公司	4011	宠物玩具制造
宁波大红鹰包装材料有限公司	3871	包装装潢及其他印刷
宁波成亚健身器械有限公司	3774	健身器材制造
宁波士林工艺品有限公司	3702	竹制工艺品制造
宁波市春辰未来科技有限公司	3425	金属工艺品制造
宁波市恩霖工艺品有限公司	3421	梳子生产
宁波宇杰日用品有限公司	3226	清洁用具制造
宁波市欧佰胜箱柜制造有限公司	3190	保险箱的制造
宁波市奉化区卓越木业有限公司	3152	木制游戏类玩具制造
宁波市奉化百胜休闲用品有限公司	3149	吊床吊椅制造
宁波中和纸制品有限公司	2908	彩印包装
宁波市奉化区利森包装有限公司	2817	包装纸箱制造
宁波富之缘包装印务有限公司	2812	外包装纸箱印刷
宁波鲲鹏印刷有限公司	2744	标签制造
宁波奉化永发印务文具有限公司	2689	包装装潢印刷
宁波市奉化兄弟木业有限公司	2663	秋千制造
宁波派达索塑料玩具有限公司	2632	塑料玩具制造
宁波奉化真辉机械有限公司	2605	球墨铸件的制造加工
宁波维克波体育用品有限公司	2578	球类制造
宁波奉化新辉玩具有限公司	2402	毛绒玩具制造
宁波市富发工艺品有限公司	2310	塑料工艺品制造
宁波祥成印刷发展有限公司	2130	印刷纸卡彩盒
宁波奉化孜泰文化印刷厂	2039	彩盒彩卡印刷

电力工业

【概况】 2020年，奉化区供电公司主营业务职工共625人，其中全民职工252人、集体职工42人、农电工273人、社会招聘工58人，全员劳动生产率108.9万元/(人·年)。全年营业收入19.099亿元（不计代收电费附加），比上年增加13810万元，增长7.23%；利润总额601.69万元，比上年增加215.65万元，增长55.86%。年末资产总额14.96亿元，比上年增长29.14%。农网供电可靠率99.773%；农网综合供电电压合格率99.999%。

2020年全区社会总用电量情况一览表

表18

项目名称		电量（万千瓦时）	上年同比 %
全社会用电量（含由宁波供电公司供电的溪口抽水蓄能水电站抽水用电）		400221.328	9.36
供电量	大网供电量	362953.605	11.04
	风电供电量	2572.6367	/
	抽水蓄能供电量	5268.0000	/
	小水电供电量	3627.2344	32.48
	光伏（太阳能）供电量	1712.5220	32.90
	小火电（垃圾发电）供电量	1361.2003	31.95
	合计	377495.1984	13.85
售电量		360338.6844	12.31
线损率 4.54%		1.32	
日最高统调负荷（8 月 14 日）		93.79	26.74
日最高供电量（8 月 14 日）		1564	19.30

【供电设备设施】 至2020年底，全区拥有220千伏变电所4座（包括奉化火车站1座），主变压器共9台，变压器总容量158万千伏安；110千伏变电所17座，主变压器共35台，变压器总容量168万千伏安；35千伏变电所6座，主变压器11台，变压器总容量10.35万千伏安。

全区境内有500千伏线路6条，分别为天宁5475线（从500千伏宁波天一变电所到500千伏宁海变电站）、一宁5476线（从500千伏宁波天一变电所到500千伏宁海变电站）、强明5423线(从宁海强蛟电厂到鄞州区500千伏明州变电所站)、强州5424线(从宁海强蛟电厂到500千伏宁海变电所)、一明5455线（从500千伏天一变电站到500千伏明州变电站）、瞬州5846线（从原500千伏天兰5455线79号杆到500千伏明州变电所），主要经过西坞、莼湖、尚田地区；有220千伏线路15条，其中有3条全线在奉化境内，分别为曲济2326线（从220千伏曲池变电站到220千伏广济变电站）全长26.166千米，广山2316线（从220千伏广济变电站到220千伏同山变电站）全长15.065千米，广同2317线（从220千伏广济变电所到220千伏同山变电所）全长15.065千米；有110千伏线路41条，其中有35条全线在奉化境内，总长度398千米；35千伏线路在运行的25条（不包括产权属用户线路），总长180.44千米；10千伏配电线路316条，总长2914.32千米，其中架空线路2002.6244千米，电缆线路长911.7016千米。

10千伏柱上开关1996台，10千伏开关站592座。0.4千伏配电线路总长5228.1千米。10千伏公用变压器3155台，总容量1533810千伏安；10千伏用户变压器5348台，总容量2162780千伏安。

【电价调整】 2020年，为支持农业发展，浙江省降低农业生产电价。浙江省发展和改革委员会印发《省发展和改革委关于电价调整有关事项的通知》（浙发改价格〔2019〕527号），自2020年1月1日起，除农业排灌、脱粒和贫困县农业排灌用电外，降低农业生产用电价格0.1元/千瓦时。另外，为贯彻落实《国家发展改革委关于阶段性降低企业用电成本支持企业复工复产的通知》（发改价格〔2020〕258号）精神，浙江省发展和改革委员会印发《省发展改革委关于阶段性降低企业用电成本支持企业复工复产的通知》（浙发改价格〔2020〕38号）和《浙江省新型冠状病毒性肺炎疫情防控工作领导小组关于进一步助力市场主体纾困促进高质量发展的若干意见》（省疫情防控〔2020〕24号），2020年2月1日—2020年12月31日期间，降低工商业电价5%，累计为奉化区所有工商业用户减少电费9257.20万元。

【发电情况】 小水电发电。2020年底，奉化并入电网运行小水电站共33座（按电费结算户计算），共有发电机53台，总装机容量23335千瓦，与2019年相当。其中，宁波原水（集团）有限公司横山水库分公司发电机总装机容量最大，共4000千瓦，单机容量也最大，为2000千瓦，该集团主要业务是向宁波市直接供水，所以用于发电的水减少，发电量不大。

2020年，全部小水电站上网电量共3751.64万千瓦时，比上年减少1737.74万千瓦时，下降32.34%。其中，宁波原水（集团）有限公司亭下水库上网电量共1373.1165千瓦时，比上年减少317.35万千瓦时，下降18.77%。

光伏（太阳能）发电。2020年奉化光伏发电（太阳能发电）共有1537户（包括居民与非居民），比上年增加224户，增长17.06%。总装机容量85260.54千瓦，比上年增加33844.58千瓦，增长65.84%；发电量5190.24万千瓦时，比上年增加1597.15万千瓦时，增长44.45%；上网电量1612.24万千瓦时，比上年增加350.29万千瓦时，增长27.76%。装机容量在1000千瓦以上的有12户，其中宁波昕科清洁能源开发有限公司装机最大，容量为3929千瓦。

【用电情况】 2020年，奉化区全社会用电总计400221.328万千瓦时，比上年增长9.36%。

2019年奉化区用电分类情况表

表19

分类名称		用电量（万千瓦时）	上年同比（%）
全社会用电	第一产业用电	2312.3898	—1.46
	第二产业用电	280094.4275	10.48
	第三产业用电	57057.3319	4.22
	城镇居民生活用电	24754.9284	11.67
	乡村居民生活用电	36002.2504	8.47
	合计	400221.328	9.36
全部行业用电分类	农、林、牧、渔业及相关服务业用电	3082.9281	—0.11
	工业用电	267755.2786	9.50
	建筑业用电	12497.3513	37.46
	交通运输、仓储和邮政业用电	10673.2425	—1.27
	信息传输、软件和信息技术业用电	3771.9497	14.24
	批发和零售业用电	10371.7588	5.21

续表19

分类名称		用电量（万千瓦时）	上年同比（%）
全部行业用电分类	住宿和餐饮业用电	3611.3225	—9.35
	金融业用电	842.0772	—18.24
	房地产业用电	5805.4544	17.73
	租赁和商务服务业用电	3156.7219	9.86
	公用服务及管理组织用电	17896.0642	4.46

2020年，全区有电力用户共340865户，比上年增加13638户，增长4.17%。

2020年奉化区电力用户情况表

表20

用户类别	户数（户）	增长率（%）
居民用户	304826	4.07
大工业用户	638	3.74
普通工业用户	10785	0.9
农业用户	8113	4.55
商业用户	14622	9.69
非工业用户	1881	—1.98

以上各类用户中35千伏及以上电压供电的有22户，比上年增加4户；35千伏及以上用户变压器共52台，比上年增加9台；35千伏变压器总容量共347665千伏安，比上年增加140050千伏安，增长67.46%。10千伏电压供电的用户有4828户，比上年增加142户，增长3.03%；10千伏用户变压器5659台，比上年增加270台，增长8.01%；10千伏用户变压器总容量1996990千伏安，比上年增加221265千伏安，增长12.46%。

2019年奉化区申请用电情况表

表21

种类	申请户数（户）	增长率（%）	实际完成户数（户）	增长率（%）	申请容量（千瓦）	增长率（%）	实际完成容量（千瓦）	增长率（%）
合计	22676	81.06	21155	99.27	600393	43.64	563527	50.34
大工业用户	103	47.14	88	20.55	80380	51.60	68955	38.83
非工业、普通工业用户	616	90.71	584	87.78	46311	84.65	43048	76.85
非居民照明	712	—6.19	689	—4.04	197438	20.73	188630	29.26
商业用电	1427	—26.48	1662	9.92	86003	1.02	83627	6.60
居民生活用电	19782	110.74	18095	127.24	188589	112.38	177565	139.44
农业生产用电	36	—16.28	37	—2.63	1672	—29.98	1702	—25.19

【服务企业复工复产】疫情发生后，区供电公司第一时间落实省政府一级响应，启动突发公共卫生事件应急预案，对医院、隔离点、疫情保障企业等27家重点用户，进行定制式跟踪服务。推出《疫情期间奉化企业复工电力指数分析》报告，为政府促进经济社会秩序恢复提供决策参考。落实非高耗能企业疫情期间5%电价优惠政策，累计优惠9257.2万元。公司获评奉化区首批战“疫”先锋团队、宁波市第三批战“疫”先锋团队，2名员工获评奉化区第二批战“疫”先锋个人。

【触电防治专项整治】2020年，区供电公司贯彻《国家电网公司关于印发触电人身伤害案件压降专项整治行动指导意见的通知》要求，开创政企协同共建的防触电联动新机制，推动触电防治工作法治化、常态化运行。应用“漏电检测系统”，实现间歇性漏电、多点漏电准确定位，完成覆盖全区的2961个台区漏电排查工作，发现漏电3320户，督促用户整改或维修。构建无人机人机协同巡检模式，完成115条线路720处竹木通道隐患点清理，12条共125千米山区线路铁塔化改造，55条重雷击线路的防雷治理，有效降低人身触电概率。成功制止33起线下施工、线下钓鱼等触电行为隐患，在奉化全区50余处临时用电基建场地安装智能空开，全面降低因设备线路外破而带来的触电人身安全隐患。2020年10月27日，国网浙江省电力有限公司触电防治专项督导暨奉化示范点建设现场展示会在奉化区召开。

【各类荣誉】2020年，区供电公司“小草”志愿服务队《共建平安万家、贴心帮扶精准脱贫》获2020年国务院扶贫办志愿扶贫案例50佳，获2020年度全国“安康杯”竞赛安全文化宣传先进单位、浙江省A级“守合同、重信用”企业、宁波市第三批战“疫”先锋团队。《输电线路重要缺陷和通道隐患的智能感知技术及应用》获国家电网公司科学技术进步奖二等奖。账务核算班获评宁波市五一巾帼标兵岗。莼湖供电所获评宁波市安全生产标准化岗位达标示范班组。裘村服务站获评2019年度宁波市“安康杯”竞赛优秀班组。安全监察部获评2020年度宁波市先进保卫组织。小草劳模创新工作室获评国网浙江省电力有限公司劳模创新工作室示范点。莼湖供电所被评为国网浙江省电力有限公司2020年度工人先锋号（五星级班组）。西坞供电所被评为国网浙江省电力有限公司五星级乡镇供电所。青云村示范区被评为国网浙江省电力有限公司“乡村振兴·电力先行”示范区。溪口供电所、江口供电所获评国网浙江省电力有限公司“五小”供电所示范点。叶勇获评2020年度全国“安康杯”竞赛安全文化宣传工作“先进个人”。裘建开获2020年电力行业网络安全攻防邀请赛“卓越技能个人”。胡盛获2020年宁波市“五一劳动奖章”。楼鸿鸣获宁波市争创全国文明城市“六连冠”表现突出个人嘉奖。裘学东获奉化区第二批战“疫”先锋个人。

（董涛涛）

经济开发区

【概况】奉化经济开发区直属区块4个，分别是滨海新区、尚桥科技工业园、白杜循环经济园区和“千人创业园”，规划面积18.97平方千米，有各类企业200余家，其中规上工业企业49家。2020年，实现规上工业总产值61.9亿元；完成外贸出口额16.76亿元；完成全社会固定资产投资完成14.37亿元；4家限上批发零售企业完成商品销售额4.8亿元。

【招商引资】全年共引进浙江铝程、帝亚一维、美其丽化妆品、安佳厨卫等新落户项目26个（供地项目19个，“双招双引”项目7个）；累计完成浙商回归资金6.9亿元、宁波市外境内资金7.8亿元、实际利用外资2415万美元。

【项目建设】在建工业项目13个，其中科诺佳、瑞峰、百琪达二期和荣兴二期完成主体工程建设；万洋众创城一期项目已交付，二期开始内部装修，三期工程主体建设中，四期工程正在桩基施工；其余项目按施工计划顺利推进中。滨海社区（二期）项目已完成主体施工并结项，目前综合验收中；滨海商业综合体项目正在桩基施工中；以南河道治理和软基处理工程有序推进，确保可用土地早日具备供地条件；以南道路一期工程项目开工建设。

【资金保障】 持续发展与国有主要银行的信贷关系，做好公司债、企业债等发债工作，红胜公司成功亮相公开市场，两期公司债券发行规模共计9.2亿元；对接低成本非标资金，全年融资24.24亿元。建立健全房地产开发、矿业和供应链公司的管理经营体制；并将延伸矿山产业链，生产石子、水泥混凝土等产品，其中贸易公司实现2.4亿元的开票收入。

【服务企业】 结合“四联四跑”活动，从复工复产以来，由班子领导带队对辖区内生产企业进行走访并收集问题，及时召开专题会议进行研究，累计收集问题448项，已处理并答复421项，正在协调办理和经区直部门流转的27项。增设开发区8718企业服务窗口，立足政策帮享、困难帮解、市场帮需、企情帮言等基础服务，积极为企业提供个性化、专业化的“点单”服务，让企业能在家门口享受一条龙服务。持续开展区域性环保管家试点和园区垃圾分类监管工作，围绕“文明城市创建”和“我们的家园”活动，实施美丽厂区建设工作，不断提升园区综合环境形象。根据上级出台的扶持政策，结合企业特色和发展培育方向，对一时遇到困难的潜力型、支撑型企业，综合运用各类政策予以扶持激励。同时，在政策允许范围内，适当配比一定奖励资金，激励企业加快转型和壮大规模，推动园区企业提质发展。

（周旭玲）

贸易合作

商贸流通

【概况】 2020年，商贸流通工作在抓好疫情防控基础上，以促消费、保供应为主线，加快商贸流通业复产复工，最大限度降低疫情影响。全年实现社会消费品零售总额比上年下降0.2%，商品销售总额比上年增长6.1%。

【重点项目】 全区商贸服务业在建重点项目5个，投资总额41.85亿元。重点在建项目有溪口民国风情街项目、中央商务区块3号地块商务项目、宁波宝湾国际电商物流港、宁波农副产品物流中心、宁波可星机电科技有限公司商业中心项目，累计完成投资20.4亿元，累计完成率48.6%，其中2020年全年共完成投资8.01亿元。

截至年底，溪口民国风情街项目：一期零星修补，二期装饰装修工程施工。中央商务区块3号地块商务项目：主体结构封顶、砌筑完成，中间验收完成。宁波农副产品物流中心：二期项目Ⅰ标段桩基完成85%，主体基础施工；Ⅱ标段地下室结构维护施工。宁波宝湾国际物流有限公司：主体结构完成30%。宁波可星机电科技有限公司商业中心项目：主体结构施工完成20%。

2020年奉化区重点商贸在建项目实施情况表

表22

项目名称	建设内容	建筑面积（万平方米）	投资（亿元）	启动时间	投资完成比（%）
溪口民国风情街项目	项目位于溪口中兴西路北侧，公园路东侧，奉通路西侧，新一街临街建筑南侧。以民国历史为背景的体验式主体旅游项目，集民国历史旅游、商业旅游、电影拍摄基地、休闲、观光、度假于一体	15.86	10	2017—2020	67.8
中央商务区块 3 号地块商务项目	项目位于西河路与大成路交叉路口东北侧。集购物、酒店、超市、影院等于一体的商业广场综合体	4.2	1.68	2019—2020	64.9

续表22

项目名称	建设内容	建筑面积（万平方米）	投资（亿元）	启动时间	投资完成比（%）
宁波宝湾国际电商物流港	项目位于宁南物流园区。用地面积10.4公顷，建设三层带坡道高标准立体库等	15.9	6.5	2019—2021	37.4
宁波农副产品物流中心	项目位于宁南物流园区。建设各类蔬菜、肉禽蛋交易区冷库及配套附属用房。（总建筑面积31万平方米，其中一期建筑面积9.242万平方米）一期2019年完工，整个工程2022年完工	31.97	22.07	2016—2022	43.3
宁波可星机电科技有限公司商业中心项目	项目总建筑面积约25104平方米，主要为办公、商业和酒店功能	2.5	1.6	2020—2022	31.3

【消费活动】 全年实现批发业销售额、零售业销售额、餐饮业营业额分别比上年增长8.3%、2.4%、下降1.1%。推出电子消费券活动，投入2200万元资金，通过银联“云闪付”APP发放2轮共13期电子消费券，活动期间参与商户2.5万余家，产生交易笔数97.2万余笔，交易金额8192.4万元，涉及优惠金额1928.6万元。举办促消费活动，组织服装特卖会、奉化区第二届美食节、家居欢购节、奉化蜜桃啤酒节等促销活动，实现销售额约400万元，指导开展春、夏、冬季品牌车展活动，组织商家参加宁波购物节，并承办宁波购物节闭幕式，获“2020宁波购物节优秀组织奖”。开展汽车促销活动，先后制定3轮汽车促销政策，通过补贴交强险、送保养券、送超市卡等优惠形式，激发汽车消费需求，共有3760名车主享受政府购车补助，发放汽车补助750万元，产生5.74亿元销售数据。

【业态监测】 全年银泰城、万达广场2家商业综合体销售额77000万元，比上年下降15.4 %；天港禧悦、滕头诚悦农庄等8家餐饮企业销售额8433万元，比上年下降17.2%；宝马、奥迪等14家汽车销售企业销售额180196万元，比上年下降15.0%；晨光电器、天一电器2家家电企业销售额5508万元，比上年增长8.4%；大润发、三江超市（6家）、溪口华联销售额47073万元，比上年增长3.1%。

【电子商务】 优化电商发展支撑体系，培育壮大跨境电商和服务业电商，全年实现网络零售额67.2亿元，比上年增长16.9%。策划实施水蜜桃区长直播带货，展现奉化农特品牌魅力，吸引53万名网友观看，“秒杀”2.4万余件奉化农特产品。开展电商示范创建，海上鲜获评全国首批“线上线下融合发展数字商务企业”等称号。创建滕头村、大张村2个省电商专业（示范）村，前横村、长汀村、滕头村、云溪村农村淘宝服务站4个电商示范服务站，引领带动区域农村电商发展。

【菜篮子工程】 菜篮子综合保障能力良好，新增宁波市级菜篮子商品供应新基地1家，落实区本级主要菜篮子商品动态储备及应急保供任务，其中冻猪肉储备任务110吨，年度动态储备任务蔬菜33.3公顷、生猪2000头，应急供应企业经营性储备任务蔬菜1000吨、猪肉500吨、禽蛋100吨、水产品200吨，完成节假日期间和疫情防控期间生活必需品保供应工作。

【市场体系建设】 推进批发零售业试点改造提升，确定“惠政老街”“奉化金钟邻里中心”“银泰阿基米德水系公园”等5个项目为2020年度省级批发零售业改造提升试点项目，总投资额2.9亿元，补助资金230.5万元。推进供应链项目建设，配合做好苏宁物流、宁波海上鲜、今日食品、市场经营有限公司4家本土企业供应链体系建设项目验收审计及补助资金清算拨付工作，该类项目共计获补资金786.81万元。推进商务领域信用建设，推广居家上门服务证及安心码工作，完成1920名家政人员信息录入，年度完成率全市第一。

【消费扶贫】探索消费扶贫长效机制，完善职工消费扶贫政策，强化政企对接加快产销平台建设，全年实现东西部消费扶贫9488万元，完成考核任务的190%，实现山海协作消费扶贫700万元，完成考核任务的140%。

【行业管理】全年累计开展安全检查29次，其中专项检查8次，联动其他部门检查6次，共检查相关商贸企业786家次，发现并整改到位各类安全隐患157条。高效处理单用途商业预付卡投诉272起，涉及投诉人员1100余人、金额400余万元。牵头开展再生资源回收行业专项整治行动，全年累计整改违规回收站（点）44家次、行政处罚1家次；推进再生资源回收线上线下融合，全年共投放“小黄狗”智能回收箱73组，覆盖率达60%。指导商贸企业积极宣传垃圾分类公益广告，严格落实“文明餐桌”“光盘行动”、限制一次性餐具等责任，印发相关宣传资料5000余份，发放“公筷公勺”1万余双。

（吴华帅）

对外及对港澳台贸易

【概况】2020年，对外及对港澳台贸易工作呈现稳步有升发展态势。全年实现货物进出口总额217.09亿元，比上年增长2.48%，占全国份额0.84‱，高于去年份额占比0.16个万分点和今年指标任务的0.22个万分点；其中出口194.39亿元，比上年增长6.23%，进口额22.71亿元，比上年下降22.33%；实现国际服务贸易进出口总额达21.00亿元，比上年增长10.0%，服务外包执行总额6.50亿元，比上年增长23.60%，实际中方投资额1620.90万美元。

2020年全区主要贸易方式出口情况表

表23　　单位：元

名称	出口总额	增幅（%）	进口总额	增幅（%）	进出口总额	增幅（%）
一般贸易	17604888412	8.35	1935637769	—20.31	19540526181	4.62
来料加工装配贸易	35681031	-44.49	16834900	—19.01	52515931	-38.26
进料加工贸易	1793791264	-9.47	306166567	—28.90	2099957831	-12.94
外商投资企业作为投资进口的设备、物品	0	—	0	0	0	0
保税仓库进出境货物	792575	—	0	—	792575	—
其他	3364785	-13.82	11892783	95.69	15257568	52.86
总计	19438518067	6.23	2270532019	-21.33	21709050086	2.48

2020年全区主要出口地区一览表

表24 单位：元

名 称	出口总额	增幅（%）	进口总额	增幅（%）	进出口总额	增幅（%）
亚洲	5683677151	10.07	1778344304	—19.34	7462021455	1.27
非洲	928369810	—17.24	26385438	—43.60	954755248	—18.30
欧洲	5101736409	—1.86	257235508	—35.67	5358971917	—4.28
拉丁美洲	1470878007	—2.46	26758267	—40.21	1497636274	—3.55
北美洲	5678207592	20.34	110047077	18.83	5788254669	20.31
大洋洲	575649098	—2.05	71613419	—26.58	647262517	—5.54
其他	0		148006	4108.30	148006	4108.30
总计	19438518067	6.23	2270532019	—21.33	21709050086	2.48

【外经工作】 2020年，奉化区新批境外投资企业4家，境外投资企业增资2家，完成核准中方投资额累计1620.9万美元。

2020年奉化区新批境外投资企业情况表

表25 单位：万美元

企业中文名称	境外企业中文名称	境外注册地	所属行业	设立方式	中方投资额
宁波辉格休闲用品有限公司	诺亚歌曼公司	德国	家用电器、户外用品	新设	240
宁波市奉化区联欣五金工具有限公司	越南联欣有限公司	越南	五金配件、机械工具、塑料制品制造	新设	50
宁波龙飞世纪光电科技有限公司	龙飞欧洲设计销售部	荷兰	技术服务	新设	25
波导科技集团股份有限公司	THISS 技术私人有限公司	新加坡	卫星通信系统研发、生产、销售	新设	157.432

【外包服务】 2020年，全区实现国际服务贸易进出口总额21.00亿元，比上年增长10.00%；完成服务外包执行额6.50亿元，比上年增长23.60%，其中离岸服务外包执行额6777.80万美元，比上年增长69.49%，计算机和信息服务、文化服务两大板块凸显，成为全区服务外包主力行业；境外工程承包未能破零。

【市场开拓】 摸索"网上广交会"和"云上拓市场"等系列活动，指导54家广交会摊位企业线上参展，达成意向交易额1500万美元；协助宁波市商务局举办中东欧（波兰展）、欧美站专场网商交易会，组织36家企业参加；组织企业参加第三届进博会，108家采购商企业报名，完成宁波市分配任务数的104.8%，采购商228人，完成宁波市分配任务数的128.7%，被评为全市参与"进博会"工作先进集体。加快推进跨境电商发展，7月、9月、11月，分别组织3次跨境电商培训，全区70余家重点外贸企业150余人参加活动，全年新转型升级跨境企业24家，实现跨境出口货值36亿元，比上年增长23%。

【优惠政策】 完善开放型经济政策，全年兑现外向型经济奖励资金2734.53万元，其中宁波及以上级扶持资金 1206.52万元，区本级配套资金1528万元。

【贸促工作】 健全工作机制，建立"副会长"轮流坐班制，邀请气动协会、赛夫科技等企业家到贸促会值班履职，与企业共同履行贸促职能。搭建经贸平台，3月与柬埔寨宁波商会签订合作协议，设立柬埔寨奉化国际商会工作联络处。同时，积极推广APEC商务旅行卡，方便企业出国开展商务活动，目前已有霖华塑胶、久利服饰、瑞凌新能源等8家企业共16人次申办。加强涉外服务，开展"百家律所千名律师进企业"抗疫情促复工助复产法律服务专项行动，帮助企业咨询涉外法律进行维权，做好外贸企业出证认证签发服务工作，全年新注册产地证企业16家，一般原产地证签发1368份，优惠原产地证书签发393份，代办商事证明书437份，代办领事证明书142份。

（吴华帅）

投资促进

【概况】 2020年，全力打好招商引资"一号工程"攻坚战，整体工作保持平稳向好的发展态势。全区浙商回归到位资金90.5亿元，比上年增长13.1%，完成年度考核任务（80亿元）的113.1%；市外内资到位资金113亿元，比上年增长14.9%，完成年度考核任务（90亿元）的125.6%；实到外资11507万美元，完成年度考核任务（1.15亿元）的100.1%；新引进项目50个，总投资299.35亿元，其中亿元以上项目31个，10亿元以上项目6个。2020年，浙商回归和市外内资两项指标累计到位资金首次超过两百亿元，外资工作在宁波10个县市区中排名第六。

【"大招商招大商"】 2020年累计引进亿元以上项目31个，占新引进项目数的62%，其中10亿元以上项目6个。本年度17个区领导联系重大项目中，16个已签订合作协议。50余个在谈项目顺利推进；帝亚一维、松力生物等数十个项目签约；博坤科技、同创伟业、雅心生物等项目获得基金的关注。

【精准招商】 按照宁波246产业集群发展规划，不断深化实施对高新技术、新兴产业、高效低耗项目的精准招商，聚集区域产业发展新动能，先后引进网易宁波中心、小米数科、深兰工业研究院、云弧数字产业园等20余个高新科技产业类项目。2020年新招引落地具有"小而美"特征的科创项目20余个，约占全部新引进项目的40%，带动导入硕士以上人才400余人。

【"创新驱动"】 高效利用北上深杭4个"异地孵化"的科创飞地，加速融入京津冀、长三角和珠三角经济圈。2020年，4个飞地共有在孵企业300余家，实际净增入孵项目60余个，已注册落户奉化项目30余个，人才集聚200余人。相继在奉化成立科创中心，形成产业闭环，其中融光纳米、棱镜空间、医小邦等重点项目已成建制转移落地。不断创新招商推介手段，开通“投资奉化”小程序，自8月下旬以后，客户浏览总数已突破5.45万人次，客户450人，转发925次。

【完善招商机制】 改革考核办法，落实“日招商、周碰头、月汇报、季对账”日常交流制度，不断完善“一核心三平台多节点”招商机制，加强项目属地责任意识，强化资源要素盘活。2020年，全区招商引资信息平台共录入项目520个，上传闲置厂房、土地、楼宇信息187条，上传各类政策18条，其中宁波市级政策6条，奉化区级政策12条。充分利用“招商引资联席会议”和“招商专题调度会”制度强化沟通协调，及时研究解决项目推进过程中的问题和困难，加快项目签约落地。2020年共组织召开联席会议11次，会上审议、讨论议题86个，其中项目类议题62个，38个项目已签订正式协议。

【重大投资项目签署】 6月9日下午，在第22届中国浙江投资贸易（网上）洽谈会上，同步举行宁波市重点项目签约暨产业投资促进海外联盟成立仪式，共签署43个项目，总投资665.8亿元。奉化区签署3个重大投资项目，投资金额74.9亿元。其中，总投资46.9亿元的宁波市质子医院、质子中子设备生产基地及康养社区项目，依托宁波第一医院等优质资源，将为整个宁波地区提供国际一流的医疗健康服务，有望打造成长三角区域高端肿瘤治疗中心以及康养中心，建成国内一流的医疗生命健康产业示范园区。总投资20亿元的云狐数字产业项目，计划打造一个由集团总部、研发、办公、商住组成的数字产业综合体和数字产业制造中心。总投资8亿元的宁波生命科学城健康医养中心项目，将建设成集高端妇产、国际健康体检管理、特色医疗专科、医养康复等为一体的高端医疗服务综合体。

【首个“科创飞入地”项目正式落户奉化】 7月27日上午，区政府与深圳移盟投资有限公司签署移盟科创基地项目投资合作协议，该项目总投资8亿元，选址岳林街道茗山智造园，占地面积3.3公顷（50亩），建筑面积12万平方米，预计5年内累计引入高端科技人才项目不低于30个，高层次人才不低于100人，其中博士及以上不低于30人。该项目计划通过设立“创业+家”创新中心，引进飞地孵化的成熟企业和高端科技人才项目；通过平台的专业服务，营造奉化人才创新创业氛围；通过建设总部基地，以产学研相结合的模式，为奉化培育未来产业竞争力和税收潜力。

【两个超亿元项目签订】 9月16日，继区政府与美国DNA Motoring公司就DNA Motoring汽车零部件项目签署总投资1.3亿元的合作协议。该项目将通过收购宁波地区4家供货企业，在奉化打造项目公司在中国的最大汽车零部件制造基地和华东销售总部。上海木兰特化妆品有限公司就木兰特化妆品产业项目签署总投资4亿元的合作协议。该项目建设周期为3年。

【“小而美”项目集中签约】 11月6日，在产业项目集中签约仪式上，5个“小而美”项目集中签约，其中包括打造物料定制行业龙头企业的随手印数智化平台项目，瞄准5G市场、主营高端制造业务的毅忞集成电路项目，拥有国内领先水利、水务软件技术的高端量测与无人智能装备项目，国家高新技术企业源海博创的减振降噪解决方案及相关产品项目，以及打造全产业链教育平台的宁波艺朝艺夕教育总部项目。

【打造宁波数字金融一体化服务平台】 11月27日，奉化区与小米集团旗下数字科技服务平台天星数科（原小米数科）就在奉化设立宁波数字金融一体化服务平台签订正式合作协议。该平台拟选址爱伊美创新中心内，将围绕金融与科技的深度融合展开，以“物联网+互联网+供应链”的三项业务架构为基础，以区块链、智能云、大数据技术为核心竞争力，为宁波市辖区内及周边企业、智能物联网产业链、物流金融、跨境贸易以及潜在用户提供普惠金融、供应链金融等服务，并形成技术服务于金融、金融深化作用于技术革新的良性循环。同时，平台基于“共享科技、共享经济、共享服务”的互联网理念与精神，将一系列以大数据、云计算、区块链、人工智能为代表的新兴科技手段与宁波当地产业发展战略要求有机相结合，通过企业化组织、市场化运作、专业化服务模式实现最深层次的产融结合。此外，天星数科金融科技华东区域中心将落户奉化。

【网易宁波中心】 12月23日，奉化区政府与网易（杭州）网络有限公司就网易宁波中心项目签订合作协议。该项目前期计划导入两个业务板块，分别是网易严选呼叫中心和网易安全审核部门，后续将根据网易业务拓展情况陆续导入网易相关的上下游生态企业和其他业务板块。根据协议，该项目将落户“奉化3号青创大走廊”沿线的金鑫商贸新大楼，用地约1.6万平方米，正式运营后将为奉化提供1000人以上的就业岗位。

（徐炳炳）

区域合作和对口支援

【概况】 2020年，是全面助力延边州对口地区打赢打好脱贫攻坚战的收官之年，也是开展东西部扶贫协作的关键之年，多项年度任务指标超额完成，并在结对延边州4个县市区中，位居于前列。中央电视台等媒体报道奉化帮扶工作37篇次。

【产业项目合作】 2020年，共安排对口帮扶协作资金6840万元，其中缙云县山海协作资金110万元，在特色产业带动、就业帮扶、基础设施建设等方面援建东西部扶贫协作和山海协作项目14个。发动爱心企业、社会组织及爱心人士开展社会帮扶活动，共向对口地区和山海协作地区捐赠资金和物资约2358万元，其中人民医院捐赠核磁共振设备700万元，用于安图县人民医院脑卒中中心建设。爱伊美集团向黔西南州晴隆县建档立卡贫困人员捐赠衣物价值725万元。奉化小草电力志愿服务队为安图县贫困户改造老旧线路，并送去旱厕小夜灯，其经验入选2020年全国志愿者扶贫典型案例50佳。产业合作。落实《关于促进奉化与吉林延边州（安图、珲春）产业合作、劳务协作和消费扶贫实施办法》，并通过“一键通”平台，兑现2019年度东西部扶贫协作奖补资金共计279.7993万元，该做法受到宁波市领导批示推广。引导企业落户对口地区和山海协作地区19家，实际到位投资额7.36亿元。

以中药材加工为主的浙江千济方医药科技有限公司已落户安图；浙拖奔野安图分公司不到一年时间，实现项目落地到产品正式下线，2020年新增产值1000万元以上，创下“奉化加速度”与“奉化质量”；总投资2.58亿元的吉林顺源农业杏鲍菇项目，一期项目已投产，杏鲍菇销售前景良好；海上鲜“智慧渔业”助力珲春海洋经济发展，首开扶贫领域金融创新服务先例，入选2020年全国企业精准扶贫典型案例；宁波舟山港与珲春合作成立了珲春吉浙内陆港国际物流有限公司，实现了珲春—扎鲁比诺—宁波内贸外贸货物同船运输；年产500万台节能小家电的宁波埃马电器已落户缙云并投产。

【消费扶贫】 优化完善消费扶贫实施方案，开展“消费扶贫机关先行”等活动，继续实行每人每年增加500元消费扶贫专项政策。加大布点销售力度，开设对口地区和山海协作地区农特产品直销点8家，动员各类企业广泛参与，推进“延货出山”“北粮南运”，并利用结对助销、直营促销、企业购销、年货展销等方式，完成消费扶贫金额1.02亿元。

【劳务协作】 对接用人单位开发“就业扶贫爱心岗位”，组织开展“春风行动”等线上招聘活动，发布13家企业521个岗位信息，采用包机随员、专车接送“点对点”定制运输服务，接收来自安图珲春77名建档立卡贫困户来奉就业。疫情期间，通过“点对点”包机运输服务，接收黑龙江海伦市614名员工到奉化就业，助力复工复产。通过实施“松江九条”等自主脱贫政策，帮助实现就近就业706人；通过举办劳务技能培训等方式帮助实现其他地区就业34人。开展致富带头人培训230人，在贫困村创业成功70人，带动贫困户578人。在安图县创新开展“村播”特训，培育农村创业新主体和消费扶贫新动能。邀请阿里巴巴集团知名导师，为安图贫困村致富带头人以及有意愿“带货直播”的年轻农民，开展以电商趋势解读、直播软件操作、主播上播技巧、直播运营等内容为主的授课，课后不少学员已经注册创业，有力地促进了直播销售农特产品。

【立体化交流合作】 2020年，选派73名党政干部和专业技术人员，赴延边州对口地区和山海协作地区开展帮扶协作工作。组织开展脱贫攻坚专题培训等党政干部培训班5564人次，开展教育、卫生、农业种植技术等专业技术人才培训2423人次。成立滕头乡村振兴学院珲春分院，坚持以乡村经济发展长效机制作为东西部协作的工作重心，开展安图、珲春东西部扶贫协作农村“第一书记”、村干部等培训，推进全面脱贫和乡村振兴无缝衔接。全区各单位、镇（街道）结合各自优势和实际，务实开展结对帮扶活动。12个镇（街道）、19所学校、3家医院、13家企业、3个社会组织，分别与延边州对口地区12个乡镇、19所学校、3家医院、13个村、3个村结对；6个镇（街道）与缙云县6个乡镇结对。结对单位之间广泛开展全领域交流，通过资金支持、项目合作、设备援助、教学交流、技术提升等形式，推动两地合作交流立体全面。水蜜桃等特色农产品在安图长势良好，援建的安图县永富村蓝莓项目收成喜人；无痛分娩、盆底康复技术在延边对口地区生根发芽；延边州基层卫生院实现远程医疗全覆盖。

（楼旭美）

进出境监督管理

【概况】 2020年，奉化海关多措并举，全力支持奉化区外贸企业积极防控疫情，着力推进全面复工复产，助力全区外贸平稳发展。办理出入境货物报检8615批，比上年增长11.2%，申报金额3亿美元，比上年增长0.9%；签发原产地证书9960批，签证金额4.1亿美元，企业自助打印2797份，比上年增长120.2%；缮制检验检疫证单1383份，比上年下降2%，包装性能检验结果单3549份，比上年增长80.2%。

【助力名优农产品出口】 2020年，奉化海关持续助力奉化水蜜桃出口，提前介入、大力扶持，帮助2家果园和包装厂完成注册登记，出口水蜜桃规模不断壮大。

【进境苗木隔离监管】 2020年，奉化共隔离检疫进口苗木88批，912株，检出检疫性有害生物31种次，一般性有害生物847种次；检出检疫性有害生物主要有苹果根结线虫、卢斯短体线虫、短颈剑线虫、山茶根结线虫等；深入开展业务研究，其论文《强化进境种苗监管，筑牢国门生物安全防线》获得国门生物安全主题征文竞赛三等奖。

【进出口食品安全监管】 贯彻落实食品安全“四个最严”要求，

7月22日，奉化海关关员对出口水蜜桃进行现场查验

开展进出口食品安全监管工作，完成出口食品33个样品、387个项目的抽样检测工作，出口化妆品15个样品，121个项目的抽样检测工作；主动深入企业对厂区功能区规划、生产加工工艺等进行实地指导，帮助企业确定质量控制重点环节，解除产品安全隐患；派员前往北仑海关支援进口冷链食品查验工作；组织人员参加“中东欧及相关国家食品安全管理体系及准入研究工作”，并负责乌克兰、波兰输华水产品准入评估工作。

【进出口工业品检验监管】 2020年，奉化海关开展进口工业品检验监管34批次，检出不合格情况1批次。开展危化危包企业安全整治和产品质量抽查工作，共检验出口危险化学品205批次，完成危险货物包装性能鉴定2305份，完成危险货物包装使用鉴定510份，检出不合格情况3批次。开展出口双边协议国家装运前检验7批次。完成法定检验商品以外进出口商品抽查检验14批次，完成进出口商品质量安全风险监测抽检6批次。

【国门生物安全监测工作】 2020年，奉化海关配合技术中心做好联系工作，设立各类监测点，对检疫性实蝇、有害杂草、林木害虫、黄瓜绿斑驳花叶病毒等外来有害生物进行监测 。

【产地证签证】 奉化海关推广原产地证书签证企业“一次不用跑”，加大对原产地证书企业自助打印的宣传。用好“最多跑一次”宁波办事自助服务终端，做好宣传并指导企业就近在各镇街道打印原产地证书，增加了企业签证的自主性和便利性，全年共有自助打印原产地证书2817份。继续开展原产地证书信用签证及邮寄服务，全年共完成信用签证690份，邮寄业务27份。

2月22日，奉化海关关员验放进口指甲油基料，缓解企业“原料荒”

【助推企业复工复产】 2020年，奉化海关第一时间掌握企业复工需求，开辟放行通关与出具检验检疫证书“绿色通道”；支持企业根据自身情况选择两步申报、提前申报、担保放行等多种模式快速通关，紧急情况可先登记放行，后续补办相关手续；对复工复产的企业，及时跟进指导，打开国外市场；挖掘产业潜力，支持发挥企业货源和生产线优势，转产改产防疫消毒物资生产；通过走访企业、问卷调查、电话联系等多种形式，摸底奉化区外贸企业在外贸活动中的诉求与建议，并予以妥善解决；指定专人接受企业咨询，第一时间响应企业需求，解答网上业务咨询200余次，收集通关疑难、企业困难60余条。

【响应“春苗计划”】 奉化海关积极响应奉化区“春苗计划”，支持“小而美”外贸实效企业快速成长，开展多形式的宣传和辅导力度，完善关企对接，有效落实帮扶措施，切实帮助企业协调解决进出口方面的实际困难。

【基层党组织建设】 合理运用“智慧党建”系统，巩固“强基提质工程”成果，开展“四强”支部建设，突出党建品牌特色，查验科党支部“360·强化”品牌，被宁波海关党委授予基层党建示范品牌，“360 ·强化”志愿者服务队，获奉化区第二批战“疫”先锋团队称号，其他支部也创建了"随风驿站""回形针""金钥匙在身边"等党建品牌，并通过宣传疫情防控知识、报名无偿献血预备队、报名参加应对境外疫情输入预备队、积极主动参加"跑长"巡街活动等一系列志愿者服务活动，有效提升了党建品牌的影响力，发挥党支部战斗堡垒作用。

（杨鑫培）

宁南贸易物流区

【概况】 2020年，宁南贸易物流区高标准落实区块建设各项任务，努力将宁南区块建设成全区"同城融入主窗口"。引进市内境外资金13.67亿元，完成率186.1%；引进浙商回归资金8.22亿元，完成率108.7%；引进实际可利用外资2250万美元，完成率102.3%；完成项目招商6个，完成率150%。宁南智慧物流小镇内苏宁、国美、红易（京东）、深国际、农副产品一期等5个已投入运营的产业项目，全年可实现营收10.77亿元。

【重点产业项目】 宁波农副产品物流中心二期桩基施工推进顺利；宁波宝湾国际电商物流港项目主体结构完成18%；园区新引入由宁波奉之桥仓储物流有限公司投资的宁波智能物流平台项目，该项目占地54亩，总投资1.62亿元。2020年11月，与浙江科瑞特生物科技有限公司签订投资协议，引进动物激素创新产业化与宠物药品开发项目。该项目占地约2.37公顷（35.5亩），计划建成多条国际先进的生产线和一个国家级标准的重点实验室，形成一个有显著创新能力的研究人员组成的研发型生产实体。

机场南路两侧景观、计然路、恒盛路等部分道路和方桥公交车站等配套工程完成。上海师大宁波附属实验学校项目主体结构结顶，开始内部精装修，区块开发以品质配套带动板块升值。

2020年，中交城市转型示范区完成投资约22亿元，其中建安投资12.4亿元。已建成未来城科普中心及山隍路、顺浦路东段、盛源路南延线等城市主干道，城市展览馆和临时公交场站投入试运行，葭浦路（东环路—山隍路段）通过竣工验收；南浦安置房、方欣路、琎琳站周边支路网、金融岛支路网、滨江生态公园、机场南路两侧绿化带工程、蒋葭浦安置房、垃圾转运站等顺利推进；联东U谷、国家技术东部转移中心、数字经济（宁波）原创认证保护中心等84个产业项目落地。

【基础设施建设】 两高连接线工程，汇诚路已完成通车，儒江路东环路以东部分主车道建设完成，东环路以西部分主车道水稳层施工完成，计划年底通车。二号、三号综合安置用房，已完成室外附属工程施工并启动竣工验收。宁波第一医院异地建设项目一期部分医疗楼主体结构结顶，中间结构验收完成。宁南加油站完成土地摘牌，规划方案设计。宁南市政配套道路三期工程、市政提升工程、水利工程、绿化工程、宁南消防站和垃圾转运站的立项、方案设计和初步设计完成。

（陈　雯）

供销合作社联合社

【概况】 2020年，区供销社（农合联执委会）持续深化"三位一体"农合联改革，不断提升为农服务水平，各项工作取得了明显进展。区农合联再次获得省气象中心颁发的奉化水蜜桃"优"级气候品质认证证书。水蜜桃、竹笋2家产业农合联被省农合联认定为省第一批产业农合联。

【生产服务】 保障疫情期间农资供应。指导农资公司担起农资、化肥淡季储备重任，储备各种化肥4250吨，农药415吨，农膜250吨，总储备金额达2350万元，基本满足了市场需求。

推进农业生产社会化服务。开展春耕、双夏下乡服务活动，组织农技专家、庄稼医生和农资服务人员到西坞、江口等一线坐堂问诊，现场解疑答难225人次。区现代农业服务中心庄稼医生全年出诊3000多次，测土配方122次，覆盖面积46.67公顷，水稻、水蜜桃等种植物统防统治面积达到3533.3公顷，土地托管服务面积3333.3公顷。松岙镇现代农业服务中心通过省级服务中心认定。

【供销服务】 区供销社与尚田街道合作在宁波天一广场组织举办“2020年中国尚田草莓文化节”。文化节期间区供销社（农合联）还在“盒马生鲜”宁波中心广场店设置6个草莓主题集市摊位持续推广，每天销量达到5000多千克，进一步扩大了尚田草莓品牌影响力。为推动疫情后快速恢复消费，于5月1日至6月30日组织实施“‘茶旅时光’我等你来”消费券派发活动，开启“茶旅融合”消费模式，吸引市民走出家门，放心消费，激发市场活力，加快茶产业复苏。农产品经纪人协会会员积极推销区域农产品，全年累计销售水蜜桃550万千克，芋艿头60万千克，竹笋425万千克，销售额达4.5亿元。与广电中心合作在“掌上奉化”多次推介当地时令蔬果，开展猕猴桃、草莓、柑橘等采摘活动。

【信用服务】 完成会员信用评级589户，向487名会员授信3.1亿元，农信盈向66家新型农业经营主体发放贷款7313万元。疫情期间向农商银行、宁波农信担保等金融机构为会员单位争取免息政策，或退回部分担保费，助力会员单位渡过难关。

【产业农合联】 水蜜桃产业农合联引导会员开展无公害生产基地和农产品安全放心基地等创建行动，创建率分别为80%和90%以上，绿色食品生产基地增加到6家，建立农产品品质追溯体系的会员达到50%以上。

竹笋产业农合联推广应用食用菌下脚料循环利用与农林废弃物物混合利用技术，改善土壤环境，节约生产成本，增加笋农收入；扩大油焖笋生产，全年油焖笋的生产达到97万瓶。竹笋产业农合联的淘宝溪口天猫旗舰店，销售笋制品达81万元。

茶产业农合联组织举办首个国际茶日活动，开展为期3天6场奉茶系列名茶城区茶馆品鉴会，共有600余名资深茶友参与活动。集成新技术1项，引进新品种5个，在第十届“中绿杯”名优绿茶产品质量推选中，奉化曲毫获得特别金奖组第二名，其他各类名优茶斩获3项特别金奖、5项金奖，总金奖数居宁波市前列。

草莓产业农合联改良种植土壤，引进推广白雪公主、白雪天使和梦晶等新品种，拓宽草莓销售渠道，建立草莓食品安全追溯体系。

新组建花木产业农合联1家。

【农民培训】 组织举办宁波供销系统第一期农产品营销网络主播培训班，邀请传媒金牌讲师张海洋授课，参加人数150多人次；萧王庙街道农合联举办水蜜桃短视频直播带货培训；莼湖供销社（农合联）开展水蜜桃、柑橘、水产养殖等培训活动20余次，培训1500人次；溪口镇农合联分期举办林下经济、食用林产品质量安全等专题培训；城南供销社组织举办高山野生茶手工制作技术培训。此外，区农合联组织新型职业农民技术、经营人才研修及芋艿头种植技术培训，受到广大会员和农户的广泛赞誉，全年累计培训3127人次。

【两废回收】 建立农药废弃包装物回收网点53处，共计回收入库24.5吨左右，无害化处理21.5吨；建立废旧农膜回收网点5处，回收入库128.4吨，“两废”回收率达到90%以上，使“两废”污染得到有效控制，为助推美丽乡村建设发挥了积极的促进作用。

【农合联党建】 推进基层农合联党组织建设，探索建立“三种模式，二种体制”，因地制宜完成省供销社（省农合联）基层农合联党建综合试点6家。引导基层农合联党支部在产、供、销“三服务”环节中的党建示范和引领作用，促进基层党组织和党员发挥战斗堡垒和先锋模范作用。

【2020奉化水蜜桃开摘仪式】 6月28日，在奉化区溪口镇新建村举行奉化水蜜桃开摘仪式，现场推出产销对接会、直播带货、蜜桃旅游等主体活动，水蜜桃销售取得了在国内水果销售总体形势不佳的情势下，做到“优品果”供不应求，“特级果”猎奇抢夺的市场景象，其中6只装特级水蜜桃“欢喜奉桃”每盒销售价

588元，扩大了奉化水蜜桃的品牌影响力和美誉度，提升了市场竞争力。

【区第三个“中国农民丰收节”】 9月22日，区第三个“中国农民丰收节”在裘村镇星隆农业发展有限公司猕猴桃基地举行。现场有群众舞龙、腰鼓等文艺表演活动，推出富有乡土风味的米馒头、烤芋艿等农家小吃，吸引1000多名游客慕名前往参与，2个小时内销售猕猴桃等农副产品数万元，促进农户创收，拉动了乡村消费。

【区供销合作社联合社第一次代表大会召开】 12月9日，区供销合作社联合社第一次代表大会在华信天港禧阅酒店召开。大会代表共35人，其中区直单位代表13人、社有企业代表7人、基层供销社代表6人、协会代表2人、直营门店代表2人、产业农合联代表2人、现代农业服务中心代表2人、村级综合服务社代表1人。大会选举产生区供销合作社联合社第一届理事会主任、副主任，理事会主任为朱正天，理事会副主任为王静波、俞剑波、毛汉江，区供销合作社联合社第一届监事会主任为俞剑波（兼）。

（沈荣泉）

工业投资公司

【概况】 区工业投资集团有限公司为区属国有全资公司，注册资本50000万元，作为区委区政府推进区域工业经济发展的重要抓手，主要承担全区工业领域的产业投资和资本运营、老旧工业区改造和小微园区建设、政府性融资担保等相关工作。下辖宁波市奉化区工贸实业有限公司、宁波市奉化区中小企业融资担保有限公司、宁波市奉化区锦浩投资管理有限公司、宁波市奉化区工业科技投资有限公司、宁波市奉化区锦贝建设投资有限公司、宁波奉化工投创业投资有限公司等6家全资子公司。

【强化国企内部管理】 完善体制机制建设。优化党工群团等机构设置，组建集团工会组织、共青团和本级行政党支部，建立健全各项规章制度，确保集团发展的内在活力，并结合集团工作实际，通过公开招聘方式吸纳专业人才若干名，加强集团开展各项工作的人才要素保障，在做大做强集团资产规模、加大产业基金投资力度、加快老工业园区改造步伐、提升政策性融资担保服务企业水平等几个方面加快工作推进。截至2020年底，集团资产规模达到20亿元，比2019年增长26%，提高了集团融资能力和推动各项工作的资金保障能力。

【旧工业区块改造和小微产业园区建设】 聚力打造产业发展新平台。牵头实施萧王庙街道大埠气动产业园配套工程，完成了施工建设前期设计、勘察、研究、招标等相关工作，按计划将于2021年一季度开工建设，并启动尚田街道印家坑小微产业园建设前期准备工作，同步继续配合做好中信（宁波）工业综合体项目建设工作。

【基金及产业投资】 全力助推经济高质量发展。作为基金LP出资单位，按期完成规模28亿元的宁波高灵投资基金及规模10亿元的宁波浙铝君融创投基金的出资计划。截至2020年底，参与组建的子基金和直接投资项目的认缴出资额超过10亿元，已完成出资近5亿元。

【服务企业助推发展】 切实解决中小微企业融资难融资贵问题。探索建立区中小企业融资担保公司市场化运营机制，组建专业化经营管理团队，实行职业经理人制度，进一步提升为企业服务水平。2020年区中小担保公司推出“微担通”等创新业务，下调担保费率82.2%，为全区中小微企业降低和减免担保费1300多万元，年底实现在保余额超过8亿元、在保企业436家，分别比上年增长95%和289%，均创历史新高。2020年区中小担保公司被区政策性融资担保体系建设工作领导小组年度考核评为A档，被宁波市中小企业信用担保协会评为年度优秀担保机构。

（董　炜）

旅 游

旅游业

【概况】 2020年，围绕上级主管部门工作部署和区委“5+5”中心工作，以“后来居上、最美最好”为总目标，持续深化文旅融合，积极打造特色业态新亮点，文旅事业创新、协调、绿色、开放、共享、发展。

【规划建设】 指导弥勒文化园、水墨马头景区完善基础设施和旅游业态，通过国家AAA级旅游景区验收；奉化博物馆景区创建国家AAAA级旅游景区；翡翠湾渔文化公园、青云村通过国家AAA级景区景观质量评审。西坞街道蒋家池头村被浙江省文化和旅游厅评为省级公共文化示范村。新改建旅游厕所17座。完成40座A级厕所复核工作，对不达标旅游厕所进行通报并限期整改。创建景区镇7个（AAAA级景区镇2个，AAA级5个），景区村76个（AAA级11个，A和AA级65个），市乡村全域旅游示范区1个（萧王庙街道）。获评中国特色研学旅游目的地，全域旅游优质康养度假区，以“城乡双修”理念推进全域旅游发展模式成为“诗画浙江”建设样本。全年文旅项目共计44个，总投资10亿元以上项目11个，50亿元以上项目3个，年度完成计划投资46.22亿元，全市排名第三。出台《宁波市奉化区促进民宿发展实施办法》和《宁波市奉化区促进民宿发展政策实施细则》；简化民宿审批流程；开展“一对一”蹲点服务引导农居房开办民宿、社会旅馆改造为民宿，实现民宿提质增量。新增民宿65家，累计121家，其中等级民宿、客栈15家，白金宿1家（张家大院）、银宿1家，吾居吾宿、心沐滕院分别获评市级五叶级客栈和四叶级客栈。

【产业融合】 编制《十四五文旅体融合发展规划》，推进理念、职能、产业、市场、服务、交流融合，为十四五期间文旅产业发展指明方向。完成《奉化区旅游交通标牌系统规划及点位布局方案》，完善旅游交通标识系统建设；新增国家级休闲业态1个（商量岗高山滑雪体育旅游精品项目）；博物馆获评“奉化区首批中小学生研学实践教育基地”称号，促进旅游与文化、农业、工业等产业不断融合。

【宣传营销】 评定首批奉化十碗6家体验店，并在奉化动车站布置大型户外宣传广告，拍摄美食宣传片和一菜一品短视频，营造美食美景氛围。与宁波甬派、诗画浙江文化旅游信息中心、阿拉旅游、甬上等新媒体合作，加大宣传推广力度，做到宁波新媒体奉化旅游宣传全覆盖。做好《上海旅游时报》秋冬季和弥勒文化节期间专题宣传报道。与马蜂窝合作，从旅游达人的专业角度把奉化的旅游资源由点串线，形成自由行攻略图文，发布在马蜂窝网站首页重点推广。邀请抖音达人等自媒体，拍摄弥勒文化节相关短视频，扩大宣传力度。做好奉化文旅公众号和奉化融媒体的宣传工作，推出诗画浙江宣传视频专题报道。在宁波机场、宁波高铁站、宁波地铁站、宁波、奉化城区公交候车亭等旅客重要集散地宣传奉化全域旅游产品。做好宁波户外显示屏广告、加油站广告、浙江气象广告的监督执行工作。在做好新冠疫情防控的基础上，引导企业积极探索旅游促销，包括依托甬派平台推出四大景区（溪口、滕头、商量岗、徐凫岩）福利月活动。整合全区旅游企业相关资源，将64家旅游企业纳入消费合作单位，2020年共安排财政资金350万元。推出奉化智慧旅游年卡，已有100多人申请办理。开通上海、南京、杭州等长三角地区17个城市至奉化的旅游直通车和宁波至奉化的乡村旅游直通车。至年底，15家组团社开通1000批次以上32872人次来奉化游玩。乡村旅游直通车4家宁波组团社共开通200批次，接待10000多人次到奉化乡村旅游点游玩。组织辖区旅游企业赴长三角地区（苏州、南京）举行奉化秋冬季旅游产品线路推广会，制订秋冬季旅游推广攻略，与有客源市场的长三角旅行商开展合作。加强与长三角一体化旅游合作联盟的合作，于12月开设2趟江苏至甬台（奉化）的400人高铁旅游专列。与舟山开展两山旅游合作对接会议，撰写两山合作宣传推广建议方案，协调区交通局制定两山旅游专线方案。制订山海协作工作方案和东西扶贫工作计划，组织旅游企业赴杭州上城区旅游交流推介会，组织文化旅游体育企业赴丽水缙云举行两地文化旅游体育交流推广会，并签订合作协议。

【行业管理】 修订完善《奉化区全域旅游信用指数模型指标体系》《奉化区涉旅主体信用评价标准》等7个标准体系，初步形成文旅信用标准化体系。全国首创文旅“信用五色码”，全省首创文旅“信用商圈”，打造区文旅信用平台2.0版，将文旅主体纳入行业信用体系建设，助推文旅行业从业主体复工复产。打通信用档案、信用评价、红黑名单等信用产品与审批端和执法端的应用。2020年成为“浙江省信用大会现场观摩地”。同年，入选宁波市信用建设十大案例和新华信用宁波优秀信用案例。组织开展“全区营业性演出市场集中执法月”行动，共出动执法人员28人次，检查各场所23家次；推进文旅行业扫黑除恶专项整治，累计出动执法人员1962人次，检查各类经营单位1653家次；全年共受理有效投诉93起，结案率100%。组织开展“应急宣传进万家”系列活动，开展安全隐患排查，全年累计向文旅企业发放文明安全宣传册5000余份，网吧、娱乐场所制度牌200套，确保文化旅游市场安全稳定。推进“互联网+监管”执法平台数据应用，全年掌上执法检查828户次，掌上执法率98.45%，掌上执法账号激活率100%，进一步推动执法检查规范化、无纸化，跨部门联合检查高效化。推进“双随机、一公开”执法检查，全年共开展36次，任务完成率和权力事项覆盖率均达100%。

（王璐婷）

宁波溪口雪窦山名山建设管委会

【概况】 新一轮雪窦山名山建设自2014年启动，至2020已近7年，名山主体项目建设临近尾声。2020年，在抓好项目建设扫尾的同时，围绕突出雪窦山名山品牌效应，依托名山建设成果，持续提升名山影响力，带动全域旅游，促进区域经济社会发展等问题开展系统谋划，在“弥勒文化园”管理和运行、旅游业态的丰富和市场的拓展，以及与大名山格局配套的精细化管理等方面进行探索，取得新的成果。

【工程建设】 名山建设2020年完成投资3.31亿元，累计完成投资21.3亿元。弥勒文化园“一核一带两组团”功能布局核心项目建设基本完工。其中，弥勒圣坛完成总工程量的86%，项目获“浙江省钢结构金钢奖”，并被推荐申报“中国钢结构金奖”。永平寺、资福寺、水涧岩精舍交付使用；佛学院女众部全部结顶；法华寺、瀑布院完成大殿基础；旅游集散中心停车楼项目完成选址论证。

【佛教教育与学术研究】 浙江佛学院教学管理步入常态。做好疫情防控，规范日常教务管理，注重师资队伍建设，教学秩序正常。编订完成研究生教学大纲，完成本科教学大纲初稿。持续开展名师系列讲座，举办傅新毅、魏道儒、张文良等专题讲座。雪窦山弥勒文化研究院入选宁波市第五轮社会科学研究基地弥勒文化研究基地，《弥勒大藏经》完成典籍初校稿件1201万字左右，在佛学研究核心期刊发表论文2篇。区弥勒文化研究会会刊《奉化弥勒文化》如期出刊。

【名山影响力】 积极承办高层次活动。中国佛教协会第十届理事会副会长第十一世班禅额尔德尼·确吉杰布参访雪窦山。中国佛教协会“人间佛教”思想研究基地在浙江佛学院揭牌。派遣僧团参与中国佛教协会第十届理事会换届祈福法会、中国佛教协会佛教学院“优秀教师”授奖仪式等各类活动。承办2020弥勒文化节及相关活动，参加杭州“未来生活节”，农历三月初三、六月初六、浴佛、腊八等传统佛教文化活动持续举办。雪窦山—普陀山旅游专线开通。借助传统媒体和新媒体，大力宣传雪窦山名山建设成果，雪窦山影响力得到进一步拓展。

（徐颖钢）

宁波滨海旅游休闲区管理委员会

【概况】 2020年，完成固定投资25.8亿元，超额完成年度20亿元考核目标。实现税收3.2亿元，比上年增长50%。

【平台建设】 2020年，区域以“康养旅居城、运动大景区”为目标，全面打造“宁波滨海会客厅，浙江美丽大花园”。重大项目有：时光宁波文旅小镇基础设施启动，配套社区主体结构施工，完成投资2.8亿元；宁波湾滨海华侨城项目完成投资8亿元；A—05地块一期交付。注重特色优势产业和湾区龙头经济的导入培育，推进宁波湾国际医疗健康中心、宁波湾体创中心、宁波湾智创中心、奉化滨海学校等项目落地建设。度假区人气初步形成，已成为宁波网红地。投资300亿元、由恒大集团整体投资开发的宁波滨海健康旅游小镇项目，位于松岙小狮子口，占地约2.8平方千米，全年完成固定投资15亿元，2号、3号、4号地块公建及商业基本完工、外立面装修，住宅部分结顶。

【文旅培育】 2020年2月，完成宁波市级《省级旅游度假区可研报告》审查论证工作；2020年5月31日，由奉化区人民政府向浙江省人民政府上报《关于申请浙江宁波湾旅游度假区为省级旅游度假区的请示》（奉政〔2020〕11号），目前处于省级审查论证阶段。受新冠疫情影响，将第四届宁波湾海上嘉年华和第二届天妃湖福文化节等旅游节庆活动拆分成7个中小型子活动举办开展，“宁波湾”“天妃湖”旅游品牌美誉度进一步扩大提升。

第四届宁波湾海上嘉年华有4个子活动，分别为：“绿色传递　为爱播种”——2020年新增百万亩国土绿化赠苗植树活动，“为生命划桨1小时”宁波站，宁波湾旅游度假区天妃湖平安广场“运动扬帆”主题活动，中国滨海体育旅游产业发展大会。

第二届天妃湖福文化节有3个子活动：“醉美宁波湾”——名家精品书法邀请展，2020海丝之路文化旅游博览会，2020第三届宁波湾经济讲坛。

2020年4月29日，在宁波湾旅游度假区天妃湖畔举办“绿色传递 为爱播种”——2020年新增百万亩国土绿化赠苗植树活动

2020年6月27日，在宁波湾旅游度假区天妃湖内举行“为生命划桨1小时”宁波站活动暨宁波湾天妃湖桨板运动基地活动开幕仪式

2020年8月8日，在宁波湾旅游度假区天妃湖平安广场举办“运动扬帆”主题活动

2020年11月20日，在宁波市奉化区华侨豪生大酒店举办中国滨海体育旅游产业发展大会

2020年9月30日，在宁波湾旅游度假区内举办“醉美宁波湾”——名家精品书法邀请展

2020年9月25—27日，在宁波国际会展中心参加2020海丝之路文化旅游博览会

12月18日，在奉化图书馆报告厅“2020第三届宁波湾经济讲坛”上，经济学家李义平解读2020年宏观经济和2021年经济形势

【生态保护】 再生水厂项目、华侨城区域、48号科创产业园、干细胞中心区域等历史遗留问题，政策处理开展顺利；围绕海洋督察销号和避风锚地工程整改落实要求，以及第二轮中央生态环境保护督察组提出的新要求，优化“天妃湖景区”规划，非法连岛问题的整治工作加快推进；南堤西闸、西堤南闸桩基工程预计2020年12月底完成；天妃湖绿道工程已完成方案设计，力争在2021年度开工建设，各项资源要素保障工作有序推进。

（颜颖颖）

城市建设与管理

城乡规划

【概况】 2020年，城乡规划工作聚焦国土空间治理现代化目标，高水平、高质量推进国土空间规划编制，以规划引领健康美丽新奉化建设。区自然资源和规划分局参与编制的《奉化区历史文化名城（名镇名村）保护体系规划研究及奉化历史文化名城保护纲要》，获上年度省优秀城乡规划设计比赛三等奖；《奉化区城中村改造专项规划》《奉化区“明山剡水”美丽乡村风景线专项规划》获本年度宁波市优秀城乡规划设计项目三等奖；《奉化区公共停车场专项规划》获宁波市城市规划学会本年度优秀城乡规划设计项目三等奖。

【规划编制】 开展资料收集、实地调研、座谈访问、汇报修缮等工作，编制国土空间总体规划。以三调同一时点更新数据为底图，重新修正基数转换，基本摸清区内国土底数。5月，奉化区通过生态保护红线调整评估方案，并由市资规局汇总后上报省自然资源厅。

着力浙江船厂、溪口溪南、尚桥高新产业集聚区、宁波湾旅游度假区等4个控规的编审和报批。有66个控规局调纳入年控规编制（调整）计划，其中36个获市批复。保障大埠工业园、尚田冰雪小镇、金茂医疗综合体等重点项目的建设，推进金茂、珠江、中信城开等合作区块的城市更新，优化仁湖南侧地块、三横拆迁安置地块、锦屏南溪家园南侧安置地块等多个居住开发项目的规划管控。

编制《大成东路两侧片区城市设计》《奉化中心城区公共开放体系规划研究》评审稿。研究区工业转型提升，优化茗山智造园、大埠工业园、尚桥科技园以及西坞循环经济园等四个区块规划布局，并对接纳入区工业集聚区专项规划，保障后续招商引资项目顺利进行。

【新农村建设和历史文化名城、名镇、名村保护】 提升村庄建设规划，推进翔鹤潭等5个农村住房改造靶向村，审查和报批城西畚等37个有建设项目诉求的村庄建设规划，完成14个村规审查意见。于10月组织召开村庄建设规划修编工作座谈会，梳理并发放《近期村庄建设规划修编要点》，为镇（街道）、规划设计院提供技术指导，逐个“把脉问诊”，解决村在规划编制中遇到的实际项目难题。

组织编制《西街南大路历史街区保护利用规划》及青云、董家、马头3个省级历史文化名村的保护规划，做好历史文化保护。5月13日，举办历史建筑挂牌揭牌仪式，完成101个历史建筑挂牌。区西街南大路于4月获评为省级历史文化街区，同月，大堰镇董家、萧王庙街道青云、裘村镇马头等3个村获评为省级历史文化名村。区累计获评1个省级历史文化名镇、1个历史文化街区、5个省级历史文化名村、11个市级历史文化名村。

【规划服务和管理】 全年核发许可证件及审批文件1055件，其中选址意见书74件、用地规划许可证170件、建设工程规划许可证251件、建设工程规划核实确认书284件、乡村建设规划许可证11件、规划设计方案审批26件、规划条件34件，规划审查意见205件。

完成自然资源规划行政审批的“多审合一、多证合一”改革。通过合并规划选址和用地预审、建设用地规划许可和用地批准，同步核发建设用地规划许可证、国有土地划拨决定书，整合临时用地规划许可、临时占用林地许可和用地审批。改革划拨土地出让金补缴事项，实行同步获取出让合同电子化、电子纸质票据。补办出让金（个人）办理时限，由5个工作日缩短至即办。规划许可等涉企业投资事项，全部纳入投资项目在线监管3.0平台，实现审批数据共享。

（严倩骞）

基础设施和重点工程

【概述】 2020年，城投集团共实施项目57个（含亿元以上项目20个），其中续建项目10个、新开工项目29个、前期项目18个，总投资125.4亿元。全年完成固定资产投资18亿元，超额完成年初计划。

【建设内容与进度】 大成路综合整治工程，总投资约2.2亿元。东起大成路高速收费站出口、西至西河路，全长约5.9千米。除高速收费站出口至金钟路段已于上年11月竣工通车外，金钟路至西河路段于6月底全线竣工。

中医医院迁建工程，系省重点工程，位于金海路天峰路路口，建设内容包括门诊综合楼、病房综合楼、后勤综合楼及辅助楼，总占地面积为70665平方米，总建筑面积为101779平方米，总投资约5.7亿元。10月28日，区中医医院迁建项目病房楼结顶，计划于2022年3月完工。

宁波城市职业技术学院奉化校区，位于萧王庙街道（城西教育园区）四明路南侧、峰岭路东侧，西临绿城玉兰花园小区，东临诺德安达学校（奉化校区）。规划总用地面积28公顷，其中包括林地约10.93公顷。建设用地17.07公顷。总建筑面积约9万平方米。9月底开工建设，计划于2021年9月完成建设。

人才公寓，位于圆峰路东延伸段，倪家碶河以南，东环路以西，长汀东路以北，两面环河，总用地面积约1.33公顷，容积率≤2.2，层高控制为80米，总建筑面积约40654平方米，其中地上建筑面积约30226平方米，地下建筑面积约10428平方米，总户数454套，地下停车位304个。4月开工，计划于2021年8月完工。

【城建、市政项目】 2020年，按期完工河头路交长汀路桥梁工程等15个项目；开工建设亭下灌区三干渠（倪家碶河）整治、尚田环镇公路拓建工程2个项目；有序推进宝化路东延一期（金钟路—东环线）、西圃南路（一期红线—弥勒大道）、锦屏南路（东门路—宝化路）综合改造、瑞凌二期配套、明化路西延（金钟路—金锋路）、明化路（金峰路—瑞峰路）、西直路南延等7个市政道路工程建设。

河头路交长汀路桥梁工程，位于河头路与长汀路交会处，起

点南接现状河头路，跨过亭下水库干渠，与长汀路接顺为终点。新建一座宽35米、长26米的桥梁，两侧连接2700平方米沥青路面和综合管线及驳岸相关附属工程等。项目投资1500万元。工程于上年10月15日开工，4月30日正式竣工通车。

【东部新城开发】 东部新城年度实施项目13个，总投资约为54亿元。通过与“诚通凯胜”“中铁建”等社会资本合作，实现6条道路和东部新城综合开发项目；完成舒前1号地块拆迁，全面启动舒前2号地块与圆峰路拆迁改造项目。

【宁波湾区智慧文旅小镇】 宁波湾区智慧文旅小镇位于莼湖街道，以“政府主导，统一规划，市场经营，封闭运行”为开发模式，完成产业与空间发展战略研究、公路工程设计、水利规划研究等方案，分四个阶段从南向北推进区块开发运行。

（俞　蔚　忻云枫）

房地产管理

【概况】 2020年，进一步加强商品房预售管理，维护房地产市场正常秩序。强化物业行业管理，有序推进危房解危，完善住房保障体系。

【商品房管理】 全年办理预售证80件，总面积361.33万平方米，其中住宅252.06万平方米；房地产库存周期保持在5.1个月左右。年销售商品房280.05万平方米，同比增长30.5%（均排名宁波大市第二）。根据房管中心网签数据，年销售商品住宅236.04万平方米，同比增长9.71%。成交二手住房5121套、54.54万平方米，面积同比减少7.29%。

【城镇危旧房监管】 完善修订政策制度，完成《2020年—2022年奉化区城镇危险房屋排险解危整体规划方案》，出台《奉化区既有房屋使用安全应急预案》和《宁波市奉化区房屋安全鉴定管理实施细则》；推进城乡房屋“保险+服务”，完成城镇居民住房综合保险续保，涉及投保房屋1292幢，动态监测房屋210余幢。区“保险+服务”12个镇（街道）农房，购买保险128282户，服务3762户。与人保签订809幢301.49万平方米城镇老旧住宅外墙保险及254幢动态监管服务；排查城乡房屋安全，3月配合区应急管理局医学隔离点排查，5月督促指导各镇（街道）7802户农村困难家庭住房排查、153户安全鉴定，11月委托第三方专业机构对8099户困难家庭住房情况核查，台汛期间，委托第三方专业机构安全查勘区953幢城镇房屋。结合省巡视情况，开展全区城乡危旧房“百日攻坚”专项行动，有序排查、鉴定、治理CD级危房、低收入群体居住及各类涉及公共安全房屋；年共受理鉴定申请350份，出具鉴定意见书330份，其中个人危房鉴定105份、低效用地135份、工业厂房改建公寓楼3份、其他安全鉴定87份。

【保障房管理】 做好保障性住房分配工作，减免参与疫情防控一线人员公租房租金161户5.36万元，增发补贴227户6.96万元；做好限价房销售申请审核，入围选

轮候家庭公租房选房现场

房家庭15户；发放城镇中低收入家庭补贴742户187.66万元。发放外来务工人员补贴448户46.9万元；配租公租房轮候家庭28户，拆迁困难户2户，残疾退役军人2户。做好公租房、直管公房和人才租赁住房管理。收缴公房租户的租金计355.7万元，收缴率100%；调查公租房小区租户的入户情况，及时清退处理不符合条件的8户住户；全部出租家园人才公租房，完善11家企业43名人才入住晶典公共租赁房，并抓好保障后勤服务。

【城中村改造】 科学制定全区城中村改造计划，安排改造项目18个，包含拆除重建16个（5个为上年结转项目）、综合整治2个，涉及改造户数3656户57.52万平方米；安置回迁141户2.43万平方米；安置房启动建设2626套、32.28万平方米。

【物业管理】 推进老旧住宅小区改造，广济公寓、金钟小区、绿都小区、锦山明珠等小区改造总建筑面积50.6万平方米，涉及业主3943户，总投资4471万元。其中，锦山明珠完成总工程量的75%，计划下年1月底全部完工。完成4个小区的污水零直排改造，完成率居全市第三；完成5部电梯加装。规范提升物业管理，促成8个小区新成立业主大会和业主委员会。开展物业小区环境整治，督促做好“文明城市创建”各项工作，在市住房和城乡建设局七轮巡查中，获得物业项目巡查“黑榜”零通报。住宅小区“垃圾分类”月度考核连续排名宁波第一；社区、业委会、业主三个渠道的物业服务满意度抽查连续三年保持在90%以上；区物业纠纷投诉信访量连续位居宁波市最低。

【测绘评估】 完成溪口镇石敏村、锦屏街道外应村、溪口镇东山横路自然村等地块拆迁测绘及评估公司委托厂房测绘工作，共21.98万平方米。其中，个人拆迁测绘面积20.1万平方米，厂房面积约1.88万平方米。做好易达科创（兰生）、海风四季院、山湖书苑、溪口镇班溪中心村集聚点一期、阳光茗都一期11幢、岳林街道大成东境府、中山东路以南4号地块等7项商品房预测工作，预测面积共约45.3万平

测绘现场

方米；做好秀水家园地下室、望府、万科未来水岸、方桥家苑3幢及物业用房、长汀云庐、沙堤新村26—2，27—2、金钟小区地下、宁波溪口气动智创产业园、东韵湾、玉树瑶琳、怡林别院、湾丽苑、庄山2弄2幢、江宸府、玉竹盈春、奉南村经济合作社综合楼4幢、阳光茗都一期11幢、溪上桃花源五区、左岸一品家园、长汀云庐等20项商品房实测工作，共实测面积约145.3万平方米。

【白蚁防治】 2020年签订新建房屋白蚁预防合同153份，建筑面积925.4万平方米，灭治旧房白蚁812户。做好文保古建筑及园林绿化的白蚁检查和灭治，全面检查萧王庙文保点和溪口风景区内的溪口博物馆、玉泰盐铺、文昌阁、妙高台、张学良幽禁地等所有景点白蚁灭治情况。继续运用灭蚁新技术，完善培育室各类标本设施。

（孙赛寅）

6月5日，在宁波第一医院迁建工程现场，召开宁波市安全月动员部署暨“安全生产标准化、文明施工树标杆学标杆提升行动”观摩会

8月28日区在圣墩村拆迁安置房现场，举行住宅工程质量管理观摩暨建筑工程扬尘治理工作推进会

建筑业管理

【概况】 2020年，面对疫情及持续的经济下行压力，奉化区建筑工程领域及时解决发展中问题，建筑业产值持续增长。全年累计完成省内建筑业总产值103.1亿元，同比增长10.1%，增长率位列全市第二。建筑业增加值44.04亿元，比上年增加3.1%。区现有建筑业产值统计联网直报企业86家，较同期新增9家，新增一级总承包企业3家，总体实力增强。由浙江萧云建设有限公司承建的区实验小学迁建项目等3个工程获宁波市“甬江杯优质工程奖”；大荣商务大楼等2个项目获评宁波市标化工地；区西河路东侧—1地块旧城拆迁安置用房工程（地下室及3#楼）获评宁波结构优质奖；未来城科普中心等3个项目获评区结构优质奖；市公安局奉化分局大楼功能改造建设工程一期等13个工程获评区标准化工地。

【监管服务】 2020年，全区新增各类开工工程202项，造价约226.97亿元，新开工项目合同额同比增长36.6%，疫情未直接影响新项目开工速度，新项目开工增速及体量持续位列宁波大市首位。完成123个招标文件审查备案，除去类PPP（合作商建设模式），合同金额37.1254亿元，比上年同期上升57%；宁波企业当地市场占有率达94%，本区企业市场占有率为91%。应公开招标工程公开招标率达100%。下浮率在10%左右，有效降低工程造价，节约国有资金。按照不同工程性质、不同对策原则，开展担保管理。年办理投标保证金5163份，计31265万元；履约保函76份，计2510万元；质量保证金102份，计21335万元；人工工资保证保函70份，计7990万元。

【质量安全管理】 全年区新增受监工程项目182个，建筑面积857.7万平方米，工程造价372.6亿元（其中房建登记工程173项，总造价为363.4亿元；市政9个，造价9.2亿元）。年末，在建受监项目305个，建筑面积约1843万平方米。

年监督工程竣工验收122个，面积约370万平方米。竣工验收一次性合格率、建筑节能标准实施率、“两书”（法人授权书、质量终身责任承诺书）签订率、标牌设置率均为100%。年签发日常监督检查质量安全整改通知书817份，停工通知单51份，违法案件移交单8份；受理各类工程质量投诉264起，办结率100%。验收消防项目97个，签发97份整改通知书，受书单位均在限期内完成整改。办理建筑起重设备产权备案337台，使用登记802台次，安装拆卸告知共1661台次。

接受省厅、市局对区建筑工程安全生产督查及宁波市安全生产巡视组的专项巡视。加强监督抽检，为提升实体质量。年委托第三方有资质的检测单位，重点抽检施工现场主要建筑材料和结构实体质量。完成监督检测报告216份（其中原材料检测含钢筋、防水卷材等118份，506组，实体检测报告98份），整改并扩大检测不符合设计要求的实体，对不合格建筑材料监督退场。既提高工程质量，又提升质量监督的权威性和科学性，也对各方责任主体起到警示作用。

6月11日，对在建工地的用砖情况进行抽检（宁波湾养老度假样板社区）

加强分户验收，严把住宅工程质量分户验收关。完成29个小区分户14645户的验收，抽查453个自然间。在验收过程中，发现工程质量有问题的，力争全部整改，降低住宅交付使用后质量投诉率。

开展岁末年初安全生产治理、“扫黑除恶”整治、新冠病毒防控、复工复产专项检查整治，消防安全隐患、建筑起重机械、安全生产排查、文明施工提升、“安全月”等行动11次，排查治理各类安全隐患，检查378个在建项目全部完成整改；在企业自查自纠基础上，随机抽查安全生产328次，出动检查847人次；季度性重点督查2次，执法2次，检查在建项目184个，下发安全整改通知单162份，其中停工通知单24份，停用并整改起重机械115台次，排查并整改安全隐患713条；排查危大工程项目63项。

全区建设工程获各类工程共28奖项，其中宁波市“甬江杯”3个、市建筑工程结构优质奖1个、市建设工程安全文明施工标化工地2个、市“平安工地”示范工程3个；区建筑工程结构优质奖3个，区“锦山杯”3个，区建设工程安全文明施工标化工地13个。

【建筑节能】 清理新墙材和散装水泥专项资金，年共返退新墙材专项基金项目3个，返退基金160.07万元；散装水泥专项资金返退项目6个，返退资金29万元。历年新墙材专项基金预缴款项目中，有9个不具备返退条件的，涉金24.90万元、历年结余基金预缴款6.90万元，合计31.80万元。散装水泥专项资金预缴款中，795个不具备返退条件的、涉金1295.05万元。根据省有关部门要求，全部收缴国库。

促进建筑垃圾资源化产业可持续发展。至年底，全区有建筑垃圾资源化利用新墙材企业3家，其中2家混凝土砖企业，1家隧道窑烧结砖企业。全年共利用建筑渣土30万余吨，消化建筑装潢垃圾11余万吨。12月，宁波洁城垃圾清运有限公司、市金果环保新型建材有限公司，通过市建筑垃圾资源化利用考核。

【城建档案管理】 全年审核、接收工程建设项目94个，单体工程471个，扫描资料62438份，开具档案证明书94份。整理立卷3916卷。至年末，库房共有城建档案52281卷。多次培训和指导澜山郡庭、未来水岸、溪口恒大溪上桃花源三区、五区、一区、佛学院一期、怡林别院、湾里苑一期、仁湖锦庭、时代尚府、惠政老街商业街区、长汀云庐等42个较大建设项目施工现场。使各楼盘工程档案及时保质保量移交，楼盘及时交房，避免因疫情延期交付而产生纠纷。撰写《2020年度城建档案工作考核材料汇编》《城建档案室有关业务资料汇编》《上级有关城建档案管理工作文件汇编》等编研材料。提供利用查档197人次，调阅档案1257卷，提供复制件2635份，接待城建档案业务咨询126人次。

（卓　栋）

市政服务

【概况】 2020年，市政服务工作对标主城区，力促城区基础设施、园林绿化及路灯正常运行。稳定发展水、电、气等市政公用事业，完成86个村污水处理标准化运维试点，实现区农污标准化运维全覆盖。与城区近4000家单位签订“门前三包”责任制，授予责任区管理优秀的40家单位星级奖牌，中山路创建市级街容示范街。区综合执法局（城市管理局）获评宁波市园林绿化建设优胜单位、排水设施养管工作优胜奖；区排水管理服务处“清道夫”志愿服务队获宁波市综合行政执法（城市管理）系统青年志愿服务先进集体；供水管理在城市供水行业竞赛中获优胜奖。

【市容环卫保洁】 完善生活垃圾全程分类，不断提升垃圾治理能力。抓紧垃圾焚烧发电、厨余（餐厨）垃圾厂、生物处理厂等项目建设，引进建筑垃圾资源化利用企业，规划建筑垃圾消纳场地。推进大件垃圾拆解，推广“公交化”收运体系，建造园林废弃物处理中心。实行“确桶、净桶、消桶”的“三桶”措施，提高垃圾的就地处置能力和专业收运水平。50余个小区推行厨余垃圾“公交化”服务，日收运20余吨；餐厨垃圾“公交站点”增加到140余家，日收运约38吨。落实垃圾分类管理条例，加大垃圾分类专项执法力度，及时发现、劝导、查处各类混投混收混运、乱丢乱倒乱弃等行为。年累计出动执法人员7503人次，检查小区物业、商铺企业等1.45万余家，发放责令整改通知书330份，立案查处317起，罚款10581元。因地制宜、科学布局主城区及三溪路垃圾中转站改造项目，改造三溪路垃圾中转站。改建4座新建公厕与78座公厕，确保环卫基础设施满足城市长远发展需要。推行“人工保洁、机械清扫、道路冲洗”三位一体的道路清扫保洁作业，打造“本色”路面；执行“日产日清、车走地净、密闭运输、无害化处置”的生活垃圾清运作业标准；继续推行公厕专人保洁，24小时开放。年累计保洁道路428.79万平方米，绿化带163.42万平方米，河道19.64万平方米，机扫256.63万平方米，主干道机扫率100%；清运垃圾、粪便29万余吨，日产日清。

【考核监督】 划分城区保洁区域为29个网格，结合数字环卫和微信，实施无休日、全天候、全覆盖、全方位网格化考核。通过市场化运营、严格考核监督，城乡环境卫生质量总体提升。结合文明城市创建和大气污染防治，强化道路冲洗保洁、落实扬尘治理，并及时清运及消毒垃圾中转站。5月起，根据宁波市第三方道路及主要交通干道制定新的道路考核模式，每天从电脑里随机抽取12条主次干道，参考宁波“道路清爽行动”标准，徒步考核、现场了解，确保道路保洁无死角、无缝隙、无盲区。在结合日常巡查考核的基础上，每周2次随机抽取2个非物业小区和4座公厕，精细化考核，确保背街小巷及公厕清洁。

【市政园林路灯管理】 完成宝化路、金钟路2个“口袋公园”建设，动工建设东山、龙潭湿地2个郊野公园，以满足市民需求。建设中山路岳林小学前林荫停车场，新增停车位88个。提升改造汇成路、长汀路、大成路道路绿化工程。建造宁南片区、仁湖公园二期、龙潭湿地公园绿化景观，打造区城市会客厅和市民休闲处。全年绿地率35.79%，亮灯率99%以上；道路完好率95.49%，桥梁完好率100%。

结合共建“我们的家园”活动，助力“美丽街区”创建，全面排查、整治“洁、平、亮”，消除“桥头跳车”，提升水、气、灯、绿等城市部件，加强中心城区道路开挖和地下管线管理，消除规划无序、有碍观瞻的市容乱象出现。建养并重、管养并抓，做到绿化建成一片、管理一片、养护一片，实现绿化养护管理全覆盖。拆除管辖范围内已支撑1年以上的灌木、2—3年以上非行道树乔木的各类支撑，检查残缺、抱箍勒树及扎缚处无垫衬现状，支撑1816株绿地树木；补植锦庭、中山、斗门路等28条道路约500个的行道树穴，维修约750个。创建五星公园3个，四星公园4个，三星公园8个。

【公用事业】 做好排水行业日常养护和监管许可工作，年城区处理污水COD削减量4131吨，氨氮削减量357吨。区排水处年接收排水许可申请528份，现场踏勘528家，办理排水许可证427份（其中承诺制133份）。加强批后监管，定期取样化验，检验排水许可的排水户出水水质。全年共养护、疏通网管556.80千米，改造积水点40处。

提升排水成效和城镇污水处理能力。启动方桥、松岙污水处理厂项目；方桥污水厂扩建提标工程新旧管割接完成后，进入设备安装、单体调试及旧生物池扩建改造，年底通水试运行；完成莼湖污水处理厂土建40%，部分设备已进场。城区污水厂已完成92%工程量。

制定出台燃气专项规划，落实供水企业水质检测公示、瓶装燃气实名制登记、液化气气瓶企业自有产权等制度。结合新一轮安全生产风险评估及平安创建，深化安全生产专项检查，加大安全隐患排查及入户宣传力度，切实做好行业监管领域安全生产工作。全年累计开展各类隐患排查1200余次，排查治理各类安全隐患230余条，开展各类安全培训160余次，排查整治实名制未落实气瓶64起，置换气瓶9300多只。

（竺　斐）

城市综合管理

【概况】 2020年，区综合行政执法局（城市管理局）抓住“城市品质提升”和“城市精细化管理”两条主线，全面推进区域治理现代化。全年完成1个省级示范片区、18个省级高标准示范小区、35个市级示范小区、3条“定时定点投放和清运”商业街、4个农村地区省级高标准示范村、3个市级示范乡镇，12个市级示范村的创建任务，全区党政机关100%创建垃圾分类示范单位。区综合执法局（城市管理局）先后获评省生活垃圾分类工作成绩突出集体、省扫黑除恶专项斗争先进集体，获宁波争创全国文明城市“六连冠”集体三等功；获评宁波市综合行政执法城市管理工作先进单位、生活垃圾分类优秀单位、责任区制度优秀单位、停车管理优秀单位、安全生产目标管理考评优秀单位；区级承办建议好单位、提案承办先进单位、节庆工作优胜集体、区志愿服务优秀志愿服务组织；区垃圾分类办获评浙江省城市市容环境卫生工作成绩突出集体；锦屏中队获评综合行政执法“最佳实践”中队；锦屏中队、溪口中队获评宁波市行政执法优胜中队；奉化窗口获评执法服务优胜窗口。

【市容环境卫生管理】 以文明城市创建为契机，依托属地管理、强化条块联动，全面实施环境整顿提升百日行动，以背街小巷、市场周边、城乡接合部等盲点区域为重点，扎实推进垃圾分类、犬类管理、公厕提质等工作。综合治理户外广告、停车秩序、环卫保洁、城市绿化、市政设施、城镇排水、油烟污染、噪声扰民等，做到执法任务清单化、执法行动常态化、执法形式多样化。累计开展专项整治行动520余次，劝导教育各类违法违章行为5.9万余起，立案查处582起，有效遏制各类“顽疾”乱象。倡导文明养犬习惯自觉养成，6月1日起开展犬类管理工作，累计发放文明养犬倡议资料10000余份，整改教育2108次，立案处罚51起，捕捉流浪犬531只。坚持办案数量与办案质量“两提升、两兼顾”，进一步推进“非现场执法”，提升执法办案精准度。全年办理一般程序案件739起，罚没款465.71万元；其中“非现场执法”案件104起，罚没款26.22万元，“非现场执法”零口供模式被市局申报为省最佳实践培育项目。

【城乡规划查处】 坚持“控新增、消存量、优环境”原则，开展“亮剑2020”“三违”清剿、小微企业违法建筑专项整治、规划遥感违法图斑处置等工作。通过深化旧厂区、旧住宅和城中村改造，不断提升拆后利用率，切实改善城乡面貌与人居环境。整治排查高速公路、铁路沿线和普通公路两侧，常态长效推进“无违建”创建。完成莼湖、尚田、岳林3个街道宁波市“无违建街道”验收，申报锦奉大道为省级精品示范道路。申报裘村镇、西坞街道和方桥街道创建“无违建镇（街道）”，争取实现“无违建镇（街道）”全覆盖目标。全年完成拆违130.5万平方米、“三改”140.96万平方米，完成率分别达到100.38%和234.93%。

【市政公用监察】 开展燃气安全宣传，组织32名企业一、二类人员和197名瓶装气送气工参加专业培训和取证考核，通过集中培训、电视等“七进”宣传形式不断提高用户安全意识和应急技能。压实企业安全生产主体责任，实行安全生产标准化建设，10家燃气经营企业全部达到安全生产标准化三级标准；瓶装气方面持续落实气瓶信息化和瓶装气销售实名制，共置换气瓶45.21万只，发展用户15.03万户。集中排查整治火灾隐患、城镇燃气道路运输、瓶装气销售实名制、消防安全、重大危险源、瓶装气配送人员等专项检查，共出动人员340余人次，检查企业或餐饮场所260多处，排查和消除安全隐患50余起，拉紧城镇燃气监管弓弦，促进城镇燃气安全生产形势平稳。

【静态交通管理】 完成智能停车（一期）项目二阶段建设，实现中心城区（锦屏、岳林街道）城市道路及公共停车场的智能化管理，缓解城区停车难、停车乱难题。全区实施智能停车道路30条，车位1600个；停车场6个，车位1407个。

整治非机动车违规行为。全年专项整治非机动车168次，规范非机动车秩序3万余辆次，拖离违规停放非机动车350辆，办理未按规定停放案件55件。加强与交警部门对接，持续推广“城管+交警”的联合执法行动，每周两次同步抄告处罚人行道和车行道违停车辆。执法违停4.2万辆次（其中不缴费行为3000余辆次），处理机动车违法行为2.62万条，罚款金额约384.43万元（不含滞纳金）。

【智慧城管】 强化智慧城管在城市管理信息化建设的中枢作用和统筹功能，新增视频监控200路，同步更新完善执法设备，加大行业信息系统整合力度，进一步理顺工作机制，加强高位监督。依托智慧城管平台，“联乡镇、跑街巷”实施路长制，固化“131”

干部巡街制度，结合作风整治与“中梗阻”治理，常态化开展“跑长巡街”、局领导“周一夜访”、机关干部“我是路长”等活动，引导“跑长”“路长”及“夜访”领导到背街小弄、城乡接合部等边缘区域、遗漏区域针对性地找问题、挑毛病。2020年，全区70家单位72名“跑长”、局41名“路长”累计发现41021个问题，处置解决40759个，处置率99.36%。

【建筑垃圾处置监管】 有序开展渣土处置，平稳推进萧王庙五星村建筑渣土堆放库运行，年累计进土153.5万立方米。通过基础回填、绿化用土、低洼地改造、废弃山塘回填及制砖资源化利用等途径，实现建筑垃圾消纳点位125处。布局与奉化产生量相匹配的建筑渣土消纳规划点位13处，并按计划稳步推进落实。全年共现场踏勘消纳场地125处，累计办理建筑垃圾处置许可325件，检查渣土清运车辆4680辆次，查扣车辆13辆，检查出土工地1433次，检查陆上消纳点数1173次，作出行政处罚决定103件，罚款239.29万元。

【行政审批】 推进“最多跑一次”改革与政府数字化转型工作，推进“互联网+政务服务”，全面梳理审批事项、同步调整办事指南、牵头做好用气报装“一件事”，通过优化流程、减少环节、压缩时限，将“最多跑一次”改革落实落细。全面实现网上申报、网上受理、网上审核、身份认证、电子签章、归档等全城电子服务；网上办事、掌上办事实现率，跑零次比例等八项指标均达到100%，走在全区前列；年累计办理各类事项1177件，全部按时办结，办结率100%。

【队伍建设】 定期开展综合执法业务培训，落实行政执法责任制，改进执法方式，规范办案程序。以周二夜学、科长讲堂、学习强国等为依托，坚持集中学习与个人自学相结合。通过专家讲学、专题调研、技能比武等形式，增强干部职工业务能力和工作水平，年培训3200余人次。

健全完善内部管理制度，定期对执法人员工作作风、成效等方面进行督查，强化岗位目标考核，促进各项工作规范、高效运转。全面推进规范化中队建设，13个中队实现文明规范公正基层队所创建全覆盖。试点推进溪口执法体制改革工作。

夯实党建基础工作，充实活动载体，挖掘和弘扬城管系统正能量，打造廉政走廊，参与垃圾分类示范单位和无烟党政机关创建，实现“工”“文”融合，凝聚城管文化氛围。充分利用报纸、广电、微信公众号等载体，广泛宣传，认真做好先进人物、先进事迹的挖掘和报道，为综合行政执法和城市管理工作营造良好的舆论环境。全年刊发各类信息、报道580余篇次，其中《点长“破局”、桶边“破袋”、政策破面奉化区以三大抓手促生活垃圾前端精准分类》作为先进典型向各县市区推广，并被《人民日报》新媒体、“甬上”、宁波广电“讲大道”栏目等媒体报道。

（竺　斐）

拆迁征收

【概况】 2020年，房屋征收拆迁工作围绕年度目标任务，以消除成片危旧房、城中村改造、拆迁清零为重点，依法行政、高效征迁。2020年，全区征收拆迁完成签约建筑面积106.02万平方米，签约量连续三年突破100万平方米大关。各镇街道征收拆迁有序推进，其中江口街道完成32.66万平方米；方桥街道完成24.14万平方米；岳林街道、锦屏街道、萧王庙街道等平均完成8万平方米。全区代表性的征收拆迁地块及项目有教堂区块、江口民营科技园区二期、朱家河村、东部门户区一期（舒前2号地块）、龙潭滞洪分洪区改造工程（二期）、园中村（三横）、前胡村、龙潭墩村、仓基村、双马村、何家村、南岙村等，其中教堂区块、江口民营科技园区二期、双马村等项目均实现征收拆迁100%清零；项目在规定期限内全部达到法定签约比例以上。

【依法行政】 严格按照相关规

定及招投标程序，制定旧房拆除施工管理规定，有序实施征收拆迁地块旧房拆除工作。至2020年底，共实施旧房拆除项目70个，涉及拆除旧房面积约132万平方米。规范征收拆迁项目社会风险评估。征收办牵头会同区委政法委、区发改、财政、审计、国资、政务办、自然资源和规划等相关部门单位，制订征收拆迁项目社会风险评估工作指导性意见，严格按照意见做好征收拆迁风险评估工作。着力构建片区负责人定期业务交流机制以及片区负责人一对一约谈机制，第一时间掌握好全区的征收拆迁工作最新动态，提出有关问题，共同探讨解决思路，用成功片区经验指导其他区块工作。

【公开公平公正】 继续实行重大区块征收拆迁驻点跟踪审计机制，加强前置审核、跟踪审计，在第一时间、第一线做好审计检查，确保补偿安置工作依法依规和公平公正。深入推进征收补偿的信息“九公开”（法规政策、项目概况、征收决定、补偿方案、通知公告、调查结果、评估结果、补偿结果、办理指南）及“三级联审”（现场初审、征收拆迁部门复审、终审）做法，杜绝征收廉政风险。加强政策培训。2020年11月，举办由各镇街道、各相关部门人员参加的房屋征收拆迁政策培训班及指挥部岗前业务培训，以“阳光征收拆迁”标准努力培养一批高素质、懂业务的征收拆迁队伍，全面提升一线人员的工作能力。

【政策执行】 一线指导，加大服务力度。由三四十名干部对全区各地块指挥部驻点开展征收拆迁工作，指导抓好各项环节，破解难题。在签约期间，坚持“五（工作日）＋二（休息日）”“白（天）加黑（晚上）”，全力配合做好征收拆迁签约，服务属地、服务基层。认真研究分析各地块征收拆迁矛盾，在属地范围内统一征收、拆迁、信访及舆情回复口径。2020年，受理行政复议1件，已办结。行政诉讼18件，其中办结11件，其余案件在审理阶段。行政复议案件同比下降92%，行政诉讼案件同比下降38%，实现了复议、诉讼“双下降”的目标。做好依申请公开8件、信访接待及来信来访来电答复61件、行政裁决3件，受理非诉执行22件。

（董明杰）

消防救助

【概况】 2020年，消防大队立足本职，加强训练，认真排查城区天然水源、市政消防栓、沿街店铺等安全隐患，建立镇街道各地微型消防站，让消防安全意识推广普及、深入人心。雪窦寺微型消防站代表宁波支队在省宗教场所技能比武中取得第一名；雪窦寺微型消防站与区水鹰户外救援队两单位获宁波119消防奖先进集体；雪窦寺怡藏方丈获全国119消防先进个人奖。5次登上央视栏目，25次在省级电视频道展现“火焰蓝”优质形象，新闻宣传成绩列全大市第二名。至年底，消防大队共有222人，其中干部18人，消防员70人、政府专职消防员93人，消防文员41人；执勤消防车22辆，行政执法车8辆；下辖莼湖、溪口、岳林等3个中队。

【火灾防控】 指定专职联络员，协同相关职能部门对沿街店铺开展火灾隐患治理。排查全区10092家沿街店铺，发现隐患并整改11187处。采用“评估+抽查”的方式，通过第三方公司评估，消防随机抽验的方式对34家企业改建出租房、养老机构和培训学校相关症结把脉问诊，形成解决消防历史遗留问题的“奉化经验”。结合辖区实际制定工作方案，投入200万元建设消防车通道占用自动识别报警系统；针对电动车在楼道、室内乱充电自燃引发火灾亡人的现象，联合社会面合力投入150万元建设社区集中充电点；耗资90万元建设老旧小区消防车道线工作；投入310万元助力片区、社区微型消防站车辆器材装备配备提档升级。

建立镇（街道）消防文职人员派驻机制，做到消防监督工作无“死角”。增派26名临聘人员，培训合格后派驻至各镇（街道），开展消防安全监督。全年共对230家消防重点单位、320家出租房、29家高层建筑物业警示约谈。

结合年关全面战“疫”，利用云端技术，每日宣发消防提示短信，服务企业复工复产，以主动有为的姿态做好消防宣传。每月开展驻点驻企业常态化培训，承办锦屏街道3800人的沿街业主消防知识培训专场。将消防宣传教育培训纳入全区15所中小学校、12所公办私立幼儿园，完成8场普及消防安全常识。

【练兵备战】 加强与公安、卫健、环保、水电等单位的应急联动，深入辖区消防安全重点单位和不放心场所，排摸标注存在的火灾隐患和危险源。至11月底，共呈报三维数字化类型预案资料10家，修订完善重点单位数字化预案245家，制作乡村作战信息卡94份，小区作战信息卡97份。通过实地检查和电话督察，辖区内188家微型消防站电话拉动检查3047次，实地拉动524次，综合演练62次，微型站骨干及队员培训93次。实地排查城区43处天然水源、805个市政消火栓，排摸新增的40个市政消火栓，并登记造册，对接辖区自来水公司，升级换代辖区内的消火栓，并在传统消火栓的基础上加装智能定位、水压监控等功能。

将建强辖区多种消防救援力量摆在重要位置，定期组织培训，在莼湖站建立社会消防力量标准化培训试点，培训300余人；发动镇街道强化各地微型消防站建设，协调政府配发6辆消防电动车。

【党建工作】 针对疫情防控、队伍建设等重点，及时决议。持续与力邦社区、宁波卷烟厂、滕头等地方党组织党建基地相互交流，汲取经验；将先进党员典型及时公示，形成良好的创先争优氛围；大队派员赴嘉兴红船学院政治培训班学习进修；严把党员“入口关”，全程跟踪考评积极分子的工作态度和生活作风，严格考核预备党员。组织全员学唱浙江消防队歌，诵读浙江消防赋，领悟消防精神，邀请老队长邬家声遗孀、“一等功臣”程文庆回队参观，与指战员共同回顾往昔，激发年轻指战员投身红门、奉献消防的初心与壮志。

11月9日，第五届全国119消防先进集体和先进个人表彰大会上，雪窦山资圣禅寺方丈怡藏获全国消防先进个人

【廉政建设】 开展“以案促改、整风肃纪”专项整顿活动，适时安排党员干部进入党校跟班作业、参观学习，制定整改措施40条，完成整改17条，整改率85%。采用“网络+”学习方式，依托“消防救援网络学院”，结合节庆日和“小长假”，组织观看主旋律电影，开展“我和党徽合影”活动，激发指战员职业初心，让思想文化生活更具“草根香”“泥土味”，不断提升指战员对消防救援事业的归属感与荣誉感。筑牢廉政思想防线，提高拒腐防变能力。组织指战员、合同制队员、文员代表参观区检察院刑事犯罪教育基地、看守所，以真实的所见所闻提升敬畏纪律之心。开拓社会课堂提升育廉效果，出台《关于进一步加强协作配合的意见》，形成内外监管，多方协作的廉政教育监督格局。

（方翘骐）

交通运输

综　述

2020年，交通运输工作紧扣交通强区建设和融城发展目标，统筹疫情防控和交通运输发展两项任务，实现交通投资和重大项目建设向上向好态势。编制完成全区《关于建设高水平交通强区的实施意见》《推进高水平交通强区基础设施建设三年行动计划（2020—2022）》两项纲领性文件。市级交通强国试点项目——轨道交通3号线、机场快速路南延“复合走廊”竣工通车，金海路客运中心建成投用，奉化正式进入“轻轨时代”，纳入宁波“20分钟交通圈”，并由此带动推进S203省道、S310四明路东延、西环线北延等融入主城项目建设。“四好农村路”三年行动收官，美丽经济交通走廊加速创建。实施路况、景观、环境三大提升工程，打造美丽城乡路网，通过“十三五”全国干线公路养护管理“国评”。全面建成对接轻轨的公交线网，裘村公交站投用，实现奉化各镇（街道）公交站全覆盖，建制村通公交率100%，城乡公交一体融合发展，交通运力得到全面提升。全区交通路网实现由“适应型”向“引领型”的重大跨越。10月12日，雪窦山—普陀山旅游专线开通；11月4日“宁波奉化·雪窦山”冠名列车奉化至上海虹桥G7534在奉化火车站首发。

区交通运输局先后获得宁波市交通运输局年度目标考核优秀单位、区安全生产和消防工作目标管理责任制考核优秀单位、区承办建议好单位、宁波市争创全国文明城市“六连冠”行政奖优秀单位等称号。局交通执法队被评为首批抗疫先锋团队，3人次被评为抗疫先锋个人，1家维修企业获评浙江省汽车行业抗疫先进企业。

基础设施建设

【概况】 2020年，交通固定资产投资同比增长12%，投资完成量位列全市第三。至年底，全区公路通车里程1363.43千米，公路密度107.61千米/百平方千米。按技术等级，高速公路55.40千米，一级公路141.23千米，二级公路107.99千米，三级公路137.79千米，四级公路921.02千米。按行政等级，国道87.20千米，省道73.78千米，县道436.84千米，乡道393.01千米，村道372.60千米。

【同城化路网建设】 以铁路、高速公路、快速路为重点，全方位打造宁波南部交通枢纽融城交通建设。东环线复合交通走廊工程，由宁奉城际铁路和宁波机场快速路南延2个项目一体化建设。宁奉城际铁路自轨道交通3号线，由陈婆渡站向南引出，终于奉化金海路站，全长21.6千米，其中奉化境内13.1千米，设有方桥、琎琳、南渡、大成东路、金海路5个站点。宁波机场快速路南延北起海曙区鄞州大道，南至区岳林东路，全长约18.8千米，其中鄞州区鄞城大道至区中山东路段，与宁奉城际铁路“四站五区间”共线段11.8千米，采用高架一体化结构，主线高架采用城市快速路标准建设，双向6车道，地面辅道采用城市主干道标准建设，双向2～6车道。2017年7月15日开工，是年9月27日10时，宁波轨道交通3号线鄞奉段暨机场快速路南延全线开通。与此同时，终点站金海路站客运中心以及方桥站、琎琳站、南渡站、大成东路站的公交场站、P+R（地铁旁换乘停车场）同步建成交付使用，全面实现境内公交与轻轨无缝对接、零距离接驳。东环线复合交通走廊成为宁波首条高架快速路、城市轨道线和地面国道线“三线合一”的复合型同城大通道，使区真正迈入“进城入市”发展全新时代。

配合做好金甬铁路建设，助推象山湾疏港高速二期塘溪至下陈段前期工作。以城区东环线（机场路南延）复合交通走廊为辐射，推进沿线东西向衔接道路建设。S203奉化段一期路基工程完工。四明路东延、西环路北延甬山隧道段、连山快速公路一期已完成初步设计即将开工建设。宁波湾建设纳入全市重大区块统筹开发，沿海旅游专线一期建成通车，二期文湾山头至马松线段完成路基工程的53%。启动甬台温改扩建和世纪大道、广德湖路两项目南延以及轨道交通3号线南延至奉化火车站、沿海中线拓宽、西环线南延、桐冒公路东延至沿海中线等前期谋划。结合金甬铁路建设，启动奉化火车站扩建前期工作及周边配套规划，为打造宁波南部枢纽做好准备。

完成甬金高速溪口东至甬台温高速姜山连接线一期工程、沿海旅游专线一期石沿段、葛岙水库迁建公路、葛岙水库B线（梅岭下至排溪农村公路）、溪口镇班溪至康岭公路、大埠工业园区道路（一期）、儒江路、奉化西环线支路等新建项目以及奉化四明路（南山北路—四明隧道）路面拓宽改造工程、甬临线江口立交桥及江口桥大修工程、溪南线、董东线等5个提升改造项目，累计新增公路通车里程33.83千米，改造提升35.74千米，农村公路加密提升24.74千米。

【美丽公路建设】 “四好农村路”三年行动结束，累计新建和改造提升农村公路395.30千米。全面清零等外公路，全域公交化、物流设施覆盖村级节点实现。开展“提等级、美环境、优服务”三大行动，完成溪口东高速出口、奉钱线白杜段、东环线两侧三大景观提升工程建设。完善各类旅游标识标牌284块，新建三石、双溪等公路服务站4座。

整治综合环境，清理非法搭建、路边桃摊、路肩农作物种植等违法行为，查处违章建筑409平方米，清除堆积物510立方米，拆除非公路标志188块，整治马路市场204起，处理公路路产赔补偿案件171起，收取公路赔补偿费269530万元（其中滴漏撒污染公路案件41起，赔偿款4.52万元），有效保护公路路产路权，优化全区公路路域环境。完成干线公路“迎国检”，省道公路路面检测指标“国评”PQI达到93以上。

【城乡公共交通建设】 完成建设境内轻轨站点的“P+R”停车场、公交首末站及线路调整，优化公交线路33条，延长夜间公交末班车营运时间，全面实现公交与轻轨无缝对接。奉化各镇（街道）公交站实现全覆盖，基本实现具备条件的200人以上自然村通等级公路。区域内有公交线路97条，基本形成城乡一体化的公共交通服务体系。开通跨区域公交线路16条，已形成东、中、西全方位对接宁波主城区的公交线网，全面实施奉化公交与宁波公交一小时换乘优惠政策。投入运营自行车网点30个500辆，打通公共出行“最后一千米”，租赁系统与宁波主城区实现“通租通还”。配合城市交通治堵，全新打造绿色智慧交通出行。完成5座电子候车亭建设。优化奉化火车站广场道路环境，专辟出租车专用道和公交车专用停车场，启用公共停车场，方便社会车辆停放，有序疏散客流量，有效减少站前广场车辆、人流的交通拥堵现状。年淘汰老旧营运车辆444辆，完成率117.5%，新增新能源公交车30辆，购置比亚迪新能源公交车辆100%。

（楼锡飞）

交通运输管理

【概况】 完成公路运输总周转量606106万吨千米，同比增长23.1%，年增幅在全市排名第一。完成水路运输总周转量876180万吨千米，同比增长8.6%，列全市第三。完成邮政业务总量126055万元，同比增长35.2%，增幅列全市排名第一。区交通行业营收指标（仓储）1—11月营收118704万元，同比增长17.52%。在原区运管所基础上组建交通综合执法队，实行“局队合一”体制，撤销原下属所有事业单位，新组建公路与运输管理、港航管理2个中心事业单位，实行“一队两中心”组织架构。由区交通综合执法队全面履行原运管所、港航所、路政大队、交通工程质量监督站等单位执法职能，整合和优化执法力量配置。

【交通执法】 开展公路治超、严打黑车运行、整治“两客一危”（从事旅游客车、三类以上的班线客车、运输危险品车辆）、水运监管、交通工程、交通运输领域等违法违规专项整治行动。全年查处行政处罚案件694起，其中违规网约车案件29起，黑车27起，出租车15起，治超574起（检测超限运输车22862辆，查处非现场执法案件574起，收取罚款金额152.8万元，现场执法案件300起，卸载车辆4辆，卸载114.67吨，扣分918分）。会同海事、水利、海洋渔业等部门整治违法码头，严厉打击象山港海域水上运输违法违规现象，关停并拆除5座历史遗留的内河黄沙作业点。

【公路与运输管理】 开展“国省道小修保养集中整治月”活动，完成1条国道、3条省道27780平方米沥青罩面，通过“十三五”公路国评。投入4000万元，完成公路局部罩面15.43千米。加大日常公路养护与小修保养投入，全面修复奉化区13条道路的碎板、挡墙、边沟及路面，修补坑槽7626.60平方米，路面灌缝298000延米，修复江拔线灾毁路面及江口大桥、高岙桥等危桥，完成董东线养护工程。协助对接轨道交通的全域公交线网。建成107个农村物流点，指导宁波四通易达快递有限公司，申报省第二批农村物流创新发展项目。超额完成2020年国三车报废任务（报废指标378，完成444辆）。推行I/M尾气检测治理制度，全年共申报尾气治理M站18家。维修机动车187650辆次；培训驾驶9793人次，受疫情影响，同比下降25.36%。

【港航航政管理】 联合交通综合执法队等单位，取缔内河违法黄沙作业点。制定实施船舶和港口污染整治方案，开展航道清淤养护，维护美丽航道建设成果；新增数字港航监控15个点位，提升信息化监管水平。严把水路运输市场准入关。对接企业需求，扩容码头，推进航运企业信用等级评定。完成各类渔检任务，全年检查码头9座次，巡查航道、岸线109天次，航道疏浚3万余立方米，检验外海渔船并发放证书780艘（其中奉化籍688艘，外籍渔船92艘），小型渔船检验发证240艘。年度核验7家水运企业、2家水运辅助业企业，核查船舶18艘，船员250余人，发放船舶核验合格证18份。12月19日，宁波雷盛海运有限公司新建船舶“雷盛6”成功下水，区航运业的总运力突破35万吨。

【安全生产】 实施安全生产专项整治三年行动计划。全行业检查589次，检查企业（项目）1175家，排查危桥681座，查检安全隐患758处。改造市级事故黑点1处，查处危险货物运输车辆违法案件2起、危险品运输车134辆。治理道路、道口隐患完善率达100%。排查“一灯一牌一带”道口163处，安装临水临崖、高落差地段安全防护栏200余处。配备抢险设备67台套，消防、隧道抢险、雨雪冰冻等应急演练和安全培训6次。区200个点位公共安全视频监控联网，安装

4个数字公路监控。

发生道路运输领域有责（次责）事故2起，死亡2人，事故指标在可控范围内。无港航、交通工程建设与养护领域安全事故。

【工程质量监督】 强化行政执法监督，增加专项技术服务，开展“质安文化进工地”“啄木鸟小分队”活动，强化“服务项目、服务基层”，帮助项目参建各方，提高工程建设质量。引导“品质工程”创建，鼓励“微创新”。应用推广隧道9台套、桥梁工程数控设备、小型构件预制安装等先进设备工艺；解决桥头跳车；巩固沥青面层质量通病治理效果。落实《浙江省公路水运工程落后工艺、设备、材料淘汰目录》，推广机制砂应用。推进小型农村公路品质工程建设，以组织S203省道工程水泥稳定碎石基层施工现场会等方式，提升小型农村公路质量安全管理水平。

【行政审批】 推进数字化政务服务平台2.0建设，推行营运证配发“零跑次”改革，实现营运证配发网上办、掌上办和“全城通办”业务。全年办理交通行政许可事项372件，办结372件。其中，道路运输事项363件，路政管理事项9件。办理其他服务事项3136件，办结3136件。其中，道路运输事项3128件，水路运输事项8件，办结率均100%。

【作风建设】 实行机关党建、主题党日、周二夜学等制度，践行党的宗旨，投身文明创建、志愿服务，落实区委巡察问题整改。聚焦交通工程、行政执法、资金管理、行业监管等，完善教育先行、制度保障、监督并重的惩防体系，增强交通运输系统干部职工的法纪、廉政和服务意识。组织交通文明劝导，出租、公交车爱心送考，志愿者参与小区卫生环境整治及垃圾分类“桶边督导”“一户一策一干部”扶贫帮扶，博爱万人行捐助等活动，较好地展现交通社会责任担当和行业文明新貌。奉化区港航管理中心被评为上年度清廉示范点，获宁波争创全国文明城市“六连冠”行政奖优秀单位，完成高中风险人员转运任务。

（楼锡飞）

奉化火车站

【概况】 2020年，奉化火车站克服疫情影响，落实各项防疫措施和客运工作要求，注重窗口服务质量，各项工作平稳有序。全年发送旅客34.1万人次，其中春运期间（1月10日至2月18日）2.24万人，春游期（3月16日至4月9日）1.01万人，清明期（4月4—7日）2315人次，“五一”期（4月30日至5月5日）6439人次，端午期（6月24—27日）5070人次，暑假期（7月1日至8月31日）7.62万人次，中秋国庆期（9月28日至10月8日）1.91万人次，客流量比上年降低28%。

【服务质量】 落实“以服务为宗旨，待旅客如亲人”服务理念，注重客运服务质量，引导职工提升优良服务意识，使用“十字”（您好、请、谢谢、对不起、再见）文明用语，践行“三个出行”（安全、方便、温馨出行）服务目标。

做好防台应急服务，为防范“黑格比”“美莎克”等台风，提前准备，做好旅客的解释及退票改签工作，确保台风期间正常安全运行。

【安全生产】 做好“4.10”“7.1”“10.11”调图（开行列车的变化）等工作，并及时传达、培训、考试，及时编制客运“一日一表”，加强车站的安全保障，确保调图期间相关工作组织有序。

组织职工参加安全教育会，经常开展安全检查，提高职工安全意识。及时排查车站存在的隐患，做好防疫措施，实施安全管理新机制，推进车站安全生产管理。“打非治违”，确保车站的安全稳定运行。加强季节性安全控制，充分做好节日运输各项准备，落实“三个出行”。及时传达上级指示，签收客调命令，确保车次安全到达、及时开出；加强服务设备设施检查、实名制验票等查堵工作。认真盯控车站重点列车，强化应急处置。

【疫情防控】 全年做好旅客的测

温验码工作，对境外输送人员及时做好路地联系，确保转运工作正常有序。加强疫情常态化检查监测工作，及时分地点分时间做好消毒以及测温仪器定时检测。车站工作人员做好自身防控工作以及对进站旅客防护工作，尤其是密集场所、时间段加强监督检查，指导旅客做好测温以及正确佩戴口罩。实时关注并严格贯彻落实上级铁路部门对防疫工作阶段性、临时性的重点工作要求，确保疫情管控及时有效。车站防疫物资得到地方政府大力支持，疫情防疫工作平稳有序进行。

（范　婷）

宁波鄞奉海事处奉化海巡执法大队

【概况】 2020年，海巡执法大队共接收船舶进出港报告3645艘次，其中进港1820艘次，出港1825艘次。辖区水运货物吞吐量400万余吨；完成各类任务1098项，其中组织水上巡航82艘次，累计巡航时间224.28小时；巡航1965海里，组织陆上巡查363次，巡查时间3328.92小时，巡查里程43796千米；恶劣天气现场核查98次；走访检查12家次，水上水下活动现场检查44次；船舶检查122艘次、巡检156艘次，安全检查初查26艘次、复查22艘次；检查船员实操47人次，行政立案120起，罚款139.43万元。区水域内未发生船舶水上交通和污染事故。

【监管整治】 7—12月，连续6个月采取24小时蹲点值守方式，利用“深蓝智享”等信息化系统查询，海巡执法大队联合交通执法部门，通过约谈警示、协作执法等手段，整治设施简陋、极易发生泄漏风险的双山非法装卸点，多次查获砂石非法冲滩作业。采取针对性措施，打击多艘商油船非法靠泊卸油，并把该码头存在的风险及靠泊情况通报奉化区相关部门，商油船非法靠泊现象杜绝。

配合地方政府整改省级挂牌督办案件，象山港莼湖海域内无证照船舶非法从事“海洋休闲”行为，消除安全隐患。100%全覆盖治理奉化江水域航行船舶，实现止扬尘、防超载、保安全和船容、船貌整洁、美观，终结历史上奉化江水域船舶开舱航行等不安全、不环保行为。联合交通、港航等部门，加强全区沿岸码头船舶接收垃圾和生活污水能力；培训、提升船员防污染意识和操作技能，促进奉化江水域清洁美丽基础建设。强化水域巡航巡查和日常交通流组织，收集、传递恶劣天气预警预控信息、跟踪闭环管理机制，建立健全风险隐患滚动排查治理机制，常态化查纠不安全航行和作业行为，确保区内水上安全和防污染形势持续稳定。

【海事服务】 落实疫情防控和复工复产总体要求，全面梳理排摸辖区企业、码头和船员疫情实时动态，开展远程安全监控，指导船舶、船员线上防疫工作；保障城区热电运煤不间断，港航企业第一时间复工复航；与区农业农村局建立宁波沿海大中型商渔船安全自律联盟。分两期举行200余名渔民商渔碰撞警示教育，讲述船舶避碰的相关知识，提高渔民的安全意识和操作技能；组织区第四批NSM规则航运公司的帮扶行动，促成航运公司如期获得临时DOC证书；不时在区江水域清淤，从水域安全出运 300万余立方米渣土及泥浆建筑垃圾；保障机场快速路延伸段跨奉化江大桥等市重点工程建设。

（楼永进）

水利 水务

综 述

围绕“水利工程补短板、水利行业强监管”的总基调、常态化开展防疫工作，完成水利投资26.6亿元，农村饮用水达标提标。规范水资源管理，规范行政审批，严肃查处水事违法案件，严格落实水资源管理制度。重视并落实水旱灾害防御工作，2020年获评省水利工作综合考核优秀。

工程建设

【概况】 2020年，实施面上水利工程7项，主要包括小流域治理工程、小型水库除险加固、山塘整治、海塘整治、河湖库塘清淤、治理镇村水环境、达标提标农村饮用水。完成整治区内18座山塘，面上水利投资额2.6亿元。

【面上工程】 全年完成大堰镇张家村至黄稔坑村联网水路投资480万元，维修养护工程完成投资2217万元，上述2项投资均占年度计划指标的100%。开工建设松岙镇东溪小流域治理工程等7个治理项目，投资6522万元，加固堤防14千米，占年度计划投资指标的100%；治理松岙镇西岙等5个村庄水环境；完成岳林街道水环境工程70%；应家棚等5个村庄水环境开工，完成投资水环境治理工程3138万元，占年度计划投资指标的104%；大石坑、郑夹岙、大埠丘、山登等4座水库除险加固工作已完工，城西岙和双闸门2座水库开工建设。投资2816万元，完工裘村山林塘海塘提标工程，占年度计划投资指标的104%；100%完成年度计划：投资750万元，挖土25万立方米的河湖库塘清淤：投资1212万元的平原河道治理；年底，完工投资9200万元的葭浦路以南绿化水系廊道工程。

【“小三农”工作】 开展区农民饮用水达标提标行动，完成农民饮用水建设投资2.69亿元，延伸溪口至萧王庙自来水管网78千米，新建、改造及联片大堰、万竹、王家等15座水站，改造提升地处偏远的溪口镇葛竹、兰峰等48座单村水站。9月底，全部完成农饮水达标提标任务，溪口自来水厂被水利部评为规范化水厂。区农业水价综合改革以97.5的高分通过省级验收，挤入省优秀行列。农村小水电清理整改通过验收，其中亭下水库获评水利部绿色示范小水电。

水务管理

【概况】 严格执行水资源管理，加大河湖水域空间管护力度，实施严格的水域管控，2020年创建无违建河道6条，计34.4千米。

【管理管控】 严格行政审批，加强对许可项目督查和事后监管。办理审批项目 88件。其中，涉河涉堤8件，申请取水许可1件，开发建设项目水土保持方案19件，开发建设项目水土保持方案16个，开发建设项目水土保持方案报告41个，生产建设项目水土保持设施验收报备报告3件。严格落实水资源管理制度，实施取用水管理专项检查，对127家取水户，实行计划用水制度。11月，奉化区通过国家级节水型社会达标建设验收。围绕“坚持节水优先，建设幸福河湖”的主题，开展“世界水日”“中国水周”宣传，增强全社会合理利用水资源、节约用水意识。

【环保督察迎检】 创建“美丽河道”活动，做好中央环保督察迎检工作，成立“美丽河道”工作专班，结合水政执法，针对21条区级河道，实行网格化管理。每位党员干部认领一条河道，全面排摸河道“四乱”实情，督促各乡镇做好属地创建，实现区河道“水清、流畅、岸美、严管”。5条市级河道（奉化江、东江、剡江、县江、甬新河）及全区河道支流保洁，力争下年底实现区级河道100%、镇级河道80%、村级河道75%的创建进度。做好水利工程工地扬尘监督管理，确保工程工地无扬尘污染。

【防汛抗旱】 筑牢水旱灾害防御网，成立以主要领导为组长的水旱灾害防御领导小组，全区小（2）型以上水库逐库落实行政、技术和巡查责任人，山塘、海塘、矸闸、小流域灾害影响村，落实行政责任人及管理巡查人员。开展“浙江安全码”赋码和山洪小流域转移（5867人），完成和赋码率均达100%。3月，成立4个检查组，检查各镇（街道）的重点水利工程防汛准备工作。建立水旱灾害防御风险隐患及动态销号管理。

【科学监测调度】 启动水旱灾害防御应急Ⅳ级响应3次、III级响应1次，梅汛期和“黑格比”台风防台期间，发送区水库巡查员和山洪灾害预警706次，涉及420个责任人（预警员）短信7907条；自动预警短信5421条，发出预警690次。防洪抗旱调度及生态用水调度，根据雨水情变化分对亭下、横山2座水库2次启动预泄预排，累计预泄322万立方米和1074万立方米。

（魏　莹）

五水共治

【概况】 2020年，“五水共治”工作以“污水零直排区”创建为抓手，全面提升河（湖）长工作标准，发动全社会共同参与，治水工作取得明显成效，获得2020年度“大禹鼎”银鼎。1—12月，2个国控断面—溪口、长汀和2个省控断面—龙潭、江口水质均达到目标水质要求。东江、县江、剡江、仁湖公园、滕头月亮湖等一批美丽河湖成为居民休闲好去处，休闲环境不断改善。仁湖入选省、市两级美丽河湖名册，县江和剡江入选宁波市级美丽河湖名册，并通过省“美丽河湖”创建验收。

【“污水零直排区”创建】 2020年，“污水零直排区”新建项目11个、续建项目18只，总投资2.8862亿元，到年底完成12只项目，完成投资11810万元。11月，锦屏、岳林、莼湖、西坞、方桥5个街道完成省“污水零直排区”创建验收，奉化区12个镇(街道）和奉化经济开发区全部完成省、市级“污水零直排区”的创建；12月20日，奉化行政区“污水零直排区”创建通过验收。

【落实河（湖）长职责】 根据市治水办要求，全面开展提升河（湖）长履职检查工作。各级河长巡河率和日常履职排名逐月提高，奉化区全年区级、镇级、村级河（湖）长的巡查率分别为98.18%、92.72%、91.71%，区级河（湖）长的巡查率居全市第一。奉化区各级河（湖）长根据市治水办的要求，下载安装宁波市河湖长制管理信息系统手机APP。运用信息系统及时上传河道巡查情况、处理受理投诉信息以及水质监测情况等内容，实现河道水质、整治情况动态化管理。加强对河（湖）长及区级河（湖）长联络员的培训，区治水办于10月底对农业镇长（河长办主任）、区级河道联络员进行培训，11月各镇（街道）对镇级、

全自动河道保洁巡航无人船在县江作业

村级河长进行1次培训。

【智慧治水】 区治水办筹建水质监测系统——物联网水环境在线综合监测项目，该项目投资540万，通过前期设备安装和调试，11月底运行8个点位（共33个监测点位）。该系统采用固定式水质监测点+传感器探头部署方式，对奉化区33条重要河道水质实时监测，从而实现全天候监管和智慧治水。为弥补传统巡河、治水的短板，区治水办投资29.8万元，采购一艘全自动河道保洁巡航无人船在县江作业。方桥街道亚太物业保洁公司购置一架无人机用于巡河，利用无人机三维成像功能，全方位、无死角地巡查河道情况。

【治水宣传】 11月18日，方桥街道举办“河长相约方桥”活动，宁波市治水办领导和各镇（街道）农办负责人、各级河长代表和志愿者110人参加治水、亲水、护水活动，宣传“五水共治”工作。加强与区融媒体中心合作，依托新旧媒体打造全方位“五水共治”宣传声势，宣传奉化优秀治水经验、塑造河（湖）长工作光辉形象，展示美丽河湖风景。至2020年底，播出相关报道20余次。在掌上奉化、甬派等新媒体，刊登“智慧治水”等亮点新闻，阅读量达27万人次。在区五水共治微信公众号和《奉化日报》推出“身边治水人”系列报道，已推出近20期。广泛开展进村入户入企活动，走访村（社区）和人口集聚区255个、企业300余家，分发《告村民（居民）书》《告企业书》近26000份、雨伞、环保布袋、茶杯等小礼品15000余份。

（罗亚男）

邮政 通信 信息

电子政务

【概况】 2020年，区电子政务工作围绕打造“掌上办事之区、掌上办公之区”目标，切实抓好“互联网+政务服务”“互联网+监管”、掌上办公、机关内跑、数据共享开放、数字化应用、网络安全和疫情防控等重点工作，持续推进数字政府建设。区大数据中心被评为“区战疫先锋团队”，获2020年政府数转工作考核宁波市区县（市）第3名。

【体制完善】 区大数据中心承担区政府数转办日常工作。制定出台《2020年区“深化最多跑一次”推进政府数字化转型工作要点》，抓紧编制《区数字政府建设十四五规划》，全面贯彻落实省、市政府数字化转型各项工作任务。出台《区公共数据管理办法》和《区政府和国有企业投资信息化项目管理办法》，由中心牵头审核把关信息化项目，整合部门内需求，避免重复建设，提升项目绩效，促进数据共享。

【疫情防控】 根据全国疫情防控工作精神，区大数据中心负责数据相关工作，组建数据组、软件组、系统组和网络组，做好数据统计分析、软件开发应用、管理系统维护、视频会议保障等工作。牵头做好“省疫情防控管理系统”的技术支持、疫情人员信息维护和二次研判分发；积极配合做好疫情精密智控指数考核，位列全市前茅；牵头开发疫情防控“一张作战图”、市外入奉人员统计系统和企业复工复产申报系统，助力疫情防控和复工复产。其中，“奉化区首推外来人员‘入奉日报’制度，实现精密智控”的信息在市政府办公厅《上报信息》59期刊登。

【“互联网+政务服务”】 根据省市统一部署全面推进奉化区依申请政务服务事项接入政务服务2.0平台，牵头推进政务服务“一网通办”。

推进网上掌上办事工作，整合全区数字电视、奉化旅游、奉化自来水、奉化天气和残疾人服务等五个政务APP，实现“浙里办”掌上通办。

深化“一件事”改革系统集成，高质量实现41件“一件事”网上掌上联办，深入实施优化营商环境“10+N”行动。扶残助残一件事《办证全网通》、企业和公民个人身份信息连锁变更一件事在省《竞跑者》刊登，企业人才奖补兑现一件事在市《改革先锋》刊登。

加强“浙里办”宣传推广力度，逐级分解推广任务，至年底“浙里办”个人和企业注册用户数达31万以上，日活跃用户数达1.3万人次，完成日活率任务的200%以上。

截至2020年底，250项民生事项“一证通办”实现率100%，2193项政务服务事项网办开通率98.40%，掌办开通率96.94%，网上办件受理率从2019年底54%提高至91.29%，跑零次比例99.08%，承诺时间压缩比99.06%，即办比例96.42%。1594个2.0事项中完成事项梳理验收1437个，完成发布事项1116个，发布率70%。“互联网+政务服务”考核列全市第二名。

【一体化“掌上办公”】 基于“浙政钉2.0”平台，加快开发办公、监管、决策类微应用，推进跨部门政务协同业务通过“浙政钉”PC端和移动端办理。全区协同办公平台（OA系统）已投入使用。完成浙政钉2.0迁移工作，实现浙政钉2.0系统管理员、用户核实率和激活率三个100%，三项指标列全市第一名。

深化“浙里督”全省一体化智慧督查平台应用，建设“浙里督”公众门户，推进站点全区覆盖，积极拓展“掌上督查”。

【数据共享开放】 开展3次“数据共享开放百日攻坚行动”，全年累计调用省市共享接口2191万多次，共梳理全区各部门90余个自建信息系统情况，编制2949个数据资源目录，数据项36300个，列全市第二名，其中开放目录1049个，开放数据项10656项，列全市第二名。

积极组织参加省市数据开放创新应用大赛，共上报慢性病健康管理、食品安全、智慧停车、农产品溯源系统和中医药健康大数据诊断等5个方案，其中“助农小奉”——农产品溯源系统方案入选市优胜奖。

【机关内部“最多跑一次”】 2020年，会同编办梳理公布全区部门间办事事项316项，涉及43个部门，已实现“最多跑一次”事项316项，占总事项的100%，其中“跑零次”事项129项，占总事项的40.82%；已实现网上办的事项316项，占总事项的100%；在线有办件的部门和事项发生率分别达100%，部门间办事事项网上办件量共56717件，列全市第二名。

落实电子印章申领对接指导工作，至年底已完成自费180个印章申领。

全面启用公务员、事业人员全周期管理“一件事”，全年累计办件量2364件。机关内部“一件事”便利化集成改革列为省级试点。

【“互联网+监管”】 会同司法局、市场监管局、综合执法局推进全区各执法部门应用省行政执法监管平台和统一行政处罚办案系统。截至年底，全区国家库清单认领率97.23%，列全市第三名；实施清单编制情况完成率100%，列全市第一名；省库清单认领率88.30%，列全市第二名。全区31个部门人员账号开通1565人，掌上执法开通1565人，掌上执法开通率和激活率达100%，执法检查12444户次，其中双随机检查5669户次，专项检查117户次，即时检查6611户次，掌上执法检查12325户次，掌上执法率99.04%，“双随机一公开”监管事项210项，抽查事项覆盖率100%，应用信用规则率73.70%，跨部门监管率11.33%，事件总数为41件，事项处置率100%，监管事项主项和行政检查子项的覆盖率分别达72.84%和96.81%。“互联网+监管”总体工作列宁波市第三名。

【视频会议系统应用】 2020年底，全区接入81套视联网设备，覆盖各镇、街道及相关区级单位，全年召开各类视频会议200多场，在疫情防控、防汛及日常会商中发挥重要作用。同时，在区机关大院接入电信电视会议系统，对接省委省政府和宁波市委市政府的系统，提高办公效率和会议效果。

【网络安全专项整治】 会同网警、网信全面排查“勒索病毒”“挖矿病毒”，建设安装态势感知和非法外联检测平台，对全区1万多台电脑进行病毒检测和非法外联检测，对所有政务外网的终端进行梳理、登记，并对存在高危漏洞的服务器和WEB应用进行整改，严格落实网络安全“三同步”原则，筑牢安全底线。完成IPv6到市、省的主干线路改造，完成政务外网安全加固及IPv6互联网出口方向改造的招标采购。

【数字化创新应用】 推进省市经济、社会、民生、生态四个治理领域25个信息化项目及30余个区级信息化项目建设贯通落地。其中，惠企人才政策兑现“一键通”项目，将企业人才政策兑现全过程搬到线上，自2020年1月20日上线，截至年底，累计上线政策224条，奖补申报2378条，已拨付1.46亿元,《奉化区“一键通办”“零触兑现”确保疫期惠企政策落地见效》在宁波市《改革先锋》刊登，并被市大数据管理局和市数投公司作为案例采纳应用。

（竺怡宁）

中国邮政集团公司宁波市奉化区分公司

【概况】 2020年，中国邮政集团有限公司宁波市奉化区分公司（下简称区邮政分公司），全年完成业务收入10258.2万元。年末，全区储蓄余额34.55亿元，年增38744万元，全年累计折算保费12569万元，较上年同期增长2969万元。

【绿色通道】 开辟防疫物资绿色通道，为奉化医共体支援武汉疫情一线的志愿医生寄递生活必需品和食品，并配合社会做好防疫物资的邮寄工作；配合政府部门做好全区政企单位口罩等防疫物资的配送工作，共配送1908单计118.8万件；承接年初全区中小学开学课本配送工作，共配送教材11104份；全力配合民生保障工作，为全区百姓提供采用“基地直采+邮政配送+百姓餐桌”的“防疫保供”新模式，为市民提供“无接触式菜篮子”。同时，还积极对接农业合作社开展同城果蔬配送项目，为老百姓提供当地农产品，帮助销售因疫情原因滞销的农产品，累计配送近3000单，0.6万千克果蔬。

【一条龙助力“奉化水蜜桃”走向全国】 根据《关于印发〈2020年全省邮政农产品进城运营方案〉的通知》（浙邮分〔2020〕151号），奉化邮政分公司积极推进“农产品进城”，凭借邮乐网、极速鲜商城、绿优邮商城等自有平台，依靠邮政企业快递物流的优势，通过线上平台、网络直播、线下团购等方式，展示奉化水蜜桃品牌，拓宽其销售和物流运输渠道，为奉化水蜜桃打开全国市场提供保障。2020年，奉化邮政分公司水蜜桃项目完成寄递业务总量7.9215万件，业务量同比增长50.91%。

（卓　越）

中国电信股份有限公司奉化分公司

【概况】 2020年，中国电信股份有限公司奉化分公司（以下简称奉化电信），深入开展“强基深耕行动”，全面完成主营收入预算、码号级收入预算和净利润指标。年末，奉化电信通话用户数17.76万户、宽带用户数9.96万户、天翼高清用户数6.52万户。

【网络建设】 2020年，公司响应上级公司和地方政府的号召，组织全体后端成员积极投入5G建设工作，超预算完成建设任务。全年总计完成305个5G无线基站的建设工作，已开通291只，其中151个NSA制式基站和140个SA制式基站投入使用。

公司围绕城域网优化、光接入网整治、客户层网络整治三个方面进行全面治理和提升。全年公司完成46台OLT上联升万兆工作，OLT万兆上联率由23%提升到85%；完成15台XPON设备的安装建设、7套政企OTN波分安装；进行FTTB和FTTN退网改光工作，B/N设备退网1200余台；完成驻地网建设30个，新增FTTH接入能力9790线；整治存量光衰不达标业务，管控新装用户光衰达标，达标率分别为98.3%和99%以上，在宁波大市处于领先水平。

【质量服务和经营管理】 奉化电信坚持党业融合发展，持续贯彻“以人民为中心”的发展思想，践行“以客户为中心”的服务理念，构建“后端服务前端、职能服务运营、运营服务一线、一线服务客户”的大服务体系，推进企业优化运营，有效提升客户感知。通过服务文化建设、体系建设和能力提升三大工作抓手，全面落实提速降费、携号转网服务、脱贫攻坚、网信安全、5G建设等一系列工作。同时，夯实横向地面责任（强基），深化纵向专业运营（深耕），加强纵横精准协同，落实奖优罚劣机制，激发队伍整体活力，全面打造企业差异化竞争优势。

【通信保障】 坚持防疫安全和恢复正常生产秩序“两手抓”。对内确保疫情防控不懈怠、不疏漏，工作运转不停摆、不延误；对外积极承担央企社会责任，助力当地政府以及相关防疫部门合力抗疫，全力保障通信畅通。全年奉化电信累计发送防控定向公益短信1796400条（区新型冠状病毒防控领导小组、区疾控中心、区健康办），保障专线电路31条、视频会议43场，紧急业务开通197次（条），突击完成疫情监控安装580余户，出动保障人员510人次、保障车辆148辆次。

【扶贫攻坚】 奉化电信确定萧王庙镇陈家岙村为扶贫结对村。以“信息扶贫”“消费扶贫”“网络扶贫”“就业扶贫”为扶贫主基调的工作方向，通过“党建翼联结对”“平安乡村建设”“美丽乡村改造”“农副产品助销”“用工助力脱贫”等具体的方案开展扶贫工作。2020年，公司对结对村共组织开展10余次的帮扶活动，双方签订党建翼联合作书，帮扶结对村搭建平安乡村平台且安装监控探头16个，采购水蜜桃3300余箱，就业帮扶1人次。

（邬琪绅）

中国移动通信集团浙江有限公司奉化分公司

【概况】 2020年，中国移动通信集团浙江有限公司奉化分公司（以下简称奉化移动）落地落实集团创世界一流“力量大厦”和省公司“一三四八”总体思路，市公司“一四四四”行动计划，实现疫情防控和经营发展“两手硬、两战赢”。奉化移动全年运营收入完成37767万元，通话用户数约42万户，有线宽带用户11万户，5G基站231个，4G基站2285个。

【网络建设】 2020年，公司投资6300万元用于奉化移动网络建设。建设站点157个，累计4G站点达到2285个，5G站点231个，扩容55个，完成奉化城区和主要乡镇街道的5G网络全覆盖，全年累计解决弱覆盖点25个，并在语数协同的基础上，流量稳步增长，通过专项优化，VOLTE各项指标提升明显，用户感知进一步提升。

截至2020年底，完成年度建设规模，并开展驻地网建设专项补强提升，累计覆盖达到35万户，满足在网用户千兆承载能力。同步排查汇聚隐患合计11个，100%完成整治。通过环路优化及PTN设备替换或新增升级，网络能力持续提升，完成密集城区10G环全覆盖，城区汇聚100G环基本全覆盖；实现接入层、汇聚层、骨干核心层容量大提升，有效支撑5G业务的进一步拓展。

【服务提升】 2020年，公司成立了“资费满意度”和“上网质量满意度”两个突击队。坚持以客户为中心，坚持“抓投诉就是抓满意度”的工作方向，夯实服务责任、升级感知测评机制、优化业务服务体系、提升触点服务能力、健全端到端服务质量管理、推荐数智化服务赋能、深化智慧投诉运营、坚持服务口碑塑造，2020年奉化分公司整体服务水平全地区排名靠前。推进溯源问责落地，推进闭环整改，每月重点做好低满用户修复，帮助用户解决实际问题，修复成功率均达90%以上。业务稽核融合，构建立规、质检、修复、溯源、优改“五位一体”管理体系，依托大数据平台，实现集中化管理，实施六项监管，提升纠偏能力；嵌入式廉洁风险防控，聚焦关键领域，关键环节，明确防控主责，将各项廉洁防控工作落实到具体责任人。

开展一系列惠民工程，如联合区公安开展防诈骗宣传，结合移动“机伶”小程序开通骚扰电话自动拦截，降低被诈骗风险；联合区科协开展中老年智能机培训微课堂，对800余名中老年人开展百余场培训课程；通过党建和创开展进社区服务，为居民送上免费贴膜、手机消毒、网络义诊等服务。

【智慧城市建设及5G+DICT新发展】 持续全面、深入参与智慧城市建设各个领域，持续在军警法司、交通运输、城市管理、农业水务等智慧应用完成大量网络传输支持。

做好企业上云行动收官工作。3年累计完成上企业服务1400家，新增申报上云省标杆1家（累计3家），是唯一协助区政府实现上云标杆创建的当地运营商。深度应用智能制造上云12家，助力区卫健完成卫生院上云2家。

（蔡芳琪）

中国联合网络通信有限公司宁波市奉化分公司

【概况】 中国联通奉化分公司是中国联合网络通信有限公司在奉化区的分支机构（以下简称奉化联通）。2020年，奉化联通推进混合所有制改革和全面互联网化运营，积极推进5G网络共建共享，构建5G数务生态，开发5G特色服务，聚焦新媒体、工业互联网，促进各行各业数字化、网络化、智能化发展。至年底，奉化联通累计完成主营业务收入7063万元，完成率101.4%，通信服务收入6639万元，完成率101.1%，获得宁波联通先进基层党组织称号。

【跨步数字化转型】 2020年，奉化联通坚持“走出去”“请进来”，紧抓数字转型新机遇，完成了多项智慧城市项目建设，项目金额3170.7万元，签约指标完成率158.5%。全区共完成147个智安小区、148所平安校园、首批39个小区的智慧消防项目的建设，助力平安奉化城区建设上台阶。智慧考务与教学。涵盖6所学校中考的科学实验考试和4个高考标准化考场建设；智能VR科学教学系统在上述学校试点，受到一致好评。智慧水务、黑烟抓拍、赋能五水共治、智能环保新要求。通过“固定式水质监测点+传感器探头部署”的方式，对全区33条河道进行实时水质监测，实现全天候监管，为奉化改善水环境质量，推动数字经济转型发展提供强有力的保障；通过四明东路及金钟路宝化路机动车智能黑烟抓拍系统，有效实现对黑烟车监控，智能取证预警，并进行快速执法，为城市环境的保护作出积极贡献。完成120个医废监控摄像头，20个公办及私立医院的医废平台接入，60个分诊台接入；通过AI监测平台，实现了相关监管部门远程监控执法工作，并对疫情管控溯源起到一定作用。

【突破互联网化营销模式】 6月，奉化联通携手宁波市计生协、奉化区锋之社志愿者服务协会，通过手厅开展一场暖心助农直播带货活动，帮助失独老夫妇销售水蜜桃。直播期间，广大网友随着镜头走进桃园，在线人数超5000人次，累计人气值超过5万，水蜜桃成交量超1000箱，成交总金额达到4万元。该次活动被《宁波日报》微信公众号转发，最终转发及点播次数9万多次，形成良好的品牌宣传效益。

（王　萍）

金 融

综 述

2020年，全区共有银行业金融机构24家、保险支公司26家、证券公司营业部5家，另有小额贷款公司3家、担保公司1家、典当行5家、融资租赁公司1家、民间资金管理企业1家、私募基金管理机构（已备案）5家、股权投资类机构44家。

《全区政策性融资担保体系建设的实施意见》《宁波市普惠金融改革试验区建设奉化实施方案》等出台，完善政策性融资担保体系，明确全区未来普惠金融改革的工作方向和重点。至年底，保险险种扩大到30个，为3822户（次）农户提供9.75亿元的风险保障，保费收入2367.86万元，累计赔付1741.29万元。拓展首贷户投放贷款47.85亿元。深入开展政银企互动，精心塑造"周周融"品牌形象，全年走进企业230余家次，助力企业融资5亿余元。

全年召开各类拟上市企业协调推进会5次，会同各类上市中介机构走访企业40余次，上市企业服务小分队协调解决企业困难和问题30余个；联合经信局开展为期3天的拟上市企业总裁培训班，邀请浙江省长三角资本研究院举办资本市场赋能一体化高质量发展研讨会，借助融象上市加速器开展资本市场业务系列培训；加强企业上市梯队建设，至年底全区共有拟上市企业22家，其中海威股份、动一股份、利安科技3家企业报宁波证监局辅导备案，同信园林、精益飞达计划赴香港上市，海上鲜着手抓好股改，新邦科技、亿太诺2家企业完成上市三方中介签约，累计签约企业13家。新增甬股交挂牌企业35家，累计挂牌158家，超额完成任务。

2020年，全区金融机构引进硕士及以上学历的专业人才10人，完成小米数科、浙栋资产等重大招商项目落地奉化，支持杭州银行奉化支行、华夏银行奉化支行和财通证券奉化营业部入驻。

至12月末，全区金融机构本外币各项存款余额915.93亿元，同比增长15.97%；本外币各项贷款余额985.41亿元，同比增长20.88%；不良贷款余额5.36亿元，不良贷款率0.54%，低于省、市平均数。实现保费收入14.14亿元，同比增长3.83%。证券成交总额1165.76亿元，同比增长48.72%。一年内，全区金融业税收收入3.7亿元，同比增长13.23%，其中金融业地方税收收入2.17亿元，同比增长10.63%。金融业增加值40.13亿元，同比增长12.00%；金融业占第三产业比重16.70%；金融业占GDP比重5.9%。

中国人民银行奉化支行

【概况】 2020年，中国人民银行奉化支行根据区委区政府战略决策部署，按照上级行“强党建、重担当、求实效、争一流”工作要求，结合奉化经济金融发展实际，认真贯彻落实稳健中性货币政策，扎实推进普惠金融建设，积极防范化解辖区金融风险，推动辖区经济金融高质量发展。辖区农业银行、交通银行、宁波银行、农商银行、浙商银行等5家银行被评为2020年度金融机构综合评价A类行。

【金融运行】 信贷总量快速增长。2020年，全区本外币各项贷款余额985.41亿元，比年初增加170.21亿元，同比多增50.97亿元，同比增长20.88%，增速同比提高3.75个百分点。住户贷款余额379.18亿元，比年初增加89.56亿元，同比增长30.93%，其中住户中长期贷款余额288.86亿元，比年初增加75.13亿元，同比增长36.42%；单位贷款余额606.23亿元，比年初增加80.65亿元，同比增长15.34%，其中单位中长期贷款余额337.43亿元，比年初增加62.74亿元，同比多增40.57亿元，同比增长22.84%，比单位短期贷款增速高11.54个百分点，中长期贷款增量占单位贷款增量的77.79%。全区普惠口径小微企业贷款余额153.57亿元，比年初增加43.82亿元，同比增长39.93%，贷款户数12229户，比年初增加2797户，同比增长29.65%。

各项存款增速加快。12月末，全区本外币各项存款余额915.93亿元，比年初增加126.14亿元，同比多增9.16亿元，同比增长15.97%，增速同比下降1.42个百分点。主要是住户存款比年初增加48.94亿元，同比增长13.19%，增速同比提高2.08个百分点；企业存款比年初增加42.84亿元，同比增长17.92%，其中企业协定存款因利率相对较高、支取灵活性强，占企业存款新增总量的93.6%。

金融生态总体较好。12月末，全区不良贷款余额5.36亿元，比年初减少0.50亿元；不良率0.54%，比年初下降0.18个百分点。受疫情影响，加速部分困难企业的风险暴露，1—12月全区新增不良贷款7.85亿元，但不良仍呈现“双降”态势，主要原因是不良处置加快，2020年通过核销、现金回收等方式处置不良贷款8.36亿元，处置总量同比增长18.56%。

【金融支持实体经济】 稳步推进金融支持稳企业保就业。研究出台《奉化区金融支持稳企业保就业工作实施方案》，成立工作专班和4个工作组，建立与政府部门协调机制。组织银行开展现场融资对接2次，下发稳保专项对接名单6批次，走访企业1796家，达成融资23.8亿；借助宁波普惠平台线上对接企业426家，达成融资3.34亿元。用好疫情专项再贷款救急资金，累计向16家重点企业发放防疫专项再贷款53笔，金额1.85亿元。落实1.5万亿元再贷款相关政策，组建工作小组，建立动态跟踪台账和监测通报机制，进行现场核查5次。奉化农商银行、罗蒙村镇银行等全年投放支农支小再贷款5.12亿元，加权平均利率4.99%；新增普惠小微信用贷款投放4.33亿元，完成普惠小微贷款阶段性延期还本付息6.75亿元，累计延期率91.19%。

开展首贷户拓展专项行动。牵头制定《奉化区首贷户拓展三年行动方案》，并经区委常委会审议后印发，成立以区领导为组长的首贷领导小组，推动区政府建立总额2000万元的首贷风险补偿“资金池”。成立全省首个首贷服务中心，依托普惠平台、区“周周融”平台，采取“小前台+大后台”模式，构建需求受理、银企对接和督促落实工作闭环，全年办理企业咨询156家次，对接56家，达成融资金额4587万元。梳理汇总各银行“码商贷”“首贷通”“育农贷”“微捷贷”“云税贷”“小微易贷”等信贷产品首贷优惠政策，建立奉化区约1万家零贷企业名单库并下发银行，进行排摸对接和走访，全年拓展首贷户1711户，新增首贷户贷款投放47.85亿元，其中普惠小微首贷户1676户。相关工作得到人行杭州中心支行殷兴山行长和奉化区政府胡永光区长、潘多副区长批示肯定，被《人民日报》《金融时报》《宁波日报》、宁波电视台等媒体报道。

精准发力支持制造业发展。积极对接政府部门落实重点支持产业项目名单，对小微园区进行走访排摸，引导推广固定资产贷款、中期流贷、融资租赁等模式，发展小微企业园厂房按揭融资，做好制造业情况通报和高管约谈。至12月末，全区制造业贷款余额184.77亿元，同比增长21.71%，增速同比提高13.08个百分点。全区制造业中长期贷款余额38.34亿元，占比20.75%，比年初提高10.83个百分点。

【普惠金融服务】 参与宁波市普惠金融改革示范区建设。联合研究起草《宁波市普惠金融改革试验区建设奉化实施方案》，经区政府常务会议审议后发文实施。建立由区政府领导为召集人，区各相关单位为成员的联席会议制度，并在支行设立联席会议工作推进办公室，建立定期督办机制，压实各项责任。

优化便民移动支付环境。配合区政府，利用银联“云闪付”平台，做好2000万元电子消费券发放使用工作，促进商品交易，实现成交额6800余万元。加快推动银联“刷脸付”试点应用，组织金融机构布放130余台“刷脸付”终端，注重设备布放的适度集中，努力打造银泰城“刷脸付”商圈，探索连锁品牌店“刷脸付”布放模式。新验收通过4个智慧支付菜场，智慧菜场整体覆盖率达76%。

深化金融教育和金融消费者权益保护。持续推进滕头学生社会实践基地金融教学工作，在后疫情阶段率先启动高中段金融知识教育开课，全年组织金融讲师授课9次，全区高中、初中段听课学生约3500名。发挥好金融消费纠纷调解工作室作用，为老百姓提供更加便利的非诉解决渠道，全年累计处理投诉19起，切实保障消费者合法权益。9月24日，促成区人民法院与宁波市金融消费纠纷人民调解委员会达成合作，推动非诉渠道调解机制在奉化落地。

落实各项外汇便利化举措。推动创新试点业务落地，全年办理货物贸易外汇收支便利化试点业务412笔，金额11444万美元；资本项目收入支付便利化业务529笔，金额1653万美元。指导辖区银行推出减免汇款手续费、优惠贸易融资利率和结售汇手续费等具体举措，全年对涉外企业减费让利达530万元人民币。大力支持外债流入政策，流入外债5359万美元，同比增长130.79%。指导银行用好跨境金融区块链平台技术，办理融资业务175笔、金额3151万美元。

【金融监管】 加强金融风险防控。按季做好法人机构央行评级工作，按月动态监测法人机构风险状况，对法人机构开展存款保险业务现场核查。开展金融稳定知识业务培训，组织法人机构开展“高仿真”挤兑事件应急演练。6月、11月，会同区住房和城乡建设局，对江宸府、桃李一品等4个商品房预售资金专户开展现场调查。11月，集中现场巡查辖区24家金融机构开展存款保险宣传和标识启用工作情况。认真执行存款利率投诉监督制度，指导法人机构做好存款压降、存量贷款利率（LPR）转换等工作。

强化金融服务管理。对法人机构开展反洗钱分类评级工作和实地走访。主动加强与公检法等相关部门的沟通联系，积极推进辖区洗钱罪定罪工作，指导做好可疑交易资金监测分析。组织银行机构完成255户涉案账户全面排查，严肃追究18家银行相关管理人员及经办人员责任，对8家银行支付结算服务开展涉赌涉诈风险核查。加强对金融机构约见谈话、通报等管理，2020年共对11家银行开展约谈，实施金融机构名录变更14家次，走访调研金融机构28家次。开展整治拒收人民币现金专项行动，及时向区政府专题汇报，联合区文旅局、综合执法局、市场监管局等政府部门，对旅游、餐饮、商户、停车场等重点领域开展政策宣传和联合执法检查。协调公安、财政等相关部门，出台假币违法犯罪举报奖励办法，通过《奉化日报》、微信公众号、移动公司等发送宣传信息1.5万条次，提升社会公众的反假知晓度与参与度。

防范跨境资金异常流动风险。对40家总量指标、贸易信贷报告异常等企业进行现场核查，分类管理企业15家，其中列入B类7家、C类8家。开展服务贸易现场核查4家、非现场核查19家，对3家企业服务贸易项下收支行为不合理情况开展约谈；对资本项目外汇信息系统的41笔异常滞留数据进行核查。做好辖区156家外商投资企业和32家境外投资企业的存量权益登记工作。

（李　罡）

银行机构

【概况】 2020年，全区共有银行业机构24家，与上年相同。其中，政策性银行1家、大型国有银行6家、股份制商业银行10家、城商行5家、农商行1家、村镇银行1家，银行机构共有网点149个，银行业从业2015人。

【中国农业发展银行宁波市奉化区支行】 2020年，存款余额为9.17亿元，较上年增长0.8%；贷款余额为32.72亿元，较上年降低4.71%；无不良贷款；实现经营收入1.89亿元，较上年增长0.5%；实现经营利润7775万元，较上年增长30.10%。年末全区有经营网点1家，其中支行1家。

（孙　真）

【中国工商银行股份有限公司奉化支行】 2020年，存款余额为70.58亿元，较上年增长7.95%；贷款余额为108.35亿元，较上年增长9.63%；不良贷款率为0.71%；实现经营收入3.45亿元，较上年增长5.82%；实现经营利润2.90亿元，较上年增长8.52%。年末，有经营网点8家，其中支行7家，营业部1家；自助银行3家，ATM（含CRS）机26台。该支行先后被评为奉化区2020年度“经济风云榜”重大贡献奖、金融系统先进单位、金融发展示范单位等。

截至2020年末，为区内多个重点项目投放信贷资金近13亿元，在奉化区国有公司贷款上的表内外余额50多亿元。与松岙镇五百岙村结对，开展“城乡结对、共建文明”活动，开展普惠金融宣传活动，切实提高民众金融风险防范意识。自年初疫情发生后，严格落实各项防控措施，加大对重点防疫抗疫企业的信贷支持力度，为应急物资采购、财政资金划拨等疫情防控工作提供金融服务，全力支持企业复工复产。

（赵　丹）

【中国农业银行股份有限公司宁波奉化支行】 2020年，本外币存款余额为95.54亿元，较上年增长3.68%；本外币贷款余额为109.78亿元，较上年增长8.18%；不良贷款率为0.48%，较上年上升0.05%；实现经营收入4.03亿元，较上年增长11.94%；实现经营利润3.05亿元，较上年增长22.49%。年末有经营网点12家，其中支行9家，营业部1家；自助银行15家，ATM（含CRS）机34台。

该行先后获评奉化区银行业金融机构综合评价A类行、银行外汇业务合规与审慎经营A类行、金融发展示范单位。

（唐双桑）

【中国银行股份有限公司奉化支行】 2020年末，本外币存款余额64.5亿元，较上年增长33.26%；本外币贷款余额73.05亿元，较上年增长24.76%；不良贷款率0.72%，较上年下降1.3%；实现经营收入2.30亿元，较上年增长11.1%；实现经营利润1.81亿元，较上年增长15.5%。年末有经营网点7家，其中支行6家，营业部1家；自助银行18家（含自助服务点），ATM（含CRS）机35台。该行先后被宁波市奉化区金融发展服务中心授予2019年度不良贷款处置工作先进单位称号，被中国银行宁波市分行评为2020年公司金融“开门红”优秀集体三等奖、开门红来聚财商户优秀机构奖。

1月，与区商务局签署党建共建协议书，实现两单位优势互补、发展共赢。6月，联合奉化区投资促进局、科学技术局、商务局等党建共建单位，组织80余人赴余姚市梁弄镇横坎头村开展主题党日活动。

深化外汇普惠金融，稳企业保就业助涉外。10月，承办“服务外贸企业专题活动”，向企业宣讲外汇、汇率避险等政策，帮助企业把握市场脉动，拟定经营策略。

（张琪琪）

【中国建设银行股份有限公司奉化支行】 2020年，存款余额为83.24亿元，较上年增长7.31%；贷款余额为100.44亿元，较上年增长27.59%；不良贷款率为0.92%，较上年降低0.35%；实现经营收入3.26亿元，较上年增长12.7%；实现经营利润2.58亿元；较上年增长14.8%。年末有经营网点8家，其中支行6家，营业部1家，分理处1家；自助银行13家，ATM（含CRS）机47台。本年度获评奉化区2020年度“经济风云榜”重大贡献奖、金融发展示范单位；江口支行创建成为宁波市级文明窗口。

全年各项贷款100.44亿元，再次突破百亿大关，新增21.72亿元，增量创历史新高，支持东部门户区、圣墩村安置、新农投、溪口旅游、罗蒙集团等重点建设项目和重点客户。全年完成首贷户客户新增136户，超额完成目标任务。

以明显低于同期同业的平均利率水平，全年累计为区内168家小企业及个体工商户贷款223笔，合计14635万元。为区域内9家制造业企业减免利率、利息金额共计164万元。为5家制造、建筑、文旅等行业企业审批防疫专项信用贷款3800万元。

该行先后与区金融办、宁波海威、宁波尼可、宁波协诚5家共建单位开展“共建聚能量，合力赢未来”党建共建活动，与区金融办党支部联合开展“组织联动，活动联办”共讲党课活动。

（李建行）

【交通银行股份有限公司宁波奉化支行】 2020年，存款余额为33.59亿元，较上年增长10.6%；贷款余额为38.67亿元，较上年增长22%；不良贷款率为0.29%，较上年减少0.28%；实现经营收入1.27亿元，较上年增长22.53%；实现经营利润1.03亿元，较上年增长19%。年末有经营网点3家，其中综合型网点2家、普惠型网点1家；在行式自助银行（网点）3家、离行式自助银行（网点）7家，ATM（含CRS）机12台。

该行先后获得2019 年度交通银行五一劳动奖状，以及奉化区银行外汇业务合规与审慎经营评定A类行、金融机构综合评价A类行、重大项目融资先进单位等荣誉。

（王雨军）

【中国邮政储蓄银行股份有限公司宁波奉化区支行】 2020年，存款余额为44.56亿元，较上年增长13.99%；贷款余额为35.1亿元，较上年增长21.45%；不良贷款率为0.25%，较上年增长0.07%；实现经营收入8873万元，较上年增长10.51%；实现经营利润4650万元；较上年下降21.68%。年末有经营网点32家，其中支行31家（含邮政代理网点28家），营业部1家；自助银行32家，ATM（含CRS）机45台。

推出贷款新品。年末极速贷余额23398万元，其中线上业务3164万元，促使小额贷款业务发展。

发展存款业务。通过持续公关财政部门，引入阶段性财政存款3亿元；苏宁、秉航、锐泰、浙拖承兑保证金存款增长2900万元；拓展农民工工资、房地产企业、地方国有企业萧王庙建设投资公司等各类存款业务，阶段性引存5000万元。存款年日均23489万元，同比净增3925万元，同比增幅20%。

（胡琼丽）

【宁波奉化农村商业银行股份有限公司】 2020年，存款余额191.24亿元，比年初增加23.53亿元，增幅为14.03%；各项贷款余额143.4亿元，比年初增加24.22亿元，增幅为20.32%；年末不良贷款余额1.75亿元，比年初增加2219万元，不良率1.22%。实现财务总收入达到10.49亿元，同比增加0.58亿元，增幅5.83%；实现税后净利润0.98亿元，比上年增加222万元；全年缴纳各类税金4402.53万元。总部设15个部室，下辖1家营业部、16家支行、32家分理处，共49家网点，布放便农自助终端296台，ATM（含CRS）机77台、智能柜员机45台。银行先后获得中国银行业最佳社会责任特殊贡献网点、宁波市四星级和谐企业，奉化区2020年度经济风云榜重大贡献奖、普惠金融工作先进单位等多项荣誉。

至年末，实际投放免息贷款796笔，共计金额50579万元，免息金额838万元。落实支农支小再贷款、中小微企业贷款阶段性延期还本付息政策、小微企业信用贷款等政策，至年末，投放“微担通”358笔40117万元，发放首贷户贷款831户、58869万元。

整体授信70亿元，将全区13.8万户农户全部纳入最低5万元普惠额度的受益对象，普惠建档覆盖率、贷款授信覆盖率、金融服务覆盖率均达100%。至年末，授信农户11.5万户，授信总额达115亿元。与区农业农村局、区中小企业融资担保有限公司联合推出“育农贷”产品，至年末，投放“育农贷”贷款5139万元。

（董　玮）

【宁波银行股份有限公司奉化支行】 2020年，存款余额为115.17亿元，较上年增长16.9%；贷款余额为77.65亿元，较上年增长17.6%；不良贷款率为0.08%，较上年降低0.03%；实现经营收入2.00亿元，较上年增长3.70%；实现经营利润1.69亿元；较上年增长105.00%。新开立奉化东郡社区支行，以拓宽服务区域，提升品牌形象。年末有经营网点10家，其中支行9家，营业部1家；自助银行6家，ATM（含CRS）机6台。银行先后获得2019年度支持小微企业融资先进单位、2020年度奉化区金融机构综合评价A类行等称号。

普及理财知识。通过微信群、直播等形式，开展线上经营，在三八妇女节、五一劳动节以及端午节举办专属活动，服务2000人次。

（王巧玲）

【宁波奉化罗蒙村镇银行有限责任公司】 迁址至奉化区岳林街道桥东岸路98幢。2020年，存款余额为4.71亿元，较上年增长38.94%；贷款余额为4.84亿元，较上年增长35.19%；不良贷款率为2.72%，较上年降低0.8个百分点；实现经营收入3741.14万元，较上年增长26.63%；实现经营利润795.97万元，较上年增长23.18%。年末，有经营网点2家，其中支行1家，营业部1家。

截至12月末，小微企业贷款370户，比年初增加186户，增长101.09%；贷款余额29166.85万元，比年初增加8257.38万元，增长39.49%，占各项贷款的60.24%。全年共发放支农资金5000万元，受益95户，户均52.63万元。

全年存量客户累计减免利息32.56万元，受益50户；新增客户累计减免利息25.53万元，受益19户。至年末，投放信用贷款11603.94万元，同比增加5792.12万元；中长期贷款12586.72万元，同比增加8748.65万元。

（沈再娣）

【广发银行股份有限公司宁波奉化支行】 2020年，存款余额为21.28亿元，较上年增长120%；贷款余额为21.2亿元，较上年增长50%；不良贷款率为0.71%，较上年增长0.21%；实现经营收入7944.7万元，较上年增长78.9%；实现经营利润5737万元；较上年增长83.9%。年末，有经营网点1家（支行），ATM（含CRS）机2台。

（屠文萍）

【上海浦东发展银行股份有限公司宁波奉化支行】 2020年，存款余额为9.81亿元，较上年下降35.2%；贷款余额为16.79亿元，较上年增加53.3%；不良贷款率0.07%，较上年增长1184万元；实现经营收入3997万元，较上年增加30%；实现经营利润3170万元，较去年增加30%。年末，有经营网点1家（支行），ATM机3台。

（沈天谊）

【中国民生银行股份有限公司宁波奉化支行】 2020年，存款余额为12.08亿元，较上年增加39%；贷款余额为13.1亿元，较上年增加24.7%；不良贷款率2.1%，较上年减少2%；实现经营收入6182万元，较上年增加41%；实现经营利润5120万元，较去年增加45.9%。年末，有经营网点2家，其中支行1家，社区支行1家，ATM机3台。

（卓素蓉）

【中国光大银行股份有限公司宁波奉化支行】 2020年，存款余额为15.95亿元，较上年减少15.2%；贷款余额22.31亿元，较上年减少2.02%；不良贷款率为0，较上年降低0.73%；实现营业收入6579.29万元，较上年减少22.84%；实现营业利润4628万元，较上年减少25.99%。年末，有经营网点2家，其中支行1家，社区银行1家，ATM（含CRS）机4台。

本年度被奉化区金融发展服务中心评为不良贷款处置工作先进单位；在由《宁波日报》主办的“2020年宁波市民满意文明示范网点”评选中上榜。

（胡任道）

【招商银行股份有限公司宁波奉化支行】 2020年，存款余额10.99亿元，较上年增长69.33%；贷款余额为28.73亿元，较上年增长17.93%；实现经营收入1.79亿元，较上年增长33.63%；实现经营利润6748万元；较上年增长13.85%。年末，有经营网点1家（支行），自助银行1家，ATM（含CRS）机2台。

（徐　惠）

【上海银行股份有限公司宁波奉化支行】 2020年，存款余额为7.5亿元，较上年增长36%；贷款余额为25亿元，较上年增长79%；不良贷款率为0.154%，较上年降低0.06%；实现经营收入8718万元，较上年增长118%；实现经营利润7882万元；较上年增长143%。年末，有经营网点2家，其中支行1家，营业部1家；自助银行1家，ATM（含CRS）机3台。

（周碧霞）

【中信银行股份有限公司宁波奉化支行】 2020年，存款余额为29.59亿元，较上年增长10.15%；贷款余额为34.08亿元，较上年增长4.58%；不良贷款率为0.017%，较上年上升0.002%；实现经营收入1.1亿元，较上年减少0.41%；实现经营利润1.09亿元；较上年减少0.51%。年末，有经营网点4家，其中支行2家，营业部2家；自助银行2家，ATM（含CRS）4机台。

（郑　蕾）

【浙江泰隆商业银行股份有限公司宁波奉化支行】 2020年，本外币存款余额为3.28亿元，较上年增长12.33%；本外币贷款余额为3.81亿元，较上年增长39.05%；不良贷款率为0.88%，较上年增长0.32%；实现经营收入2561.53万元，较上年增长49.7%；实现利润总额1582.62万元；较上年增长66.43%。年末，有经营网点1家（支行），自助银行1家，ATM（含CRS）机2台。在2019年度奉化区金融工作先进单位的评选中被评为支持中小微企业融资先进单位。

4月13日，支行与奉化区商务局联合发文，推出助力涉外企业稳经营稳发展专项金融服务。4月25日，浙江卫视中国蓝新闻栏目播出《泰隆银行奉化支行支持辖区涉外企业签约》的报道。8月26日，组织党员赴尚田镇方门村、下田塔村，慰问结对困难党员。9月2日，《人民日报》第10版以《首贷及时雨　润企细无声》为题，对人民银行宁波市中心支行牵头的首贷户拓展专项行动进行报道，泰隆银行奉化支行为宁波奉化浩立轴承保持架厂办理融资业务的事例被刊载。

（孙　丽）

【平安银行股份有限公司宁波奉化支行】 2020年，存款余额为1.6亿元，较上年增长45%；贷款余额为8.57亿元，较上年减少5.8%；不良贷款率为0；实现经营收入4219万元，较上年减少25%；实现经营利润3594万元；较上年减少26%。年末，有经营网点1家（支行），自助银行1家，ATM（含CRS）机2台。

（毛诗盈）

【浙商银行股份有限公司宁波奉化支行】 2020年，存款余额为21.37亿元，较上年增长38.23%；贷款余额为26.22亿元，较上年增长47.97%；不良贷款率为0.06%；实现经营收入1.04亿元，较上年减少34.43%；实现经营利润7209.99万元；较上年减少52.09%。年末，有经营网点1家（支行），自助银行2家，ATM（含CRS）机2台。本年度获评奉化区金融机构综合评价A类行、金融发展示范单位、巾帼文明岗称号等荣誉。

至年末，新增制造业企业授信额度突破4亿元，制造业贷款净增投放2.83亿元。全年小企业新增141户，共619户，新增投放3.73亿元，余额13.99亿元，其中首贷户新增67户，新增投放1.27亿元。被评为总行级先进，并作经验分享。

（竺倩倩）

【恒丰银行股份有限公司宁波奉化支行】 2020年，存款余额为8.56亿元，较上年增长103.33%；贷款余额为12.38亿元，较上年增长33.70%；不良贷款率为0；实现经营收入6572万元，较上年增长32.37%；实现经营利润5727万元；较上年增长30.57%。年末，有经营网点2家，其中支行1家，营业部1家，ATM（含CRS）机2台。

支行先后被恒丰银行宁波分行评为2020年度先进集体、“感动恒丰·最美奋斗团队”，宁波分行2020年度经营部门考核中KPI排名第二。

（吕　冉）

【兴业银行股份有限公司宁波奉化支行】 2020年，存款余额为10.93亿元，较上年增长20.64%；贷款余额为29.75亿元，较上年增长149.58%；不良贷款率为0；实现经营收入8127.73万元，较上年增长48.49%；实现经营利润5444.27万元；较上年增长53.75%。年末，有经营网点1家（支行），自助银行3家，ATM（含CRS）机2台。

本年度被浙江省财贸工会评为全省财贸系统“工人先锋号”先进集体，被总行评为服务明星支行，被奉化区金融发展服务中心被评为重大项目融资先进单位；在由《宁波日报》主办的2020年宁波市市民满意文明示范网点评选中上榜。

（梅永峰）

【台州银行股份有限公司宁波奉化支行】 年末，各项存款余额31913万元，较年初增长3404万元，增幅11.9%；各项贷款余额35914万元，较年初增长4905万元，增幅15.8%。

全年支行走访企业628户，落实授信金额5.90亿元，发放贷款2.94亿元。其中，低息复工贷4410万元，累计减免利息27.08万元。

全年与奉化区28个村居开展金融合作，授信额度8124万元，惠及农村家庭780户，支持新农村建设、民房改造、种植养殖发展等。

（郑露虹）

【浙江稠州商业银行股份有限公司宁波奉化支行】 全称是浙江稠州商业银行股份有限公司宁波奉化小微企业专营支行，2020年1月19日开业。主要业务有吸收公众存款，发放短期、中期和长期贷款，办理国内外结算，办理票据承兑和贴现，代理发行、兑付政府债券，从事银行卡业务，提供信用证服务及担保，代理收付款项及代理保险业务，经银行业监督管理机构批准的其他业务。

2020年，存款余额为2.1亿元，贷款余额为2.08亿元，不良贷款率为0，实现经营收入159.68万元，经营利润亏385.14万元。年末，有经营网点2家，其中支行1家，营业部1家；自助银行1家，ATM（含CRS）机1台。

（毛淑萍）

保险公司

【概况】 2020年，全区共有26家保险支公司、41家营业网点，从业人员1071人。其中，财险支公司20家、营销服务部11家，从业人员1048人；寿险支公司6家，营销服务部4家，从业人员963人。全年实现保费收入14.14亿元，同比增长3.83%。其中，财产险保费收入7.27亿元，同比增长5.22%；人身险保费收入6.88亿元，同比增长2.40%。全年保险赔付支出4.99亿元，同比下降6.38%，其中财产险赔付支出3.51亿元，同比下降10.96%；人身险保费支出1.48亿元，同比增长6.63%。

【中国人民财产保险股份有限公司宁波市奉化支公司】 2020年中国人民财产保险股份有限公司宁波市奉化支公司以集团公司“温暖工程”活动为指引，以总、分公司发展思路为向导，聚焦保险客户服务领域，做好复工防疫两手抓。全力推进保险工作开展，稳步推进各项政策落地实施，为实体经济发展和人民生活改善提供更高质量更有效率的保险服务。获评奉化区2019年度保险行业先进单位。

全年实现保费收入20748万元，较上年增长17.81%，理赔支出8483万元，较上年减少27.41%。其中，车险保费10854.7万元，较上年增长12.59%；非车险保费9893.57万元，较上年增长24.12%，其中商业非车险保费8586.2万元，政策性险种保费1307.38万元，分别较上年增长26.71%、9.45%；至年底，有营业网点8个，从业人员78人，比上年增4人。

（吕淑冰）

【中国人寿保险股份有限公司宁波市奉化区支公司】 4月28日，从奉化区锦屏街道惠政西路48号迁至奉化区锦屏街道西河路35号滕明楼B幢2—3楼。年初，支公司被人寿总公司评为2019年度国寿优秀城区奖。

2020年，实现保费收入25397万元，较上年增长10.4%。其中，个险完成营销主险新单期交保费3881万元，预算进度75.6%，较上年同期增长19.22%，位居全市1+8公司第三位。首年标保达成1415万元，年度预算达成率75.6%，位居全市1+8公司第二位，较去年同期增长0.85%；十年期完成1594万元，达成率73.84%，较上年同期下降0.09%，位居全市1+8公司第四位；十年期及以上保障型产品达成921万元，较去年同期增幅16%，达成率居全市1+8公司第七位；短险完成402万元，达成率100%，较上年同期上升19%。

团险达成大短险保费1521万元，同比增长6.7%，预算达成率102%，排名系统第三位；团短险保费1062万元，同比增长2.4%，预算达成率97%，排名系统第四位。其中团险法人业务保费434万元，同比增长10.5%。简单赔付率45.7%，较上年同期下降56.9个百分点，实现规模与效益双突破。

银保达成首年期交保费754万元，预算达成率124.7%，排名系统第三位。渠道以网点为根，积极推进价值化转型，实现五年期及以上期交保费177万元，预算达成率114.3%。

理赔支出994.9万元，同比下降29%；其中男女小额保险228万元，学生平安保险66.6万元，分别较上年下降22%和36%。

年底，共有营销员134人，团险、银保客户经理分别为15人和12人，比上年新增2人和4人。

在9—10月的开门红第一阶段，以达成率103.42%的成绩达成三年期目标，为系统内首家，受到市分公司贺报表扬。

（应竹波）

【中国太平洋财产保险股份有限公司奉化支公司】 2020年，实现保费收入16707万元，较上年增长7.74%，其中车险9599万元，非车险7108万元，分别较上年增长4.92%、21.3%；理赔支出7930万元，较上年下降5.88%，其中车险6982万元，较上年增长6.25%，非车险948万元，较上年下降48.87%。2020年底，有营业网点2个，从业人员53人，与上年同期持平。公司先后获得奉化区文明窗口、奉化区金融发展示范单位、宁波市文明单位等称号。

全力支持产业链复苏，城乡小额贷款保证保险为企业降费47笔、让利28万元，帮扶中小企业共克时艰；积极推广政策性小微企业复工防疫保险，共承保111家，保额1.1亿元，为企业复工提供有力的保障。通过缴纳“特殊党费”，向方桥街道25个村的46名村干部捐赠新冠责任保险，人均保额51万元；先后为3家企业的392名员工捐赠新冠肺炎身故保障保险，保额3920万元。

（卓　园）

【中国太平洋人寿保险股份有限公司宁波市奉化支公司】 2020年，实现总保费收入17213万元，较上年减少7.52%，其中新保保费3891万元，个险新保3390万元，分别较上年减少15.14%、16.75%；理赔支出1040.74万元，较上年增长5.73%，其中长险赔付741.2万元，较上年增长20.92%；年底，有营业网点1个，从业人员232人，较上年增加16人。

（葛盛良）

证券营业部

【概况】 2020年，全区共有5家证券营业部，证券从业人员64人。1—12月，证券成交总额1165.76亿元，比上年同期增加381.90亿元，同比增长48.72%。12月末证券投资者户数为61425户；月末客户保证金余额3.43亿元。1—12月，全区共5家证券营业部，证券从业人员64人。

【光大证券股份有限公司宁波奉化中山东路证券营业部】 2020年，累计股票基金交易量514.9亿元，同比上升50.4%；托管市值81亿元，同比上升125%；新开户数847户，同比上升54.56%；客户总数35596户，同比增长2.4%；融资融券余额4.1亿元，同比上升23.93%。年底，从业人员20人，比上年减少2人。

（庄琳娜）

【中信证券股份有限公司奉化南山路证券营业部】 2020年，营业部累计股票基金交易量396亿元，同比上升60.10%；托管市值12.12亿元，同比上升20.84%；新开户数610户，同比上升49.5%；客户总数12196户；同比增长6.63%；融资融券余额9793万元，同比上升81.89%。年底，从业人员15人，比上年减少1人。

（陈　隆）

【中泰证券股份有限公司奉化南山路证券营业部】 2020年，秉持“合规创造价值、人才提升效率、创新推动发展、诚信铸造品牌”的经营理念，致力于为客户提供更具实用性和有效性金融服务。全年累计股票基金交易量156.95亿元，同比上升14.50%；托管市值7.20亿元，同比上升2.26%；新开户数139户，同比下浮45.05%；客户总数7354户；同比增长1.28%；信用账户累计交易额15.49亿元，同比上升42.34%；融资融券余额7300万元，同比上升9.04%。年底，从业人员15人，其中经纪人8人；从业人员、经纪人分别减少2人、1人。

3—5月，先后开展“3·15金融消费者权益日”活动、证券期货行业“文化建设提升年”活动、全国投资者保护宣传日活动、投资者保护宣传专题活动；5—7月，实施创业板注册制相关工作。

（陈金蕾）

【中国银河证券奉化岳林路营业部】 2020年，累计股基交易量63.87亿元（含国债回购），同比增加46.75%；托管市值2.66亿元，同比增加63.19%；新开户数561户，同比减少7.12%；客户总数5136户，同比增长12.26%；融资融券余额2032.10万元，同比增加94.64%。年底，从业人员8人，与上年相同。

（沈腾勇）

【浙商证券股份有限公司宁波奉化南山路证券营业部】 2020年，累计股票基金交易量35.47亿元，同比上升178.20%；托管市值1.10亿元，同比上升115.69%；新开户数476户，同比上升55.56%；客户总数1114户；同比增长74.61%；融资融券余额718.88万元，同比上升11861.40%。2020年底，从业人员6人，比上年增1人。

（张　倩）

（统稿　王　亮）

经济综合管理

发展和改革

【概况】 2020年，发改工作坚持以习近平新时代中国特色社会主义思想为指导，深入学习贯彻习近平总书记考察浙江、宁波时的重要讲话精神，紧紧围绕区委、区政府的中心工作和重点任务，坚决贯彻“两手抓、两战赢”工作要求，扎实做好“六稳”“六保”相关工作，深度参与“五大专项行动”和“五大攻坚战”，为全区打赢疫情防控战争、夺取经济高效发展、决胜全面建成小康社会作出了积极贡献。

【统筹规划】 完成“十四五”规划《纲要》编制，在区一届人大五次会议审议通过。完成“十四五”规划发展战略和基本思路研究；印发全区“十四五”规划编制目录清单，构建“十四五”规划体系；完成“十三五”规划《纲要》实施情况评估，《奉化日报》专版刊登“十三五”成就；完成“十四五”规划《纲要》编制和审议。完成《宁波市奉化区“五大专项行动”和“五大攻坚战”实施方案》及《高水平全面建成小康社会补短板专项行动工作方案》的编制和印发，组建“5+5”和补短板专项行动工作专班。统筹疫情防控和经济社会发展，起草《关于做好疫情防控期间企业复工有关工作的通知》；衔接相关部门形成“1+12”的企业复工方案体系；起草企业复工后疫情发现和应急处置预案，编制复工企业疫情防控工作指南，加强企业复工复产监测，引导企业稳步有序复工；全面排摸全区554家规上工业企业和2000余家规下工业企业的用能和产出，形成监测分析报告。

【经济运行监测分析】 加强经济运行监测分析，实现“双底线”指标考核争先进位。编制和实施年度国民经济和社会发展计划报告，推进争先创优行动，开好月度经济运行监测联席会议，完成12个月重点企业运行监测分析，做好3个季度经济运行分析，提交区委常委会专题审议。区属地区生产总值增速位居全市第二，“双底线”指标考核位居全市前三。牵头开展高质量发展指标运行监测和考核。完成《2019年高质量发展指标分析报告》，建立区高质量发展指标运行监测联席会议制度，印发高质量发展指标考核办法，完成高质量指标体系半年度、前三季度、全年进展情况汇总分析。

【长三角一体化】 印发长三角一体化工作领导小组工作要点和行动计划、2020年工作要点；贯彻落实习近平总书记在扎实推进长三角一体化发展座谈会上的重要讲话精神，结合奉化实际，制定扎实推进长三角一体化发展的若干措施；积极推进甬绍一体化，完成《甬绍一体化合作先行区建设方案》的编制；《浙江日报》专版刊登《奉化融入宁波都市区建设“重要窗口”新风景》。

【一带一路】 印发“一带一路”综合试验区2020年工作要点，跟进一带一路相关项目和工作进度，“一带一路”沿线国家境外投资完成1621万美元。

【国家海洋经济发展示范区】 推进宁波国家海洋经济发展示范区奉化片区项目建设工作，做好实施情况评估。启动省生态海岸带建设，打造以溪口雪窦山、宁波滨海旅游休闲区为主体，联动大堰、尚田，串珠成链，打造省级生态海岸带。

【世行项目】 推进世行贷款宁波可持续城镇化项目。武岭路道路综合改造提升工程竣工验收；武岭坊区块综合改造提升工程基本完工；蒋氏宗祠周边地块改造项目实施方案通过市资规局审查；文物影响评估报告上报国家文物局；奉化智慧交通研究及试点建设项目全部完成。

【体制改革】 确定年度重点推进政务服务、资源要素配置、投资管理体制、产业发展模式、政府管理机制等五个领域31项治理创新项目，深化和完善创新应用城市空间开发新模式，促进城市高质量发展的改革（“XOD+PPP”模式），做好5个示范项目推进情况排摸汇总，总结该模式在城市转型示范区（中交未来城）、宁奉城际铁路金海路站综合配套工程等区块的实践经验，草拟《宁波市奉化区城市空间开发建设实施方案》。

【信用建设】 全面梳理年度信用建设任务，开展重点部门座谈和走访，制定《2020年奉化区社会信用体系建设工作要点》，明确年度重点任务，分解落实责任分工。完成有关信用合作、信用监管等五大类工作涉52个指标半年度及年度区域信用状况监测评估。在全省率先开展旅游行业信用体系建设。探索建立旅游信用评价体系，根据评价结果首创“信用码”，初步建立起行业监管精准服务体系。在住建、纳税、食品生产销售、水利、生态环境、交通等领域持续开展动态信用等级评价和分类监管。指导区级相关部门开展信用修复，及时为符合修复条件的失信主体恢复和改善信用状况，全年已为30余家信用不良企业办理信用修复。推进公共信用产品在政府行政管理事项中的应用。做好区域内信用业务协同系统331项接入事项的清单梳理核对调整工作，在政府投资项目招投标、政府采购等领域中，对黑名单企业予以限制；惠企“一键通”平台，在惠企、人才专项资金补助兑现中，实现信用核查实时调用和信用惩戒，对黑名单企业，限制了财政奖补资金兑现的资格。拓展信用承诺应用类型和事项，在区级部门行政许可事项办理中，拓展实施告知承诺和容缺受理，全年梳理归集了近9000条信用承诺信息。强化落实奖惩措施，在公务员录用、干部调任、好干部评选等表彰奖励及“强龙工程”申报等企业评选中，对327个主体开展了信用核查和奖惩。

【社会事业】 全面征集把握广度。除向区直各部门、各镇（街道）征求意见建议外，同时通过政府网站、新闻媒体、微信公众号等多种渠道，向社会广泛征求意见建议；组织相关部门多次专题讨论，逐项梳理筛选，对接要素保障情况，形成12个民生实事候选项目，经区人代会票决最终确定年度10项民生实事项目；根据项目责任单位每月报送进度，对照年度目标任务，对项目实施情况作出评价，配合督查室做好督查工作，对滞后项目责任单位进行通报；动态掌握民生实事项目推进过程中的问题难点，针对消防安全品质提升项目，涉及资金落实渠道、时间任务紧迫等困难，多次协调解决有关困难，并督促区消防救援大队落实到位，确保项目按时顺利完成；推动高质量发展民生同城化改革项目按年度计划实施，牵头抓好公共安全智能化改造、交通基础设施同城融入、教育提质（提升公办幼儿园比例）等9项年度民生同城化改革项目工作。会同区财政部门做好同城化项目的衔接、评估工作，9项同城项目按实施计划表和时间节点全速推进，实现与宁波同城同标，提升民生待遇同

11月17日，区四套班子全体领导出席在锦屏中学迁建工程现场举行的奉化区四季度扩大有效投资集中开工活动

城化水平。

【营商环境建设】按照“审批最少、流程最优、体制最顺、机制最活、效率最高、服务最优”目标，制定《宁波市奉化区建设一流营商环境实施方案》。围绕提升政务服务水平、深化企业办事“五减”改革、优化商务环境、优化法制环境、优化社会环境和完善组织保障等六个方面，细化分解20个指标（领域），共95项重点任务清单，推动重点工作任务取得积极进展；聚焦协调推进，强化落地见效。针对全区营商环境痛点、难点、堵点问题，加强统筹推进，加大协调协商组织力度，与区委改革办、区政务办、区自然资源和规划分局、区市场监督管理局和大数据服务中心等各相关单位密切配合，打造良好的工作推进氛围，促进各项任务有序推进；建立工作协调机制，组建营商环境工作交流钉钉群。各指标牵头单位明确分管领导和工作联络员各1名，视情况进行线上协调或者召开协调会，确保各项工作举措落地见效。

【一城两镇】摸清省、市级特色小镇各项考核指标释义和验收要求，开展各小镇调研、掌握家底。指导滨海旅游休闲区管委会完成奉化时光文旅小镇2019年省级特色小镇培育对象考核工作。指导溪口镇完成省级小城市2019年省级小城市考核工作。指导溪口和松岙镇做好宁波2019年度卫星城市中心镇年度考核工。指导4个市级特色小镇做好年度考核工作。出台溪口小城市培育试点配套扶持政策。根据省级小城市培育试点有关要求，结合目前奉化区实际，草拟《关于加快推进溪口镇小城市培育试点工作的若干政策意见》，并组织各相关部门和溪口镇逐条进行现场对接，经修改完善报区政府和区委常务会议通过审议后，由区政府正式发文实施。按唐诗之路三年行动计划分解任务，做好提升溪口雪窦山名山名镇影响力项目推进相关工作。

【投资管理与服务】2020年，固定资产投资绝对值、增速分别排名全市第四位、第二位，高出宁波平均增速9.6个百分点；建安工程投资完成194亿元，增速20.6%，绝对值、增速分列全市第三位、第二位，高出宁波平均增速10.8个百分点，为GDP增长提供有力支撑。6个省重点工程完成投资16.8亿元，投资完成率124%。25个市重点工程累计完成投资59亿元，投资完成率134%；70个区本级重点工程累计完成投资145亿元，投资完成率110%。区政府获2020年度宁波市重点工程考评前期综合良好（银奖），区发改局获得宁波市重点工程先进集体称号。

完成2021年固定资产投资计划编制。推进“五年奉献一个新奉化”项目建设专项行动，对标设区5周年时间节点，按照“工作项目化、项目节点化、节点责任化”要求，围绕“产业项目出效益、城建项目出形象、民生项目出实惠”任务目标，牵头汇总梳理100个体量较大、成效显著、惠及民生的“五年奉献一个新奉化”代表性项目，同步开展项目建设专项行动，并向社会公示项目清单。截至年底，100项“五年奉献一个新奉化”项目累计完成投资约113.9亿元，投资完成率113%，完工40项。

强化投资督导。开展“联项目、跑工程”专项行动，编制实施方案及《奉化区“项目经理”履职管理办法（试行）》，明确“项目经理（助理）”工作职责、目标要求及督查管理、激励考评机制。126名机关单位“项目经理”及“助理”严格落实“一周一联系、一月一走访、一对一帮扶”，定期下沉项目建设一线，通过“分层协调”“问题销号”“现场办公”等机制，发现问题438个，现场解决问题332个，交办有关单位解决98个，推动重大项目提速增效。完善《政府投资项目管理办法》并正式施行。新办法共七章四十条，明确政府投资、政府投资边界范围、政府投资方式、政府投资项目等基本概念；提出政府投资决策审批的主要内容；提出编制和实施政府投资年度计划的要求；明确政府投资项目建设实施的条件和要求；修订政府投资项目工程变更分类管理规定；提出依托投资项目在线审批监管平台（在线平台）实施监管的要求；明确违反条例相关规定的法律责任。

深化投资项目中介服务改革。围绕2020年治理创新专项行动、高水平全面建成小康社会补短板的工作要求，调研奉化区中介超市运行及行业主管部门管理现状，以“规范中介服务市场行为、优化营商环境、提升中介服务质量和效率”为改革目标。会同区委改革办、区政务办联合印发《奉化区进一步深化投资项目中介服务改革实施方案》。会同区住房和城乡建设局培育奉化当地的宁波市凯弘工程咨询有限公司为全过程管理中介服务机构。区测绘院、区规划设计院、区土地勘测规划院3家事业性质中介机构完成整合。“宁波市网上中介超市”在公共资源交易领域全面推广应用。

【项目谋划】 编制《2020年区重大前期项目计划》，安排区重大前期项目106项，总投资912.8亿元。其中，16个项目列入宁波市重大前期项目计划，4个项目列入省市县长项目工程；申报省重大产业项目3项，宁波市重大产业项目3项。强化项目储备，全区有国家重大建设项目库在库项目89项，总投资664亿元。牵头编制《关于加快推进“宁波湾”高质量发展的实施方案》，得到时任宁波市委书记郑栅洁批示表扬。

编制“十四五”重大建设项目规划。按照科技创新、现代产业、交通设施、生态环保、公共服务等五大领域，推进“十四五”重大建设项目规划编制及申报，形成《奉化区“十四五”重大建设项目规划（征求意见稿）》，安排总投资亿元以上实施类项目343项，总投资3038亿元，“十四五”计划投资1845亿元。申报市级“十四五”重大建设项目99项，总投资1495亿元，其中实施类项目72项，总投资872亿元，“十四五”计划

8月17日，区四套班子全体领导出席在生命健康产业园项目现场举行的奉化区三季度扩大有效投资重大项目集中开工活动

投资591亿元；谋划类项目27项，总投资623亿元。

编制2021年重大项目计划。申报2021年省重点建设项目7项，年度计划投资24.5亿元；申报宁波市重点工程30项，年度计划投资60.2亿元；申报宁波市重大前期项目16项，总投资283.9亿元。安排区重点工程72项，年度计划投资137.9亿元；安排区重大前期项目100项，总投资1006.6亿元。

5月6日，区四套班子全体领导出席在区人才公寓建设项目现场举行的奉化区上半年扩大有效投资重大项目集中开工活动

【重大项目推进】 建立项目三级协调推进机制。组建项目攻坚提速专班，通过会议协调、电话沟通、政策辅导等多途径协调并解决问题60多个。参与控制性详细规划调整、专项规划、规划方案等评审100余次。省市县长项目及市重大前期项目总体推进顺利，4个省市县长项目中有3个开工落地，落地率75%；16个市重大前期项目均完成年度目标，其中3个年内提前开工，10个项目转化为2021年开工项目。联合区委组织部举办重大平台突破专题培训班，提升项目管理人员水平，助推项目攻坚提速。115个重大平台突破攻坚战项目，完成年度投资148.5亿元，投资完成率113%。获2020年度宁波市重点工程综合奖前期综合类银奖。

争取上级要素资源保障，谋划专项债项目。区中医医院迁建工程、葛岙水库工程、宁波城市职业技术学院奉化校区一期等6个项目，获得2020年第二批新增地方政府专项债券发行额度8.5亿元，发行额度位居宁波各区县（市）第二。争取用地指标，葛岙水库和松岙镇域水利综合治理工程，列入国务院委托授权用地审批重大项目清单。松岙镇域水利综合治理工程增补为2020年省重点建设预安排项目，并列入争取国家土地计划指标的独立选址省重点项目清单，争取到国家土地计划指标69.93公顷（1049亩）；规划S310省道奉化G228至S203段公路、S203省道奉化金峨至应家棚段公路工程，列入2020年省重点建设项目，争取到省规划预留指标77.92公顷（1168.8亩）。

推进未来社区试点申报。根据《浙江省未来社区建设试点工作方案》《省发展改革委关于开展浙江省未来社区建设第二批试点申报工作的通知》等文件要求，完成宁波奉化琎琳未来社区项目申报方案编制，并进行申报；强化未来社区项目储备，2020年，申报宁波未来社区储备项目3项（宁波奉化琎琳未来社区项目、宁波奉化琎琳科创后街未来社区项目、宁波奉化滕头村未来社区项目）。

【项目审批】 全年共办理各类事项497件，按时办结率100%，其中审批项目488件，审核转报项目7个，包装项目2个。新批准项目386件，总投资625.54亿元；新批准政府投资项目136个，比上年增加9.68%，投资221.64亿元，比上年增加215.70%；2个包装项目中，批准投资10.4亿元，其中用于融资项目1个（宁南贸易物流区智能家居产业园征收改造工程），投资8.6亿元；投资报统计1个，投资1.8亿元。

制定《宁波市奉化区政府投资项目开工前审批“最多80天”工作方案》，以及《宁波市人民政府关于印发宁波市企业投资项低风险小型项目审批“最多20个工作日”改革试点实施方案的通知》。推出《宁波市奉化区国有企业投资项目管理办法（试行）》。出台《宁波市奉化区企业水、电、气、网络报装一体化服务机制改革实施方案》，2020年，累计出让标准地145宗，计133.47公顷（2002亩）；出让工业用地160宗95.27公顷（1429亩），其中按“标准地”出让80宗50.07公顷（751亩），列入负面清单80宗，45.2公顷（678亩）。区域内标准地出让宗数、亩数占比均实现100%。

【产业转型升级】 制定《关于应对新型冠状病毒感染的肺炎疫情支持中小微企业共渡难关的意见》《宁波市奉化区人民政府关于应对新冠肺炎疫情支持商贸文旅交通运输业发展的实施意见》《延长商贸文旅企业水、电、气补助期限两个月》等政策措施，助力企业稳步渡难关。2020年，规上其他营利性服务业，实现新增规上入统计库企业13家。制定《2020年服务业经济发展竞赛考核办法》，助推服务业经济发展壮大。制定《奉化区新型服务业招商政策》，加大服务业招商力度，鼓励发展服务业新模式、新业态。

2020年8月，开展开发区（园区）整合工作，编制《奉化区开发区（园区）整合提升方案》，方案中继续保留浙江奉化经济开发区名称，全区38个开发区（园区），整合后形成一个核心（滨海新区）和两个片区（城东南片区、城北片区）“一心两片”的空间格局。

【粮食物资】 开展“五优联动”试点工作。于中晚稻种植前期，会同相关涉农部门积极谋划以粮食领域“五优联动”推动农业供给侧结构性改革。选择全区前两名规模种粮大户（合作社）作为先行试点，以2.7元/千克价格收购133.33公顷（2000亩）600吨左右的甬优15、甬优7860、嘉丰优2原粮。开展“放心粮油”放心消费在奉化行动，构建完善区放心粮油供应网络和服务体系。将应急成品粮代储点、军粮供应站、宁波市粮食行业协会成员作为重要创建载体，全年申报13家，其中2家为放心企业，实行每年动态评定，扩大“放心粮油”品牌的应用范围。以产销合作来弥补口粮自给缺口，产销合作填补异地代储空白区，参与延边州农产品洽谈会和交易会，以帮扶结对为契机，国有公司发挥主力军作用，在消费带动的基础上，实现950吨晚粳稻异地代储。完善应急体系，优化粮食安全应急网点。按照《国家粮食局关于进一步健全和落实粮食应急供应网点的通知》和应急保障体系平台信息化建设要求，全区有应急网点24个（其中民营类8个），应急加工企业2家（日加工能力150吨左右），应急运输网点3个（每批次运输能力超350吨）；提高应急成品粮规模。应急成品粮从1000吨提高到1450吨，增强预防粮食脱销断档和价格剧烈波动的调控能力。健全救灾物资储备机制，2020年，是边实战边完善储备机制之年，7月完成承租的3个仓库维修改造工程，实现按功能，分区储备防汛防台、生活保障、器械装备，并根据应急局测算的灾情和救援需要，如期落实储备计划，确保仓实品优。

【能源管理】 全区单位GDP能耗控制在提升4%左右，强度绝对值大约在0.25吨标煤/万元（目标14.8%，绝对值0.26），预测整个“十三五”在强度上下降1%—2%，绝对值远低于宁波市平均。11月底，召开全区节能大会，签订目标管理责任状。抓好固定资产投资节能评审。1—11月，完成固定资产投资节能评审项目28个，对宁波汇峰嘉福智能电器有限公司年产100万元智能压缩机项目、麦君禾智能年产375万台水泵项目、博韦尔移动电话有限公司年产1000万台移动终端研发项目等项目开展专家评审工作。2020年12月，全区非电能耗环比11月下降1656吨标煤，下降幅度15%，持续保持“无煤”区域；全省首创的公共机构能源托管和露天光伏车棚项目多次在省级会议上当节能项目典型做宣讲和推广，其中瑞凌的辐射制冷薄膜技术入选国家绿色技术推广目录。

发展新能源、促进可再生能源增长。4月，奉化区非自然人新装机并网家庭屋顶光伏补贴项目进行了认定，39个项目符合政策补助条件，下达补贴资金13.79万元。开展农村各类发电扶贫项目建设。已在松岙淡溪、尚田桥棚、大堰镇张家、萧王庙大埠、溪口镇许江岸等42个经济薄弱村完成集体屋顶光伏项目59个，装机容量超7000千瓦，累计发电量达420万千瓦时，发电效率达到200万元，市级补助金额57.2万元。开展乡村全电景区建设。根据溪口和滕头景区的特色，将传统景区中的燃煤锅炉、燃油公交、燃油摆渡车、景区照明等改造为电加热（制冷）、电炊具、电动汽车、绿色照明，打造标准的五星级示范全电景区。开展公共建筑节能。实施商业综合体、酒店、医院、高校等大型综合公共建筑的空调节能改造项目。完成奉化区人民医院光伏发电项目及全省首个应用辐射制冷技术的综合能源服务项目—区行政服务中心辐射制冷膜项目。区城市文化广场分布式光伏项目正式投入运行，预计每年可发电26万千瓦时，节约90吨标准煤，可减少25万千克二氧化碳的排放。绿色交通出行。依托公交西站充电站等公共服务充电站，全面布局电动汽车充电桩，满足电动公交车的充电需求。建成覆盖奉化全区域的9个公交充电站、189个充电桩，年充电电量接近1000万千瓦时。做好小微园区能源托管。建设一体化冷热电供应基础设施，已在储备的项目有联东U谷·宁波中交科技产业园、万洋众创城项目。同时，完成《2020年宁波市奉化区有序用电和电力需求侧管理工作方案》《重点工程机场路电力线路改迁项目错避峰用电方案》《宁波市奉化区大面积停电事件应急预案》。

（楼旭美）

财　政

【概况】 2020年，奉化区实现财政总收入100.06亿元，比上年增长11.01%。其中，一般公共预算收入64.51亿元，比上年增长7.50%，占财政总收入比重为64.47%。税收收入55.45亿元，比上年增长13.26%，占一般公共预算收入的85.96%。一般公共预算支出85.33亿元，比上年增长3.72%。

【组织财政收入】 做好收入监测分析，建立财税工作联席会议制度，实现财税信息共享，不断提高收入预测的准确性和及时性，建立收入合理增长的管控机制，把握好全年收入力度和节奏。

通过配置有效税源、加强非税管理、合理出让土地等，确保财政收入稳定增长。落实减税降费、降本减负、“五减行动”等政策，全年累计减税降费16.7亿元。继续推广应用统一公共支付平台，实现非税收入项目全数接入平台，全年累计发生业务152598笔，累计金额5.49亿元。

【服务经济社会发展】 推进教育、科技、社保、医疗等各项民生事业发展，支持基础性、普惠性、兜底性民生建设，全年民生支出累计完成61.86亿元，占财政总支出的72.5%。

做好疫情防控、复工复产等各项政策落地，以“应补尽补”“能快尽快”为原则，全年下达疫情防控经费和复工复产资金共计1.94亿元。抓好“两直”资金落地，集中体现疫情防控、保障基本民生和助企纾困导向，确保5.07亿元中央“两直”资金高效惠企利民。

支持实体经济转型发展，及时做好“强龙工程”“一企一策”等政策项目审核和资金兑付工作，全年累计兑付各级各类惠企政策资金3.8亿元、“一企一策”政策奖励3.1亿元

大力支持精准脱贫。全年安排对口支援和东西部扶贫协作资金5501万元，比上年增长5%，助力打赢脱贫攻坚战。加快推进农业农村现代化，支持乡村振兴战略，全年区级财政“三农”投入16.9亿元，比上年增长7.31%。

【政府性债务管理】 积极争取新增债券和债券置换额度。争取新增专项债券10.8亿元，发行再融资到期政府债券10.68亿元，其中一般债券8.88亿元、专项债券1.8亿元。

区财政局召开务虚会议研究部署下半年财政工作

做好政府债务限额管理，截至12月底，全区政府债务余额116.85亿元，其中一般债务60.14亿元、专项债务56.71亿元，均控制在限额内。

积极做好现金流断裂风险防控，加快土地出让金返还缓释现金流风险，全年财政共返还各镇街道及债务主体土地出让金约118.36亿元，其中34.82亿元用于化解隐性债务。按计划完成化解债务目标任务，全年化解隐性债务65.45亿元，三年累计化解债务268.97亿元，减去财政部剔除的35.85亿元后，完成省定任务的116.44%，化解债务进度位居宁波前列，债务风险等级维持在黄色风险等级。

【财政监督】 通过会计监督、专项检查、日常检查、配合纪委巡查等手段，重点对高风险、问题多发、资金量较大、内部控制薄弱等领域进行深入检查。将区公路与运输管理中心、区交警大队两个检查与纪委监委基层巡察相结合，以问题为导向，形成监督合力。专项开展全区基层财政资金安全和扶贫资金管理检查，发现问题53条，其中34条已完成整改，其余问题均明确整改期限。配合人大对16家行政事业单位国有资产特定问题开展调查，发现问题86条；配合区综合行政执法局和区水务公司对污水处理厂BOT项目的大修重置费用开展专项检查，追缴大修重置费用445.84万元；配合民政部门开展低保资金专项调研，初步核查2个街道预计将调减低保户约20%。

稳步推进预算绩效管理，全年开展事前绩效评估、事中绩效跟踪、事后绩效评价60个项目，核减预算资金2.2亿元，收缴违规使用资金142.7万元、重复补助资金3.67万元。开展全区范围专项资金整合工作，核减预算资金8199万元，冻结预算资金7500万元，进一步规范财政专项资金使用。

【队伍建设】 以政治理论学习为抓手，深入学习习近平新时代中国特色社会主义思想和十九届五中全会精神，坚持全局干部每周学习，不断提高干部政治素养，以更高的政治站位和政治觉悟更好指导财政实际工作。全年开展

区委第三巡察组巡察区财政局

党委中心组理论学习14次、全局周二夜学23次、支部学习10次、科室学习6次。

全年共派出64名干部参加垃圾分类桶边督导志愿服务活动，54名干部开展街巷环境集中整治行动。

深入开展作风整治活动，研究制定《宁波市奉化区财政局干部作风整治活动实施方案》，坚持问题导向、目标导向，组织开展“破除中梗阻、提升软环境”“人人争当窗口、处处呈现风景”等主题活动，围绕“三去三增”，梳理检视问题204个，制定整改举措227项，着力解决干部队伍存在的问题，营造风清气正的财政工作氛围。

（周露璐）

税　务

【概况】 2020年，完成税收收入92.52亿元，比上年增收12.26亿元，增长15.3%。其中地方级税收入库55.19亿元，增长13.1%；中央税收入库37.33亿元，增长18.6%。组织社保费收入24.97亿元，其他非税收入2.42亿元，为全区经济社会发展提供了可靠的财力保障。

2019—2020年奉化区税务局税费征收一览表

表26　　　　单位：万元

征收项目	2020年	2019年	差额	比上年增减%
一、国内税收合计	925207.00	802639.00	122568.00	15.27%
国内增值税	430337.00	409660.00	20677.00	5.05%
企业所得税	175372.00	98778.00	76594.00	77.54%
个人所得税	53912.00	55467.00	−1555.00	−2.80%
契税	88725.00	60992.00	27733.00	45.47%
土地增值税	62076.00	55549.00	6527.00	11.75%
城市维护建设税	30645.00	32597.00	−1952.00	−5.99%
房产税	18848.00	10341.00	8507.00	82.26%
城镇土地使用税	12955.00	5697.00	7258.00	127.40%
车辆购置税	16982.00	12969.00	4013.00	30.94%
印花税	7716.00	6503.00	1213.00	18.65%
车船税	4249.00	4393.00	−144.00	−3.28%
耕地占用税	19521.00	44462.00	−24941.00	−56.10%
消费税	3131.00	3949.00	−818.00	−20.71%
资源税	601.00	1135.00	−534.00	−47.05%
营业税	44.00	27.00	17.00	62.96%
环境保护税	93.00	120.00	−27.00	−22.50%
二、其他收入合计	290302.00	333960.92	−43658.92	−13.07%
非税收入	24165.00	26695.00	−2530.00	−9.48%
社保基金	249657.00	284827.00	−35170.00	−12.35%
工会经费	1230.00	1222.92	7.08	0.58%

续表26

征收项目	2020 年	2019 年	差额	同比增减 %
职业年金	15250.00	21216.00	-5966.00	-28.12%
三、收入总计	1215509.00	1136599.92	78909.08	6.94%
四、出口退税	137000.00	148000.00	-11000.00	-7.43%

【服务企业】 2020年，国家先后出台了7批28项税费优惠政策，省市政府也出台了系列惠企惠民举措。区税务局建立健全优惠政策直达快享的网格化落实机制，通过大数据为受惠企业精准画像，创新线上直播强化政策宣传，完善推出一户一档台账，免跑退税等措施，全年累计新增减税降费12.04亿元，惠及纳税人60118户次，其中2020年出台的支持疫情防控和经济社会发展税费优惠政策新增减税降费9.99亿元，包括减免社会保险费8.24亿元。落实好税款延期缴纳等惠企政策，为882户困难企业办理缓缴税款35.94亿元，为4630户企业办理退税21.31亿元。发挥增值税发票数据优势，利用大数据平台，构建了“上下游企业供需对接”匹配机制，帮助全区企业实现供需对接。全年累计向区委区政府呈送各类经济分析报告10篇，5篇获高浩孟书记等领导批示肯定，4篇被市区两级政府内刊信息录用。

12月，区税务局“光哥”税务工作室被评为“宁波市抗击新冠肺炎疫情先进集体”受到中共宁波市委、宁波市人民政府表彰

【优化税收营商环境】“零窗”办税提速增效。在189个办税事项，实现“最多跑一次”的基础上，遵循“一次不用跑、税事全办好”服务标准，在溪口税务所建成宁波首家全功能的“零窗”智慧办税厅。此做法成为建设长三角区域一体化智慧税务在宁波的唯一试点单位，获评全市机关争当浙江建设“重要窗口”模范生“十佳实践范例”。《新闻联播》等栏目对该项工作进行报道。

“玲光”品牌综合服务做法厚积薄发。进一步强化大厅规范化建设，在所有办税厅设立“玲e站”，安排专家团队“坐诊答疑”，辅导“多人共享”全覆盖、办税“在线即办”零等待、诊治“疑难杂症”专人办，实现从单一咨询向综合服务团队转变。疫情期间，针对办税高频事项，团队录制公开课视频，创新“智税”辅导新模式，以“在线教”打破了时间和空间的限制。成立“光哥”税务工作室，搭建“党员先锋服务、政策帮扶服务、个性化套餐服务、纳税咨询平台服务、‘非接触’云服务、志愿公益服务”六位一体的大服务体系，并通过驻企问计、直播助农等举措，在落实税费优惠政策、助力企业复工复产中发挥了亮眼作用，在社会各界尤其是纳税人、缴费人中取得较高的知名度。

开展“便民办税春风行动”，持续深化“放管服”改革，加大电子税务推广力度，发票领用网上自助推行率达90.11%，发票代开网上自助推行率达87.5%。其中申报率达99.5%，网报率达99.9%，均位列全市前茅。“甬税钉”征纳沟通平台、“税小蜜”智能咨询上线运行，房地产交易办税“一窗受理、集成办理”新模式全面实行，车购税“一站式”申报更加便民，出口退税平均

8月20日，宁波市税务局局长梅昌新、区税务局局长娄逢堂等赴溪口税务所调研“零窗”智慧办税厅建设

办理时间缩短至4个工作日以内。“银税互动”积极助力缓解小微企业融资难题，累计向5376户次守信企业发放贷款10.4亿元。启动“税企同心桥”一对一走访企业256户次，加入“驻企链长”服务专班，帮助100余家重点企业恢复产能，《税企同心“疫”路前行》案例获宁波市大企业税收服务案例评选活动第一名。

【税费征管落实到位】 做好首次个人所得税汇算清缴工作。依托网格化管理做到分类施策、分批汇算，有序推进、职责到人。全区近14万人次参与汇算清缴，其中办理退税约4.6万人次，退税金额达1230万元。开展城乡居民两险集中征缴工作，完成24万余人的城乡医保征缴工作，缴费率达99%以上。平稳有序划转水土保持补偿费等3项非税收入项目征管职责，稳步推进增值税专用发票电子化试点。

【荣誉】 2020年，区税务局获全国、省、市先进集体的有：区税务局溪口税务所获评价全国文明单位；区税务局财务管理科获得浙江省巾帼文明岗称号；区税务局、区税务局第一税务所、区税务局税收风险管理局被评为宁波市级文明单位；区税务局江口税务所被评为宁波市五四红旗团支部；区税务局“光哥”税务工作室、区税务局第一税务所、区税务局岳林税务所、区税务局莼湖税务所办税厅、区税务局江口税务所、区税务局溪口税务所获评宁波市青年文明号；区税务局机关党委、区税务局溪口税务所党支部获评宁波市五星基层党组织；莼湖税务所党支部、岳林税务所党支部、第一税务所党支部获评宁波市四星基层党组织；江口税务所党支部、锦屏税务所党支部获评宁波市三星基层党组织；区税务局退休党支部获评宁波市最美“银辉”党支部；区税务局团委被评为宁波市疫情防控和复工复产一线表现突出的基层团组织；区税务局光哥税务工作室被评为宁波市抗击新冠肺炎疫情先进集体。6个单位获得区级集体先进和荣誉。

获得宁波市级个人荣誉的

6月，区税务局与农业银行奉化支行签订“银税互动”合作协议，助力企业解决融资难问题

2月，局办税服务大厅“光哥税务工作室”举办网络直播宣讲疫情防控税收新政策活动

有王玲玲获评宁波市五一劳动奖章、五一巾帼标兵；刘安芬、宋忠苗获评宁波市最美“银辉”志愿者；张靖虎获2020年度宁波市“学习强国最强学习者”答题挑战赛线下个人总决赛优胜奖；17个人获得区级个人先进和荣誉。

（周羽嘉）

统 计

【概况】 2020年，统计部门全面贯彻落实区委、区政府和统计系统重大决策部署，紧紧围绕中心工作，以提高统计数据质量为核心，充分发挥统计服务、统计咨询和统计监督的整体功能，全面加强各项建设，在统计产品与服务、统计基础建设、统计调查与监测、统计法制等方面取得新进展，为全力奋战“五年奉献一个新奉化”提供强有力的统计支撑。区统计局战“疫”小分队获区第二批战“疫”先锋团队称号。

【统计产品与服务】 2020年共编印《奉化统计月报》11期2200余份、《奉化统计》50期1300余份、《奉化领导干部统计手册》300册、《2018年奉化区国民经济和社会发展统计公报》150份、《奉化统计年鉴》258本，发送区委、区政府及各相关单位；加大区政府信息公开平台更新力度，月、季、年度统计数据和资料及时上网，促进数据、信息资源跨部门、行业共享，全年公开文件、数据、分析及动态信息等359篇；时常将工作动态，统计数据，图文、视频政策解读等信息资源在“掌上奉化”平台发布；及时做好经常性统计信息咨询和服务工作，全年通过网站、电话、当面解答等方式为区委、区政府、相关部门和社会各界提供统计信息咨询服务五千余人次。

【统计专项督查】 严格落实《奉化区统计局关于加强统计领域数字造假问题专项督察方案》，集中力量开展统计领域数字造假问题专项督察。2020年8—10月，各行（专）业集中开展数据质量自查工作，工业：对全区600余家规上工业开展自查，要求235家按照制度进行重新核算，处罚3家企业；能源：自查276家规上工业企业，要求51家企业按照制度重填数据；建筑业：自查84家资质以上企业；贸易：每月抽取15家限上单位进行核查，对易遗漏的销项税等数据发短信提醒企业；服务业：2次对全区61家国标单位进行数据自查，通过财务报表核实数据真实性，发现问题、整改问题；劳动工资：通过财务报表一一比对企业数据，查漏补缺；农业：发现数据异常，及时上门实地核查，根据是否符合畜禽生长规律审核数据，不符合则要求调查对象核实后重新上报。

【基本单位名录库建设】 2020年，名录库工作采取“一库在线、基层维护、适时更新、共建共享”的维护更新模式，不断夯实统计工作基础。推进准“四上（规模以上工业企业、资质等级建筑业企业、限额以上批零住餐企业、规模以上服务业企业）”单位核查确认工作，做到“先有库，后有数”。与工商、税务、编办、民政、质监等部门强化对接，配合做好企业“五证合一”后的信息更新工作以及新老登记注册模式的衔接。同时利用相关部门提供的月度新增、变更、注销资料，对全区新增单位进行调查、录入，对变更的单位各项指标进行维护，对注销的单位资料进行核实剔除，做好名录库维护工作。梳理往年“四上企业”审批过程中存在的问题，增强对本年新增单位名录库信息核查，提前做好“四上”调查单位月度审核入库的准备工作，进一步规范流程、强化责任，加强各专业合作，及时协调申报过程中呈现的问题，严把审批资料关，确保上报单位资料的准确性和及时性。

【统计教育培训】 常规业务培训方面，重点加强镇（街道）、部门和重点企业统计人员培训指导，通过季度例会、专项统计会议、年报会等形式加强对基层统计人员业务培训，农业、工业、能源、科技、投资、房地产、建筑业、贸易业、服务业、劳动工资等专业对全区镇（街道）、部门及企事业单位6046名统计人员进行业务培训，培训88场。统计继续教育方面，加强推广省局开发的网络平台，推进统计继续教育培训工作落实。

【统计调查与监测】 开展多项常规调查，涉及农业、工业、能源、科技、房地产开发、投资、建筑业、服务业、贸易、消费价格、住户调查、人口抽样调查、劳动力调查等多项内容；做好GDP支撑性指标、高质量发展等指标体系的预测预警与分析评估；2020年，开展3项社情民意调查，内容涉及平安调查、党风廉政建设调查、企业运行情况监测。进行月度粮食、有效投资、工业强市、节能减排、科技进步和重点服务业等6大重点监测工作，在《奉化统计月报》中发布限额以上批发零售业企业经济效益、规模以上工业主要经济指标分镇（街道）等监测项目。2020年，根据各项调查与监测数据，撰写统计分析、调研文章60余篇，被两办录用13篇。其中，《奉化区一季度“四上”单位劳动工资情况分析》《上半年奉化区其他营利性服务业预判》《回升态势较好　后续压力犹存——前三季度规上工业经济运行情况分析》3篇分析文章获区委书记高浩孟批示。

【统计法制】 修订完善统计工作规范和制度，以区政府名义制定印发《宁波市奉化区人民政府办公室关于进一步加强和规范统计工作的通知》（奉政办发〔2020〕33号），加强规范统计工作；制定印发《奉化区统计局关于加强统计领域数字造假问题专项督察方案》（奉统〔2020〕13号）、《奉化区统计数据质量管控规则》（奉统〔2020〕20号），为统计法制工作提供规范和参考。全年共检查单位54家，其中“双随机”执法检查38家，对6家企业分别处以警告并罚款2000元的行政处罚，并将检查结果进行公示；继续推进统计普法宣传，普法宣传日做好知识竞赛活动，以及借助区政府信息公开平台、短信群发、纸媒、掌上奉化、公交车等多种渠道宣传统计法，依托企业走访、各类统计调查以及培训等工作，对统计从业人员普法6000余人次，发放普法资料及宣传品1000余份。

【完成第七次人口普查登记工作】 根据《宁波市奉化区人民政府关于开展第七次全国人口普查的通知》（奉政发〔2020〕10号）文件，全区于2020年3月正式启动区第七次人口普查工作，本次普查的标准时点为2020年11月1日0时，资料时期为2019年10月31日至2020年11月1日。2020年8月底，基本完成机构组建、队伍建设、综合试点、业务培训、区域划分、地图绘制各项前期准备工作，2020年10月正式进入上门登记阶段，户主姓名底册、七次人普短表和长表，使用PAD进行数据采集，即时访问登记，于2020年11月底前完成即时上报。截至2020年底，完成393个普查区，3744个普查小区划分和85357个建筑物标绘工作，登记户数372692户，人数815120人。下一步将继续做人普公报发布及后续资料开发等工作。

（朱斐斐）

审 计

【概况】 2020年，完成审计项目46个，查出管理不规范金额6.94亿元，核减项目总投资5776.84万元，跟踪审计核减工程进度款1.37亿元。全年完成调研课题13篇，提交审计专报15篇；撰写信息52条，其中被《中国审计报》采用4条。

【专业审计】 财政审计。在区本级财政预算执行和其他财政收支情况审计中，重点审计预算编制和执行、财政资金管理、重点非税收入征管收缴管理情况、营商环境优化情况、就业政策落实情况等重要事项。上缴国库非税专户利息1650万元，解决历年来遗留的176万元强制罚没款，理清行政处罚单位并上缴国库。

投资审计。项目竣工决（结）算审计。全年完成竹产业园区拆迁安置用房建设工程等4个竣工决（结）算审计项目，工程送审总投资9.29亿元，审计核减投资0.58亿元，净核减率为6.24%。

重点项目跟踪审计。跟踪审计龙溪公路（溪口镇任宋段）拓宽工程、奉化滨海养生小镇建设项目等18个重点工程项目，审核工程总投资107.06亿元，核减工程进度款1.37亿元，提出审计意见或建议121条。

【经济责任审计】 全年完成2个乡镇9个部门的13名领导干部经济责任审计，同时在裘村镇开展领导干部自然资源资产责任审计，查出被审计对象任职期间单位违法违纪金额1031万元和管理不规范金额20122万元，出具审计移送书4份。贯彻全覆盖的要求，加强对下属单位、临时机构等的延伸；制订《领导干部经济责任认定指南》；统筹利用经济责任审计、财政同级审计、专项审计等审计成果，实现“一审多果”“一果多用”，提升全局审计成效。

【政策执行审计】 实施新冠疫情防控资金和捐赠款物、企业职工基本养老基金、残疾人社会保障情况等5个政策措施落实情况审计项目。审计揭露各项政策措施执行中存在的问题，提出审计建议，有力推进各项政策的落地生根。开展新冠疫情资金专项审计，促进提前收回被闲置等专项再贷款资金2350万元，促进收回多支付货款2.5万元和无需支付货款预付款49.26万元。

【审计管理】 审计整改。制订《2019年度审计发现问题专项整治活动剩余“老大难”问题处置方案》及整改要求，并首次召开全区剩余老大难问题专项处置推进会；出台《中共宁波市奉化区委审计委员会关于进一步完善审计整改落实工作机制的意见》，调整审计整改督查工作领导小组，制订审计整改督查工作操作办法（试行）。全年审计整改率为88.11%，整改督促被审计单位上缴国库资金31678.59万元，收回各类借款29867.49万元，补缴税费3.12万元，挽回财政损失682.65万元。

内部审计。推进国家审计与内部审计的协同发展，在保安公司和畜牧总站经费项目中，继续开展“教审结合”内审指导；不断壮大内审队伍，新增中医院、城投、新农投、区投4家会员单位；加强内审理论研究，获省厅内审优秀项目1个，宁波市内审优秀项目1个，表彰项目2个，课题优秀奖2篇，优秀案例4篇；规范操作行为，强化制度建设，编制《奉化内部审计操作范本》和《奉化区学校内部审计风险防范清单》。

【干部队伍建设】 加强干部能力建设，开展“人人争当窗口、处处呈现风景”“中层干部担当作为大讨论”“业务大比拼，争当‘重要窗口’审计模范生”“科长大讲堂”“年轻中层干部培养导师制”等活动，坚持问题导向、目标导向和实效导向，强化业务交流和探讨，提升干部业务能力。继续推进清廉机关建设，强化廉政教育，通过开设钉钉群党建交流微平台、参观廉政教育基地、排摸廉政风险点、深化廉政文化走廊等方式，推进党建与业务的融合，强化干部廉洁意识。

（周海亚）

国有资产管理

【概况】按照区委、区政府深化国资国企改革总体部署，聚焦国有企业高质量、竞争力和现代化发展，区属企业活力、影响力和抗风险能力进一步增强，为“五年一个新奉化”做出积极贡献。2020年，区属国有企业资产总额1535.84亿元，比上年增长17.48%。

【深化国企改革】以统一监管为抓手，根据“行业相近、产业相关”原则，将部分小散弱国企、国有资源分步分类注入定位明确、主业突出、规模较大、竞争力较强的区属企业集团；做大做实做优现有平台，提升企业资信评级和融资能力，全力推动城市有机更新和公共民生事业发展。推进区投集团、水投集团、农商集团的整合提升。搭建集团“三会一层”完善法人治理结构，“一企一策”加大授权力度，切实落实和维护董事会依法行使重大决策、选人用人、薪酬分配等权力。推动区属企业深化与宋都、保利、中交、珠江、习乾互联网金融、滕头等企业战略合作，成立城都建设开发、珠江开发投资、穗金服务等一批混改企业；区属竞争类国有企业混合所有制比例不断提高，努力把引进各类资本和转换经营机制有机结合起来，推动各类所有制企业实现合作共赢、共同发展。出台《区国资管理中心出资企业改革工资总额决定机制实施办法（暂行）》，推动企业建立健全以岗位价值为基础，以绩效贡献为依据的市场化薪酬管理制度。

【国资职能转型】围绕“以管资本为主”和“最多跑一次”要求，取消、下放、授权一批监管事项，研究编制国资监管“最多跑一次”办事事项目录。把监管重点从以项目审批为主向以“管资本”为主转变。进一步完善推行“1+N”改革制度体系，在改革重组、产权管理、对外投资、财务评价、业绩考核、选人用人、薪酬分配等方面，及时做好规范性文件“立、改、废、释”工作；坚持以制度先行保障企业自主管理，以制度完善助推企业市场化转型。研究梳理出资人监管事项清单，在战略规划制定、资本运作模式、人员选用机制、企业工资总额管理、经营业绩考核等方面，实施更加精准有效的分类监管。指导督促企业落实风险防控主体责任，跟踪监测区属企业债务资金运营情况，通过股权融资、债券发行、融资租赁等方式，主动优化债务结构，防范企业债务风险；强化企业管控能力建设，以建立完善“三重一大”决策制度、内审制度为核心，推动企业健全内部管理制度和风险防控机制，严控企业决策风险、债务风险、运营风险和法律风险。

【国企党建攻坚】坚持国有企业党的领导，全面提升国企党建工作质量，充分发挥党建引领国企改革发展效能。现有中心党工委下辖党总支2个，党支部31个，党员375人。完成2家国企纪委书记、4名专职外派监事、8个国企内部纪检监察机构的“硬件配备”，隶属国企全面推进“清廉国企”达标建设，以纪检监察、审计、监事会、财务、法务“大监督”机制为抓手，不断落实“党政清廉、干部勤廉、企业崇廉、项目保廉”的工作目标。

（缪　嬡）

公共资源交易

【概况】2020年，以建设统一规范的公共资源交易市场为目标，服务奉化发展大局，切实保障各项制度、措施落实到位。区级公共资源交易平台累计受理各类交易项目860宗，成交金额114.9亿元，增收节支金额7.4亿元。其中，工程建设项目交易180宗，成交金额102.1亿元，节约资金6.1亿元；采购项目交易434宗，成交金额10.3亿元，节约资金9684.6万元；产权项目交易93宗，成交金额6441.2万元，增收金额773.3万元；其他交易类153宗，成交金额1.9亿元，节约资金1981.2万元。

【交易提速】以"告知承诺"形式实施"容缺受理"制度，招标受理环节与相关审批手续同步开展，受理对象涵盖勘察、设计、监理、施工等项目建设全过程，实现项目交易容缺办理、快捷办理。江口街道园中村改造安置房建设工程（一期）、奉化区老旧小区整治及周边基础设施提升工程等22个项目采用容缺招标，实现招投标提速25%以上。

扩增"小型项目交易单位名录库"，坚持宽进严管原则，向社会公开征集符合资质要求、信誉良好的企业入围备选名单，召集交管委成员单位共同审核入库。对合同估价在400万元以下小型项目，简化交易程序，省去招标文件的制作环节，以随机抽取方式实现小型项目承发包交易。既保证公平公正和项目质量，又提速小型项目交易，实现小型项目招标时间从20个工作日缩短至最少4个工作日。

拓展招投标服务外延，联合区发改、财政、住建等职能部门，建立紧密协作机制，按照"能快则快、能便则便"原则，强担当善作为，着力打破审批壁垒，共同推出项目概算模拟审批办法。概算采用线下预审方式，突破初步设计审批的前置条件，实现提前招标，并同步进行施工图设计以及概算审核，为项目建设至少节约14个工作日。

【规范招投标交易】开展招投标专项整治行动。公共资源交易办对全区12个镇（街道）和12个区级国有公司等24个重点单位开展专项督查核查，整治行动分"自查、督查、整改"三阶段，历时5个多月，累积发现各类大小问题200余个，对3家单位的5个重点问题交区纪委监委作进一步查处。根据全区工程建设招投标领域专项整治情况，公共资源交易办牵头，出台《公共资源交易代理机构考核管理办法》，着手《奉化区公共资源交易管理办法》的修订，进一步规范交易行为，促成长效规范机制。

为优化招投标领域营商环境，主动出击清退存量保证金、减少增量保证金，解决政府招投标业务中保证金占用问题，提升企业资金使用效益。清退"保证金"400万元，采用保险保函方式帮助2451家投标，企业缴纳保证金4.45亿元。

实施公共资源交易新条例。根据《宁波市公共资源交易管理条例》（以下简称"《条例》"）精神，详细梳理区发改、住建、水利、交通等部门当前在招投标领域的监管职能，根据《条例》重新划分各单位招投标监管职能，将原各职能部门成建制划转至区政务办，由区政务办新设立监管中心进行具体实施。

【建设公共资源电子化交易体系】电子招标提升项目"透明度"。工程建设项目招投标交易推行"网上投标"，并应用钉钉、微信等直播功能，投评人可在线观看开标会议、线上唱标等全过程。以"不见面"投标、开标，有效提升招投标速率。如总投资4.2亿元的莼湖街道吴家埠村商住地块项目二期工程开标，通过网络直播，14家投标人线上观看开标全程，线上高效完成开标工作。

云上采购实现"零次跑"。设计全流程"数字化"采购情景，通过"政采云"平台发布公告、供应商线上报名、远程解密文件、在线智能开评标等方式，开标时间从40分钟压缩至5分钟，实现政府采购"不见面"，企业"零跑腿"，通过政府采购"云"上平台，项目可实现全流程"无纸化"采购。

（沈　磊）

市场监督管理

【概况】2020年，市场监督管理工作统筹疫情防控和经济社会发展，扎实推动"六稳""六保"落地见效，加快推进数字化转型步伐，坚定改革大提速、监管大提效、服务大提质、能力大提升"四大目标"，让"放"的效果持续显现、"管"的制度不断健全、"服"的体系逐步完善，进一步激发市场主体创业创新活力，不断提升群众满意度和获得感，全力助推区域高质量发展。

【商事制度改革】全面推进"证照分离"，进一步放宽市场主体准入限制，推进经营范围规范化，着力解决“办照容易办证难”“准入不准营”等问题，积极引导个体工商户转型成有限公司。推行“1个环节+0成本”，大力推动电子印章和电子营业执照在更广领域运用，同步免费发放电子执照、电子印章和税务UKey。推广办事流程二维码以及企业行政许可网办操作指南“一码清”，通过“码上查”“码上办”“码上评”，不断提升掌办率和网办率，破解企业事项办理跑多地、手续多、时间长等问题。全面推行三小行业“多证合一”改革。通过全力推进政务服务“一网通办”，着力解决好服务群众“最后一千米”的问题，打造简捷的行政审批服务环境。

【奉城食安码】 以“数字政府”建设为抓手，整合多个分散数据平台，集成主体基本信息、餐饮年度评价登记、历次检查记录等综合信息，生成每家餐饮单位的专属“食安码”，动态更新笑脸和评价等级，从“千篇一律”向“千人千面”的精准食品安全动态监管服务转变，实现餐饮单位码上查、码上管、码上帮、码上改的环形监管服务链路。此项创新举措获市委书记郑栅洁批示，相关稿件在市委改革办《改革先锋》刊发。至2020年底，3800余家餐饮单位信息已对接“食安码”后台。其中，2572家餐饮单位制作张贴“食安码”，以中心城区餐饮店为重点，累计完成等级评定9931家次，其中绿码赋码1641家次，黄码赋码7468家次，红码赋码822家次，绿码率由14%提升到16%，红码率由15%降到8%。推出1期餐饮服务食品安全“红黑榜”食安码专辑，对连续3次以上12家“红码”餐饮单位和25家“绿码”餐饮单位进行公布，对其中5家整改不力或未整改企业予以点名曝光。

【信用监管】 牵头推进省行政执法监管平台应用。通过上下协同、部门联动，深入推进“双随机、一公开”，提升监管工作规范化、标准化水平。全区31个部门人员账号开通1567人，掌上执法激活人数1567人，掌上执法激活率100%。各部门开展各类检查11565户次，运用掌上执法检查11497户次，现场执法的掌上执法率为99.41%。信用规则应用任务293起，信用规则应用率为72.35%。全区双随机抽查事项数223个，已覆盖检查事项数186项，双随机抽查事项覆盖率为83.24%，跨部门联合“双随机”占比10.47%。

【商标专利培育】 新增注册商标1797件，新申请商标2830件。溪口镇被评为浙江省商标品牌示范乡镇，宁波圣菲机械制造有限公司被评为浙江省商标品牌示范企业，宁波鲍斯能源装备股份有限公司提交中国驰名商标认定申请。“奉化雷笋”注册地理标志证明商标，“云耕大堰”初显区域公共品牌效应，“奉化草莓”提交证明商标材料，阶梯培育“松岙蜜桔”“楼隘杨梅”。新增专利申请3271件，其中发明专利申请825件，比上年增长54.49%；新增专利授权2244件，其中发明专利授权174件，比上年增长18.37%；有效发明专利授权总数为984件，每万人拥有发明专利量19.07件；新增通过PCT途径申请国际专利21件。新增索诺工业、利安电子2家宁波市专利示范企业；星宇电子、吉

田智能、鲍斯能源3家企业获得宁波市高价值专利大赛优秀奖；星宇电子、动一新能源2个项目通过宁波市专利导航项目立项；利安电子、索诺工业、力品格、奥雷士4家企业通过知识产权管理体系认证。

【放心消费】 全面推进“放心消费在浙江”行动。全年新增消费维权绿色通道企业9家、ODR企业26家、先行赔付企业2家、消费维权服务站12家。截至11月底，全区完成放心消费单位后评价2052家，其中无理由退货单位760家、放心商店及其他1442家、放心工厂308家、放心网店86家、放心餐饮店178家、放心街区1个。联合其他行业主管部门培育放心房产经纪18家、放心粮油单位13家、放心加油站3家、放心品牌商超、放心汽修和放心供气单位各1家；积极培育宁波市示范型放心消费乡镇和村各1个。受理处理举报投诉2174起，比上年增加12.7%，其中投诉1154起，调解成功1048起，挽回经济损失149.19万元；举报1020起，立案36起，其中办结26起，罚没款为26.54万元，诉转案25起。率先试点电动自行车行业协会参加创建模式，由行业协会内部挑选，自行申报，40余家经营户申报，形成经营者自律、行业协会促竞争、执法部门监管、消费者监督的新局面。

【共建食药安全】 推进校园食品安全守护行动和餐饮质量安全提升行动，落实学校主体责任、主管部门及网络订餐平台责任。建立物防冷链核酸检测部门联动机制，根据疫情变化实施“人物并防”，重点抓好进口冷链食品的肉类、水产品的疫情防控的“物防”工作，应用“浙冷链”智控系统实施进口冷链食品销售赋码22720条、扫码54235条。累计发布13期餐饮食品、1期熟食店食品、3期食品作坊“红黑榜”，倒逼经营者规范操作。深化“共保体＋风险基金”“公益＋商业”“服务＋防控”食品安全责任保险模式。其中，商业险覆盖奉城书吧、高速服务区及商投集团所属或托管的农贸（农批）市场，覆盖面广走在宁波大市前列。创新药品检查机制，成立药品检查中心。采取导师负责制，通过现场实训、网上上课、分组比赛等多样化带教方法培养出符合要求的基层检查员，建立全科卫士团队。

【行政执法】 开展防疫物资专项整治。查处各类涉及防疫物资案件25件，其中流通领域12件、生产领域13件，涉及销售“三无”产品、伪造厂名、哄抬物价、虚假标注生产日期、生产销售不合格产品等违法行为，罚没款近120万元。开展药械行业专项执法整治。全年检查1748家次经营单位，立案查处24件，罚没款近43万元，1万元以上案件15件，占62.5%。开展打击走私贩私行动。查处无中文标签、无合法来源等违法行为，累计检查各类经营主体542家次，立案查处无合法来源进口货物6起，货值2万余元。开展食品安全百日执法行动。出动执法人员2195人次，检查食品经营单位1794户次，累计查处各类食品违法案件291起，罚没款158万余元。开展物价专项检查。全年查处违反物价条例案件13起，罚没款15.73万元。其中，查处房地产未一次性公开房源案1起，罚没款2万元；节假日价格欺诈案3起，罚没款6万元；防疫物资哄抬价格案6起，罚没款1.5万元。检查转供电环节违规收费6家，责令退款10万元，2家未退款的被立案查处；责令2个局级行政执法部门退回违规收费近200万元。稳步推进“一打三整治”。累计查扣违禁渔获物115.7千克，立案查处案件15起。开展重点商品质量专项抽检行动。抽检企业120家，立案查处产品质量案件44起。开展网络市场专项执法行动。检查各类企业网络信息567条，立案查处29起虚假宣传违法行为。开展特种设备专项监督检查。出动检查人员2508人次，检查944家使用单位，发现各类隐患156件，下发指令书106条，立案调查特种设备违法行为39件，已作出行政处罚的合计罚没款98万元。

（郭乐婷）

物价管理

【概况】 2020年，区物价管理工作以“稳增长、促改革、调结构、降成本、减负担、惠民生”为中心，加强市场价格监测和预警分析，积极稳妥地推进和实施价格改革，规范政府制定价格行为，积极做好价格和收费服务，价格总水平基本保持稳定。

2020年居民消费价格指数表

表27　　　　上年价格=100

项目名称	价格指数
居民消费价格总指数	103.5
一、食品烟酒	109.3
二、衣着	100.0
三、生活用品及服务	101.7
四、医疗保健	99.5
五、交通和通信	96.3
六、教育文化和娱乐	104.1
七、居住	101.4
八、其他用品和服务	107.6

【价格监测】 定期发布民生商品价格信息。设立临时民生商品和防疫用品价格监测点6个，对22种民生商品和7种防疫用品进行监测，及时报送民生商品和防疫用品价格121批次，每天在宁波智慧民生价格平台公开发布《宁波市区县（市）超市民生食品零售价格监测报告表》；同时对奉化城区3家大型超市和奉化煤气公司开展9大类35个品种的民生商品价格监测，在《奉化日报》定期发布监测信息。全年发布民生商品价格监测信息36期，取得较好的社会效益。

加强市场价格预测和分析。健全价格监测网络，落实重要商品和服务价格监测报告制度。重点对生猪生产成本、粮食销售、主要商品及服务价格、农贸价格进行市场基础监测，指导生猪、粮食及草莓监测业务，并对其价格变动情况、收益状况进行分析，以及时把握市场动态。

加强商品房价格调控。贯彻落实国家和省、市有关房地产市场调控政策精神，规范全区商品住房销售行为，维护消费者和经营者合法权益，有效促进全区房地产市场健康稳定发展。全年完成普通商品住房价格备案59批次，备案面积252万平方米，预售22706套。

【定价管理】 客运出租汽车价格调整。在开展价格成本调查、召开价格听证、征求有关方面意见等工作基础上，调整客运出租汽车运价，实行燃气运价联动机制，进一步维护出租车行业健康稳定发展。起步价由2千米8元调整为2.5千米10元。2.5千米以后每千米2.3元。

完善管道天然气定价机制。按照《浙江省城镇燃气价格管理办法》，加强管道天然气输配价格管理，核定非居民用管道天然气输配价格0.79元／立方米。非居民用管道天然气终端销售价格，将由天然气的门站价格和输配价格组成，随门站价格调整而变化。输配价格将定期校核，校核周期原则上不超过3年。

建立非居民用水超定额累进加价制度。会同区综合执法局、区经信局、区统计局转发《关于加快建立健全城镇非居民用水超定额累进加价制度的实施意见》(甬发改价管〔2019〕152号)文件,建立健全区非居民用水超定额累进加价制度,促进节约用水,发挥价格杠杆的调节作用和用水定额的引导作用。

建立健全全区农村饮用水水费收缴制度。配合水利部门建立健全农村饮用水工程水费收缴制度,经区政府审查并印发《关于加快建立健全农村饮用水水费收缴制度的指导意见(试行)》,充分发挥价格在水资源配置中的调节作用,进一步提升农村居民节水意识,确保农村供水工程健康持续发挥效益。

做好农业水价综合改革工作。会同水利部门出台《宁波市奉化区农业水价综合改革成本监审与价格核定管理办法》,规范农业用水价格管理,维护供水双方合法权益,促进节水减排,建立以优化配置水资源、节约用水、促进水资源健康可持续利用为核心的农业水价形成机制和水价体系。在省级综合验收中,全区农业水价综合改革工作被评定为优秀。

【收费管理】 规范普通住宅前期物业收费。加强对普通住宅小区前期物业服务收费的管理,以质价相符为原则,按照《宁波市住宅小区物业管理条例》,核定长汀云庐、时代望府等8个新建普通住宅小区前期物业综合服务费标准。

规范公共停车收费。按照《浙江省定价目录》及区政府关于全区智能停车管理系统项目建设运行工作的要求,综合考虑全区经济和社会发展要求、智能停车管理系统项目建设运行成本及社会承受能力,对大成东路站等12个停车场和城区新丰路等26条道路公停车泊位的收费标准进行了核定,规范车辆停放秩序,提高车位流转率。

规范教育收费。按照《浙江省民办教育收费管理办法》(浙发改价格〔2020〕18号)、《宁波市人政府关于进一步鼓励社会力量兴办教育促进我市民办教育高质量发展的实施意见》(甬政发〔2019〕68号)等规定,调整锦溪书院和3所民工子弟学校学费。

规范养老服务收费。核定爱如家养老服务收费标准,规范养老服务收费行为,维护老年人和养老机构合法权益。

【成本监审】 严格成本监审程序,提供价格调整依据。全年完成对宁波奉化华润兴光燃气有限公司2019年度管道天然气配气成本调查、对宁波市奉化区水务有限公司2019年度供水价格成本监审、对宁波市奉化吉善永盛水务有限公司及宁波奉化金源环境管理有限公司2019年度污水处理成本监审、对奉化澳泊机动车检测有限公司2019年度机动车检测定价成本调查、对宁波美林旅游开发有限公司2017—2019年度景区门票定价成本监审。

(郭　辉)

安全生产监督管理

【概况】 2020年,区安全生产工作坚持以科学发展观统领全局,认真贯彻国家、省、市和区委、区政府对于安全生产工作的一系列重要指标,按照“安全第一、预防为主、综合治理”的工作方针,部署好各项工作,严格落实安全生产责任制,强化安全监管,严防重特大事故发生。2020年,全区共发生各类生产安全事故8起、死亡6人,比上年分别下降38.5%、45.5%;发生火灾85起、死亡1人,火灾数比上年下降24.1%,死亡人数比上年上升100%;全区未发生较大以上生产安全、消防安全事故及自然灾害和森林火灾,安全生产和消防安全形势平稳可控。在宁波市安全生产目标管理责任制考核中排名全市第五。

【完善安全监管责任体系】 出台《宁波市奉化区化工医药类企业安全生产监督检查管理办法》,根据化工医药类企业的类别、安全风险程度、安全管理状况等,按照企业危险程度大小实行分级分类监管,对不同级别的化工医药企业实施分级分类的监督检查。建立以安全风险分级管控责任制、动态评估制度、公告制度等为主要内容的企业安全风险分级管控预防机制,实现关口前移、精准监管、源头治理、科学预防。全区化工医药类企业基本做到全员参与、全岗位覆盖、全过程衔接。

【安全风险分级管控体系】 建立以安全风险分级管控责任制、动态评估制度、公告制度等为主要内容的企业安全风险分级管控预防机制，实现科学评定安全风险等级，落实责任有效管控风险，实施安全风险公告警示，实施隐患排查治理闭环管理，加强员工培训、提升应急能力等的安全风险风级管控体系建设，全年完成10家企业的试点工作，全面推动奉化全区化工医药类企业全员参与、全岗位覆盖、全过程衔接、全面开展安全风险分级管控体系建设。

【行政审批工作】 积极推进“互联网+政务服务”工作，深化安全生产领域“最多跑一次”改革，利用多个系统和平台升级运用，严格安全准入，提升办事效率。2020年，区应急管理局“最多跑一次”事项比例达到100%，材料电子化比例达到100%，网上办事实现率达到100%，掌上办事实现率达到100%，即办件比例达到100%，承诺期限压缩比达100%，网上办件率达50%以上。共受理审批、备案事项40项。完成行政许可事项23项，其中危险化学品经营许可16项，危险化学品建设项目安全条件审查4件，生产、储存危险化学品的建设项目安全设施设计审查3件；完成其他行政权力事项17项，其中生产经营单位应急救援预案备案10项，危险化学品生产、储存、使用企业安全评价报告备案6项，第二类非药品类易制毒化学品生产、经营及第三类非药品类易制毒化学品生产备案1件。

【安全生产专项治理】 2020年，开展全区危险化学品运输专项整治工作，完成对全区涉及充装的7家危化品生产和经营带储存企业的“五必查”“六查验”等14项工作的全覆盖检查。检查有限空间作业企业262家次，发现安全隐患420条，完成127家复查并通过验收。开展高温熔融金属作业专项检查，发现安全隐患537条，整改隐患419条，停产企业8家。牵头组织开展全区第二轮安全生产综合治理三年行动，累计检查单位5026家，发现一般隐患7078条，整改率96.2%，责令停产整顿13家，警示约谈146家，联合惩戒9家，移送司法机关11人。

【危险化学品监督管理】 开展化工医药企业安全风险分级管控体系建设和专项整治工作，检查化工医药企业93家，其中正常企业39家，非正常企业54家，并在宁波市风控系统中进行纠正录入，检查发现有隐患30家，隐患数112条，全部完成整改。开展危险化学品运输安全“铁拳整治”专项行动，完成全区涉及充装的7家危化品生产和经营带储存企业的“五必查”“六查验”等14项工作的全覆盖检查，并督促企业将充装情况及时准确录入运输信息系统。开展联合执法检查，重点对危险化学品运输车辆的运输资质、各类许可证件是否符合要求，运输车辆储罐的各项性能、压力参数和随车消防器材等进行安全检查，并逐一记录；全年联合检查4次，出动检查人员30余人次，共检查内容和隐患数32项。开展危险化学品全生命周期安全重点整治工作，全区有1家涉及储存液氯和氯化反应工艺的危险化学品生产企业，检查发现该企业隐患数9条，已全部整改完成。

【烟花爆竹监督管理】 全区有烟花爆竹长期经营单位33家，2020年10月，区应急管理局会同公安分局联合专项检查，共查获非法烟花爆竹230余箱，全部按规定进行销毁。春节期间，区应急管理局联合区公安分局、区市场监督管理局、区综合行政执法局、区生态环境分局发布《关于禁止销售燃放烟花爆竹工作的通知》，明令禁止燃放销售烟花爆竹区域。开展春节七天安全“日抽查”专项行动，对烟花爆竹批发经营单位、5家超市（含烟花爆竹经营）进行安全抽查，安排相关人员进行走访宣传，引导和教育群众安全文明经营、销售、燃放烟花爆竹。

10月30日，区应急管理局会同区公安分局、烟花爆竹批发公司工作人员在裘村镇望台山进行烟花爆竹销毁工作

5月12日，区应急管理局减灾委在万达广场开展2020年全国防灾减灾日主题宣传活动

【防灾减灾、防汛防台】 及时更新明确401名镇村两级基层防汛防台体系责任人；做好自然灾害风险防控和应急救援平台建设；与自然资源规划局、气象局建立预警联动机制，与自然资源规划局、气象局、水利局、农业农村局建立了汛情地质灾害险情会商预判机制；对小流域山洪、地质灾害、海上作业、农家乐、危房等危险区域需要转移人员赋予“安全码”，实现人员转移精准化；建立完善各级抢险突击队和专业抢险队伍399支4691人；全区完成49处省级避灾安置场所规范化建设任务；建立综合减灾示范社区70个，其中新创建综合减灾示范社区1个；全区382个村（社区）的村级防汛防台形势图应急预案均实现图表化、形象化。6月，省地震局对奉化区抗震设防监管工作进行监督检查，对医院、学校等人员密集的建设工程提标设计设防和监管工作给予肯定。

【森林防灭火】 建立森林消防扑火队值班备勤制度，全区318名护林人员、263名扑火队员到岗到位、值班备勤、延长巡护，同时增派村干部等村级力量3000余人，在重要地段、主要进山路口增加林区卡点70余个，严防死守，杜绝火种进山。为全区符合投保条件的268名扑火队员及238名护林员参保50万元保额的人身意外伤害保险。制作一批防火用的新铁桶，对亭下林场等地上山祭祀的市民实行进山登记，下山销号还铁桶制度。在宁波市较大森林火灾跨区域应急拉动演练中，代表奉化区出征的莼湖街道森林消防扑火队最终以总分99.5分的成绩获得冠军。2020年，全区森林火情8起，过火森林面积2.8公顷，受害森林面积0.29公顷，烧毁林木蓄积8.8立方米，未发生森林火灾和人员伤亡事故。

【事故救援演练】 12月10日，全区首次水陆空一体应急救援综合演练在莼湖街道翡翠湾外围海域开展。区委常委、常务副区长傅岳炳担任总指挥，区人武部、区公安分局、区应急管理局、区农业农村局、区卫生健康局、区气象局、区消防救援大队、莼湖街道、奉化水鹰救援大队、浙江省航空应急救援直升机溪口备勤机组等单位工作人员参加演练。演练模拟一艘回港渔船在翡翠湾海面上，因动力系统故障与观光船发生碰撞并起火，有船员受伤、落水等险情，同时受台风外围影响，附近有网箱养殖户需要疏散转移，2名海钓者被困于海岛上需要紧急转移。接到事故报告后，奉化区立即开展应急救援联动，利用“应急指挥中心”综合指挥事故救援和事件处置工作，调派相关应急救援力量，通过水陆空三栖联动响应，成功消除险情。

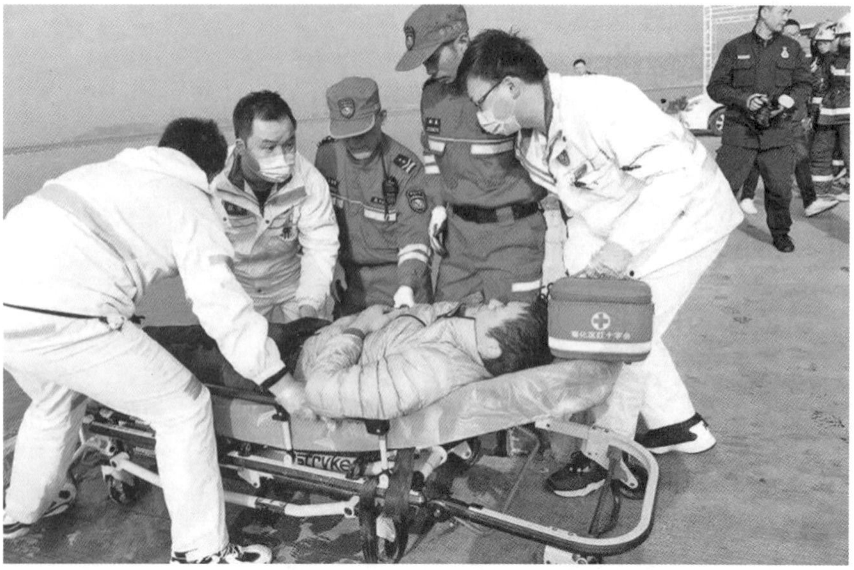

12月10日，在水陆空一体救援应急演练中模拟演练船上伤员上岸救治

【完善应急物资保障】 2020年，新建区级防汛救灾物资储备仓库1500平方米，新采购防汛麻袋、卫星电话、橡皮艇、发电机等防汛救灾物资90万元。全区储备防汛袋类8.5万只、防水布（膜）类1200平方米、救生衣2850件、雨衣1500件、橡皮艇60只、砂石料2000立方米、块石2000立方米、移动发电机37台、挖掘机9台、自卸运输车20辆等防汛抢险器材和物资。

11月18日，在宁波市森林火灾跨区域拉动演练（技能比武大赛）中，代表奉化区出征的莼湖街道森林防灭火扑火队获得一等奖

【加强应急队伍建设】 有效整合力量，完善防汛抢险队伍。全区建有区级水上应急抢险队伍1支，120人。区水利、自然资源、交通、住建、公安、供电等部门区级抢险队伍10支，386人。镇级抢险队伍36支，475人。村级抢险队伍351支，3680人。除政府救援机构外，落实水鹰户外社会救援组织1家，队员30名。

【安全宣传与培训教育】 开展以“提升基层应急能力、筑牢防灾减灾救灾的人民防线”的“5·12”防灾减灾日为主题宣传活动，普及应急避险技能，提高群众防灾减灾意识；开展“云说安全”线上活动，组织安全生产专家、一线工作者，围绕典型生产安全事故，科普安全生产知识，为群众答疑解惑；开展“走进X企业”系列宣教活动，邀请奉化电视台协同专家以“走现场”形式，走进具有代表性企业，发现问题隐患，提出整改举措；利用视频彩铃播放安全知识歌谣，传播安全文化。在全区各中小学校分发了5万余份《告学生家长一封信》，开展以“写一篇森林防火作文、出一期森林防火板报、给家长写一封森林消防信、写一条森林消防标语、上一堂森林消防课”为主要内容的“五个一”宣传活动，以“小手拉大手”的形式，带动一个家庭，带动全社会；在“安全生产月”中组织一系列活动：“小记者访大安全”专题采访活动，组织10所小学100名小记者，通过现场采访、家庭成员采访、消防进企业、进机关采访等多种形式，形成有主张、有内容的安全生产作文并在媒体刊登。2020年，组织培训企业负责人、安管员、特种作业人员72场次6153人，其他从业人员52793人，共计培训58946人，完成全区4.9万人的培训目标。

（孙　洁）

生态环境保护

综　述

2020年，生态环境保护工作围绕美丽奉化建设，打好污染防治攻坚战，监管与服务齐头并进，辖区生态环境质量不断提升，2020年生态环境公众满意度居宁波市第一，并创建省级第二批清新空气示范区，获省生态环境系统先进集体、第二次全国污染源普查表现突出集体、2019年美丽宁波建设优秀区县（市）、2019年度宁波市生态环境治理先进单位、2020年度宁波市生态环境执法表现突出集体等称号。

环境质量

【空气质量】 2020年，奉化区空气质量继续呈稳中向好态势，空气质量达标天数比例（优良率）为92.1%，比上年同期上升3.3个百分点。其中，优（一级）的天数由上年的141天增加到171天，全年无重度污染（五级以上）天气。大气环境质量评价的6项常规污染物浓度较上年同期均有所下降，二氧化硫、二氧化氮和一氧化碳达到国家一级标准，PM10、PM2.5、和O_3（臭氧）达到国家二级标准。其中，PM2.5平均浓度25微克/立方米，同比下降13.8%。

2020年奉化区环境空气质量表

表28

统计天数	AQI 指数分布天数					优良率（%）
	一级（天）	二级（天）	三级（天）	四级（天）	五级（天）	
366	171	166	28	1	0	92.1

【酸雨】 2020年降水pH值最低为4.39，最高为7.27，全年酸雨率为55.2%。由于降水酸雨频率时间变化特征表现为夏季低、冬季高，且2020年降水次数比去年同期（125次）减少较多，故2020年的酸雨率高于2019年（43.2%），略低于2018年（55.8%）的酸雨率。

2020年奉化区城区酸雨监测情况表

表29

酸雨率（%）	降水 pH 值			质量状况
	最小值	最大值	均值	
55.2	4.39	7.27	5.15	轻酸雨区

【水源地监测】2020年，全区区控以上监控断面15个，Ⅱ类占66.7%，Ⅲ类占33.3%，水质优良率100%，功能区达标率100%，全区地表水综合评价水质优。按28项全项目评价，横山水库和亭下水库水质符合Ⅱ类水质标准，舍辋水库水质符合Ⅲ类水质标准，全区饮用水水源地水质状况总体良好。

【污染减排】科学推进污染减排与总量控制，落实主要污染源总量减少和强制性清洁生产企业审核，并持续推进自行监测、刷卡排污监督。2020年，完成10家强制清洁生产企业审核。

环境管理

【环保审批】2020年，共受理各类事项515件，其中审批受理建设项目环境影响评价文件343件，零土地技改备案项目39件，区域环评+环境标准降级登记表备案133件；网上登记表备案325件。

【环保管控】完成《宁波市奉化区“三线一单”生态环境分区管控方案》编制，并对照环境管控单元和生态环境准入清单进行项目审批，从源头控制污染准入；三横经济开发区和滨海新区全面实施“区域环评+环境标准”，符合准入条件的建设项目环评实行降级管理；全年完成33个行业排污许可证清理整顿和91个行业的排污许可证登记发证5087家。

【环境执法】将全区划分成12个网格，每个网格确定1名监察队员和1名协管员。将辖区内企业根据污染程度重轻分为重点监管、一般监管和视线对象，并分层次进行监管。对污染源在线监控系统实行24小时在线监控值守，并对重点污染企业进行手机联网，确保实时掌握企业排污情况。严管、严控、严防环境违法，开展冬季大气环境专项执法、平安护航复工复产攻坚、有机废气百日攻坚行动、危险废物三年专项行动、“两小”企业综合治理提升等专项行动。全年共出动执法人员6000余人次，检查企业2800余家次，作出行政处罚案件66起，处罚金额652.01万元；加强公安环保联动，发挥检察官办公室、法官办公室效用，共移送公安9起；推进“互联网+监管”工作模式，开展跨部门联合执法，全年双随机检查企业385家；推进“周一夜查”常态化，累计检查400余个点位。

【环保督察】在持续推进第一轮中央、省环保督察反馈问题整改销号工作的同时，抓好第二轮中央生态环境保护督察交办信访件整改销号。其间，共接到信访交办件21件，涉及点位44个，较第一轮48件下降56%，点位较第一轮137个下降68%。

【第二次全国污染源普查】完成全区198家工业企业的动态更新调查，并将工业源“一厂一档”档案资料上传至宁波市污染源普查档案管理系统，实现档案管理与利用的智能化、实用化和便捷化。组织拍摄的工业源档案标准化整理流程教学视频被国家普查办采用，并在相关媒体平台上公开发布。污普档案工作通过宁波市普查办验收。

【环境监测】围绕构建现代化的环境监测监控体系，继续加大投入，不断优化完善区域环境监测网络，继续做好软硬件的升级改造工作。

【信访调处】认真、及时、妥善处理好污染事故和污染纠纷，确保全区环境安全。全年共受理办结各类环境信访投诉407件，办结率100%。

污染防治

【水环境整治】保质保量全面完成年度12项治水提升战工作任务。完成5个“千吨万人”以上饮用水水源保护区达标（稳定）方案编制和水源地规范化建设；开展入海污染源排口专项排查工作，并建立排口名录，摸清掌握排口数量、分布位置、排放方式等信息，为管控入海污染源排放奠定基础；完成各镇（街道）地表水断面水质情况通报工作。

【大气环境整治】 推进燃气锅炉低氮改造和建成区生物质锅炉超低排放改造，加快重污染企业搬迁、落后产能淘汰、“散乱污”企业整治、VOC_S治理，和废气矿山整治及扬尘治理，提升大气质量。完成12个VOC_S治理项目、15个工业窑炉重点治理项目、1个臭气异味治理项目、29台燃气锅炉低氮改造，完成12个镇（街道）空气检测点位建设，建设并启用2个黑烟抓拍设备。

【土壤整治】 完成21家重点行业企业用地土壤污染状况调查，推进重点行业企业土壤污染防治，完成19家重点行业企业土壤自行监测，完成60个地块的场地调查。

【危废治理】 制定出台危废收集、暂存及转运试点工作方案，公开试点工作实施方案，确定危废收集、暂存和转运的试点单位，暂存转运仓库按时完成基础建设并投入运行。建设1个一般工业固废专业化服务体系和1家小微企业危险废物收集、暂存、转运中心。

【辐射监管】 强化废源收缴，完成辐射项目初审，加强辐射监管单位的环境监管及监督性监测。2020年，共督促2家企业完成废源收缴，出具7个项目的辐射初审意见，并对13家核技术利用单位进行专项检查。

环境优化

【生态示范创建】 全国首个生态环境教育特色小镇试点项目落户大堰镇；2020年新增2家省级绿色学校和2家市级绿色单位；完成生态环境损害赔偿2例。

【环保服务】 创新提升“聚焦生态环境·奉化议事厅”工作机制，深化以“一厅”为统领，周四凤凰行动、环保知识大课堂、一企一信、环评集市、“1+X”环境监管模式为内容的“六个一”服务体系，主动为企送政策、送技术，优化服务、指导帮扶，帮助企业解决生态环境管理难题。

【环保宣传】 推出“我的环保故事”系列短片，重点聚焦一批企业生态环境问题自主整改、生态环境治理能力自我提升的典型事例，以点带面、以案促教，提升企业生态环境保护主体责任意识；借“六个一”服务工作载体，充分结合世界环境日、生态公众满意度等主题宣传活动，全方位、多渠道普及生态环境保护知识及法律法规，弘扬环保文化，倡导生态文明。

（丁　莉）

教育 科技 卫生

教 育

【概况】 2020年，全区教育系统树立“一盘棋”思想，围绕“四个着力”工作目标，压紧压实年度攻坚任务清单，消除新冠疫情影响，跑出教育“加速度”。综合改革不断深入，投入保障力度空前，发展短板弱项持续补齐，提前实现“让奉化学生享受与宁波主城区基本同等教育水平”目标定位，全区教育现代化发展水平达成度78.55%，全省排名从第38位上升到第22位。年末，全区有中小学校和特殊教育学校50所，幼儿园78所。全区在校中小学和特殊教育学校学生53459人、幼儿园在园幼儿14735人，其中普通高中学生5966人、中等职业学校学生4032人、初中学生13584人、小学学生29807人、特殊教育学校学生70人。中小学和特殊教育学校专任教师3941人、幼儿园专任教师1014人，其中普通高中657人、中等职业学校325人、初中1156人、小学1780人、特殊教育学校23人。

【基础教育】 新投用公办幼儿园5所，新增学位1890个，市民“上好园”供需矛盾得到极大缓解。城区公办园招生首次划定招生区域，群众就学入园更加便捷、透明，普惠性幼儿园招生覆盖率达到94.3%，省级幼儿园招生覆盖率100%。与浙师大杭州幼儿师范学院开展推进学前教育现代化战略合作，3家幼儿园入选宁波市首批课改样本园，5个项目入选宁波市课改行动研究重点项目。启动“国家义务教育优质均衡区”创建前期工作，完成“一校一策”整改，撤并小规模完小（教学点）6个。启用“学在奉化”办事指南，网上招生平台实现浙江政务服务网“一网通”。启动实施“小学强基”“初中强校”双强工程，组建9个教育共同体，覆盖全区所有农村义务段学校，参与师生23000多人次。同时，建立专家顾问带教、绩效评价考核等保障机制，聘请区外专家12人，专门指导共同体内部建设，设立“教学质量提升奖”，每学年开展表彰。分类办学试点起步良好，打造奉化中学成为学术性普通高中，培育奉化高级中学和江口中学成为学科特色高中，武岭中学和奉化区第二中学成为项目特色高中，建成“学科教室”“创新实验室”74个，建设市级精品课程96门、省级精品课程27门，启动实施“普高攻坚计划”，聚焦核心问题，全力提高教育质量。完成第二轮特殊教育提升计划，培智学校新校区投入使用，建成资源教室24个（市级示范资源教室7个）、送教上门示范点2个。

【职业教育】 启动“校企对接工程”，建成校企合作共同体、校外实训基地、现代学徒制试点专业、生产性实习实训基地各2个。完成1所特色示范成校创建，终身教育品牌项目、乡村振兴创新项目各有1个通过验收，2个市社区教育实验项目立项，全区“一镇一品”“一校一特”格局基本成型。锦屏云上锦校、溪口全域旅游网课、莼湖渔业技能网络点播课堂等推出，创新打造“互联网+”时代终身教育服务新模式。

新增市级标准化社区老年大学6所，开设老年教育班400多个，新增社区教育进文化礼堂183家。

【基础设施建设】 葛岙水库安置小区（城南）幼儿园、中园幼儿园等5所公办园投入使用，萧王庙中心小学扩建等一批薄弱学校设施提升改造工程完工，进一步助力市民“上好园”供需矛盾、“城区挤、乡村弱”难题破解。启动实施新建春晖幼儿园，迁建锦屏中学、溪口中心小学，扩建锦溪小学等重点民生工程。

【教师队伍建设】 2020年，共录用新教师132人，其中重点院校毕业生占1/3强，研究生学历16人；新招聘小学教师全日制本科、学前教育教师全日制大专比例首达100%；联合浙师大、杭师大首次面向全市定向培养中小学教师27人。先后启动新教师顶岗培养计划、教师定向培养招生工作、青年教师“一二三奠基行动”。开展“高端工程”“后备人才工程”“阳光工程”等专项培训，5人获评宁波市第八批名教师、1人获评宁波市第四批专业首席教师，总人数和通过率在全市继续保持前列，新评区级名优骨干教师91人。进一步扩大中小学校用人自主权，8所学校纳入高级教师及以下职称自主评聘改革试点，在编教师首次定级权力全部下放学校。教师平均工资收入首次达到公务员同等水平；在全市区县市中首个完成非义务段教师待遇补差工作；建立区级层面教师荣誉清单，设立“叶氏育人基金”，2年来共表彰各类优秀教师200余人。开展“师德师风大整治”，实施“教师初心”工程，组织“正风肃纪”专项行动30余次，处理违规违纪教师20多人，全区教师师德师风面貌焕然一新。

【教育对口帮扶】 奉化区实验小学校长郭昶、奉化高级中学校长方松等一批市级名校长助力结对学校，积极开展专题指导活动。疫情期间，围绕“优化办学特色，提升教育品质”主题，组织7次线上交流活动，指导完成项目申报书、读书报告、考察报告、校长管理论文及相关制度与方案的制定，推动奉化丽水两地教育共同发展。开设“线上课堂”“网上教研组”等平台，借助互联网技术实现实时远距离服务。组建延边—奉化跨省教研组群13个，开展远程教科研活动31次，14所学校与平阳县中小学签约结对，开展19次网络互动研修。各结对学校积极沟通协商，疫情下重塑对口协作新模式，开展“云互动”携手同战疫、“云对接”议活动方案、“云交流”线上读书会、“云讲座”集思话科研、“云课堂”教研不打烊等线上活动，通过网络平台进行学科研讨、骨干带徒交流1500余人次。

【学校新冠肺炎疫情应急处置桌面推演】 4月9日，奉化区学校新冠肺炎疫情应急处置桌面推演在职教中心举行。推演以职教中心发现学生疑似病例为场景，全程模拟演示发现与报告、诊断与现场处置、分析研判与后续处置、评估与结束响应等环节，实景展现复学后学校应急处置各个

4月9日，学校新冠肺炎疫情应急处置桌面推演举行

节点，明确各部门、街道、学校、师生在过程中承担的任务职责和注意事项。推演结束后，相关部门就校车乘坐、甬行码使用、校园消杀、口罩佩戴、教室和午休室布置等问题进行答疑交流，进一步梳理后疫情防控工作细节。

5月11日，新城实验小学启动"周一夜学"活动

9月30日，奉化区儿童青少年近视防控推进会召开

10月13日，宁波市中等职业教育教学观摩研讨系列活动在奉化举行

【全区基层学校全面启动"周一夜学"活动】 5月11日，全区基层学校（幼儿园）全面启动"周一夜学"。各校以领导督学、列席旁听、考核评比等机制保障"夜学"出精品，努力将其打造为全系统加强理论学习、提升业务技能的有效平台。

【奉化区儿童青少年近视防控推进会】 9月30日，奉化区儿童青少年近视防控推进会召开。会议部署儿童青少年近视防控系列工作，政府相关部门、学校、专业机构、家长、学生共同宣誓，"五位一体"集体发力，标志着区青少年近视防控工作新入新阶段。

【宁波市中等职业教育教学观摩研讨系列活动】 10月13日，"新时代·新模式·新课堂"2020年宁波市中等职业教育教学观摩研讨系列活动在奉化区职业教育中心举行，宁波市教育局党委书记、局长毛才盛，奉化区委副书记魏建根及吉林省延边州、贵州省黔西南州以及绍兴、丽水、台州、舟山等地市职教同行参加开幕仪式。活动为期3天，共举行专家主题报告1场、系列教研论坛3场、课堂教学观摩72节、课后互动评议24场、课改专题研讨24场，全市职业教育教科研人员代表共享中职年度"教研大餐"。

11月16日，奉化电大（社区学院）老年越剧教育项目获评2020年“终身学习品牌项目”

【奉化电大老年越剧教育项目获评2020年“终身学习品牌项目”】 11月16日，宁波广播电视大学奉化分校（社区学院）奉化老年越剧社（老年越剧教育）项目被国家全民终身学习活动周工作小组和中国成人教育协会评为2020年“终身学习品牌项目”。本次活动在全国范围内遴选，158个单位获评。

【“建党百年　走进百校”红色文化宣传活动启动】 11月20日，浙江省新四军历史研究会“建党百年 走进百校”红色文化宣传活动启动仪式举行。区委宣传部副部长马钧，区教育局党委委员、副局长陈鲁焕，新四军老战士陆坚，锦溪书院校长江国军出席仪式并致辞，浙江省新四军历史研究会副会长康小平为锦溪书院、实验小学、龙津实验学校授“星火小队”队旗。当天下午，浙江省新四军历史研究会宣讲团成员赴各校进行《塑造红色品格是上好思政课的根本》《学习英雄志 薪火永相传》等主题宣讲。

【中小学劳动教育现场推进会举行】 12月22日，奉化区中小学劳动教育现场推进会在莼湖中心小学举行。研究部署当前及今后一个时期区劳动教育工作推进目标、任务和路径。推进会上，宁波市教研室劳动教育资深专家吴筱泉作《新时代如何加强劳动教育》主题观点报告。大会表彰奉化二中、萧王庙小学等18所“全区中小学劳动教育优秀实施方案”获奖学校，莼湖中心小学、畸山小学等9所学校结合自身劳动教育特色进行经验交流。

（余佳汶）

科　技

【概况】 2020年，围绕区委“5+5”工作部署和攻坚“科技争投、三年攀高”收官要求，抓住奉化决胜“五年奉献一个新奉化”历史机遇，坚持把创新作为引领发展的第一动力，继续提升科技创新对全区经济社会发展的支撑引领作用。

【科技创新】 全年新增省级高新技术企业研究开发中心6家、省级企业研究院1家、宁波市级企业工程（技术）中心12家、宁波市企业研究院3家、区级企业工程（技术）中心22家。至年底，全区有省级企业研究院5家、省级高新技术企业研究开发

11月20日，“建党百年 走进百校”红色文化宣传活动在奉启动

中心40家，宁波市企业研究院7家，宁波市级工程（技术）中心128家，区级工程（技术）中心267家。全年新认定国家高新技术企业55家，浙江省高成长科技型中小企业20家，宁波市创新型初创企业304家，“小而美”苗子企业30家。全年全区实现高新技术产业产值275.7亿元，同比增长10.3%，高新技术产业增加值73.6亿元，同比增长7.5%，规模以上企业技术研究开发费15.6亿元，同比增长21.4%，新产品产值154.05亿元，同比增长14.2%。通过宁波“3315”系列引进高端创新创业人才项目2个，奉化区“凤麓英才”计划项目30个，获“浙江省西湖友谊奖”外国专家2人。摩米创新工场已引进科技型人才87人，其中博士9人，硕士21人；启迪众创工社（奉化）创新中心引进高端技术人才220余人，其中博士21人，硕士71人，引才效果显著。

【科技计划】 全年确定科技计划项目61项。其中，国家级1项，宁波市级13项，区级47项。宁波市级有智团创业项目8项、“科技创新2025”重大专项5项，关键核心技术应急攻关项目1项，产业技术研究院定向委托项目2项，区级有工业重大科技项目15项、农业科研攻关项目18项、社会发展科研攻关项目12项。

2020年宁波市科技计划实施项目一览表

表30　　　　单位：万元

序号	计划类别	项目名称	实施单位	补助经费
1	科技助力经济 2020	高精度大流量气动流量比例阀	星宇电子（宁波）有限公司	50
2	宁波智团创业项目	基于轮毂电机的通用线控底盘平台的研发及应用	宁波易仑动力技术有限公司	15
3	宁波智团创业项目	功能性微电子材料的开发及产业化	华璞微电子科技（宁波）有限公司	15
4	宁波智团创业项目	小型化低成本分布式光纤测温系统的研发	宁波索拉科技有限公司	15
5	宁波智团创业项目	基于激光切割技术的异形磁铁研发及产业化	宁波市信泰科技有限公司	15
6	宁波智团创业项目	室内高精度定位及结构健康监测系统的研发及应用	宁波极位智能科技有限公司	15
7	宁波智团创业项目	5G 远程驾驶模块的研发	宁波波导易联电子有限公司	14
8	宁波智团创业项目	高精密全自动点焊设备的研发及产业化	宁波中久机器人科技有限公司	14
9	宁波智团创业项目	无油干式螺杆压缩机关键技术的研发和产业化应用	宁波市新炜流体科技有限公司	14
10	宁波“科技创新2025”重大专项	大型复杂薄壁铝合金铸件高致密成形技术研发与产业化	宁波海威汽车零件股份有限公司	400
11	宁波“科技创新2025”重大专项	烧结钕铁硼复合晶界扩散技术研发与产业化	宁波松科磁材有限公司	600

续表30

序号	计划类别	项目名称	实施单位	补助经费
12	宁波“科技创新2025”重大专项	第三代连续碳化硅纤维（核用碳化硅）产业化制备关键技术研究	宁波众兴新材料科技有限公司	500
13	宁波“科技创新2025”重大专项	FRC“动态表面”长效防腐防污新材料开发与应用研究	宁波昊鑫裕隆新材料有限公司	300
14	宁波“科技创新2025”重大专项	精准控流调节智能角座阀及快速响应长寿命电磁阀关键技术研究及产业化	星宇电子（宁波）有限公司	500
15	关键核心技术应急攻关项目	基于集成相控阵列天线的全固态车载激光雷达发射组件关键技术研发	宁波飞芯电子科技有限公司	200
16	产业技术研究院定向委托项目	辐射制冷超材料表面防护技术	宁波瑞凌节能环保创新与产业研究院	800
17	产业技术研究院定向委托项目	研究辐射制冷超材料色彩调控关键技术及应用	宁波瑞凌节能环保创新与产业研究院	100

2020年奉化区科技计划实施项目一览表

表31

单位：万元

序号	计划类别	项目名称	实施单位	补助经费
1	“小而美”专项	中央空调高效节能紫外病毒杀灭变风量系统开发	宁波雪路登智能科技有限公司	50
2	“小而美”专项	AMU 船载宽带卫星通信终端	浙江中星光电子科技有限公司	50
3	“小而美”专项	蓝藻监测与打捞无人船	宁波泰博达无人船技术有限公司	50
4	“小而美”专项	新型全自动智能冲奶机关键技术研究与产业化	宁波霍科电器有限公司	50
5	“小而美”专项	室内环境毫米波非可见光机器视觉智能终端开发	宁波溪棠信息科技	50
6	“小而美”专项	飞行时间传感技术（TOF）关键技术开发及产业化项目	宁波金晟芯影像技术有限公司	50
7	“小而美”专项	5G 及人工智能用高 RTI 低屏蔽超薄阻燃绿色聚碳酸酯复合材料	宁波坚锋新材料有限公司	50
8	“小而美”专项	固态电致变色材料及器件的研发	宁波铼康光电有限公司	50
9	“小而美”专项	高性能伺服电机驱动控制系统	宁波韦尔德斯凯勒智能科技有限公司	50

续表31

序号	计划类别	项目名称	实施单位	补助经费
10	“小而美”专项	高精密长寿命低噪音高压油泵的研发	宁波安创电子科技有限公司	50
11	工业重大专项	扫拖一体智能清洁机器人的关键技术研发	宁波尼可家用品有限公司	35
12	工业重大专项	诱导型组织修复材料开发及产业化	宁波光远致信生物科技有限公司	35
13	工业重大专项	高效长寿命可变先导比液压平衡阀的研发	宁波威森搏乐机械制造有限公司	35
14	工业重大专项	高压液压组合安全球阀关键技术研发及产业化	宁波天祥新华液压有限公司	40
15	工业重大专项	CAN 总线控制比例压力阀的研究	宁波佳尔灵气动机械有限公司	40
16	农业科研攻关项目	基于微生物拮抗作用的土传病害生防调控菌剂的应用研究	宁波费尔诺生物科技有限公司	25
17	农业科研攻关项目	高山猕猴桃水肥一体化智慧灌溉系统技术研究与示范	宁波星隆农业发展有限公司	20
18	农业科研攻关项目	金刚对虾新品种引进与工厂设施化高效养殖关键技术研究	宁波市奉化松岙豪鑫水产	20
19	农业科研攻关项目	优质蟠桃新品种多元化开发与避雨栽培技术研究示范	宁波奉化乐野生态农场	15
20	农业科研攻关项目	浙东油菜——单季晚稻种植模式的粮油新品种引进及产销一体化绿色优质高效关键技术研究	宁波奉化萤火虫生态农场	15
21	农业科研攻关项目	设施大棚西瓜无土栽培海藻生物肥应用技术研究	宁波市奉化方润农业科技	15
22	农业科研攻关项目	绿色经济作物单元下的高品质小龙虾生态链养殖模式创新与示范	宁波市奉化江口爱禾农场	15
23	农业科研攻关项目	青梅低温低盐度保存技术研究与应用	宁波市奉化明光食品有限公司	15
24	农业科研攻关项目	雷竹节水节材减本覆盖新技术研究与示范	奉化银龙竹笋专业合作社	10
25	农业科研攻关项目	植保无人机防治农作物病虫害关键技术研究与示范	奉化市好收成植保专业合作社	10
26	农业科研攻关项目	宽鳍鱲的开发和利用	宁波尚丰生态养殖有限公司	10
27	农业科研攻关项目	药食同源类水果增值化技术研究与示范应用	宁波市奉化区佳烨农场有限公司	10
28	农业科研攻关项目	水果玉米优质绿色生产与保鲜增效技术集成研究应用	宁波奉化绿苑果蔬专业合作社	10

续表31

序号	计划类别	项目名称	实施单位	补助经费
29	农业科研攻关项目	水蜜桃疏果幼桃综合开发利用研究	宁波市圆蓝食品科技有限公司	10
30	农业科研攻关项目	优质梅花鹿新品种的引进与推广	宁波奉化同发梅花鹿养殖	8
31	农业科研攻关项目	青虾性早熟控制的中草药应用与绿色高产养殖技术研究	宁波奉化建龙水产养殖场	8
32	农业科研攻关项目	工艺白茶品质关键技术提升与产业化应用	宁波市奉化区南山茶场	8
33	农业科研攻关项目	台湾凤梨新品种引进与环境适应性栽培技术研究	宁波隆丰农业科技有限公司	5
34	社会发展科研攻关项目	PVC 废料综合利用及废水治理研究	宁波市东升粘胶制品有限公司	5
35	社会发展科研攻关项目	气候变化背景下宁波地区台风灾害风险评估与经济损失预测研究	宁波市凯弘工程咨询有限公司	8
36	社会发展科研攻关项目	天然气智能管网系统的开发与应用	宁波奉化华润兴光燃气有限公司	10
37	社会发展科研攻关项目	“思巢”超媒体互动空间	宁波大汉印邦股份有限公司	10
38	社会发展科研攻关项目	奉化地区胃低级别上皮内瘤变癌变前瞻性队列研究	宁波市奉化区人民医院	10
39	社会发展科研攻关项目	社区患者 PICC 维护需求及护士能力匹配调查与干预对策	宁波市奉化区人民医院	—
40	社会发展科研攻关项目	互联网 + 高血压工作室的社区高血压未控制患者管理模式建立与评价	宁波市奉化区人民医院	—
41	社会发展科研攻关项目	健脾降浊方联合平衡火罐治疗肥胖型 2 型糖尿病的临床疗效观察研究	宁波市奉化区中医医院	—
42	社会发展科研攻关项目	基于医案和数据研究对赵国仁名老中医治疗慢性萎缩性胃炎的学术思想和经验的传承研究	宁波市奉化区中医医院	—
43	社会发展科研攻关项目	超声引导下腹横平面麻醉在腹股沟疝手术中的应用	宁波市奉化区中医医院	—
44	社会发展科研攻关项目	三维超声监测下多囊卵巢综合征伴不孕患者卵巢动脉血流动力学研究	宁波市奉化区中医医院	—
45	社会发展科研攻关项目	密集型针刺联合补阳还五汤治疗脑卒中后肩手综合征的临床研究	宁波市奉化区中医医院	—

【科技金融】 联合宁波银行奉化支行、农业银行奉化支行、中国银行奉化支行、奉化农商行等4家银行和中国人民财产保险、中小企业信用担保有限公司2家保险公司，设立区科技信贷风险池专项资金，扶持全区新“6+1”产业体系的科技型中小微企业。贷款利率不高于相应期限贷款市场报价利率加200个基点，保险费不超过担保额的2%。2020年，全区科技信贷风险池，放贷34家企业34笔贷款，累计放贷8600万元，目前存量7200万元。

【科技合作】　全年全区科技合作项目政策兑现57项，总计合同金额1360.5万元，发放补助经费260.1万元。

【创新创业平台】　做实创新创业（简称“双创”）平台建设，其中气动产业创新服务综合体和凤麓新材料众创空间分别成功入选省级产业创新服务综合体建设名单和国家级众创空间，宁波市节能环保新材料产业创新服务综合体列入市级产业服务综合体建设名单。启迪智能装备（气动）科技园工业地块三期均已经交付完成。复旦科技园（浙江）创新中心全年引进入驻企业42家，存续企业168家。“茗山智谷”创新综合体建设稳步推进，瑞凌辐射制冷研究院主楼已完成至10层、锋成纳米材料研究院主楼基本完成、瑞嘉通讯技术研究院、麦博韦尔研究院、海上鲜海洋新经济研究院、瑞晟智能物流研究院、茗山科创中心等项目有序推进。北京、上海、杭州、深圳和东北飞地孵化器揭牌运营，经佳双创基地、移盟科创基地、波导卫星通信科技园、怡诺（宁波）科创园、宁波奉化中交科技产业园等创新平台建设稳步推进。

（汪审浩）

2020年产学研项目政策兑现情况表

表32

序号	企业名称	项目名称	合作院校
1	宁波鲍斯能源装备股份有限公司	智能移动机器人同步定位及自主导航关键技术研发	浙江大学
2	宁波利安科技股份有限公司	无机高分子材料的制备及注塑模具开发	浙江大学宁波理工学院
3	宁波精科机械密封件制造有限公司	泵用高温高压集装式机械密封产品及测试装置开发	中国计量大学
4	宁波恒烨泰科光电技术有限公司	大口径HUD自由曲面制造技术研究	苏州大学
5	宁波市奉化鑫福生物科技有限公司	浓缩型秸秆有机肥农业推广技术应用	宁波城市职业技术学院
6	宁波波英电子有限公司	8GA汽车音响线缆参数优化及成缆工艺研发	浙江大学宁波理工学院
7	宁波亚路轴业有限公司	高性能汽车排挡杆制造关键工艺的研发	浙江大学宁波理工学院
8	宁波英特灵气动科技有限公司	管接型真空发生器结构优化设计	浙江大学宁波理工学院
9	宁波市沃瑞斯机械科技有限公司	一种环形螺纹的自动撵筋装置技术开发	浙江大学宁波理工学院
10	宁波市沃瑞斯机械科技有限公司	一种填充式的法兰自动整理装置技术开发	浙江大学宁波理工学院
11	宁波亚吉机电科技有限公司	便捷型显示器支架的研发	浙江大学宁波理工学院
12	宁波精益飞达轴业有限公司	新能源汽车高精度调节蜗杆轴研制	宁波工程学院

续表32

序号	企业名称	项目名称	合作院校
13	宁波德业粉末冶金有限公司	雷诺 Tragic 前减震器导向器总成的研发	浙江纺织服装职业技术学院
14	宁波市奉化区兴达海产食品有限公司	香辣竹笋和笋花生产品研发	浙江省农业科学院食品科学研究所
15	宁波辉宏新材料有限公司	新型有机硅树脂乳液的研发及其在橡胶制品脱模剂中的应用研究	浙江大学宁波理工学院
16	浙江拓华能源科技有限公司	基于二次光学系统和 MCU 模块的高效节能 LED 路灯开发及产业化	浙江大学宁波理工学院
17	宁波必达机械制造有限公司	节能变频空压机的研发	浙江纺织服装职业技术学院
18	宁波市亿森海烟道制造有限公司	固定式加长型排烟管及加工工艺的研发	浙江大学宁波理工大学
19	宁波钜亿新材料科技有限公司	耐热聚乳酸的热成型关键技术研究	浙江大学宁波理工学院
20	宁波奉化胜雄机电科技有限公司	高稳定性节流控制气路系统开发及成形装备设计	浙江大学宁波理工学院
21	宁波尼可海绵科技有限公司	基于 DCS 系统的工业过程控制系统开发	浙江大学宁波理工学院
22	宁波沃腾玛尔洁具有限公司	浴缸用亚克力板材的改性研究及制备	浙江大学宁波理工学院
23	宁波市华益气动工程有限公司	HMAR4000 全金属减压阀的研发	浙江纺织服装职业技术学院
24	宁波一机阀门制造有限公司	双向压高性能关键蝶阀的研发	浙江大学宁波理工学院
25	宁波卡西可减震器制造有限公司	汽车减震器生产工艺及装配工装的研发	浙江大学宁波理工学院
26	宁波金宸科技有限公司	电动汽车电池能量管理系统	中国计量大学
27	宁波科誉环境技术有限公司	生物污水处理技术研究项目	东华大学
28	宁波市奉化博龙机械制造有限公司	汽车减震套自动双头倒角专机的研发	浙江大学宁波理工学院

续表32

序号	企业名称	项目名称	合作院校
29	宁波天祥新华液压有限公司	风力发电机齿轮箱润滑系统球阀的研发及产业化	浙江大学宁波理工学院
30	宁波富爵电子科技有限公司	多功能膝盖按摩仪技术开发	浙江万里学院
31	宁波成亚健身器械有限公司	手颈一体式按摩器关键技术研发	浙江万里学院
32	宁波奉化光亚计数器制造有限公司	低噪音电机空调的研发	浙江纺织服装职业技术学院
33	宁波尼可家用品有限公司	扫拖一体式智能清洁机器人关键技术研发	浙江大学宁波理工学院
34	宁波奉化金鹰钢球有限公司	高速静音轴承钢球及其表面工艺的研发	浙江纺织服装职业技术学院
35	宁波酒石新材料科技有限公司	稳定同位素类产品的生产工艺开发	浙江大学宁波理工学院
36	宁波秉航电子科技有限公司	秉航精益管理系统软件开发	中国计量大学
37	宁波弥香源果酒有限公司	奉化水蜜桃特色果香型蒸馏白酒研发及产业化	浙江大学宁波理工学院
38	宁波弥香源果酒有限公司	水蜜桃蒸馏酒发酵工艺及产品优化技术开发	江南大学
39	宁波霍科电器有限公司	婴童餐椅及电器产品创新设计服务	浙江工业大学
40	宁波霍科电器有限公司	五款创新型儿童功能餐椅研发设计成果	浙江工业大学
41	宁波市喜力食品机械有限公司	基于直流电机无级调速系统的智能食品搅拌机研发	浙江大学宁波理工学院
42	宁波晨光威腾自动化机械有限公司	高压精密过滤器的研发	浙江大学宁波理工学院
43	宁波夏邦食品科技有限公司	土茯苓保健食品的开发研究	江南大学
44	宁波兴明液压器材有限公司	三通高强度防渗漏过渡接头的研发	浙江大学宁波理工学校
45	宁波大昌药业有限公司	抗癌中药猫人参复方片剂技术开发	浙江树人大学
46	宁波大昌药业有限公司	鸡矢藤提取物中鸡矢藤苷酸分离工艺创新研究	浙江大学宁波理工学院

续表32

序号	企业名称	项目名称	合作院校
47	宁波盛强晨亿电子科技有限公司	制氧机专用膜片式电磁阀的研发	浙江大学宁波理工学院
48	宁波得鑫科技有限公司	奇瑞T1A中控悬浮式导航装饰圈结构和模具设计	宁波工程学院
49	宁波乾方汽车配件有限公司	大型客车后仓门铰链的研发	浙江大学宁波理工学院
50	宁波理工智能电网技术有限公司	变压器智能有载调压系统的研发及应用	湖北工程学院
51	宁波瑞利时数控科技有限公司	智能切割系统项目开发	浙江工业大学
52	宁波永朝模具有限公司	低压铸造升液箱保温措施的研发	浙江大学宁波理工学院
53	宁波迪尔威动力机械有限公司	一种两进两出式滤清器滤清座的研发	浙江纺织服装职业技术学院
54	宁波大秦机械有限公司	高精度多功能电动移车器的研发	浙江纺织服装职业技术学院
55	宁波市奉化润达医疗器械有限公司	智能驱动系统	宁波中国科学院信息技术应用研究院
56	宁波万海阀门科技有限公司	低噪音陶瓷阀芯及模具的开发	浙江大学宁波理工学院
57	宁波奇峰智能科技有限公司	机器人恒力浮动砂带机开发及研制	上海交通大学

卫生健康

【概况】2020年末，全区共有各级各类医疗机构483家。其中，公立医院5家，社会办医院9家。急救站、卫生监督所、疾控中心各1家，采供血点1家。社区卫生服务中心、（镇）街道卫生院共11家。社区卫生服务站、分院共46家。医务室15家；转制卫生院8家；诊所99家；门诊部17家（社会办15家）；独立设置社会办医学检验实验室1家；村卫生室270家。全区各级各类医疗机构核定床位2811张，每千常住人口医疗卫生机构床位数为5.59张。全区医疗机构全年共诊疗7528754人次，出院64299人次，平均住院日为12.9天。区级公立医院门急诊均次费用和住院均次费用分别为198.45元和7869.52元，同比增长0.36%和4.86%。2020年，出生2286人，比上年同期减少571人，同比减少19.99%，其中二孩及以上出生853人，同比减少218人。全区居民期望寿命82.72岁。孕产妇死亡率为0，婴儿死亡率2.81‰。全年无甲类传染病报告，报告并妥善处置当地新冠肺炎3例，乙类报告发病率233.98/10万，同比下降21.91%，丙类报告发病率1268.93/10万，同比下降46.71%。全区卫生健康工作紧紧围绕“十三五”改革发展目标任务，结合省、市、区工作要点，以健康奉化建设为主线，纵深推进“1+5”改革发展攻坚战，坚决打赢新冠疫情防控人民战争、总体战、阻击战，为全区经济社会发展提供坚强保障。

【疫情防控】 新冠肺炎疫情发生以来，奉化区全面落实习近平总书记“坚定信心、同舟共济、科学防治、精准施策”的重要指示精神，在区委、区政府的坚强领导下，率先启动疫情防控工作、率先建立对口支援机制，织密织牢疫情防控“一图四清单”，全面落实“精密智控”常态化防控机制，10天实现确诊病例“零新增”,33天实现确诊病例“清零”，全区累计报告并妥善处置3名确诊病例和1名境内输入病例，境外输入病例、密切接触者和医护人员实现“三个零感染”。

疫情突发第一时间，高标准成立疫情防控工作领导小组，全方位保障医疗救治，全周期管控发热病人，传染病医疗救治能力得到全面提升；组建疫情监测处置小组，提升密接患者管控、疫点消杀、实验室检测和健康筛查能力，疫情监测处置科学合理；组建“三复”工作专班，开展企业复工风险评估、“驻企”健康指导、复工人员核酸检测和复学防控指导，全区复工复学、复市复游安全稳定；积极响应国家号召,23名医疗队员逆行出征，圆满完成援鄂、援甬紧急任务，获国家、省市区级抗疫先进荣誉71个，其中1人获评“全国三八红旗手”称号。

进入常态化防控阶段，严格落实“外防输入、内防反弹”管控措施，坚决做好精密智控、“净海”行动、重点地区返奉筛查和医院感染防控工作，外部输入防线坚强稳固；建立疫情监测预警智能化体系、立体化网络和专人化机制，疫情监测预警体系健全完善；多途径开展健康教育、个性化开展心理疏导，居民传染病健康素养全面提升；多渠道开展帮扶慰问、多层次提供心理支持、全方位落实组织保障，援鄂队员关心关爱举措全面落实。

秋冬季防控阶段，形势再度复杂严峻，奉化区进一步巩固拓展防控成果，扎实开展重点人群管控和疫苗接种工作，顺利组织开展全区大规模核酸筛查应急演练，不断加强集中隔离点规范化建设，完成4家发热门诊和救护车洗消中心规范化改造，落实驻村（社区）疫情防控指导员制度，织牢织密农村疫情防控网底，着力补齐疫情防控工作短板，助力全区疫情防控工作取得显著成效。

【资源配置】 启动实施奉化区基层医疗卫生机构业务用房提升改造工程，新建成方桥街道卫生院投入使用；加快推进区中医医院医共体迁建工程，积极做好奉化区医疗健康综合体建设项目（含人民医院和公共卫生服务中心）前期工作。完成4家区级医院方舱发热门诊及救护车洗消中心规范化改造。

【综合医改】 全面落实国家组织药品集中采购和使用试点扩大区域范围工作要求，协调推进医保支付方式改革、医疗服务价格调整、药品供应保障体系建设等工作。印发《2020年度奉化区公立医院综合改革评价办法》，切实加强区级公立医院控制医疗费用不合理增长工作。全年区级公立医院医疗总费用增幅控制在10%以下；门急诊均次费用198.45元，同比增长0.36%；住院均次费用7869.52元，同比增长4.86%。按照“一体两层级、三医四机制、五中心六统一”要求，全面深化以区人民医院、区中医医院、区溪口医院为牵头单位的三大医共体建设。印发《2020年度奉化区区域医疗卫生服务共同体建设重点目标任务清单》，明确时间节点，层层落实责任。健全绩效考核评价体系，强化考核结果运用。加强医共体牵头医院专科服务体系建设，提升基层医疗服务能力。2020年，全区区域就诊率95.73%，基层就诊率68.11%。

【基层卫生】 推进契约式家庭医生制服务，基层医疗机构实施率达到100%。优化家庭医生服务流程，建立考核体系，完善激励机制。全年家庭医生签约居民总数6.98万人，完成重点人群签约6.58万人。基本公共卫生项目经费达到人均87元，服务均等化更加普及。项目宣传力度不断加大，居民知晓率和参与度稳步提高，健康档案建档率达90.61%，老年人健康管理率达71.84%，全区基本公共卫生服务项目综合达标率为97.4%，公共卫生均等化服务水平全面提升。2020年，全区高血压患者管理率38.7%，规范管理率70.04%，控制率达61.39%；2型糖尿病患者管理率37.35%，糖尿病患者规范管理率70.03%，血糖控制率达56.76%。

【卫生监督】 全年出动监督员5223人次，筑牢安全屏障，抓好疫情防控。抽查各类场所615家，任务完成率100%，筑牢健康防线。开展医疗卫生、传染病防治、职业卫生、公共卫生等卫生健康领域的执法检查，及时排查危害百姓健康的风险点，案件查办力度不断加大。全年卫生行政处罚共立案245起，办结222起，结案242起，较上年同比分别增长20.69%，15.18%，22.84%。结案案件中一般程序案181起，简易程序案61起，执行罚没款982358元。

【疾病预防】 全年无甲类传染病报告，报告按甲类管理的新型冠状病毒性肺炎3例，乙类报告发病率233.98/10万，同比下降21.91%，报告处置聚集性疫情40起，突发公共卫生事件2起。实施结核病防治规划，落实耐多药结核病防治措施，强化重点人群监测与防治工作，防治核心指标圆满完成。重点实施第四轮艾滋病综合防治示范区建设，全年报告HIV/AIDS 30例，同比下降14.39%，开展HIV检测95966人次，占常住人口18.63%，阳性检出率4.38（1/万）。规范预防接种，加强疑似预防接种异常接种反应监测，全年无死亡、群体性接种反应等重大事件报告。持续提升检测能力，通过浙江省农业农村厅组织的农产品质量安全检测机构资质认证（CATL），成为宁波首家“双认证”疾控中心。稳步推进严重精神障碍综合管理工作，率先对非当地户籍患者进行救助，应用定位设备，推荐使用长效针剂，多措并举提升严重精神障碍患者管理治疗率。

【妇婴建设】 2020年，有户籍产妇2348例，未发生孕产妇死亡。全年发现户籍高危产妇1775例，住院分娩率100%。城乡妇女免费“两癌”检查有效实施，其中宫颈癌筛查9791例，乳腺癌筛查10001例。新建母婴设施2家，改建1家，已建25家，母婴设施配置率达到100%。积极推进3岁以下婴幼儿照护服务民生实事项目，完成新增3家托育机构，新增托位113个。

【爱国卫生】 相继组织全国第32个爱国卫生月活动、夏秋季爱国卫生运动、秋冬季爱国卫生运动、重点区域蚊等病媒生物集中消杀行动，助力新冠肺炎疫情防控和全国文明城市“六连冠”。协同推进区委区政府重点工作共建“我们的家园”专项活动，以老旧小区、城中村、城乡接合部、农贸市场等环境卫生薄弱环节为重点，相继开展“八大美丽”全域环境卫生治理，大量卫生死角被清除，大量乱堆乱放被清理，环境卫生面貌得到大幅度提升。

【人才建设】 疫情期间，与丁香人才等专业平台合作，改现场招聘为线上招聘，特殊时期补缺急需专业医学生26人。全年招录各类卫技人员110人，其中紧缺专业68人，硕士研究生9人，柔性引进领军人才1人。择优与20名高考学生签订定向培养协议。千人医生数从3.31增加到3.53，千人护士数从3.27增加到3.91。上年度健康宁波人才考核并列第一。与北大公共卫生学院签订校地科研战略合作协议。区人民医院医共体成为全国首批、浙江省首家基层胸痛中心示范基地。与上海、杭州等地10家权威医院28个专科建立紧密合作关系。开展各类综合管理、业务培训26期4054人次；举办继续教育项目7期，其中国家级5期。发表SCI论文5篇，申报科研项目33个，申请国家专利6项。新增宁波市名中医药师6人，居各县市区之首。实施高级职称自主评聘，两家医共体分类、分级建立各类卫技人员考核评估新体系，自主评审出41名高级职称。派遣15名医疗专家支援吉林延边、丽水缙云，2262名医务人员参与一线疫情防控。5个团队、23名个人获评省、市抗疫先进。节假日不忘慰问一线医务人员，疫情防控期间为援鄂队员及其家属提供心理咨询、就医绿色通道等服务，切实解决困难需求。

【医疗质量安全】 落实18项医疗核心制度及医疗技术准入规定，委托各专业医疗质控中心完成对全区医疗机构医疗质量的考核，并进行培训、督查。全区二级以上医院全年共设置临床路径病种423个，实施病例数47741例，临床路径总例数占全区出院病例总数的82.11%，同比增长2.44%。2020年，未发生因医患纠纷引发的重大恶性事件，共受理66起医疗纠纷，调解已决66起，其中涉及患者死亡案件10起。

【“最多跑一次”】 2020年集中精力解决痛点难点堵点，全面优化医疗机构就医环境，提升医疗卫生服务规范化、人性化、智慧化、便利化、特色化水平。挂号群众按时就诊率达99.17%，排队候诊时间显著减少；区级医院门诊智慧结算率达85.77%；全区公立医疗机构诊疗环境进行重新规划布局，全面实施厕所改造升级，母婴室规范设置；完成医疗机构数字化综合监管服务体系建设，具备实时查询医疗机构医疗服务数据功能，方便患者就医；同时依托互联网+诊疗服务平台建设，全区16家医疗机构100余名医生入驻宁波市云医院平台，以“远距离、不接触”的方式保障疫情期间慢性病患者的就诊、配药需求。

【东西部对口扶贫与山海协作】 2020年，派遣17名医务人员赴吉林延边州医疗帮扶，积极开展急诊科、妇产科、科教管理等专科建设，共完成门急诊诊疗1091人次，查房475次，远程会诊83次，全区危重病会诊、指导救治25次，主持疑难病例讨论84例。受疫情影响，帮扶人员积极探索线上培训，组织专家制作培训课件、视频，累计开展远程培训医务人员1500余人次。另派遣1名医疗人员至丽水市缙云县人民医院进行“山海协作”帮扶，开展门诊办公室管理、发热门诊管理等工作。

【院前急救】 以区急救站为中心，莼湖、溪口等4个急救点为补充的院前急救体系不断完善。全年共出车12894次，其中急救出车7349次，放空1843次，非急救出车3702次，救治病人10117人次；未发生医疗投诉及其他重大安全事故。2020年，宁波市院前急救考核优秀。

【社区卫生服务】 全区镇（街道）卫生院（社区卫生服务中心）卫技人员共777人，其中高级职称53人，占卫技人员的6.82%，中级职称241人，占卫技人员31.02%。注册全科医生217人，每万户籍居民拥有全科医生4.51名。2020年基层医疗卫生机构累计创成三星级全科门诊10家，创建率100%；星级中医药门诊10家，其中四星级1家、三星级9家，创建率100%；星级健康管理中心10家，其中四星级1家，三星级9家，创建率100%。建立居民电子健康档案46.66万份，建档率90.61%；全区高血压患者管理人数44151人，规范管理率70.04%，控制率61.39%；2型糖尿病患者管理人数11762人，规范管理率70.03%，血糖控制率56.76%。老年人健康管理率71.84%。全面开展签约服务工作，基层医疗机构实施率100%，家庭医生累计签约居民27.76万人，在签人数6.98万人，重点人群在签6.58万人，参与签约服务的家庭医生190人，组建家庭医生团队52支，家庭医生人均签约居民368人。

【中医中药】 针对0～3岁儿童和65岁以上老人，分别开展中医体质辨识、中医药保健服务等指导，其中辖区内0～3岁儿童接受中医药基本公共卫生服务人数8970人，占比76.4%；65岁以上老人接受中医药基本公共卫生服务人数52245人，占比74.3%。加快镇（街道）卫生院（社区卫生服务中心）基层中医药综合服务区（中医馆）和星级中医药门诊的创建工作，各项建设完成率均达100%。成立基层常见病多发病中医药适宜技术推广奉化基地，进一步加快推进中医药适宜技术在基层防治病中的应用，2020年开展中医药适宜技术45个项目，各镇（街道）卫生院（社区卫生服务中心）按照要求开展中医药适宜技术10项；规划内的村卫生室（社区卫生服务站）也基本掌握4项中医药适宜技术。继续实行中药饮片贴均费用控制，控制中药饮片大处方，遏制过度治疗和医药费用的不合理增长，全区中药饮片贴均费用继续控制在每帖30元以内。年内通过全国基层中医药工作先进单位省级及国家级评审专家组评审。

【医教科研】 2020年，发表晋升有效杂志论文65篇，其中SCI 12篇，一级期刊13篇，其他杂志40篇。上年度全区申报各级各类科研项目33项，其中17个科研课题立项，验收合格22项。2020年申报继续教育项目15个，其中国家级项目1个，省级继教项目14个；举办继续教育项目7个，省级继续教育项目5个，市级继续教育项目2个，参与培训人员1300余人。完成2020年住院医师规范化培训招录工作，2020年本区2个规培基地新招录本市规培学员共8人，其中西医3人，中医5人。区人民医院基地共招录3人，区中医院基地共招录5人（其中区外4人）。

【智慧医疗】 完成发热门诊系统改造，使各级医疗机构能访问宁波“身份信息核查服务”，同时向宁波端上传发热病人信息，共享发热信息。开展大堰分院和方桥分院机房上云工作，2家医疗机构内部不再配备服务器、磁盘阵列等设备，改为直接购买云资源服务。推进“最多跑一次”改革工作，完成公立医疗机构电子票据系统项目和4家区级医疗机构健康医保卡改造项目，实现票据电子化，实现健康医保卡挂号、收费、查询等功能，方便群众就医。

【无偿献血】 区采供血点正式独立运行，全区血液采、供一体化管理策略全面实施。重新修订《奉化区采供血应急预案》和《宁波市奉化区应急献血队伍管理办法》，应急献血志愿者队伍从600人扩充到3200人。在全市率先启动应急献血活动，有效保障疫情期间血液供应。积极开展无偿献血应急演练活动，全区无偿献血应急能力有效提升。全年采集全血4675人次，148900毫升（7446.5单位），较上年同期献血人次上升2.57%，献血量上升5.76%。血小板捐献833人次，1232人份，其中双份399人次。在全市率先推出“采供血分析报告制度”，每季度开展辖区内血液采供情况分析，确保全区血液有序采供。开展“统一不规则抗体阳性筛选技术”和“储血设备工艺质量”项目，血液保存及运输质量安全得到有效保障。全区使用红细胞5788单位，较上年同期上升7.22%；血浆174610毫升，同比下降2.61%；血小板211.3单位，同比下降8.66%。

【计生管理】 2020年，全区出生2286人，比上年同期减少571人，同比减少19.99%。计划生育家庭奖特扶政策和关怀服务有效落实。2020年，新增奖扶、特扶对象3387人，其中奖扶扩面对象新增947人，宁波奖扶、特扶对象新增2440人，全年实发33700人，发放4854.84万元。独生子女父母奖励费发放8141户，合计73.19万元。全区公共场所母婴设施标准化配置率100%，新增3岁以下婴幼儿照护服务机构3家，新增托位113个。建立婴幼儿照护服务机构备案登记、信息公示、综合监管、质量评估等各项制度，推进婴幼儿照护服务专业化、规范化发展，对托育机构进行动态监管。计生失独家庭帮扶关怀工作走在全市及全省前列。“青鸟探巢”失独老人健康关爱项目获评全省计生协系统“十佳改革创新案例”、浙江省新时代文明实践志愿服务项目大赛金奖。区计生协被省委宣传部、省文明办、省民政厅等6个部门联合授予“爱心单位”荣誉牌，并登上学习强国、《光明日报》《人民日报》《宁波日报》、今日头条等多家主流媒体。

【行政审批】 全年受理许可1924件审批件，其中医师执业许可（包括变更）370件，医疗机构类许可（包括医疗机构校验）577件，公共场所卫生许可（新发证、变更）317件，放射诊疗许可34件，护士执业许可419件，再生育审批61件，其他审批事项146件。

（王　云）

文化 新闻 体育

文 化

【概况】 2020年，文化建设注重提升群众幸福感和获得感，讲求实效性，公共文化服务覆盖面得以有效扩张。同时，围绕传承与弘扬优秀传统文化，文化遗产有了创造性转化和创新性发展。

【文化活动】 开展“一人一艺”全民艺术普及系列活动，艺术培训53次，797课时，12000人次参与。区图书馆新增图书采编141628册，库存637000册，文献借还册次559709册，读者借还87236人次，实现全区人均1.2册。依托巴人读书节、凤麓讲堂等平台载体，举办阅读推广活动157场次。完善乡镇文化工作考核机制，制订《2020年度镇（街道）文化工作目标管理考核实施细则》，确保考核工作透明化。加大基层阅读资源配送，创建“乡村书吧”。送书进社区共4600册次。新增图书流通点7个，锦屏街道、岳林街道共23个社区实现通借通还。开展镇（街道）图书馆星级评定，2020年底前一星级乡镇图书馆分馆建成率达到80%。举办庆祝中国共产党建党99周年“防救魂 深蓝情”主题文艺会演、奉化区第二届礼堂文化节启动仪式暨“礼堂走亲”文艺会演活动、“喜迎国庆 欢度中秋”奉化区各镇（街道）群众文艺会演、2020年奉化区首届“城韵乡风”广场舞大赛、九九重阳节晚会等活动。精品艺术创作成绩斐然。选送的4个原创节目均获宁波市第十三届音乐舞蹈节铜奖；农民画《美丽的家园》获宁波市第二届农民画创作大展银奖；宁波文化馆“小康社会·幸福家园”摄影比赛征集的百幅作品中，奉化区选送60幅；音乐作品《我的桃花源》获省金奖;《奉化区“一人一艺”全民艺术普及实践研究》编入宁波文化蓝皮书。

【文化传承】 持续推进博物馆筹建，完成《奉化文明展》《蒋氏父子与奉化》《奉化方志古籍展》3场常设展览，举办《奉化70周年成就展》《对话热电厂·博物馆摄影展》《樊德才绘画作品展》《竺庆有山水画展》《“乡村振兴·和美奉化”浙江省美术作品展》《“五小一跑”打造基层权力运行制约和运行的奉化样板》《西泠印社会员绘画作品展》《张建富弥勒画展》临时9场展览；精心打造“寻宝探秘”夜宿博物馆等系列活动，开展“传拓”主题研学、文化和自然遗产日等活动68场次。完成经济开发区文物区域、方桥双马遗址评估发掘工作，并对44宗地块进行前置出让调查。完成5处第七批省保单位四有档案完善提升工作，并上交省文物局备案；启动宁波市各级文保单位数据库录入工作，完成省保单位以上数据库输入工作。推进“薪火计划”中青年奉化吹打传承人培育工程；开启送龙送教下乡活动，促进“奉化布龙”民间队伍传承壮大。红帮裁缝技艺申报国家级非遗项目名录，并参加2020年海丝之路（中国·宁波）文化和旅游博览会；奉化牛肉干面制作技艺等亮相2020全国曲艺周之第七届宁波阿拉非遗汇。

（王璐婷）

新　闻

【概况】 2020年，奉化区融媒体中心深入践行浙江建设“重要窗口”使命担当，围绕建成“主流舆论阵地、综合服务平台、社区信息枢纽”目标，聚焦舆论、发展和党建，为建设现代化健康美丽奉化新城区提供坚实的思想舆论支撑。获2020年度浙报集团共享联盟·合作奖，2020网易传媒华东城市合伙人季度会最佳内容运营奖，被区大活办评为2020年度节庆工作优胜集体。

【体制改革】 3月，融媒体中心对机构、人员、职能、设施等进行全方位调整和试运行。4月由区委办、区府办联合发文《宁波市奉化区关于扶持推进区融媒体中心建设发展的若干意见》，奉化区深化机构改革协调小组办公室印发《宁波市奉化区融媒体中心职能配置、内设机构和人员编制规定》。5月，中心委托上海洁红文化传媒中心，为区融媒体中心量身定制发展战略和路径。10月中旬，启动新一轮深化融合改革方案，融媒编发部、媒体采集部、品牌运维部、用户运维部4个部门先行先试，组织架构、人员设置、绩效考核方面初步成型。在奉化区委区政府支持下，中心积极尝试资本运营，8月31日将原奉化日报报业有限公司更名为融媒文化发展有限公司，承接文化产业宣传、政府合作项目以及市场经营等业务开展，并积极筹建宁波市奉化区融媒数字信息服务投资发展有限公司，作为数字信息服务投资平台，与区属国资公司共同承接区属数字信息服务化产业项目。逐步推进全区灯杆广告、户外大屏、固定平面广告位等公共宣传点位统一由区融媒体中心管理和运营。12月，中心出台《奉化区融媒体中心机构改革设置方案》，新一轮中层干部选聘开始。

【重大主题宣传报道】 遵守宣传纪律，确保舆论导向正确。开设《奉献新奉化·全力抓落实》《牢记总书记嘱托·勇当“重要窗口”建设模范生》《共建美好家园·奋力争创全国文明城市六连冠》《垃圾分类 奉化最美》《破除中梗阻·提升软环境》《最多跑一次》等20多个专栏，播出主题报道590余条。配合“两会”主题宣传，推出《奉视新闻》6档，《奉化日报》专版6块，内容包括代表委员风采、人大政协工作综述、热词解读、两会动态、精神落实、两会花絮、社评等，推送相关报道170余篇。3月16日开始，针对区领导“周一夜访”中发现的问题，《奉视新闻》及时推出《奉献新奉化·民生事无小事》专栏，播发报道40余篇。加强舆论监督，形成多媒体矩阵传播，内容涉及劳动纠纷、文明城市环境暗访、垃圾分类督查、消防通道堵塞、小区乱象追踪等，《奉化日报》、奉化电视台、掌上奉化、奉化头条等平台相继播发100余条，其中《久久乐园二期安全乱象调查》《三年了，这个临时市场还要“临时”多久？》《为何施工半年工程未见进展》《这一违章建筑为何拆除不了》等报道倒逼相关单位解决问题，引起社会强烈反响。播发金融、外贸、三新、乡贤以及扶贫企业等报道百余篇次，内容涉及东西部协作帮扶、危机中的发展举措、政府惠企政策、企业科技创新等，《小草莓“玩”出大产业》《我区“三新”企业逆势赶超》《政府当链长 助推企业全链复产》等报道被省级以上媒体平台刊播。重点宣传“争创全国文明城市六连冠”，开展各乡镇街道及部门24名“一把手”系列访谈，同时加大文明城市曝光台和垃圾分类两个专栏的播出频次，播发相关报道300余条。策划播报各种节日、农事节气相关内容100余条。轨道3号线开通宣传推送各平台新闻、短视频40余条次。

【新冠疫情防控报道】 面对突如其来的疫情，区融媒体中心打破常规，迅速组织力量，奔赴抗疫第一线采访。整合《奉视新闻》《民声1890》两档节目，从1月30起到3月6日，新闻从一周五天改成一周七天日播，推出“抗疫特别报道”。针对疫情防控、援鄂医疗、先进人物、暖心故事、复工复产、惠企政策等进行全面宣传，电视、报纸春节提前复播复刊，周末增播增刊，播发相关信息4000余条，广播微信微博推文发布700余条。中央、省、市级媒体刊发奉化抗疫相关报道1000余篇次，其中央媒160余篇。《爱伊美突击生产口罩》《政府当“链长”帮助企业复工》《政府包机接回近400名务工人员》等3条新闻被央视《新闻联播》及新华社等国家级媒体刊播；2月4日，新华社播发全国上班首日见闻，点赞宁波奉化。区融媒体中心全媒体采访部青年突击队被评为疫情防控和复工复产一线表现突出的青年突击队。

【宣传成果】 全年共播出外宣稿件1000余条。央视各频道播出43条，其中央视《新闻联播》30秒时长以上3条；浙江卫视《浙江新闻联播》226条，头条3条；甬派稿件录用270条，平均5.6条/周；暖心故事市级及以上媒体30多条，平均2.5条/月。另完成浙江新闻客户端150多条，天目40条，中国蓝新闻10条。《浙江日报》21条，《人民日报》22条，《人民日报·海外版》20条。中央人民广播电台18条；浙江之声38条；宁波电台238条。拍摄制作的十集系列短视频《我的环保故事》，全网点击量超60万次。报送70多件作品，获市级以上政府奖和新闻奖项70件次。

【活动运营】 原生活娱乐频道更名为活动运营部，内设6个自办栏目：社教栏目《奉城纪事》、党建栏目《奉化党建》、对农栏目《乡间小路》、青少栏目《阳光城》、联办栏目《奉话健康》（周播）。建立专题活动策划团队，统筹承办全区性各类文化活动、赛事、节会、展会等品牌活动。完成2020少儿春晚、2020海峡两岸婆媳文化节、“I love奉化”2020蜜桃音乐节、2020奉化水蜜桃品鉴暨开摘仪式、“银耀之江”——走进宁波奉化等大型活动的策划与实施。策划完成奉化乡村旅游宣传片春夏秋篇、农村旧房改造宣传片《无限“奉”光在乡村》《云上大堰》和《跨越山与海》、文明城市创建问题反馈专题片、农居房改造经验指导片、节水型社会建设宣传片《水韵风华》、扶贫宣传片《携手奔小康》、美丽宁波湾短视频、退伍军人宣传片、抗美援朝宣传片等多部作品拍摄；策划制作医保情景剧9集，平安三率宣传情景剧3集，燃气宣传系列节目和《奉邑学堂走乡间》两期节目录制，“文明一点”第二季共三期，录制公筷公勺、垃圾分类、农村垃圾分类访谈节目。

【访谈问政】 2020年，推出“民生大问政”三期。第一期主题“村、社区精细化管理”，主要围绕社会治理，重点反映小区内外乱停车、电瓶车充电难、农贸市场“脏乱差”等四大类问题，10家单位被问政；第二期主题“共建家园面对面，文明创建聚合力”，主要围绕文明城市创建中的难点堵点，重点反映缆线乱象、绿地变成垃圾场、居民小区脏乱差、菜场环境、公交站果壳箱管理、工程车尘土飞扬等六大类问题，22家单位被问政；第三期主题“破除中梗阻 提升执行力”，聚焦停车乱象、小区环境卫生脏乱差、网红打卡地后续失管、小餐饮店垃圾分类不到位、河道污染等五大重点问题，9家单位被问政。持续公开问政问效，提升了干部管理能力和区域治理水平。

【FM99.4广播频道】《城市早七点》节目推陈出新，在大量提升单位时间内信息量的同时，着眼民生，以更加亲民的播报方式贴近百姓。《城市晚点名》节目开设全新答题互动版块《饭饭荣耀榜》，结合可视化广播点对点推送新技术，广泛提升受众参与度，获宁波市政府奖新媒体主持奖一等奖。结合时下热点，设计推出节目专属微信红包皮肤，取得较好宣传效果。与宁波广播传媒、省广电集团达成战略合作，活动影响力再上新台阶。少儿品牌活动《囡囡好声音》第八季，覆盖全区近40所小学及幼儿园，单场网络直播观看人数超13万人，深受奉化少儿、家长和老师的认可。频道三档高峰节目正式入驻省广电集团《喜欢听》APP，受众群体不断扩大。推出“万朵鲜花送雷锋，致敬最美战‘疫’人”等系列公益活动，频道影响力不断提升。

【媒体融合】 通过搭建中心“中央厨房”，形成新闻信息的“总控平台”与“调度平台”，对报纸、广播、电视、APP、微信公众号、政府网站等实行全媒体调度，实现“一次采集、多元生成、全媒传播”生产新模式。2020年8月，启用蜂鸟采编APP，打通广播、电视、报纸、新媒体供稿系统，实现记者现场新闻生产功能。同时，中心对接宁波广播传媒、浙江卫视、浙江日报等上级媒体平台，设立“蓝媒联盟奉化协作站”和“浙甬融奉化工作站”。打破报纸、广播电视、新媒体等采编框架壁垒，以扁平化管理为引导，实行采编人员“统一报道部署、统一策划主题、统一组织采访、统一编发稿件”，从内容层支持跨媒体组合编排，推动信息内容、技术应用、平台终端、人才队伍的全面共享融通，使文字、视频、音频、网络图文、直播等内容形式交叉叠加，加速构建全方位、立体式的资讯服务发布“枢纽”，实现集约化、全媒体化运作。

【掌上奉化】 2020年，掌上奉化版本升级2次，先后完成客户端读报、听广播等功能添加、UI美化升级、模块重组，并大力拓展城市服务功能，完成“指尖政务、12345热线、人才招聘、智慧旅游”等11项功能建设落地。同时，中心不断深耕社区单元，通过整合社区房产、商业发布、中介服务等资源，积极打造综合服务平台和社区信息枢纽，更多融入百姓生活，更好提高平台用户黏性。掌上奉化PLUS版将于2021年1月正式上线，客户端将深度挖掘打造奉化“圈子”社区，依托UGC内容生产方式，力争把客户端办成丰富多彩的“百姓大舞台”。

【网络建设】 截至12月，在册正常用户158565户，有线电视新开户2816只，高标清换购6082只，营业厅共受理业务178245笔。新冠肺炎疫情期间，为响应“停课不停学”号召，开通教育资源直播频道当地落地播出。完成网络运维与平台建设，集客项目建设和新建小区工程配套建设。依托广电双向网络资源优势，做好医疗保障药店视频监控、公安路政监控、平安校园智慧安防等“智慧城市”建设项目，产业经营能力进一步提升。配合区深改办、区编办、区文明办、大数据中心做好“最多跑一次”改革、公共服务窗口文明创建等系列工作。

【志愿服务】 参与共建“我们的家园”和“奉邑有我”党员志愿服务活动，组织中心党员集中开展垃圾分类桶边督导、街巷环境巡跑整治等志愿服务活动700余人次，平均时长超过30小时。以对农栏目《乡间小路》为平台，积极为乡村振兴战略服务，全年推送30余次，惠及50余位农户，直接受益金额60余万元。

【自身建设】 通过“请进来、送出去”，先后组织开展融媒讲堂等培训，全年完成36个专业项目、630余人次的培训学习，进一步提升干部职工的专业化业务能力。年末，全系统有在编职工126人，其中高级职称18人，中级职称52人。

（刘　声）

体　育

【概况】 2020年，奉化区体育事业和体育产业发展主要围绕群体竞技活动展开，并通过践行“体育+旅游”模式，引导体育消费，促进产业发展，在体育惠民的同时，实现体育强区目标。

【群体活动】 举办奉化区第一届运动会，参赛运动员5000余人，间接参与10万人次。深化政府推动、市场驱动、社会互动的办赛机制，打造IP赛事，践行“体育+旅游”模式，引导体育消费，促进产业发展。持续打造“海峡两岸”体育舞蹈公开赛、“王者之战”国际街舞挑战赛、江南百英里越野赛、“桃花杯”系列邀请赛、浙江省第八届舞龙锦标赛等品牌赛事全面发力。丰富群众文体生活，积极举办2020宁波市全民健身季“美丽乡村健身行”奉化大堰站活动、奉化区第二届围棋名人赛、“足行奉化·缘结山水”户外系列赛、奉化区第二届礼堂文化节“美丽新农村”体育竞赛等各类赛事200余次，参与人数15万人以上。出台《宁波市奉化区竞技体育后备人才社会训练基地管理暂行办法》，于2020年7月审批通过首批7家社会办训基地，下拨补助经费22万元；布局新兴体育项目，目前已完成攀岩、击剑、射箭、跆拳道、游泳等5个项目的合作。积极开展青少年暑期夏令营大集训工作，至2020年底全区有14个训练点（校），600余名青少年在训。

【体育惠民】 积极组织“一人一技”体育公益培训，开展门球、健身气功、体育舞蹈、曳步舞等6期体育公益培训，800余人次参加。全年共培训社会体育指导员53人，至年底，全区每千人拥有社会体育指导员3.54人。同时委托第三方机构运营管理区国民体质监测中心，为市民免费提供体质监测，全年完成监测1055人，国民体质监测合格率94%。

【体育设施】 2020年，总投资5亿元的区体育中心开工建设，2021年将建成7000座以上固定看台的标准体育场（含标准足球场）1个、国家标准游泳馆1个。创建浙江省民生实事工程29项，其中多功能运动场6个、游泳池（含拆装式游泳池）1个、百姓健身房10个、体育小康村升级工程12个，完成宁波市重点项目莼湖体育公园项目。全年新增健身路径26条，篮球场6片，乒乓球场16片，其他各类场馆30片，更新健身路径90条，更新篮球架26副，更新乒乓球桌22张。截至2020年底，全区共有各类体育场地1965个（室内体育场馆555个、室外体育场地1410个），体育场地总面积达228.4973万平方米，人均体育场地面积4.42平方米。

（王璐婷）

社会生活

精神文明建设

【概况】 2020年，全区精神文明建设围绕区委、区政府中心工作，在文明创建和文明实践上下功夫，抓重点、破难点、出亮点，坚持全民参与、共建共享，城乡文明程度得到显著提升。

【深化文明创建】 区文明办探索综合整治、曝光、处罚、教育相结合的创建模式，保持突击式创建与常态性相统一，在市测、省测中，取得六区第一和第二的成绩。持续深化“五整顿两提升”“奉邑文明”专项行动，整治城中村、老旧小区、背街小巷、农贸市场、城乡接合部、交通秩序，一批顽症痼疾得到有效解决，11个城中村、20余条背街小巷、20多个老旧小区及一些城乡接合部（村）的面貌得到初步改观，为文明城市创建打下了坚实的基础。建立常态化曝光机制，采取“媒体曝、专班找、志愿者巡”的机制，在全媒体平台曝光不文明行为为35期，专班每天5组专项督查和回头看，下发问题通报109次，志愿者每周进行巡查。用机拍、人罚等方式，加大对不文明行为的处罚力度，交警、城管处罚机动车乱停放等违规行为分别为17.9万和5.5万起，非机动车闯红灯等违规行为6.2万起，行人闯红灯等不良行为1013起。实施文明素质提升、文明好习惯养成、艺术点靓城市角落等专项行动，发放公筷9万双，制作景观小品16个、《文明一“点”》访谈节目5期，举办“文明大讲堂”5场，建立不文明行为警示教育基地，常态化开展警示教育，城区23个社区群众接受教育8万人次。建立重点领域区领导包干、重点单位结对包干、第三方测评机制，实施“街巷跑长”“跑长助理”“城管义工”“红黄绿”交通志愿服务队、社会志愿服务团队网格化管理模式，对72条街巷、17条主次干道、17个交通路口进行常态化巡街劝导，每月一次由第三方进行测评，72条街巷累计整改问题6684个。新增机动车停车位3300余个，非机动车停车画线13790米。

“奉化红”志愿服务网格化创建经验得到省委宣传部副部长卢春中和市委宣传部部长李军批示肯定，并在全市创建中推广。

【推进文明道德】 出台《新时代文明实践中心建设全国试点实施方案》，区级“双中心”（区党群服务中心和区新时代文明实践中心）投入使用，完成3个示范所和15个示范站的打造，制定“963+X”活动开展标准，深化“23456”工作模式，探索有奉化特质的文明实践模式，培育“青鸟探巢”“孝膳堂”等文明实践项目和“锋之社”“绿叶”等志愿服务品牌。惠民老年食堂——“孝膳堂”项目成为宁波农村老人的幸福品牌。何美蓉获评全国“四个100”最美志愿者，“锋之社”爱心志愿服务队获省优秀志愿服务组织，2个项目获省青年志愿服务项目大赛铜奖，缪亚春获省最美志愿者称号，志愿服务各项荣誉数居宁波全市第二。践行社会主义核心价值观，突出模范引领，深化暖心故事推送、常态化梯队选拔培育、媒体宣传包装策划等系列机制。每两年一次开展“最美奉化人”评选表彰，后畈村获评全国文明村，桃源社区、溪口税务所获评全国文明单位，崔译文家庭获全国文明家庭称号，冯刚入选中国好人和“浙江骄傲·最美浙江人”，崔译文获评全国最美大学生，4人入选浙江好人，区委宣传部获集体三等功。

（王　炟）

关心下一代工作

【概况】 2020年是区关工委面向新时代、迈向新征程、谱写新篇章的新起点。全区各级关工委坚守初心使命，不断增强政治意识、大局意识和责任意识，奋力开拓，创新前行，用心开创关心下一代工作的新业绩。

【学习宣讲】 各级关工委紧紧围绕“弘扬红船精神，争当时代新人”的主题教育，结合奉化地域文化资源，抓住不同时期未成年人心理成长共性和奉化青少年地方特性，开展红色主题系列教育活动。西坞街道关工委在清明节号召街道中小学学生通过微信公众号进行网上祭扫活动；裘村镇孝德工作室利用“立夏”与区校外教育工作室开展传统文化教育；锦屏街道关工委组织新奉化人子女在端午节期间开展“浓情端午有爱放粽”关爱活动等等；松岙、裘村、莼湖、大堰等镇（街道）充分发挥红色基地资源，对青少年开展爱国主义教育。

8月底，区关工委联合区文化和广电旅游体育局等单位举办第二届“学童开蒙大典”，通过拜孔大典、穿汉服、习礼仪等活动，让孩子学习、了解传统美德和传统礼仪。联合区团委、文明办等单位开展奉化区第二届“十佳小孝星”评选活动，王佳圆等十位小朋友被评为奉化区第二届“十佳小孝星”。

【假日学校】 受疫情影响，在充分听取各方意见后，考虑2020“假日学校”开办的特殊性，在确保安全的前提下，要求各镇（街道）有条件的村（社区）、企业可以因地制宜开办，采取集中与分散相结合、线上与线下相结合、长时间与短时间相交替的方式有选择地“稳慎”开办，让孩子们在假期里“动起来”“乐起来”，如尚田街道关工委在走访调研的基础上，了解到企业职工子女假期无人管的情况，及时与相关企业关工委联合开办暑期“假日学校”。暑假期间全区开办线下“假日学校”12班，受益学生600多人次，发动志愿者200人次（其中五老志愿者85人次），举办主题教育活动32场。

【关爱帮教】 关协阳光关爱工作室、凌晨阳光关爱实践基地联合岳林街道关协成立“凌晨和美关爱中心”；关协阳光关爱工作室老师孙佩君结对帮教学生，鼓励其重拾信心，完成学业，终于被高等院校录取。持续开展“结对帮教”活动，先后为80多名困难青少年和30多名困难大学生送去近20万元助学款。积极发动“五老”（老党员、老专家、老教师、老战士、老模范）与留守（困境）儿童一对一结对活动和微心愿活动，确保留守（困境）儿童关爱不断线。溪口镇关工委开展“五老+下一代”的爱心传递新模式；大堰镇关工委继续发挥留守儿童工作站作用，不定期开展亲情陪伴、生活关怀、学业辅导、自护教育等。此外，运用关心下一代基金资源和依靠社会爱心人士、五老志愿者力量开展“助你成才”圆梦行动，携手助力完成困难学子在上大学前的最后一千米，结对帮助10名普通高中学子，发放助学款5万元。

【改革创新】 积极探索“组合联谊化、管理社团化、运行项目化、服务专业化”的“四化型”工作模式，利用关协工作室志愿者队伍，基本形成“关工委+协会+工作团队”的工作体制，在激发关工委活力的同时，有效地提升组织的领导能力。至年底，全区50%基层关工委达到“五好”标准。加强校外教育阵地建设，对19个校外教育阵地进行排摸，指导各镇（街道）关工委对利用率低、效率不高的阵地进行整改，对无场地、无人员管理的阵地进行调整，对有基础、有条件、有影响的阵地进行指导帮扶，使阵地发挥更大教育辐射功能。

【宣传工作】 关心下一代工作、活动信息在《中国火炬》杂志、《中国火炬》公众号、新星网等媒体网站共刊登近100篇（条），其中在《中国火炬》杂志上3篇、《中国火炬》公众号上27条、省级新星网30条。

（周索妍）

社会事务管理

【农村组织】 2020年，稳妥有序推进行政村规模优化调整，共涉及行政村91个，其中户籍人口500人以下的57个，74个村采用并村调整、17个村撤村建（并）居，至年底全区有284个行政村，较上年减少67个。联合纪委、农林等单位共督查检查36个行政村的村务公开栏、重大村务民主决策、三资管理情况等，明确问题反馈和结果应用，通报督查情况，要求各行政村逐条分析整改落实到位，并在下一次的督查活动中检查问题整改落实情况。

【社区管理】 2020年新设6个社区，截至年末，全区有35个社区。完成塔水村、前方村等25个村撤销行政村建制的工作。通过调剂、置换等方式调整和扩充了4个社区的综合用房，新增使用面积超过2000平方米，新建小区按标准落实了2个社区综合用房。以社区党组织为核心，普遍建立由社区党组织、网格长、物业、居民四方组成的“四方议事厅”，协商议题300余个，解决问题225个，结果运用率超过70%。做好新冠肺炎疫情社区防控工作，向2334名城乡社区工作者发放疫情防控补助资金875.87万元。落实《关于村（社区）职责事项、机构牌子、上墙制度和工作台账准入管理的实施办法》，巩固“三多”清理，开展社区评议机关活动，对35个区直机关在社区准入、社区共建的8个方面进行评议。开展清廉社区建设，6月召开清廉社区建设工作现场推进会，推动规范化建设进程。梳理形成社区“五小一跑”权力运行清单，厘清权力边界，防止基层“微腐败”。

2020年，公开招聘30名社工，年末实有专职社工242人，人数较上年底增加7%。开展社区治理专项培训192人次。

【婚姻登记】 2020年，全区婚姻登记4364件，其中结婚登记2311对，离婚登记1285对，补结婚证584件，补离婚证183件，出具无婚姻登记记录1件。

【殡葬服务】 全年火化遗体3693具。根据惠民殡葬政策减免收费3552人，减免金额296.17万元，其中骨灰盒减免559人、16.77万元，灵堂减免12人、1.86万元。

【老龄工作】 年末，全区60周岁以上老年人口有137630人，占区总人口的28.7%。

2020年底，全区有养老机构29家，养老床位5915张，新建西坞永乐养老院、区红日康养院，增加床位380张。全年新增居家养老服务机构6个，其中区域性居家养老服务中心3个，居家养老服务站3个。到年末，全区建成各类居家养老服务机构390个，区域性12个，服务覆盖全区所有老年人。继续开展居家养老服务机构等级评定，年末有AAA级居家养老服务机构25个，AA级居家养老服务机构220个，A级145个。组织全区养老机构安全员和护理员参加养老安全和消防演练培训，全年累计培训1707人（次）。

2020年，为17015名80周岁以上老年人发放高龄津贴1166万元，为476名60周岁以上老年人办理老年优待证。至年末，全区有百岁老人33名。

（王亚雷）

民族 宗教

【概况】 2020年，区民族宗教工

作在区委、区政府的领导下，深入学习贯彻习近平总书记关于民族宗教工作的重要论述精神，不断践行“重要窗口”模范生的政治责任和担当，坚持围绕中心服务大局，切实发挥民族工作“推进器”和宗教工作“稳定器”作用，确保全区民族宗教领域和谐稳定。

【宗教工作】 举办宗教政策法规专题讲座、召开全区基层宗教事务培训会，邀请省民宗委陈振华副主任、市民宗局相关处室负责人解读宗教知识和基层工作实务，提升基层干部做好宗教能力和水平。开展宗教政策法规进农村文化礼堂活动，印发相关知识手册3000余份，进一步提高基层群众宗教方针政策知晓度。宣传各类疫情防控相关资讯，有力营造了群防群控氛围。组织开展专题培训14场次，受训人员近600人，确保宗教场所有序恢复开放工作顺利推进。

10月12日，雪窦山—普陀山旅游专线正式开通，名山之间交往互动进一步增强。11月29日，中国佛教协会人间佛教思想研究基地揭牌仪式在浙江佛学院举行，正式落户雪窦山；启动宗教场所规划编制，《宗教场所“拆改扩”中涉地问题研究》获评全省统战理论政策研究优秀成果二等奖。防控疫情和复工复产一起抓，举行“开门首日”升旗仪式，宗教界人士为抗击疫情捐款捐物84万余元，为打赢疫情防控攻坚战贡献宗教界力量。扎实开展宗教领域“六进”“四治”工作，防范抵御极端思想渗透，确保宗教领域和谐稳定，雪窦寺获评省级平安宗教场所、溪口教堂获评省级宗教法治宣教基地；9月，雪窦山义务消防队代表宁波参加全省宗教活动场所消防技能大比武，获集体一等奖；11月9日，第五届全国119消防先进集体和先进个人表彰大会上，雪窦山资圣禅寺方丈怡藏获全国消防先进个人。夯实“三人驻堂(寺)”工作机制，创新场所第三方安全监管模式，发现整改各类安全隐患1936处，相关做法被中央统战部《每日汇报》录用。

【民族工作】 加强各民族交流交融，进一步巩固民族团结进步创建成果，12月20日，奉化区民族团结进步促进会成立。走访慰问少数民族群众，指导少数民族群众做好疫情期间生产工作。2020年，推荐少数民族帮扶项目2个，落实帮扶资金5万元。加强与温州文成县少数民族结对村对接联系，落实帮扶资金10万元。畸山小学获评省级民族团结进步重点培育单位。

（李希萌）

社会保障服务

劳动与就业

【概况】 2020年，深入实施就业优先战略，成立区就业工作领导小组，落实《关于进一步做好稳就业工作意见》等政策，不断稳定和扩大就业。全年全区城镇新增就业16816人，城镇登记失业率2.01%，完成就业登记292080人。高校毕业生就业率实现100%，城镇“零就业”家庭动态归零。

【公共就业服务】 积极推进多渠道线上线下招才引智活动，先后举办当地招聘108期，赴西北、湖南、东北、金华等地开展“全国选才、才聚奉化”赴外招聘活动25场，承办省、市大型人才对接活动5场。全年全区新增各类人才16500人，其中引进博士45人、硕士481人，新增高技能人才6821人，接收高校毕业生7200人。加强高校毕业生就业扶持，新建大学生就业实践基地9家，接收就业实践大学生1152人。

出台《奉化区关于公益性岗位开发管理暂行办法》，结合共建“我们的家园”专项活动，在锦屏、岳林街道“无物业老小区”，开发保洁保绿、小区夜巡、垃圾分类等公益性岗位200个，保障困难人员托底就业。先后组织安图、珲春建档立卡贫困人员到奉化就业78人，开展对口扶贫地区就业技能培训834人次、贫困村致富带头人培训230人次。

【创业带动就业】 积极鼓励、引导和支持城乡劳动者自主创业。全年发放创业担保贷款7681万元、各类创业补贴1186万元，分同别比增长83.32%、175%，全区新增创业实体11155家，带动就业61578人，新增大学生创业191人。

【职业技能培训】 2020年，先后开展补贴性职业技能培训38236人次，培养企业新型学徒220人。新增技能人才自主评价市级引领企业4家、技能等级认定机构4家。举办和承办省、市、区职业技能大赛4场，通过“以赛代评”评出技师7人，高级工234人，中级工31人。新建博士后工作站3家，创历年最高，招收博士后5人。区人力社保局高质量推进技能人才工作得到省厅来信表扬。

【和谐劳动关系建设】 推进“双爱”活动提质扩面，先后开展政策宣讲活动5次，举办“和谐同行”劳动关系能力提升培训1期，全区企业劳动合同签订率达98.4%。

【劳动人事争议仲裁调解】 推进劳动纠纷一体化治理改革，开设“劳动仲裁张蝶工作室”和微信仲裁小程序，探索开展“调裁诉”快解劳动争议，进一步推动多元化解劳动纠纷。全年受理劳动人事争议案件610件，结案率98.3%，调解成功率78.9%，网络办案率21.2%。

【劳动保障监察执法】 大力宣传贯彻《保障农民工工资支付条例》，深入推进违法企业先行“约谈”、欠薪“黑名单”制度，狠抓制造业、工程建设等重点领域企业欠薪失信行为专项治理，切实营造不敢欠、不能欠的良好氛围。全年处置各类欠薪案件253起，为1653名劳动者追讨劳动报酬1731万元。

【议案提案和信访工作】 全年收到建议、提案34件（主办件17件、协办件15件），所有建议提案均按时办理完毕，主办件面商率100%。持续加大积案化解和初信初访办结力度，及时回应群众合理合法关切诉求。落实法定途径分类处理信访投诉制度，努力化解各类矛盾，维护社会和谐稳定，全年接访75次，快速答复办理678件，完成书面信访答复6件，完成率和正确率均为100%。

【行政审批和工伤认定】 全年完成行政许可209件，行政确认2003件，其他服务事项223件，办结率100%。工伤认定2333件，劳动能力鉴定1416人次。行政诉讼及行政复议3件，2件撤诉，行政诉讼案件率保持在0.1%。

（李静静）

保险保障

【概况】 2020年，全区城镇职工基本养老保险参保271671人，失业保险参保146068人，工伤保险参保241096人，被征地人员养老保障参保12821人，城乡居民基本养老保险参保112615人。全区户籍人员养老保险参保共398533人，本区户籍人员各类养老保险参保率达到99.39%，提前超额完成宁波市的考核任务。全区社会保险基金总收入28.4亿元，累计结余19.2亿元。企业职工基本养老保险基金抗风险能力为4.08个月。

【社保制度改革】 深化社保扩面，全区户籍人口基本养老保险参保率超额完成，精准推进残疾人、低保人员等贫困群体应保尽保，精准扶贫三个指标均达到100%。稳步推动机关事业养老保险改革，按照区政府第75次常务会议精神，妥善处理奉化区仍按试点制度参保缴费人员的关系衔接和已退休人员的待遇保障等问题，完成省部属及军转人员职业年金入省系统，形成原制度参保人员衔接实施初步方案。根据省政府1123专项工作的要求，成立工作专班，12月21日正式启动相关人员整改，12月23日实现1221名重点整改对象清零，12月24日实现2628名整改对象全部清零。紧接着做好被征地农民待遇发放工作，保障资金及时到位、统一发放时间、畅通发放渠道，确保相关人员待遇按时足额发放。全区困难群体城乡居民养老保险参保情况核查率达到100%，全额补助对象参保1.02万余人，部分补助对象参保1.1万人，实现全区100%按年参保。

【社保阶段性减免】 严格落实社保减负政策，全力保障企业复工复产。截至12月底，全区共减免社保费逾9.03亿元，其中养老、失业、工伤三险合计7.84亿元，惠及用人单位1.3万余家。

【社保待遇提高】 实施社保惠民提质专项行动，稳步提高养老保险（障）待遇，全区企业退休（职）人员人均月增资145元，月人均2726元；城乡居民基本养老保险基础养老金人均月提高至220元；被征地人员养老保障待遇人均月增发29元。

【基金监管】 2020年，利用基金监管平台共排查疑点数据268条，追回基金24.1万元。通过专人检查和交叉检查等方式，严格防控基金管理风险。内控监督检查每月1次以上，检查量均达到上月业务量的20%以上，年底达到26.1%。10月底，在市社保中心的指导下，开展为期1周的社保经办事项风险梳理工作，排查239个业务事项，梳理490个风险点，并配置相应的404个控制点，切实提高了风控工作精准度。

【经办服务】 疫情期间，做优“不见面”服务。实施“让数据‘领跑’、让群众‘零跑’”，2月底共受理“不见面”业务近6000

件，“零跑”办理率达到办件总量的80%。提前办结退休业务300多件，占退休业务月办理量的60%以上。《奉化日报》、掌上奉化等媒体先后8次报道区人力社保局在疫情防控工作中的创新、特色和亮点做法。

推动“最多跑一次”改革向基层延伸。加大改革创新力度，力求在经办规范、确保基金安全的前提下，部分事项银行办。8月1日上线试运行，区级16家农商银行和5家邮政储蓄银行作为首批网点，受理10项社保业务。截至12月底，办理社保事项3200笔，群众办事体验不断提高。

抓队伍建设，优化社保服务。为推进规范经办、全面掌握政策，全体工作人员参加区政务办组织的考级制考试，掀起一股学习的热潮，最终全员通过初级，10人评为中级。以“五小一跑”为抓手，坚持主任咨询窗口值班制度、窗口巡查制度，健全窗口作风建设长效机制。

（李静静）

【社会福利和救助】 2020年，全区最低生活保障对象有6441户8618人，根据宁波市民政局、财政局《关于调整全市最低生活保障标准的通知》，城乡居民最低生活保障标准从2020年7月1日起进行调整，从原799元提高到842元，全年发放最低生活保障资金7201万元。全区特困供养人员265人，根据市政府《关于进一步健全特困人员救助供养制度的实施意见》，特困供养基本生活标准从2020年4月起，从原1447元/月提高到1555元/月，并落实特困人员照料护理费，全年发放特困人员基本生活保障资金和照料护理费586万元。

2020年元旦、春节期间，全区发放节日生活困难补助金644万元，奉化区已连续10次启动困难群众物价补贴机制，2020年发放困难群众基本生活价格补贴2672万元。

2020年，全区支出临时救助款364万元，1802户3186人次困难家庭得到及时救助，较好地解决了城乡居民临时性困难。年末，全区有孤儿21人、困境儿童599人；孤儿及困境儿童基本生活保障标准从2020年4月起调整，集中供养孤儿从原来的2026元/月调整至2178元/月，散居孤儿和困境儿童从原来的1621元/月调整到1743元/月，全年发放孤儿及困境儿童基本生活保障资金720万元。

（王亚雷）

医疗保障

【概况】 2020年，奉化区医保工作坚持以人民为中心的发展思路，围绕“抓改革、惠民生、强基础”这条主线，统筹疫情防控和医保健康发展，深化重点领域改革，加快建立和完善医保制度体系，立足新起点，实现了新突破，创造了新业绩，取得了新发展。全区城镇职工基本医疗保险参保人数为229064人，城乡居民基本医疗保险参保人数为248165人，全区户籍人口医保参保率99.5%以上，政策范围内城镇职工住院报销率88.20%，门诊报销比例88.96%；城乡居民住院报销率68.50%，门诊报销比例49.20%，大病报销比例74.60%。

【医保助力】 实施医保精准扶贫，为四类困难人员及时办理居民医保参保手续，确保100%参保。强化精准识别，建立医保预警机制，及时发现因病因意外致贫返贫的困难农户，确保应保尽保、应助尽助。2020年，全区困难群众参保免缴人员有12889人，参保率100%；减半征收参保费用的低保边缘户参保人数有5852人，参保率100%；医疗救助191206人次，救助金额2049万元。

对在奉化区参加基本医疗保险并按规定履行医保参保缴费义务的11757家企业，减半征收2—6月单位缴费部分的职工基本医疗保险费，对近3年新上规模小微企业临时性下浮基本医疗保险1个月单位缴费比例，全年减征1.57亿元。

【医保改革】 按照“以收定支、收支平衡、略有结余”原则，合理确定及调整定点医疗机构年度预算总额。建立医保付费制度改革工作联席会议制度，加强与财政、卫健及医疗机构沟通协商，按照“结余留用、超支分担”原

9月25日，区医保局“医保直通车”第三站驶入零售药店，邀请平安百姓药店、四明大药房等12家零售药店负责人，深入探讨交流零售药店在医疗保障方面关切的重点难点问题。

9月28日，区医保定点医药机构协会第一届会员大会第二次会议

则，合理确定奉化区3个医共体医保基金总额预算额度，实现县域医共体医保打包付费。2020年，全区职工医保基金支出增长率控制在15%以内，居民医保基金支出零增长。2020年，全区医保付费方式改革以总额预算控制为主向DRGs付费方式过渡，2021年将逐步实施住院费用DRGs点数法付费。

进一步推进医保窗口无差别受理改革，实现医保业务“一窗通办”；实现城乡居民基本医保、大病保险、医疗救助“一站式”即时结算全覆盖；进一步扩大异地就医直接结算医疗机构覆盖范围，全区有16家定点医疗机构开通运行跨省异地就医直接结算服务。推进医保服务事项基层办、就近办、延伸办，全力打造医保经办30分钟服务圈；联合相关部门实现就医一件事、出生一件事、就业一件事、退休一件事、身后一件事、助残一件事整合办。实施“医保+银行”合作服务新模式，实现医保办事零距离；全面推进国家医保电子凭证激活工作，至12月底完成30%以上当地参保人员激活医保电子凭证，实现医保电子凭证移动支付。

【基金安全】 实行“总量控制、合理布局，择优定点、动态管理”的两定机构准入、退出机制，以及日常监管与年度考核相结合的监督管理机制，持续完善“医保直通车”沟通对接机制，定期与服务对象面对面座谈交流，解读医保政策，同时听取好的意见、建议。制定并实施基金监管三年行动计划，2020年对全区民营定点医疗机构开展重点检查；持续开展日常巡查、专项稽查、第三方抽查、区县市交叉检查、远程视频实时监控等多种形式的稽核稽查，加大对定点医疗机构、药店的巡查频次；建立多部门协作的医保基金监管工作联席会议制度，形成联合部署、联合检查、联合惩戒和“一案多查、一案多处”等工作机制；积极引入第三方力量，向商业保险机构购买服务充实基金稽核稽查队伍；成立医保定点医药机构协会和医保基金社会义务监督员队伍，全面加强投诉举报线索查办；加强经办机构内部风险防控，全面梳理医疗保障基金内控风险点，明确业务经办和基金使用的风险点、防控措施、防控责任人。2020年，处理违规定点医药机构21家，其中解除医保服务协议1家，暂停医保费用结算9家，限期整改11家，追回违规基金143.38万元。组织开展全区女职工生育津贴规范发放专项检查，追回违规生育津贴发放124.27万元。

【带量采购】 严格落实国家"4+7"扩围药品带量采购政策，两批次39个药品完成约定采购量，减少医保基金支出2400万元。推进医保药品支付标准全覆盖政策落地，促进药品价格合理回归，取消公立医疗机构医用耗材加成政策，精准调整公立医疗机构医疗服务价格，积极开展两定机构医疗服务价格集中检查。开展全区公立医疗机构中药饮片集中采购工作，与5家中标企业签订两年的中药饮片采购协议，下一步将对中药颗粒剂进行集中招采。

（邬芸俐）

气象服务

【概况】 2020年，区气象局按照全国、省市气象局长会议精神和区委区政府工作部署，全力抓好防灾减灾气象服务、气象现代化、改革创新等各项工作，推动奉化气象事业高质量发展，为实现"五年奉献一个新奉化"提供优质气象保障。全年共报送气象服务材料68期，发送气象预报预警短信63.9万条。

【灾害性天气和重大活动保障服务】 密切关注各季的天气变化，全力做好"黑格比"台风、梅汛期暴雨及冷空气、大风、霜冻、强对流、高温等灾害性天气的监测预报预警，主动为春运、两会、中高考、弥勒文化节等重要节假日、重大活动提供气象保障服务，预报预警发布及时，跟踪服务主动，对重大灾害天气过程的影响时间、强度情况监测及时到位。开展象山港大风预报服务，完善灾害性天气下的信息共享和应急联动机制；邀请市气象专家授课，提升年轻预报员应对灾害性大风的预报能力。

全面落实《奉化区重大气象灾害预警叫应服务制度》等五项制度，进一步提高重大气象灾害、重大社会活动和突发事件气象保障服务应急处置能力。

【特色气象服务】 深化生态气象保障服务。在宁波电视台《天气预报》栏目中宣传奉化天然氧吧和中国佛教五大名山——雪窦山，扩大"中国天然氧吧"品牌影响力；开展奉化年度之"最"天气榜单评选活动，引导公众深入了解灾害性天气，发现美好天气时刻；市人大代表崔蓉英赴三隐潭负氧离子监测点进行调研；指导栖霞坑村创建为浙江省乡村氧吧；助力奉化区蝉联中国天然氧吧；多次开展人工增雨作业，全力保障抗旱蓄水、生态建设等需求；作为重污染天气指挥部副指挥单位，与区生态环境局等单位共同修订完善《奉化区重污染天气应急预案》。

强化气象为农服务。打造精准水蜜桃气象服务。联合区桃研所开展2020年奉化桃花花期预报，准确预报桃花始花期较常年大幅提前；发布《农业气象服务专题》，提醒桃农关注桃花开花授粉期间的天气变化；在桃花盛开期，借助"奉化气象"公众号开启"云赏花"模式，满足特殊时期群众的赏花愿望；在水蜜桃果实成熟期，助力水蜜桃获优质气候品质认证标志，提升奉化水蜜桃的市场竞争力；与省气象局合作开展"好食 好时节"直播活动，为水蜜桃等奉化农产品带货，助力农户增收。开展春耕春播、秋收冬种等气象服务，每周一次发布服务专题，有明显天气变化时随时增加服务频次。在茶叶采摘关键期，多次主动联系区林特总站，与茶叶专家会商阶段性低温天气可能给茶叶带来的冻害影响，并发布相关专题。

【气象社会管理和防雷减灾】 进一步优化窗口办事流程，健全气象"最多跑一次"管理工作，加强事中事后监管；所有项目均开通网上受理、审批、办结；落实"政务服务2.0""证照分离"、防雷设计审核承诺制等改革任务。将雷电灾害防御纳入年度安全生产考核指标，将气象安全检查纳入部门联合检查和镇（街道）属地综合检查；应用"浙政钉"掌上执法平台对易燃易爆危化品场所、防雷检测公司开展双随机执法检查，实现防雷安全监管的常态化、电子化、可溯化；气球施放执法职责划转综合执法局，气象局仍负责安全监管职责；与企业签订《防雷安全责任书》，落实企业主体责任；组织开展全区防雷安全培训。

【气象宣传与科普】“3·23”世界气象日期间，结合疫情防控实际，借助微信公众号，开展线上科普宣传活动；5月，开始开展进广场、进农村等线下科普宣传活动，发放宣传资料300余份；完成彰显当地气象文化和特色的气象宣传片制作；《奉化气象》高清节目改版播出。全区20余名高中地理老师走进气象探测基地，为地理学科中气象相关内容的教学工作现场取经；对全区气象协理员、信息员、易燃易爆场所防雷安全责任人开展气象知识培训；奉化区首个红领巾校园气象站在江口街道南浦小学建成并投入使用；开展气象科技新苗培养活动，由本局2名科技新苗培养计划导师带领的小学气象科技项目分获区首届科技新苗培养计划一等奖和三等奖，2人入选新一轮导师名单；与区科协就共同推进气象科普品牌建设签署合作协议；气象科普短视频《桃花花期的秘密》获宁波市首届气象科普优秀作品竞赛三等奖。气象灾害预警知识纳入农村文化礼堂科普建设规划中。

（沈绿草）

10月22日，全区各中学地理老师参观气象探测基地

住房公积金管理

【概况】2020年，宁波市住房公积金管理中心奉化分中心严格贯彻实行国务院《住房公积金管理条例》和《浙江省住房公积金管理条例》的规定，明确“安全高效、制度完善、规范运作、优质服务、社会公认”的目标，重点做好深化“最多跑一次”改革工作，进一步发挥住房金融作用，为支持奉化区房地产市场健康发展，保障职工“住有所居”的目标发挥了重要作用。

【房改和住房补贴工作】2020年，房改工作审批出售公有住房3套；解决住房补贴历史遗留问题，追回52人违规领取住房补贴款199.38万元。审批老职工一次性住房补贴2人，审批新职工住房公积金补贴362人。

【住房公积金归集和使用情况】2020年，公积金归集稳步增长。全年归集住房公积金为9.99亿元，完成计划的113.54%，同比增长19.7%。提取住房公积金8.4亿元，完成计划116.68%，比上年增长16.12%。

公积金贷款有序发展。2020年，住房公积金贷款发放金额3.79亿元，完成计划的108.25%，比上年增加14.1%。“公转商贴息贷款”实际发放金额0.92亿元，完成计划的92.32%，比上年增长133.49%。

住房公积金提取大幅增加。2020年度，计划提取住房公积金7.2亿元，实际提取8.4亿元，完成计划的 116.68%，比上年增加18.85%。

【风险准备金及增值收益】2020年，住房公积金业务收入6055.32万元，业务支出4299.66万元，产生住房公积金净增值收益1755.66万元，完成计划的103.27%，比上年增长8.29%。增值收益分配情况为提取公积金风险准备金1053.40万元，提取中心管理经费497.5万元，提取廉租住房建设补充资金204.76万元。

【政策调整和服务提升】 7月1日，年度缴存基数调整。以职工本人2019年度月平均工资为基数，按5%～12%的比例计算住房公积金月缴存额，2020年月缴存基数上、下限分别为30972元和2010元，不得高于上年度月平均工资的3倍。7月7日，宁波市住房公积金管理中心发文规范住房公积金“全城通办”业务，7月起宁波大市范围的住房公积金缴存、提取和年度验审业务可以实现宁波大市各地通办。7月20日，根据浙江省住建厅文件《关于改革完善住房公积金有关政策的通知》，开通省内异地购房提取住房公积金“全省通办”服务；允许职工及其直系亲属提取住房公积金用于支付加装电梯、老旧小区改造的个人分摊费用。12月14日，根据宁波甬房公办〔2020〕9号文件印发《奉化区偿还商业性个人住房按揭贷款委托提取住房公积金业务办法（试行）》的通知，自2021年开始商业住房贷款可实行“按月委托提取”。12月30日，根据宁波市住房公积金管理中心《关于规范租赁住房提取住房公积金操作流程的通知》，在办理无房户租房提取住房公积金时，以不动产中心提供的共享数据为依据，无需提供任何证明材料，可以直接办理。

2020年度，中心以“放管服”改革为引领，不断深化“最多跑一次”改革、“互联网+政务服务”和“一件事”改革、“全城通办”业务改革，加快信息化建设步伐。开通商贷客户的“按月委托提取”；实现企业职工退休“一件事”办理；实现住房公积金提取业务宁波地区“全城通办”；利用“浙里访”平台建立咨询投诉统一工作机制，建立投诉咨询、信访办理量、办结率、回复质量等综合考核体系，指导改进窗口服务质量；延伸乡镇服务网点，为方便群众就近办事，住房公积金提取业务委托农商银行实现各镇（街道）12个银行网点的全覆盖。

疫情期间，奉化分中心积极贯彻落实浙江省、宁波市关于阶段性支持企业的优惠政策。受疫情影响经营困难的企业，可申请缓缴、免缴住房公积金，缓缴期限最长不超过6个月。受疫情影响无法正常缴存住房公积金的，可在疫情解除后一定期限内办理补缴，视同连续正常缴存。接收申请免缴缓缴住房公积金16家企业927名职工，免缴金额213.24万元，申请降低比例缴存15家企业296名职工，减少缴存金额41.85万元。

（胡飞虹）

退役军人服务管理工作

【概况】 2020年，奉化区退役军人事务局以习近平新时代中国特色社会主义思想为指导，全面贯彻党的十九大精神，深入学习贯彻习近平总书记关于退役军人工作的重要论述，认真落实各级退役军人工作会议部署要求，深入开展“思想政治工作年”“基层基础基本建设年”“就业创业提升年”三大活动，做细做深做实各项退役军人工作。

【完善服务体系】 创建省级退役军人工作模范单位1个（锦屏街道退役军人服务站）、省级“新时代枫桥式退役军人服务站”2个（溪口镇退役军人服务站、松岙镇海沿村退役军人服务站），创建全国示范型退役军人服务中心（站）13个，为区退役军人服务中心和12个镇（街道）退役军人服务站。

推出“甬尚老兵·奉心而化”关爱老兵项目，相关经验做法刊登在《全国退役军人服务中心（站）工作信息》简报上。筛选博爱、小草、锋之社等6个社会组织，推出“爱在优抚·关爱老兵”服务，惠及全区600余名残疾、低收入、特扶、抗美援朝老兵等退役军人（军属），涌现了“助残亮居”“青鸟护松”“小草暖心”等关爱老兵服务品牌，收到了良好的社会反响。

规范现行退役军人政策执行标准和解释口径，对60周岁以上农村籍退役士兵享受老年生活补助等情况进行再排查，确保符合条件的退役军人享受相关政策“应享尽享，不漏一人”；完成部分退役士兵社保接续工作；稳妥推进参战参试人员重新认定工作。“周一夜访”相关做法在全省退役军人思想政治工作现场推进会上作典型发言。

成立区双拥服务中心，在溪口镇成立全市首个镇（街道）级双拥服务站，建立两支拥军支前工作队伍，协调解决部队出行、家属就业及子女入学等问题；深入开展“甬尚老兵·奉心而化”系列活动，推进红色尊崇，认真组织好退役士兵返乡集体欢迎仪式、送立功喜报等暖心活动，推动“老兵法律援助工作站”优化升级；110个微心愿被40多个单位和社会团体全部认领；首次按政策为全区农村籍现役义务兵父母享受定期抚恤金的烈属提供免费健康体检，为两参人员开展免费健康体检；开展红九月主题纪念活动，举办“为抗美援朝老兵留下岁月记忆”活动，发布“红色地图”，组织各界向烈士敬献花篮仪式；推进零散烈士纪念设施保护管理工作，明确属地管理责任，开展零散烈士纪念设施实地复查，并建立“一处一档”。

【促进就业创业】 做好常态化疫情防控期间稳就业工作。落实“六稳六保”，邀请第三方人力资源公司为退役军人就业创业开展一站式服务，登记全区40周岁（含）以下退役军人有就业创业意向人员，组织退役士兵全员适应性培训，举办承办专场招聘会、精准对接会等24次，通过直播带岗、创业分享和“山海协作”等方式，促进企业与个人的有效互动，提供就业岗位。

做好军创大赛服务保障工作。对优质军创项目进行排查筛选、全过程指导，主动承担全省参赛队伍培训基地任务，奉化区在宁波市首届退役军人创业创新大赛中取得3个一等奖，在浙江省大赛中取得2个一等奖和1个三等奖，在全国大赛中取得2个二等奖，获奖数在全国县市区排名第一。

做好计划安置协调落实工作。举办军转干部和符合政府安排工作的转业士官安置见面会和岗位选择会，进一步推进“阳光安置”。2020年，完成军转干部、转业士官安置，安排随军家属2人、随调家属1人。

【举办专题系列活动】 推行“兵味”小课堂，开展大学习大讨论22次。组建老兵宣讲团，开展红色宣讲进基层活动11次，受众3500余人次。第一时间发出倡议书，发动全区退役军人战“疫”线。举办“甬尚老兵·奉邑有我”誓师大会，引导全区退役军人广泛参与“创建文明城市、共建‘我们的家园’”志愿服务。讲好老兵故事，“挡刀女孩”崔译文在宁波市“优秀退役军人（军属）”事迹报告会上作个人事迹分享，崔译文被评为“全国最美大学生”，其家庭被评为“全国最美家庭”；在抗美援朝70周年之际，央广“新闻和报纸摘要”栏目《共和国不会忘记》专栏推出开篇报道“炮兵的眼睛”，讲述奉化92岁的抗美援朝老兵冯刚的故事，冯刚被评为2020年度“中国好人”“最美浙江人·浙江骄傲”“最美宁波人”；“最美渔民”周长忠被评为浙江省模范退役军人；“一家三代七军人六块光荣牌”故事被浙江广电集团纳入中国共产党成立100周年献礼片5集纪录片《初心》内容。

【推行“兵支书”“开门一件事”】 认真做好优秀退役军人村社干部推荐工作，本次换届选举有多名退役军人进入新一届村（社区）两委会班子。完成换届的村社党组织扎实开展“开门一件事”活动，组织新一届村社班子成员领衔攻坚、马上干事。推行“兵支书”“开门一件事”，在全区上下掀起“上马即奔跑 上任就实干”的创业热潮。相关信息被中国退役军人微信公众号刊发。

（徐孙亚）

镇　街道

锦屏街道

【概况】 2020年，街道总户数为31316户，总人口83182人，其中城镇人口73769人，乡村人口9413人。实现街道财政总收入15.55亿元，完成一般预算收入9.96亿元。

【经济稳增】 受新冠疫情影响，1—10月，街道实现规上企业总产值11.05亿元，同比增长12.45%；完成工业投资3880万元，完成率62.58%；货物出口总额7.9亿元。新引进利安光学产业园、智联招聘地区总部、腾讯地区数据中心、深兰科技、小米金融、颐高数字经济产业园等重大产业项目11个。引荐23家孵化企业落户摩米创新工场，指导5家企业完成规划选址、征地、地质灾害评估等农转用报批手续，持续提升工业经济发展质效。为推动企业复工复产，从河南周口市等地专车接回48名员工，解决部分企业用工难问题。帮助企业完成返奉化员工核酸检测3000多人次，发放各类补助资金100余万元。指导督洋电子年产30万套按摩健身产品项目完结，督促创跃园林7800万元工业项目落地朱家河东侧区块，助力利安电子完成年产6000万套鼠标数字化车间改造。帮助成锋科技有限公司博士周烨锋和第三代宽禁带半导体及模板研发、博士马韬韬和低能耗蓝牙5.1芯片研发及职能应用产业化、博士王治平“3315计划”创业团队申报，项目均进入复评阶段。

【惠企政策】 资源配置中心制定具体惠企政策落实方案，除商贸服务企业补助转入网上办理外，其余安排多个窗口办理惠企政策，如双职工子女看护补贴、到奉化员工交通补贴、商贸服务企业补助、解决员工过渡性住宿补贴、减免餐饮住宿及企业办理员工健康证费用等5项。其中，116家企业420名员工申请双职工子女看护补贴，总金额21.2万元；4家企业92名员工申请解决过渡性住宿补贴，总金额3.25万元；27家企业163名员工申请来奉交通补贴，总金额3.15万元；121家个体工商户570名员工申请减免餐饮住宿及办理健康证费用，总金额6.8115万元。全年累计惠企资金34.4115万元。

【乡村建设】 全面实施城西岙水库除险加固工程，城西岙村、西圃村、外应村水环境整治工程及外应村自来水管网并入城市管网段等工程陆续开展，石柱村水环境整治工程通过验收。完成街道农村水价综合改革、大化水库安全认定等工作。弥勒文化园获评国家AAA级旅游风景区。长岭村完成省AAA级景区村庄创建验收，城西岙村、溪岙村完成省AA级景区村庄创建，西锦村、山岭村、石柱村等8个村完成省A级景区村庄创建初评。奉化九岙水蜜桃园申报“三品一标”绿色食品，杨社长生态农场申报区“放心基地”及“青创农场”。通过留用地指标资金化打包购置印象奉化商铺、引入宁波凌晨农业配送公司助力农特产品加工销售等多种途径，着力提高村级集体经济收入。2020年，17个行政村总收入3558.53万元，增幅约7.6%。

【城区品质】 截至11月，累计完成“三改”面积17.26万平方米，完成率88.5%；累计拆违面积23.9972万平方米，完成率90.2%。广南商城、城南三区、广济公寓老旧住宅小区综合改造项目完成竣工验收，锦山明珠老小区提升改造工程于9月底进场施工，预计2021年4月完工；分类推进开放式小区封闭式管理项目，目前已完成居敬二小区、庄山、春晖小区大门及道闸拦车门安装，其余9个小区已进场施工，预计12月中旬完工。完成7个城中村、部分小区长春路两侧及体育场支路的架空线整治，共梳理线路60千米，拆旧35千米；累计投入950万元完成12个社区及7个城中村零星维修工作，新增停车场10个、停车位1000多个；投入90万元完成49座公厕改造，并于11月底通过省级“污水零直排区”创建验收。塘下一期、朱家河、老城区2号地块完成清零；南山路中段完成签约2208户，签约率达98.9%；仁湖公园二期完成49.334万平方米土地征用手续、土地清表、423座坟墓迁移工作；地球村周边项目张贴征收范围公告，正在拟定征收补偿方案；东门、桑园区块旧城改造项目启动模拟签约；江口民营科技园区（二期）2家涉征企业顺利完成签约。阳光茗都西侧地块完成相应征地工作并移交城投公司办理报批手续。老城区1号、锦屏中学迁建、锦溪小学扩建二期等项目稳妥收尾。全年完成征收拆迁、旧房拆除约40万平方米。10幢零星D级危房完成解危，所涉面积2.1万平方米、住户241户，所有人员全部撤离；其中8幢D级危房拆除，3.527万平方米解危安置区块用地指标已得到省里批复。截至11月底，共计新办理个人危房鉴定16户，受理解危审批15户，其中8户原拆原建解危。此外，建立完善以“一房一策”为体系的城乡危房网格化管理巡查模式，12月底将完成全部360户城镇房屋、548户农村房屋排查。西圃村128套农居房项目进场施工；外应村完成村庄规划修编、7333.33平方米新增建设用地农转用报批、6666.67平方米建新区块建筑方案设计等工作，占地1000平方米、建筑面积约2500平方米的村文化礼堂主体建筑已结顶；长岭村村庄改造提升工程于年底前全部完工。

【创卫工作】 全街道开展“撤桶并点”，14个社区、17个村的垃圾投放点从1543个减少至466个；先后投入500多万元，新配四色垃圾桶2500多个，投入使用垃圾箱、垃圾房70多组，点位配备洗手三件套（一个盛水桶、一个不锈钢架子、一个污水桶）150套，有效提升居民生活垃圾投放环境。所有物业小区和部分无物业小区的厨余垃圾统一清运到宁波首创处置。率先试点推行沿街店铺垃圾分类统一收运模式，强化小班化社区培训、“网格化‘随手拍’+群众举报”公共场所排查整治及党员干部共同志愿服务，环境卫生新型管理体系初具雏形。8支志愿队伍结对重点村社，3000余名志愿者助力垃圾分类活动，区域文明指数显著提升。着力开展宁兴城市广场、绿城玫瑰园等8个省级示范小区创建及弥勒三苑、南溪家苑四小区等16个市级示范小区创建。助力全国文明城市“六连冠”及“我们的家园”创建工作，通过强基建、净环境、增广告等专项行动，盯住短板促进综合整治，合计改造拆迁区块围墙2000多米，增设公益广告1200余幅，清理河道污染物700多吨。全力整治城中村和老旧小区“四乱”现象，累计清理乱堆物3500余处，拆除乱搭建200余处，规范乱停放机动车3000余辆、非机动车7000余次，清除乱张贴2800余处。

【换届选举】 截至11月8日，完成17个行政村、14个社区的党组织换届选举工作，村（社区）主要干部中组织意图人选当选率达100%，新一届村党组织书记平均年龄50.3岁，比上届下降6.1

岁；新一届社区党组织书记平均年龄44.1岁，大专以上文化程度13人，占92.9%，新任党组织成员队伍年龄结构和文化程度显著优化。

【社会治理】 对社区内开放式老旧小区密集、农居混杂等现状精准施策，建立社区党组织牵头、网格党员参与、机关党员协助的“三方联动”机制，组建61支“小喇叭”分队巡回宣传防控知识，设置80余个管控点卡口，实行24小时全方位、无死角封闭式管理，600余名机关党员志愿者和社区党员一起“逆流”而上，协助社区开展“清楼”行动、卡点测温登记、防控巡逻等疫情防控工作，合力打造群众生命安全红色“防火墙”。以服务居民为重点，完善“党委进社区、支部进网格、党小组进楼道、党员进住户”的“四进”工作机制，结合14个社区行政区域和区域内街巷网络划分出14个大网格和65个小网格，建立以街道班子成员为网格长，统筹社区和城管、公安、环保等多部门参与的网格工作群，推动网格精细化管理。全年街道各社区网格共上报事件13057件，移送街道层面解决的三级事件3000余件，部门协调解决的四级事件约15件，其余问题大多在网格内落实解决，实现小事不出网格，大事不出社区。坚持源头预防、群防群治统筹治理，落实矛盾纠纷及社会稳定风险评估机制，提升初信初访解决效率，重点人员“一人一策”管控，民众法治意识提升，归正人员帮教做足功夫。累计解决历史积案5起，调处各类纠纷258起。

【党建品牌】 各村社全部挂牌“党群服务中心”，以“窗口化”“一站式”和“代办制”服务为主要手段，搭建党群服务重要平台。因村制宜探索“党建+美丽乡村建设”，打造以玉兰文化为主题的“和美长岭”，以农居房改造为重点的“新兴西圃”和以垃圾分类公交化运行为特色的“溪岙示范点”；持续擦亮“南溪阿姐”“锋领矫正”“七彩银辉”等一批具有社会影响力的社区党建品牌，2020年党建精品社区共开展“邻里月月会”“法治促进会”“爱心美食节”等活动150场。创新党建品牌载体，如春晖社区的“弄堂里”系列品牌文化、光明社区的“党员商户三亮”活动、东门社区的“六微工作站”等。目前17个行政村、14个社区已实现新时代文明实践站（所）全覆盖，人口总数大于500人的15个村已全部建成文化礼堂。

（沈永明）

岳林街道

【概况】 2020年，岳林街道完成工业总产值105.5亿元，同比增长14%，其中规上工业总产值63.3亿元，同比增长13.9%；规上增加值12.5亿元，同比增长6.8%；规上工业销售收入63.1亿元，同比增加13.1%；财政收入17.43亿元，同比增长28.9%；固定资产投资完成36.4亿元（预计全年完成率110%），同比增长48.0%，在全年“双底线”考核中实现“五绿四红”。

【重大项目】 成立重大项目推进工作专班，落实“挂帅出征、挂图作战、挂责问效”机制，按月更新、对标推进。其中瑞凌辐射制冷超材料（降温薄膜）项目已建设完成；先进能源材料研发中心一期、麦博韦尔研究院、锋成研发中心、宁波奉化生命健康产业园一期项目等9个重点产业项目建设顺利；中山东路老旧园区“退二进三”4号地块加速推进。

【招商引资】 坚持招商引资“一号工程”，对接区级部门，强化服务保障，实现瑞嘉通讯技术研究院项目、智慧海洋研究院项目等8个重大产业项目落户；持续发挥青创园、复旦科技园(浙江)创新中心、58众创、凤麓新材料加速器等创新平台作用，2020年注册资金300万元以上项目落地193个；申报宁波“3315”人才项目2个，申报“凤麓英才”人才计划项目5个、入选1个，落地“双招双引”项目1个，并完成全年考核任务。此外，“凤麓新材料众创空间”成功通过备案，山丘汇·青年创业园获评“宁波市一星级小微企业园”“宁波市第四批市级文化产业园区”，分别实现奉化“国家级众创空间”和市级文创园区“0”的突破。

【征地拆迁】 成立征地攻坚专班，开展为期2个月的攻坚战，明确任务、责任到人，建立动态反馈和定期通报机制，完成轻轨接驳站、茗山智造园等16个项目约60万平方米征地任务。拆迁工作有序推进，东部门户区一期（舒前1号）区块完成签约和腾房清零并顺利出让，圣墩村区块实现拔钉清零，教堂及周边区块实现100%签约和腾房，龙潭滞洪分洪区块100%签约，舒前2号区块于12月23日启动签约。

【城区建设】 完成时代望府、江宸府、国樾府等房产项目竣工交付，大力推进中南樾府、绿城桂语映月、奥克斯棠悦、荣安大成东境、林语沁雪等房产项目建设；保障推进体育中心项目、中医院迁建工程，完成中园幼儿园、邻里中心、岳林小学东南侧花园式停车场、斗门综合服务中心等民生项目并投入使用；积极推进金钟、绿都等老旧小区改造和义门路背街小巷、岳林广场整治提升工程，其中桃源小区获评省级样板；全面创建品质社区，持续优化小区硬件和软服务，力争“一社一品”，不断提升城区品质。

【素质建设】 通过建立健全村社每月2次固定环境整治日、第三方文明测评每月通报反馈、改造利用提升闲置零散地块等制度机制，创新设立市容秩序维护工作组，推动文明城市创建和共建“我们的家园”工作常态化、长效化、制度化。截至年底，列入创建的8个村全部获评“整洁村庄”，创建“美丽庭院”示范村1个、“整洁村庄”美化提升村2个、“美丽河道”1条、“美丽田园”1处，桃源社区成功获评第六届全国文明单位。持续推进城乡生活垃圾分类，加强硬件设施建设，完善上门收运机制，常态化开展桶边督导，切实提升垃圾分类效率，全年完成8个省级高标准垃圾分类示范小区、16个宁波市垃圾分类示范小区、7个定时定点投放小区及1个定时定点收运商业街的创建。

【社会安全】 聘请4名专业技术安全专家组成街道安全专业巡查队，建立和更新“一企一档”，对3277家消防重点单位、沿街店铺、工业企业进行全面安全生产监管。全年完成3轮巡查，并对6家存在较大安全隐患的单位进行立案处罚；实施安全生产执法工作行动、“铸安系列”专项执法行动，对危化品企业、在建工程等203家单位执法检查，完成隐患整改；开展企业负责人、安管员、百万员工大培训等，落实企业安全生产主体责任，2020年死亡事故起数下降50%。为降低疫情影响，有效保护企业、个体户权益，街道劳动保障站联合区劳动监察大队、岳林派出所、街道综治办等部门，加大执法办案力度，办结多起群体性恶性欠薪突发案件，处理各多件类劳资纠纷案件；加强欠薪隐患排查，特别是对部分外贸型企业，及时掌握其生产经营及劳动用工情况；同时举办疫情后专场招聘会，推出700多个岗位需求，促成152人达成求职意向。

【党的建设】 通过“周一下基层”等载体，积极排摸“一肩挑”人选，通过村级组织换届工作例会、联村干部责任制、村级班子动态评估制度等，充分准备，把握主动权，完成党组织和村委会换届工作，实现组织意图人选100%当选，1名年轻“能人”当选村支部书记，完成40岁以下村年轻干部进入村班子的工作任务。严管干部队伍、严管舆情动态、严管信息发布，筑牢思想防线；“周二夜学”常态化，开展“中层干部上讲台”、业务知识学习、作风建设交流讨论、“垃圾分类”桶边督导等活动，切实改进工作人员作风行风；开展化解“中梗阻”“三去三增”“人人争当窗口、处处呈现风景”等活动，不断激发争先进位、走在前列的进取心和荣誉感，提升街道干部执行力、战斗力和创造力。

（胡　琛）

莼湖街道

【概况】 2020年，莼湖街道辖区

面积145.32平方千米，海岸线31千米，海岛12个，原生态海涂21.33平方千米，下辖39个行政村、2个社区、2个居委会，辖区常住人口9万。全年实现经济总量约137亿元，财政总收入4.43亿元。获得浙江省生猪增产保供工作突出集体、宁波市“四好农村公路”示范乡镇、宁波市第四批“无违建乡镇（街道）”等称号。

【产业经济】 全年实现工业销售收入67.58亿元，同比增长10.8%；新增规上企业5家，规上企业利润1.87亿元，同比增长7.5%；全年货物进出口总额11.62亿元，同比增长9%；全年完成固定资产投资8.69亿元，同比增长65%。渔船应急处置莼湖分中心和桐照、栖凤两个村级渔船管理（服务）站成立，大大提升基层渔业安全管理水平，并为广大渔民提供了便利；桐照浮码头建设项目完成招标，约5.6平方千米高标准农田建设开工；成功试种绿色有机蘑菇。

【城镇建设】 美丽城镇行动方案获评宁波市优秀，所涉及的17个项目全部开工，其中莼湖公园及文化广场（体育公园）等9个项目已完工。纵深优化“污水零直排”创建工作，莼湖市场雨污分流、舍辋花田畈区块截污纳管均已完工，污水处理厂清洁排放提标改造完成过半，省级“污水零直排区”创建工作通过验收。稳步开展生活垃圾分类工作，创建宁波市垃圾分类示范乡镇。

【环境整治】 以“八大美丽”行动为抓手，大力开展全域范围的整治、提升工作。塘头周村、翁岙村精品线路等15个景观节点打造全面完成，新创建630户“美丽庭院”，其中80户为“示范户”，建成舍辋溪“美丽河道”、直街“美丽街区”等，拆除旱厕730处，新建改建农村公厕15座。开展老工业区改造，工业集聚点项目涉及的11家企业全部完成清退和拆除。

【重大项目】 新希望综合养殖项目主体工程竣工，助力全区超额完成生猪保供任务。瑞博俐密封件厂房建设项目一期完工，协诚电动工具厂房项目竣工，宜高电器、三磊包装等厂房项目主体结顶。“栖凤水岸”项目主体完工，“山海珑湾”三期开工。区人民医院医共体莼湖分院桐照院区等项目开工建设，莼湖体育公园及莼湖街道篮球场提升工程完工，莼湖中心小学体育馆等一系列在建项目有序推进。

【乡村风貌】 新建完成下横线至桐冒公路、甬临线至朱家弄村农村公路，创建“四好农村路”示范乡镇。田央村美丽乡村示范村通过市级验收，缪家村美丽宜居示范村按计划推进。农房改造继续发力，完成拆旧4.8万平方米，建新4.1万平方米，共196套，建新面积4.58万平方米，均超额完成年度任务。“翡翠湾海洋公园”入围AAA景区景评，新增创建张夹岙、东谢、朱家店等9个A级以上景区村庄，其中缪家、曲池、章胡获评省AAA级景区村庄。

【精准帮扶】 围绕“两不愁、三保障”目标，全面完成“一户一策一干部”结对帮扶，通过自主创业、劳务就业、经营主体带动增收等多方面对低收入农户进行政策扶持，农村家庭年人均收入9000元以下现象全面消除。继续发挥莼元公司“造血”作用，全面完成15万元的经营性收入和30万元的总收入考核目标，村集体经济年收入100万元以上村达到13个。

【民生保障】 浙江省体育小康村提升工程（金地村）和桐蕉司、后琅2个社区多功能运动场通过验收。新建改建农村文化礼堂11个。新建设省级规范化避灾安置点6个。家庭医生重点人群签约数达10237人次。深入开展“防疫有我，爱卫同行”爱国卫生月活动。

【基层治理】 莼湖街道矛调中心挂牌成立，通过线下力量整合与线上平台整合，实现矛盾纠纷调处线下“一站式服务”、线上“一站式受理”，2020年全区矛调中心工作现场会在莼湖召开。“全科网格”试点扎实推进，网格发现问题、快速反应能力明显增强，走访巡查累计13.4万人次，基础信息完善率提高到100%。基层应急管理体系和能力建设试点有序开展，应急管理“1+2+X”体系建设逐步完善。

（王艾青）

西坞街道

【概况】 2020年，西坞街道全年工业总产值首次突破100亿元大关，达到101.9亿元，同比增长5.9%，财政收入4.81亿元，同比增长23.8%；创建省AAA级景区街道、省农村文化礼堂建设示范街道、市垃圾分类示范街道，打赢“十三五”收官之战。在区重点工作考核中，工业经济、双底线、农房改造和招商引资均取得较好成绩。

【工业经济】 1—12月有87家规上工业企业，实现工业总产值69.21亿元、销售产值69.05亿元、利润总额4.7亿元，分别同比增长5.6%、6.5%和69.2%。完成固定资产投资8.9亿元，完成率149.51%，其中工业投资8.29亿元，完成率165.83%。新引进项目55个，其中重大产业项目2个，双招双引项目2个，新一代纳米氮化硅先进陶瓷材料项目的氮化硅陶瓷刀具已在全球范围内开始销售。新增规上企业9家、“小而美”企业4家、国家级高新技术企业3家、省级工程中心1家、工业和信息化部“小巨人”专精特新企业1家。鲍斯能源成为奉化唯一入选的国家单项冠军示范企业。并助推10家企业在宁波股权交易中心挂牌。全年引进海外工程师2人，高级工程师1人，高级技师2人，硕士以上学历人才7人（其中博士2人），推荐2家创业团队申报市“3315计划”，杨文伍团队入选为区“凤麓英才”计划。

【农业经济】 农业生产基地建设不断夯实，新增2家市级示范农机专业合作社，辅德农场获省“病虫害绿色防控示范区”称号，有为家庭农场获评区早稻绿色高产高效示范方第一名。200多万平方米“笔峰穗飘”优质绿色无公害稻米生产基地打造完成，金峨农业公园和甬新河农业公园有序推进。

【旅游经济】 2020年，新增省AAA级景区村庄1个，省AA级景区村庄2个，省A级景区村庄2个。举办“生态共融·山野知春”2020奉化金峨杜鹃花文化节、“贺中秋·迎国庆”系列活动，街道获评区节庆工作优胜集体。

【城乡建设】 6个重点项目有序推进。南岙自然村整村拆迁和金甬铁路（西坞段）工程完成有证房屋拆迁签约清零；东江二期西坞泵、善德泵、高楼张堰改闸正式投入运行；尚桥地块征收项目按照区里相关部署逐步推进；S310省道项目（四明路东延）全面完成征地签约；S203省道项目一期主体工程基本竣工；杨四岙地质灾害点避让搬迁工作完成第二批签约及选房摇号。开展党建引领乡村振兴支部大会战，5类104项年度作战项目上墙公示，金峨村乡村振兴发展经验登上央视舞台。农村住房改造累计拆旧2.953万平方米、建新76套，完成率分别为153%和84.4%。借力农村光伏发电项目，全面消除经营性收入10万元以下薄弱村。完成庙后周村周永昇旧居修缮，金峨、庙后周分别荣膺省五星文化礼堂和市四星文化礼堂，西坞蒋家池头村获评省级文化示范村。

【环境改善】 全民参与“我们的家园”共建，蒋家池头村“诗画闾巷”、奉白公路“奉白绿荫”顺利验收，21个行政村通过“整洁村庄”评比。城乡基础设施逐步完善，省污水零直排区创建完成，奉郭线立面改造、东街河景观亮化、二码头路雨污水工程等顺利完工。“三改一拆”成效凸显，完成三改3.98万平方米，处置各类违法建筑10.56万平方米，均超额完成年度任务。

【社会公共事业】 “最多跑一次”改革深入实施，受理各类服务审批事项39464件，办结率100%。全年发放最低生活保障救助金460.6万元，集中供养救助金59.2万元，募集慈善款181.21万元，慈善救助157户。2家居家养老服务站获评AAA级，其中蒋家池头村“孝膳堂”运作模式获《人民日报》点赞。民生实事扎实推进，奉化火车站临时停车场投入使用，西坞小学综合楼主体工程基本结顶。教育质量大幅提升，白杜小学获区首批教育质量提升奖，西坞中学中考成绩名列同类学校前茅，进省一级重点中学18人。体育事业蓬勃发展，举办省青少年马术冠军赛暨省马术联赛，蒋家池头村村民蒋昕桦获全国第一届职业技能大赛“重型车辆维修”项目第一名。社会矛盾协调机制不断完善，江口法庭驻西坞街道巡回工作点揭牌成立，老李调处工作室获市总工会高度肯定。依托“周一夜访”、街道信访接待室、全科网格等载体成功破解3起区级历史遗留问题和6起镇级历史遗留问题，切实维护社会大局和谐稳定。

【干部作风建设】 完成村社组织换届工作，全面实现“一肩挑”。积极发挥“导师帮带”效能，靶向培育练强“领头雁”，新增10对“导师带徒”。探索村企共建新模式，成立康亭村“兴康”党建联盟，360余名富余劳动力实现就业，提振村集体经济至34万元。扎实推进“破除中梗阻、提升软环境”专项行动和“担当作为大讨论”活动，组织开展“科长上讲堂”活动7期，11名中层干部走上讲台，完成“大联评、大轮岗、大选聘、大问政”活动，中层干部综合素质得到全方位提升。出台《西坞街道机关干部队伍建设意见》，32名年轻干部赴重点工程指挥部进行压担，14名90后年轻干部到街道信访岗位锻炼，推动干部能力全面过硬。落实党工委主体责任和党工委书记“第一责任人”职责，严格执行“三专三书两报告”有关要求，全体班子成员签订党风廉政建设分工责任书，廉政建设责任体系进一步完善。正风肃纪专项行动查处各类违纪违法案件14例，下发督查通报5起，处理党员10人，批评教育谈话39人。

（江宇婧）

尚田街道

【概况】 2020年，街道区域面积154.6平方千米，辖31个行政村、1个居委会，另代管葛岙水库移民村撤村设居的4个社区居委会；年末，全街道13868户38988人；全年实现财政总收入3.06亿元。

【疫情防控】 新冠疫情突发后，第一时间推进“清楼”“设卡”等行动，累计排查群众3.7万余人；聚焦疫情突发地，落实24小时值班制度，全力防控冬春疫情。同时积极对接协调，3月底500余家工业企业全部复工。

【工业经济】 全年完成工业销售收入62.22亿元，同比增长13.4%；外贸进出口总额17亿元，同比增长5.4%；53家规上企业完成总产值38.19亿元，同比增长10%；固定资产投资完成4.2亿元，同比增长29.73%，工业投资完成2.4亿元，同比增长28%。经济总体趋势稳中向好。招商引资成效明显。全年引进工业项目8个，其中兴亚环保、永久电梯、韧翔数控、美亚混凝土等总投资2000万元以上项目4个，总投资4.6亿元。老工业园区提升改造。瑞莱泊电子1号厂房、沃德沃克、沃腾玛尔、晟创家居、沈氏橡塑、金仑铜业建成

11月20日，奉化区葛岙水库工程导（截）流阶段通过验收

投产，新建标准厂房5万平方米。

【农业经济】 做优传统农业产业。积极开发主题民宿、观光设施、草莓酒研发等项目，与佳恒农业合作，创建林特休闲产业园，促进一二三产业融合发展；创新农产品销售方式，拓展直播等网络销售途径，探索农业经济新模式。加快发展农创经济。引入58科创集团成立58青创园，14家企业完成注册登记。大力推进乡村振兴。纵深实施农村住房改造，拆旧3.95万平方米，建新2.36万平方米，分别完成全年总目标的125.42%、105.11%。深化“青农党建”，实施“支部大会战”项目172个，走访低收入农户886户，检查扶贫资金项目8个。

【全域旅游】 举办中国尚田草莓文化节等节庆。深入建设鹿之健、许家等田园综合体，因地制宜发展农家乐和民宿等旅游体验项目，新建AA级旅游公厕1座。街道荣膺省AAA级景区镇，桥棚村创建省AAA级景区村。

【城镇建设】 汪家农居小区二期进场施工；居家养老服务站竣工投用；王家岭村居家养老服务站与区人大代表结对共建；葛岙卫生院迁建项目地基基础完成；厨余垃圾资源化处理站“上岗”运行。山岙、畈头、张家坑水站提升工程顺利完成，印家坑、杨家堰、条宅、柴家岙、汇溪楼家岙等一户一表安装及管网完成改造。创建宁波市第四批“无违建乡镇（街道）”。

【生态环境】 一以贯之推进“我们的家园”和文明城市创建，横山原野美丽田园示范点通过验收，37个村（包括已撤并村）通过“整洁村庄”验收，市级垃圾分类示范街道通过验收。旗帜鲜明抓好国家环保督察迎检整改，对重点行业企业及重点区域进行巡查管控，组织开展专项检查、夜查50余次，整顿企业151家，关停“低小散”“四无”企业10家，从严整改第二轮中央环保督察组交办的4个信访件。投入559万元的印家坑小流域治理项目和520万元的山登水库除险加固工程以及老子弄、无线岙等8座山塘全面整治项目按计划推进。

【重点工程】 葛岙水库签约1503户，签约率99.2%，创造了全省水库签约率最高和无赴区级上访的历史记录，40.8万平方米库区民房完成拆除，安置房于春节前交付。金甬铁路、冰雪小镇拔钉清零，镇区改造前期工作完成；竹产业园土地征收完成，汪家安置小区二期进场施工，东江整治工程加快建设。

【社会事业】 集中力量做好第七次全国人口普查。完善居家养老基础设施建设。街道居家养老服务中心投入运营，王家岭、冷西、条宅村通过宁波市AAA级居家养老服务站验收。深入开展爱国卫生运动。治理脏乱道路4500平方米、清除环境垃圾60吨、清除乱张贴2200张；开展灭鼠活动，投放鼠药650千克，发放宣传资料2000余份；持续深化垃圾分类，深入推进厕所革命。稳步提升卫生事业。尚田卫生院与区人民医院区域医共体建设进一步完善。加强体育阵地建设。新增健身路径8条，篮球架5副，乒乓球桌4张，许家、条宅村申报创建体育小康村；积极参加区第一届运动会；举办了“理实杯”第五届足球邀请赛，春季门球邀请

1月12日，“2020年中国·尚田草莓文化节”在宁波天一广场举行，图为技术、种植、销售专家与嘉宾现场交流

赛等多项体育赛事。

【社会环境】 纵深开展平安建设和扫黑除恶专项斗争，扎实推进安全生产专项整治，走访检查企业500家次，发现整改隐患1300余处，安全事故逐年下降。搭建尚田街道矛盾纠纷调处化解中心平台，成功化解历史遗留问题6件，依法重拳打击非访人员，实现进京零上访。大岙村被评为省民主法治村，印家坑村被评为市级民主法治示范村。

【党的建设】 狠抓意识形态，组织"周二夜学"33次，上党课48次，推动中共十九届五中全会精神落地。开展"人人争当窗口"主题活动，自查问题255个，落实举措153条。推进巡察整改，完善制度23项，处理46人。加强干部队伍建设。调整3人，跨岗交流3人，导师帮带30人，一线压担54人，1人被提拔为区管副局级干部。部署作风整治7次，开展警示教育5次，专项督查14次，查处22人。夯实基层基础，全区率先完成14个村规模优化调整，31个村完成换届，调整村书记及两委干部118人，全面实现书记主任"一肩挑"。

【行政村规模优化】 5月29日下午，行政村规模优化调整动员大会在尚田街道综合文化中心召开。6—7月，柴家岙村、汇溪村、条宅村、九龙村、王董村、尚西村、下田塔村、方门村、杨家堰村、孙家村、张家村、下王村、木吉岭村等14个村分别召开村民会议，通过行政村规模优化，形成汇溪村、条宅村、王董新村、方门村、杨家堰村、双溪联村、尚东村7个新的行政村。

（仇飞青）

萧王庙街道

【概况】 2020年，萧王庙街道实现地区生产总值33亿元，完成固定资产投资13.4亿元，同比增长35.5%；实际引用宁波市外境内资金4.48亿元，完成任务数的195%。财政总收入2.7亿元，其中一般公共预算1.7亿元，同比增长5.7%。

【项目攻坚】 滕头旧工业区块拆迁二期项目稳步推进，18家企业按期完成签约任务。大埠工业区块改造项目破难攻坚，区块内15.733万平方米集体土地农转用报批全部完成；外联交通涉及3个村的征地、花木迁移全面完成，涉及杜郎坪村的13户房屋全部完成签约；坟墓迁移顺利推进，新建的环泉陵园基本完工。四明路提升工程、宁波城市职业技术学院奉化校区项目、西圃路二期项目涉及的征地、拆迁全部完成，项目单位正在抓紧施工。甬金高速至弥勒大道（桃林路）二期项目，四明高架桥下7家企业全部拆除，拟利用桥下空间及部分地块建设"剡江体育公园"；老贝家自然村24户民房签约工作全面启动。甬金铁路鲍村隧道斜井堆场和便道项目红线8月24日划定后，涉及的257户政策处理全面完成，项目单位进场施工。人民医院迁建项目所有政策处理全部完成，剡江及支流河道治理工程加快建设。

【产业转型】 君禾智能科技产业园项目主体工程全面竣工，装修、附属工程、设备安装调试均已开始，全年实现产值1.5亿元。"联步青云"项目经前期多次对接协调，于12月4日经区政府常务会议讨论通过（总投资约1.3亿元），拟改造提升青云古村原有景点，融入打卡式亲子游学IP乡村，激活"耕读藏书"历史，打造文化旅游新高地。项目于12月下旬开工建设。按市文旅局"每年要有项目增量"要求，新建街道游客中心，打造集游客咨询、特产展销、小镇客厅、乡村茶吧等功能于一体的综合性服务平台，10月底正式运营。发展棠云片民宿产业，"棠云听溪民宿""袁家岙溪尚云间民宿"建成运营，"西江1973民宿"开工建设。建设"芋稻剡江"田园综合体，利用水蜜桃、芋艿头相关主题形象，整理7.733万平方米土地打造芋艿头基地、水稻基地、樱花步道和太极八卦等大地景观。培育果蔬采摘基地，新建蓝莓、白枇杷、猕猴桃、红美人、时令蔬菜等采摘园。12月11日，通过市考核组验收，创建市乡村全域旅游示范区。全年接待游客183万人次，旅游综合经济收入1.55亿元，分别增长3%和2.9%。

【城乡建设】 建立每日督查、每周通报机制，3次召开动员推进会，2次召开现场会，推动全域性大整治。每日汇总反馈点位问题，确保问题快整改、真整改。街道20个村累计清理垃圾600余吨，拆除旱厕1853座、乱搭建及其他破旧建筑200余处，牌亭、岭丰、集胜、柳家、汪家库5个村创成区“美丽村庄”，20个村创成区“整洁村庄”。年初开始量身打造《农业型美丽城镇建设行动方案》，并通过省专家组评审；一手整合在萧王庙的区级项目和自有项目，共包装并启动涉及环境美、生活美、产业美、人文美、治理美的18个“五美”项目，涉及资金11.37亿元，所有项目全部完工。9月3日，宁波市美丽城镇建设现场会在街道举行。10月27日，通过省考核组验收，顺利创成新时代美丽城镇省级样板。全面铺开厨余垃圾上门收集模式，在各村雇佣60名肯吃苦、会干事的村民担任上门收集员，与其他垃圾归并至统一点，由第三方保洁公司进村收运。扶持街道经济能人、技术强手自主研发厨余垃圾处理设备，成立“小蚁哥”项目团队，收纳处理各村厨余垃圾，实现资源循环利用。完成“桃花盛开”美丽风景线两侧绿化美化、小景观打造及立面改造；建设江拔线“明山剡水”美丽乡村风景线，完成节点提升及沿线厂房外立面改造。

【乡村振兴】 4个整村旧村改造、4个梳理式改造、2个风貌提升项目稳步推进，完成农房拆旧3.68万平方米、建新37351.33平方米。其中，云集二期项目全面竣工，云集三期前期工作扎实推进；傅家岙二期项目主体全面完工；林家村5333.33平方米拆旧任务基本完成；肖桥头村二期建新区块63户旧房全部拆除。继续扶持棠云艺术谷做精做优高研班，打响艺术谷品牌全线发力，推动棠云片区实现美丽蝶变。拆除棠溪公路边三舍183间820平方米，拓宽道路、提升立面；利用老乡政府改建的民宿建成营业；带有浓郁艺术韵味的棠云菜场项目即将开建；由中国美院团队设计的从云溪村口到东江村口沿途5个重要节点景观提升项目开工建设；云溪村口320平方米破旧房屋全部拆除，艺术棠溪集散地开工建设。推出古法造纸研学游活动，全年有中小学生、幼儿园亲子、企业工会等团队2000多人次前往研学体验。通过干部直播带货、宁波地铁站促销等方式，拓宽农产品销售渠道，直接促销水蜜桃近5000箱、油焖笋2500余箱。通过与宁波市10余家酒店点对点合作、参加农博会等途径，促销芋艿头2.5万千克。所有行政村集体经济收入均达到30万元以上。滕头村获评国家森林乡村，青云村获评省历史文化名村，新增A级景区村庄7个。

【民生保障】 配合教育部门完成中心小学扩建，拆除原街道办事处办公大楼新建教学楼，滕头小学、前葛小学并入中心小学；持续提升街道幼儿园硬件设施；区域性居家养老中心建成投用。会同第三方专家对辖区60家重点企业开展全面检查，落实建筑工地降尘措施。发挥村干部、无人机作用，组织森林防火队员、民兵、城管队员加强巡查力度，杜绝秸秆焚烧现象。第二轮中央环保督察交办的信访件全部整改到位，滕头村入选美丽浙江建设典型实践案例。街道矛调中心正式成立，扫黑除恶常态化开展。道路交通、危化品、消防安全等领域监管持续深化。开展安全培训1800人次，检查企业、作坊204家，发现隐患600余条，所有安全生产隐患全部整改到位。

【基层党建】 完成2个行政村规模优化调整工作，村级组织换届调整村书记11名，能人型书记100%；村书记平均年龄44.2岁，两委成员平均年龄47.7岁，其中女书记3人，高中以上文化程度72人，占55.4%，班子结构明显优化。持续推进“破除中梗阻、提升软环境”专项行动，开展中层干部“大联评、大轮岗、大选聘”，实行干部“能上能下”机制，新提任2名中层干部，调整5

个中层岗位。开展中层干部担当作为大讨论、“剡东学堂”“双向交流、实战赋能”等活动，班子中层导师结对9对/17人。深化清廉建设，正风肃纪，聚焦违反党纪党规、侵害群众利益、征地拆迁等重点领域，从严查处为黑恶势力充当“保护伞”的干部，四种形态全年共查处62人，分别作出开除党籍、留党察看、党内警告、诫勉谈话等处理，形成强有力的震慑力。

（许光辉）

江口街道

【概况】 2020年，江口街道财政收入21.55亿元，实现工农业总产值3亿元，打造“田之轨迹”美丽田园，100%创建“整洁村庄”，获得招商引资工作考核第一名、“双底线”工作考核第一名、老工业园区改造工作考核第一名、工业经济发展竞赛考核第一组第一名、房屋征收拆迁工作考核第二名等。

【经济建设】 全年街道规上工业实现产值332亿元，比上年同期增长7%；实现利润37.9亿元，同比增长44%；实缴税金14.7亿元；实现固定资产投资12.2亿元，完成年度任务的136%；浙商回归资金5.2亿元，完成年度任务的108%；宁波市外境内资金4.9亿元，完成年度任务的157%；实际利用外资1900万美元，完成年度任务的158%；完成外贸出口25.4亿元。新引进重点产业项目6个，分别是宁波新能源汽车商城项目、医小邦项目、汇峰防护用品项目、宁波健康产业园项目、制冷红外光学项目、高端量测与无人智能装备项目。

全年实现农业总产值3亿元。大力推进“双千”示范创建，连作晚稻、单季晚稻亩产创历史新高；20万平方米小麦观光基地建立，休闲农业加快发展；“美丽田园”建设亮点突出，投入260万元打造“田之轨迹”风景线，江口田园综合体建设初显成效。

全年实现销售65.8亿元，同比增长10%。重点商贸企业亚德客（中国）实现销售30亿元，同比增长25%，支撑拉动作用明显。宝马、奥迪、别克、丰田等11家汽车销售企业，在区政府优惠政策刺激下，全年实现销售16.5亿元。

【重大项目】 街道对标“五年新奉化”时间节点，安排了45个决胜“五年新奉化”重点项目，倒逼项目按照时间节点顺利完成。其中8个区级产业类项目全部顺利推进，四明小微园区、永兴小微企业园、川能园艺等老旧工业园区改造项目顺利入库建设。全年完成重大项目土地征收1.33余平方千米，完成民房拆迁签约户1191户约17.72万平方米，完成企业拆迁签约30家约16万平方米。其中，三横园中村拆迁改造项目，共拆迁民房568户，于10月100%签约；前胡村旧村改造项目，已完成签约265户，同时前胡农居房一期工程1#、2#、3#楼均已结顶，已开始配套附属设施建设；江口民营科技园二期，共拆迁26家企业，于11月提前完成100%签约；区殡仪馆迁建项目，选址位于江口街道汤果岙，占地166.67余万平方米，已全面完成一期9.8万平方米、超前完成二期66.67余万平方米征地工作。

【招商引资】 完成浙商回归资金5.2亿元，完成年度任务的108%；完成宁波市外境内资金4.9亿元，完成年度任务的157%；实际利用外资1900万美元，完成年度任务的158%。新引进重点产业项目6个，分别是：宁波新能源汽车商城项目、医小邦项目、汇峰防护用品项目、宁波健康产业园项目、制冷红外光学项目、高端量测与无人智能装备项目。

【城乡治理】 家园建设显实效。通过全域性大整治、大提升，以及点、线、面综合发力，家园建设取得阶段性成效。辖区23个村（除5个拆迁村）100%创建奉化区“整洁村庄”，机场南路两侧96处点位及沿线2个村完成提升改造，并创建“美丽田园”；“三改一拆”持续推进，2020年累计拆违12万平方米。污水治理有突破。强化巩固“污水零直排区”

创建成果，以“科技治水”为抓手治理提升辖区的综合水环境，农村生活污水治理基本实现全覆盖，市政管网建设基本全覆盖，江口建成区、民营科技园区以及应急河道等各区块主管网铺设全部完成。城乡建设有提升。投资500万元开展灯光、绿化、配套设施改造工程，提升江口夜光经济；投资约700万元对老旧小区进行改造，一期工程对新浦小区进行立面、设施改造；创建省AAA级景区镇和王溆浦省AAA级景区村，同时三进桥、柱石村、坝桥村、张村创建省AA、A级景区村；依托“三号青创大走廊”和奉化区智能制造小镇建设，加快对整个三横工业园区的面貌改变，在绿化提升、道路改造、外来人才公寓建设等多个领域进行项目改造。

【民生改善】 投资4.8亿元迁建江口中学，选址于宝东电厂地块及宝东电厂西边地块，投资3800万元建设江口实验幼儿园，基本完成主体结构建设；总投资2000余万元的山隍闸强排泵站工程总体工程已完工；组织新塔、庄家畈等8个经济薄弱村抱团实施太阳能光伏发电项目，每村每年增加集体收入约15万元。

【平安建设】 加强“四个平台”建设，完善基层治理体系，在全区率先成立矛调中心。通过建立领导包案制度，2020年共完成信访件13件，走访件13件，网信件112件，来电件104件，全部按期受理、答复和回访，相关考核数据位列全区前列。

【组织建设】 完成6个行政村规模优化调整以及22个村的换届选举工作，开展机关干部开展“三比一争”、中层干部“担当作为大讨论”、科长大讲堂、“双向交流、实战赋能”等活动，促进干部学业务、强本领、争先进的积极性，全面激发干部干事创业热情，结合百村立功竞赛和书记赛活动，分解四明东路东延项目、三横园中村（征迁）等26个重点项目，挂牌领办，强化村干部能力提升。开展“线上+线下”党风廉政建设和反腐工作，第一形态处置28人，共处置问题线索37件，受理纪检信访件29件，党纪立案16个，党纪处理17人。

（傅宏辉）

方桥街道

【概况】 2020年，街道行政区域面积26.99平方千米，常住人口约2.9万人，其中户籍人口1.15万人，外来人口1.74万人。辖区有17个行政村、1个社区，内有宁南产业园区、宁波生命科学城、中交城市转型示范区三大板块开发建设。2020年，税收收入为79408万元，其中一般公共预算收入49156万元。

【产业经济】 全力帮扶企业克服新冠疫情和经贸形势困难，搭好企业征迁和指标运行的“平衡木”，实现重要工业经济指标有效复苏、服务业经济指标考核位居全区第一。全年辖区工业企业完成应税销售43.6亿元，同比增长5%；商贸销售额21.7亿元，同比增长23%；实际利用外资320万美元，完成率107%，实际利用宁波市外境内资金18228万元，完成率217%；浙商回归到位资金10403.8万元，完成率121%；完成固定资产投资约6.78亿元，完成率151%；完成工业投资1.52亿元，完成率69%。其中，宁波市外境内资金、实际利用外资等指标完成率位居区前列。

【项目推进】 农副产品物流中心一期项目于2020年6月正式投入运营，宁波农副产品物流中心二期、宁波宝湾国际电商物流港项目建设进展顺利，新引入并开工建设的宁波智能物流平台项目占地3.6万平方米、总投资1.62亿元；汇诚北路、儒江路已全线通车，建成轻轨方桥站、琎琳站等临时公交首末站；宁南智能家居产业园完成规划编制，已有86家企业完成签约征收，奥迪斯丹、星宇、可星、世杰、科瑞特等部分优质企业已入驻宁南产业园；世杰建筑排水标准与技术研发中心完成主体建设。

【平台保障】 倾力保障宁南产业园区、宁波生命科学城、中交城市转型示范区三大板块开发建设，全年完成农户拆迁签约18.16万平方米，企业拆迁签约7.73万平方米，完成土地征收208.4万平方米；全年拆除农房12.46万平方米，企业厂房15.55万平方米，拆迁工作考核获全区第一。其中，双马村提前6天完成全部有证农户签约，创全区农房拆迁提前完成记录，旧工业园区改造考核获全区第二名。

【城乡建设】宁波市第一医院全部9栋楼中已有5栋楼完成封顶。方桥中心幼儿园规划班级9个，上海师范大学附属宁波实验学校规划九年一贯制班级共60个，均已进入主体装修阶段，计划2021年9月开学。方桥卫生院迁建工程、方桥成人学校建成。轨道交通方桥站配套项目方桥公交首末站建成，已接入公交线路6条。方桥街道第一个社区方园社区成立，社工队伍完成组建。东江家园成功引入物业，创全区老旧小区首例。区域性居家养老服务中心建成，规模为全区最大；后江村创建AAA级居家养老服务站。

【共建家园】除拆迁村外，辖区其余16个行政村累计投入人力数近8000工，花费资金近1000万元，全部通过“美丽村庄”或“整洁村庄”验收，成为全区第一批验收率达100%的街道。同时，安排平台合作央企金茂、中交同12个村党建共建结对，由结对央企导入资源，实现结对村人居环境二轮提升，累计安排项目27个，安排投入资金逾2000万元。目前，一期汇诚路、机场南路等沿线5村面貌提升工作已基本完成。完成“美丽河道”水环境提升建设方案制定，举办首次“河长相约方桥”巡河活动，全年累计清淤河道淤泥3.5万立方，创建宁南桂苑“污水零直排”样板小区。完成辖区14家环保重点监测单位及200余家工业企业环保检查工作。累计查处辖区违法处置建筑垃圾、黑泥案件28起，夜间施工噪音扰民及不文明施工案件5起，成功办理奉化首起油烟排放超标案件，共罚没资金110万元。

【社会治理】开展“根治欠薪夏季行动”等专项工作，全年累计受理处理劳资纠纷和劳动争议案件88起，重点检查约谈在建工程、物流企业等重点行业企业17家，帮助务工人员178人次挽回欠薪110万元。持续开展“铸安行动”“安全生产百日大会战”等行动，累计检查企业、店铺2552家次，发现并整改隐患4147处，全年未发生重大安全事故。完成组建16支村级、沿街店铺志愿消防队，新建25个微型消防站，消防应急处置能力大幅提升。辖区新增安防监控87个，网格化管理能力及应急预警能力有效提升。积极做好受理和接待群众来电来信来访工作，全年初信初访办结率同比提升20.8%，化解全年7个区级历史积案，社会大局和谐稳定。

（宋　燕）

溪口镇

【概况】2020年，溪口镇辖6个社区（居委会）、55个村委会，面积381.6平方千米，全镇户籍人口76637人。全年实现地区生产总值55亿元，工业总产值86亿元，财政总收入7.79亿元，其中一般公共预算收入4.74亿元；完成固定资产投资31.2亿元；接待游客352万人次，实现旅游综合收入20亿元。

【产业结构】溪口雷笋申报宁波市地理标志农产品保护工程；东岙五针松盆栽示范带初步建成，外拓的江西乐平花木基地3300亩；五林村樱桃、董溪一村金橘等“一村一品”加速推进；传统优势农业加速向精品化发展。全年新增高新技术企业7家，新增宁波甬交所挂牌企业5家。工业迭代升级，大岙9号小微产业园及旧工业园区改造建设顺利推进；气动智创产业园入驻企业28家；今日生物科技健康产业园一期完工；“工星人”工业平台正式上线；星宇电子、佳尔灵列入国家“小巨人”企业。文旅产业加速融合，“剡溪九曲”“明山剡水”风景线和15个景区村完成验收；东坑文旅、森语溪谷度假村等项目落地开建；“溪南竹径”“明山剡水”两条风景线建设启动。获第四届杭州未来生活节“年度创新创意景区”、宁波市“最具人气乡村旅游目的地”称号。

【乡镇发展】“中国佛教五大名山雪窦山”“民国第一名镇”影响力持续提升。班禅大师参访雪窦山；中国佛教协会人间佛家思想研究基地在浙江佛学院揭牌；参与中国佛教协会第十届理事会换届祈福法会、中国佛教协会佛教学院“优秀教师”授予仪式等各类活动。名山建设2020年完成投资3.31亿元，累计完成投资21.3亿元。弥勒文化园“一核一带两组团”功能布局的核心项目建设基本完工。其中，弥勒圣坛完成总工程量的86%，项目获“浙江省钢结构金钢奖”，并被推荐申报“中国钢结构金奖”。永平寺、资福寺、水涧岩精舍交付使用；佛学院女众部全部结顶；法华寺、瀑布院已完成大殿基础；旅游集散中心停车楼项目完成选址论证。民国风情街一期、剡溪两侧（美龄山庄—弥勒大道）亮化提升工程竣工；蒋氏民国文化中心开工；武岭悦府、溪山华庭开建；“大爱养老书院”小镇、恒大生态旅游小镇配套日趋完善；老镇区综合改造有序推进。隐居·溪口、“艺朝艺夕”教育总部等6个项目签约落地，共引进浙商回归资金10.5亿元，市外境内资金11.92亿元。推荐“3315”计划创业团队2个、创新个人1人，入选“凤麓英才”项目1个。

【城乡建设】完成旧房拆除7.2万平方米，土地征收84万平方米。处置违章建筑11.98万平方米，完成“三改”20.63万平方米。13个美丽城镇建设行动计划项目基本完工，入选新时代美丽城镇省级样板。农房改造完成拆旧10.634万平方米，建新15万平方米，体量均居全区第一。生态环境优化，岩头江清洁型溪道整治等治水治污工程完工，四明山区域新一轮森林生态修复完成180万平方米。“我们的家园”行动，拆除旱厕5119座。石门、六诏分别通过省级、市级美丽宜居示范村验收。“镇村联营”发展村级集体经济模式成果显著，19个经济薄弱村集体摘帽。

【社会民生】公共财政用于社会民生支出5.2亿元，占财政总支出的82%。镇区路网织密，旅游专线（溪南隧道）工程建设进入尾声，龙溪公路（任宋段）拓宽、茗山江北路延伸等工程开工建设。水网品质全面提升，农村饮用水达标提标工程全面完成，老镇区排水改造工程全面实施。城乡垃圾分类综合管理模式全面推行，班溪厨余垃圾回收处理站建成投用，高标准通过国家卫生镇第四轮复审。农村文化礼堂实现全覆盖，“两岸交流”委员会客厅成功揭牌，通过省文明镇复评。“最多跑一次”向村社延伸试点有序推进，109项重点领域高频事项下沉至村级便民服务站，新时代文明实践志愿服务大队完成组建。大力推行残疾人“一证通”服务，低收入农户全部脱贫，创建“全省新时代枫桥式”退役军人服务站。对口帮扶安图县石门镇茶条村AAA景区村创建，山海协作姓叶村扶持项目顺利推进。

【社会治理】方桥街道严格落实“外防输入、内防反弹”总体防控策略，有效维护人民群众的生命健康和经济社会有序发展，9个集体和16名个人获评市区抗疫先进。矛调网络全面覆盖，镇社会矛盾纠纷调处化解中心挂牌成立，镇—村两级矛调服务网络完成搭建，矛盾调解“五全工作法”全面推行，2件区级和2件镇级历史遗留问题全部提前化解，溪一村获评市优秀村级矛调工作站。平安溪口不断巩固，全年共破获涉黑涉恶案件4起，打击涉黑涉恶团伙2个、集团2个；安全生产专项整治行动常态化开展，村、社、企业应急救援队伍持续扩充，全镇安全生产“十分钟应急响应圈”基本建成。

（竺　蔚）

大堰镇

【概况】辖区面积129.5平方千米，下辖23个行政村，1个居委会，户籍人口2.43万人。2020年，实现工农业总产值7.73亿元、旅游综合收入1.14亿元、财政总收入2560万元、农民人均收入13546元。创建国家卫生镇、浙江省AAAA级景区镇、省级森林城镇。

【工贸经济】 落实企业联系帮扶机制，开展“百名干部服务百家企业”专项行动，“一企一策”靠前服务，全力以赴帮助企业战“疫”复产，工业经济走出“V”字回升势头。“底线”考核获固定资产投资、宁波市外境内资金、限上社会消费品零售额增速、限上批发零售业销售额增速4盏绿灯。2020年，实现全部工业销售收入5.5亿元、规上工业总产值2310万元，分别增长9.2%和3.7%。全面推进招商引资“一号工程”，建立镇级招商引资联席会议制度，梳理闲置地块4公顷多，招商项目16个，签约落地项目6个，完成宁波市外境内资金投资898万元。

【生态农业】 做强“云耕大堰”区域公共品牌，深度整合“茶米薯笋油”5大主导农产品，统一包装设计、质量标准和销售价格等，通过召开“云上大堰”品牌发布会，开展网络直播营销，对接淘宝、拼多多、网易严选电商平台等方式，打通农副产品“下山进城”渠道。实现农业总产值1.68亿元，增长4.3%。加快完善配套设施，大力实施垦田造地、高标准农田项目，完成严思坑等3个老旧茶山造地项目，新增高标准农田积14.2公顷。甬优7860大米获评“宁波十大好大米”。

【全域旅游】 以创建省AAAAA级景区镇为契机，有序推进景区村庄建设，创成AAA级景区村庄1个、A级景区村庄4个、AA级旅游厕所2座。做优“云游大堰”文章，推出乡愁记忆之旅等5大精品线路，举办年味节、纳凉节、“云上大堰、乐享秋收”等节庆活动。做精“云居大堰”文章，出台“青云一品”民宿建设标准，推动镇域民宿迭代升级，张家大院获评全区首个省级白金宿，燕来山田、乡宿堰溪分别获评省级银宿和三花酒店。做好“云学大堰”文章，全面整合红色教育、环保教育等资源，做大“研学游”做强“旅游+”，持续加大人流、物流、信息流导入力度。全年共接待游客61万人次，其中留宿12万人次，分别增长9.6%和10.6%。

【城镇品质】 锚定“乡愁小镇、云上大堰”定位，深入推进美丽城镇省级样板创建，扎实做好镇级集聚小区建设。全域土地综合整治方案上报，镇域国土空间总体规划和集聚小区方案设计初稿编制完成，一期2.33公顷土地调整方案获批，启动污水处理厂迁建、高压线路改建等前期工作，美丽城镇创建行动方案获评省级优秀。深入实施“有花小镇”建设，加强进镇道路两侧景观节点建设，新增地标性节点10处，连山堰情文明风景线内涵进一步丰富。加快打通山海大通道，溪南线大堰段完成提升改造，连山快速公路一期工程已完成立项审批。

【乡村振兴】 加大基础设施建设，全力做好农房改造、农村道路新改建、农饮水达标提标等工作。社家畈等3个农房改造项目进度过半，完成拆旧8.47万平方米、建新2.33万平方米；改建提升赵岙等农村联网公路4条，新增公路通车里程1.3千米；建成标准化水站10座，改造供水管网12千米，安装“一户一表”6967户，新增饮水达标受益群众3200余户。抓好特色村庄创建，完成山门等4村村庄整治提升工程，完成湖边桥、谢界山“一村万树”工程，创建省级森林城镇，谢界山获评省美丽宜居示范村。此外，还完成农房质量排查3078户，危房解危14户，拆违4300平方米，城中村改造1.86万平方米。

【生态环境】 抓好中央环保督察问题整改，完成工业企业搬迁签约49户。实施共建“我们的家园”专项行动，组织开展环境整治、旱厕清零等系列攻坚行动，累计拆除旱厕4283座，新建公厕10座，户改厕3107户；创成美丽田园示范点10万平方米、美丽河道12千米、美丽庭院400个，实现旱厕全面清零、整洁村庄全域建成。打造洁净县江源头，完成县溪常照段、石船坑山塘等水域清淤2.4万立方米，完成万三、韩学士等4村6座山塘整治，完成南溪村滨河步道建设。探索推广箭岭“生态酵素+环保集市+志愿服务+循环农业”垃圾分类模式，建成环保集市9个，开展各类集市活动92期，覆盖行政村23个，垃圾分类相关做法再获省长郑栅洁批示，全国首个生态环境教育特色小镇项目落户大堰。

【民生保障】 稳步推进社保扩面，养老保险、医疗保险参保比例分别达到100%和93.5%，完成农村政策性住房保险参保8613户，参保率达到100%。探索推行“医养一体+助餐配送”模式，镇级居家养老服务中心建成投用，创成AAA级居家养老服务站3个，助餐服务惠及320余名老年人。打好脱贫攻坚战，全面落实“一户一策一干部”结对帮扶，发放各类助困、助学、助残资金1000余万元；大力发展来料加工业务，惠及320余名群众，年产值达到360万元；大力实施村级集体经济“消薄”行动，完成异地抱团购置物业项目23个，17个村集体经营性收入达15万元以上。

【社会事业】 加快教育均衡发展，深化“九年一贯制”小班化教学，创设中小学“四色”特色课程体系。提升医疗服务水平，完成契约式家庭医生签约3220人次，拓宽“大雁”流动医疗队服务项目，增设流动医疗车1辆，获中央、省级媒体点赞。依托新时代文明实践“5+N”服务平台，完善“连山公益空间联盟”志愿服务体系，新建改造新时代文明实践站（所）3个，后畈、常照分别创成全国文明村、省级文明村。丰富群众文化生活，开展送戏下乡、送书下乡、文化周等系列活动，新增洞坑、社家畈文化礼堂，后畈获评省五星级文化礼堂，常照、张家获评市四星级文化礼堂。

【社会秩序】 紧扣“平安大堰”建设，侦破刑事案件18件、查处治安案件12件；全力化解风险隐患，落实“周一夜访”机制，开展矛盾纠纷和安全隐患“大排查大清理大整治”行动，镇级矛调中心成立运行，累计处置各类安全隐患248处，化解初信初访问题145件，破解历史遗留问题7件。新增法治文化特色阵地5个，常照、谢界山、岭下获评宁波市级民主法治示范村，实现行政村法律顾问全覆盖。强化重点领域安全监管，健全“1+2+X”应急管理体系，新增消防车3辆、村级微型消防站1个、村级规范化避灾场所2个、镇级标准化避灾场所1个。高质量完成行政村撤并、村级组织换届、第七次人口普查等工作，行政村数量从40个优化调整至23个。

【全国首个生态环境教育特色小镇试点项目启动】 6月4日，生态环境部宣传教育中心与浙江省宁波市奉化区政府，以远程视频方式签订战略合作协议，商定在奉化区大堰镇实施全国首个生态环境教育特色小镇试点项目，旨在探索将生态环境教育作为生态产品价值实现机制的途径和载体。11月18日，由生态环保部宣传教育中心主任贾峰向大堰镇党委书记宋炳林进行试点项目授牌仪式。

【“云上大堰”区域公共品牌发布】 12月12日，奉化区农业农村局与大堰镇联合举办发布会，推出“漫步云上·心之所向”形象宣传片、“云上大堰”农业区域公共品牌和“大堰十大碗”特色美食，现场通过品牌发布、线上直播、产品展示、市民现场互动等多种形式吹响大堰美丽城镇建设的号角。

（王 璐）

裘村镇

【概况】 全镇行政区域土地面积86.1平方千米，下辖16个行政村，34个自然村，1个居委会，户籍人口24155人。2020年，实现地区生产总值23.8亿元，比上年增长4%；一般公共预算收入突破1.5亿元。被评为浙江省第二批AAA级景区镇，“奉化水墨马头景区”被批准为国家AAA级旅游景区。

【工业经济】 全年规上企业产值6.28亿元，降幅较一季度收窄至14.1%，工业增加值增长2.5%，能耗下降3%。规上企业研发费用支出1300万元，累计完成工业投资5541万元，完成全年任务的138.3%。天钦机械落地吴江一号地块，钢导项目推进迅速，梦溪酒业落户投产，果酒项目消化当地水蜜桃30吨。网易味央现代农业产业示范园项目完成前期设计。全年固定资产累计投资4820万元。

【乡村旅游】 全镇旅游标识标牌完成更新，游客服务中心投入使用，智慧导览系统建成运行，创建省AAA级景区镇。重点提升核心资源，黄贤景区改造项目一期按期实施，已投资8000余万元；马头古村保护与开发并重，保护规划完成修订，获评国家AAA级景区。大力开展全域美化，庄下、石盆、翔鹤潭通过A级景区村庄评审。

【基础设施】 交通路网不断优化，S203省道政策处理稳妥实施，下横线至大茅岙等四条农村公路正在建设，桐冒公路东延工程完成项目建议书，进入立项阶段，马松线两侧征地拆迁基本完成。阎家及保德庙应急排水工程完工，龟鱼桥东至环镇南路实现路灯亮化。解空寺小型农田水利、山塘水库整治等项目进展顺利。“运动大景区”项目投入400余万元，完成环镇东路主体建设，年后完成路面浇筑。垃圾中转站改造提升，增设厨余垃圾处理设备。全镇新增停车位800余个。

【家园建设】 裘村镇累计投资2000余万元，完成立面改造2.8万平方米、铺设草坪1000平方米，清理垃圾55吨；按照一村一品，形成忠义曹村、书香吴江、弥勒庄下、质朴陶坑等成串新农村风景；打造沿线景观，对沿海中线周边杨村、应家棚等7个节点及养殖塘管理用房实施绿化美化，20万平方米“滨海田园”项目获评区级“美丽田园”称号。群众参与热情高涨，创建“美丽庭院”350个、“示范美丽庭院”30个。全镇率先通过“整洁村庄”创建验收。

【农房改造】 翔鹤潭村梳理式改造成效显著，拆旧4666.7平方米、建新49套1.2万余平方米，建新规模位居全区第一，老年公寓完成装修，村庄风貌得到极大改观。甲岙、石盆累计拆旧2.55万余平方米，超额完成全年任务，其中甲岙村完成村庄立面改造及道路白改黑，综合服务楼建设进展顺利；石盆村文化礼堂基本结顶，3+1农房即将开工。

【生态环境】 裘村镇认真做好中央生态环境保护督查迎检工作，铁腕落实问题整改。全面排查固废污染源头，核发132家企业排污许可证。持续深化“五水共治”，扎实推进美丽河湖建设，峻壁溪甲岙至西山桥段被评为区级美丽河道。着力抓好“关键小事”，改造提升15个农村公厕；垃圾分类深入开展，工作成效稳居全区首位。

【基层建设】 裘一、阎家、石沿完成村庄撤并。圆满完成村社组织换届，全面实现基层党组织书记“一肩挑”。各村抱团发展成效显著，山海农业公司运作顺畅，光伏发电项目投产运行。庄下村实施“瓜稻交叉轮作”新模式，探索建立自我造血机制。全部行政村经营性收入完成预期目标。

裘村镇杨村美丽景观

【民生保障】扎实开展爱国卫生运动，曹村、庄下、甲岙创建省级卫生村。完善全民健身设施，新建或提升运动场所8处，开展或承办群众体育赛事9次。居家养老服务中心顺利实现社会化运营。开展"百名科长下基层"活动，累计接待群众221人，解决问题158件。继续实施"最多跑一次"改革，服务大厅全年办理各类事项9788件。打好脱贫攻坚战，490户低收入农户实现"一户一策一干部"结对帮扶全覆盖。

（李　琼）

松岙镇

【概况】全域面积70.6平方千米，其中陆域面积51.1平方千米，海域面积19.5平方千米。全镇有11个行政村，1个居委会，户籍5390户，户籍人口1.21万人，常住人口1.22万人，外来务工人口1068人。松岙镇是小城镇环境综合整治行动省级样板镇、省森林城镇、省级污水零直排区、省级卫生示范镇、省级无违建乡镇、省AAA级景区镇、省级消除集体经济薄弱村工作成绩突出集体。2020年，全镇实现工业总产值13.17亿元；财政总收入3.023亿元；农民人均收入19082元。

【工业经济】2020年，实现规模以上工业企业总产值13.17亿元，同比增长12.02%；规模以上企业工业增加值增速实现11.8%；工业实缴税金增长率5.52%；高新技术企业产值29612万元，完成考核任务的121.9%；净增小升规1家，完成考核任务的100%；宁波市外境内资金实现5.7亿元，完成全年任务指标216.6%；浙商回归实现5.5亿元，完成全年任务指标204%；实际利用外资破零，达100万美元。工业经济11项考核指标中6项领先，全年考核取得小组第一，完成争先进位年初目标。落实"惠企专项政策"，共受理相关业务83人次，实际完成兑付3万元。持续开展"四联四跑""服务企业"专项工作，全年累计走访帮服企业216家次、帮助解决问题33个。坚持招商引资，松和实业总部经济落户松岙，当年销售额7.26亿元，纳税1500万元；五百岙工业二号地块出让。新中源续建项目基础工程有序推进。

【农业和农村经济】2020年实现农村经济总收入19.79亿元，比去年增长4%；农村居民人均收入19082元，比去年增长5%。作为全省最大的粳杂交制种基地，2020年完成制种1.67平方千米。2020年投资1700余万元的大石坑水库、东溪小流域等6个水利项目推进顺利，完成各类小农水工程建设38项，总投资530万元。同时引进培育贡川早橘、红美人、血橙等新品种，共建成上汪、街横、西岙3个柑橘基地，种植面积约15万平方米。农产品销售高效稳步增长，松溪香茗获评全国茶叶特金奖，松岙蜜桔实现销售18万千克，省级现代农业综合服务中心完成创建，入选市级农业绿色发展示范区。集体经济收入稳步提升，完成街一、街二等六村联合光伏发电项目。完善食品安全监管体系，全年抽测蔬菜农残样品760批次，合格率达98.9%。深入抓好"一打三整治"工作，从严打击非法捕捞行为，做好象山港伏休工作和自备船检验安全工作；同时进行增殖放流，加大对幼鱼资源保护力度，加强海上巡查力度，切实保护象山港海洋生态环境。切实加强森林消防和防汛防台工作，不断完善森林防火工作体系和预防能力，认真及时抓好汛前检查和汛期防汛工作，防汛防台责任体系和能力进一步完善。规范村级资产管理，首创农村三资管理新模式，实行村集体账务处理和货币资金管理"双代理"，并被市《改革先锋》杂志刊登，奉化全区推广。明确公共资源交易操作规程，规范村级工程项目招投标规则，进一步压缩农村小微权力寻租、微腐败空间

【第三产业】积极融入"宁波湾"发展大局，配合区委、区政府高标准打造"宁波城市滨海会客厅"。丰富旅游集散中心功能，打造松溪创客空间，峰景湾高端民宿前期启动。结合四季四色主

题，启动松岙滨海文化旅游年系列活动，策划举办山海音乐节、宁波湾国际滨海旅游节、红色定向赛等5个大型节庆活动。全年实现游客接待7万余人次，其中接待乡村旅游、红色旅游团队游客逾1.2万人次，团队达300余批，营业收入超100万元。

【基础设施建设】 投入800万元完成全镇所有村、社区污水管网建设，基本实现污水主次管道全覆盖及农村生活污水全收集，通过省级“污水零直排区”建设验收。扎实推进“厕所革命”，全镇农村公厕改造率、简易厕所拆除率及户厕改造率均达到100%，对全镇30座厕所开展常态化排查。加快推进垃圾分类，新建村级资源回收站点6个，厨余垃圾日收集处理量达到4吨。全镇所有行政村高分通过“整洁村庄”验收。11个行政村全部创建为省级卫生村，成为全区唯一省级卫生村全覆盖的乡镇。

【镇村环境品质提升】 以“一心两轴多节点”空间格局为指引，完成《浙江船厂区块控制性规划》《松岙镇美丽城镇建设规划》等规划修编，松岙新城+老镇空间布局更加明朗，中心镇考核获得2019年度市级优秀。深化综合交通体系规划，谋划环镇交通路网建设，打造快速路网环线。“我们的家园”加快建设，投入1000万元实施完成沿海中线环境整治及景观提升工程，完成沿海中线

7月，松岙镇五百岙村小景

东大门、湖头渡、五百岙等9个重要节点提升美化。40万平方米美丽田园“松浪滔滔”项目通过上级验收，省级文明镇创建前期工作有序开展。全年完成扫尾小城镇工程35个，新增城建项目4个，累计投入1800余万元，镇区改造加快推进。做实“无违建镇”长效管理，依托“防违控违”数据台账，做到土地即拆即用，坚决遏制新增违章，全年完成拆违5处，共计4200平方米。开展房屋隐患安全排查行动，完成房屋解危32户。创新实施美丽乡村“十个一”工程，以一村一艺、一村一品等内容为载体，培育发掘各村特色亮点，使走向振兴的乡村更加宜居。农房改造工程统筹推进，全年完成拆旧1.4万平方米，建新1.64万平方米。扎实推进“艺术点亮乡村”行动，重点打造3个特色村庄，完成5个村艺术节点改造；完成300户美丽庭院和30户特色“示范庭院”建设。

【文卫事业】 积极推进文化阵地建设，深入开展礼堂文化节系列活动，全年共开展各类培训31期、承接举办乡村振兴文艺会演、非遗“宁波走书”表演、区户外协会登山赛、篮球赛、象棋等各类赛事活动10余场，2万人次参与。教育事业长足发展。松岙中学各学科合格率、优秀率均居同类学校前列，获奉化区教学质量提升奖。实施完成教育基础设施改善提升工程，投入100万元对镇区幼儿园、小学、中学进行整体改造。健康惠民取得实效。开展居民体检、中小学生体检及两癌筛查工作，高标准完成无偿献血任务。

【民政社保】 依托镇困难互助中心、慈善总会等平台，开展低保发放、善款募集等社会救助，全年新增低保20户，发放各类救助补助金额185万元，募集各类善

款67万元。试点社会救助二维码申报，实现救助申请“数据跑”、救助办理“零次跑”。构建养老服务体系，创建街横村、上汪村2家省级AAA级居家养老服务站，完成居委会老年食堂新建，持续做优“舌尖养老”，试点开展老年助餐服务，项目实施以来完成配送170余人次。便民服务中心规范化，优化民生救助机制，实行“一证通办”；落实“放管服”，开展“科长下基层”行动，接待群众50余人次，解决问题17件。

【社会管理】 开展扫黑除恶专项斗争，营造良好的社会治安环境，保障人民群众安居乐业。信访积案化解有效，全年接待来访群众30批150余人次，信访群众3批6人次，走访群众35户，实际协调解决困难4起，化解历史遗留问题6件，化解率100%，实现信访积案动态清零。抓好安全生产监管，完成企业、民宗场所、沿街店铺等35个重点区域火灾隐患排查整治，全年无重特大安全事故发生。创建省反走私基层基础建设先进镇，重要点位实现监控、声光全覆盖。投入100万元建成镇矛盾调解中心，实现矛盾纠纷一站式受理、一揽子化解，成功调处各类矛盾纠纷49件，基层治理得到优化。

【党建工作】 全年“中层干部大轮岗”中调整中层岗位11人次，免去实职1人，提拔任用2人，35岁及以下年轻干部比重达63.7%。镇干部“精气神”显著提升。基层换届平稳有序，完成行政村撤并及换届选举，成功实现村（社）组织换届选举“三无两最”，即无60周岁以上留任村班子成员、无50周岁以上新进村班子成员、无“五不能六不宜”参选人员，调整幅度全区最大，信访举报事件全区最少。村书记平均年龄由上届57.3岁下降至49.4岁，村班子平均年龄由上届54.9岁下降至48.3岁。制定《松岙镇2020年度党风廉政主体责任清单》，明确镇村干部职责，并列入干部年度考核，确保党风廉政建设与镇中心工作同部署、同落实、同检查、同考核，压紧压实责任担当。全年共批评教育、警示谈话等组织处置17人（次），党纪立案5人，其中开除党籍1人，留党察看1人，警告处分3人，切实让党员干部知敬畏、存戒惧、守底线。

（王益宁）

人物

新闻人物

炮兵的眼睛，冯刚

冯刚，男，1929年2月出生，中共党员，宁波市奉化区溪口镇五林村村民，1950年2月参军入伍，1952年作为炮兵观测员入朝参战，1955年6月退役后回乡担任乡村教师。2018年获评“奉化好人”，2019年获评“最美奉化人”。冯刚是宁波藏书家，其家庭于1996年被评为“首届宁波十佳藏书家庭”。退休以后，冯刚的退休金几乎全部用于买书，并在宁波各地开办几十个文学社，同时资助贫困学生

500多人。近年来，他陆续捐赠藏书8万余册，帮助五林村、冯家小学等地建立图书室。2008年，冯刚办理遗体捐献手续，成为宁波市奉化区第16名登记的遗体捐献者。他说：“我的命是战友给的，我身上的一切都是别人的”。

2020年是中国人民志愿军抗美援朝出国作战70周年，中央广播电视总台中国之声于9月7日起推出特别报道《共和国不会忘记》，首期推出《炮兵的眼睛——冯刚》，对参加抗美援朝的志愿军战士冯刚进行集中报道。

最美志愿者，何美蓉

何美蓉，女，1953年6月出生，中共党员。2000年开始参加志愿服务，经她手结对的贫困生已达700人，募集助学、助贫款多达150万余元，个人捐款超25万元，帮助50名大学生圆梦，帮助困难人士6000余名。2013年她成立奉化第一个以个人名字命名的志愿者服务工作室——何美蓉道德模范工作

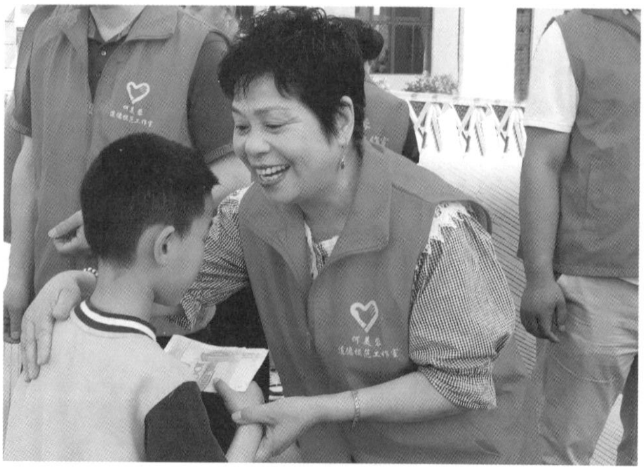

室，大批有技能专长的热心人加入其中，已有志愿者320余名。2018年何美蓉组建娘舅姆调解小组，帮助社区解决家庭邻里纠纷，已成功调解纠纷40余次。作为一名党员，她配合政府重点工作，先后50多次组织志愿者参加五水共治、环境整治、文明创建、垃圾分类等。何美蓉个人先后获得"中国好人""浙江省十大杰出义工""第四届浙江慈善奖""身边的活雷锋""最美浙江人""宁波市道德模范"等称号，其家庭被评为"全国最美家庭""浙江省文明家庭""浙江最美家庭"称号。

8月26日，2020年全国推进学雷锋志愿服务工作电视电话会议在京举行，何美蓉被评为"最美志愿者"，系宁波市唯一获表彰的志愿者先进个人。

全国三八红旗手，何洋

何洋，女，1987年10月出生，中共党员，奉化区中医医院体检中心护士长。2020年1月27日随浙江省援鄂医疗队支援武汉市肺科医院重症监护室抗击新冠肺炎。因表现突出获得"2020年宁波市五一劳动奖章"，被评为"2020年浙江省逆行援鄂杰出护士""2020年全国三八红旗手"。

何洋是一名有着10多年临床工作经验的护理人员。除夕夜，援鄂征集令一经发出，广大医护人员踊跃请缨，她也主动报名并成为奉化区第一批驰援武汉的医务人员。在驰援武汉的56天里，何洋所

在的团队"浙江重症护理支援队"在武汉市肺科医院重症监护室工作，穿着厚重的三级防护装备连续工作6个小时是每天的"标配"，为病人吸痰、换体位、气道护理、更换各类引流装置、做好生活护理是每天的"战斗"状态。在团队的不懈努力和付出下，她们的工作得到了武汉肺科医院和上级主管部门的高度认可，并获评国家"三部门"表彰的"全国卫生健康系统抗疫先进集体"的称号，何洋本人于2月5日在前线火速入党，成为一名光荣的中国共产党党员。

逝世人物

傅嘉良（1924.10.26—2020.3.11）

男，奉化萧王庙街道滕头村人，中共党员。1952年起任互助组长、农业合作社主任、红旗人民公社萧镇管理区党总支副书记。1960年起担任奉化滕头村党支部书记、党总支书记、党委书记。1997年起任滕头集团公司顾问、名誉董事长。1989、1990、1995年分别被授予宁波市、浙江省、全国劳动模范称号。历任奉化市第九至十三届人大代表，九至十二届人大常务委员，宁波市第十届人大代表。5次当选省党代会代表，2次当选宁波市党代会代表。曾获奉化、宁波、浙江优秀共产党员，宁波市富民书记，省奔小康带头人称号。1998年，中共奉化市委作出向傅嘉良学习的决定。2020年3月11日，在奉化逝世，享年96岁。

傅嘉良践行"一犁耕到头"的发展理念，带领滕头村民通过改土造田、拆旧建新、兴办企业、发展现代化农业等举措，把贫穷落后的滕头村建设成为物质文明与精神文明协调发展的社会主义新农村，先后获得"全球生态500佳"、全国村镇建设文明村、全国先进基层党组织、全国模范村委会、全国环境保护教育基地等20余项国家级荣誉。

先进模范人物

2020年“中国好人榜”：冯刚

2020年“浙江好人榜”：王剑英、胡飞凤、周洪富、冯刚

2020年“最美浙江人·浙江骄傲”：冯刚

2020年“宁波好人榜”：王剑英、王旭、张义丁、棠云茶亭服务团队、刘水平、奉化水鹰户外救援队、胡飞凤、楼淑琴、周洪富、冯刚、杜亮亮、张海波、李国友

2020年“最美宁波人”：冯刚

2020年“奉化好人榜”：马彦俏、王旭、王剑英、方美意、邬凯翔、庄飞龙、李则龙、李春娜、李道超、汪严挺、周玲叶、顾敏敏、董玉芬、董维波、奉化水鹰户外救援队、奉化区剡溪志愿者协会、刘水平、石开赞、毛安方、康巧叶、沈亚红、俞剑飞、胡飞凤、奉化区岳林街道明化村志愿服务队、奉化区龙津姐妹花志愿者服务队、奉化区援鄂医疗队

2020年“最美奉化人”：崔译文、刘水平、刘安芬、袁甩意、胡飞凤、刘善娜、张海波、汪知羞、奉化区抗击新冠肺炎医疗群体和社会群体、蒋家池头村和美志愿服务队、棠云茶亭服务团队

附　录

2020年奉化区国民经济和社会发展统计公报

宁波市奉化区统计局

（2021年2月28日）

2020年是极不平凡的一年，面对新冠肺炎疫情带来的严峻考验和复杂多变的国内外环境，区委、区政府科学部署，积极应对，统筹推进疫情防控和经济社会发展各项工作，"两手硬、两战赢"取得积极成效，经济和社会发展呈现出稳步复苏的良好态势，展现出强劲的发展韧性和活力，为"十四五"开好局、起好步打下了坚实基础。

一、综　合

地区生产总值。初步核算，全年实现地区生产总值685.77亿元，按可比价计算，比上年增长3.4%，其中区属生产总值增长4.4%。分产业看，第一产业实现增加值32.73亿元，增长1.9%；第二产业实现增加值412.28亿元，增长2.4%（区属3.8%）；第三产业实现增加值240.77亿元，增长5.4%。三次产业之比为4.8∶60.1∶35.1，对GDP增长贡献率分别为2.7%、43.3%、54.0%。

财政收支。财政总收入破百亿，全年全区实现财政总收入100.06亿元，比上年增长11.0%。其中，一般公共预算收入64.51亿元，增长7.5%，占GDP比重9.4%，比上年提高0.4个百分点，增值税、企业所得税、其他地方各税等主体税种保持较快增长，其增幅分别达到5.5%、75.3%和27.1%。一般公共预算支出85.33亿元，增长3.7%，其中民生支

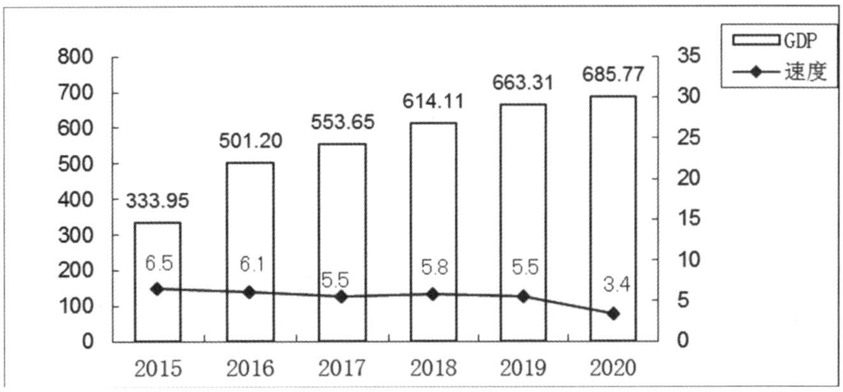

2015—2020年地区生产总值及其增速

出61.86亿元，占一般公共预算支出的72.5%。

就业和再就业。全年城镇新增就业人数16816人，共举办各类人力资源洽谈会101期，有16382名求职者与企业达成用工意向。帮助1196名就业困难人员实现再就业。登记失业人数4640人。城镇登记失业率2.01%。

市场价格。全年居民消费价格指数（CPI）累计上涨3.5%，涨幅比上年低0.3个百分点，其中服务价格指数上涨2.6%，消费品价格指数上涨4.0%。构成居民消费价格指数的八大类商品呈现“五升二降一平”的格局。价格上涨的是：食品烟酒类上涨9.3%、其他用品和服务类上涨7.6%、教育文化和娱乐类上涨4.1%、生活用品及服务类上涨1.7%、居住类上涨1.4%；医疗保健类下降0.5%、交通和通信类下降3.7%；衣着类持平。

二、农业和农村

农业生产。全年全区实现农林牧渔业增加值33.95亿元，增长2.1%。实现农林牧渔业总产值54.93亿元，比上年实际增长2.1%，其中农业增长1.8%，林业增长3.2%，畜牧业下降10.3%，渔业增长4.8%。完成粮食播种面积14.94万亩，粮食产量6.39万吨。奉化“曲毫”茶叶成功申请国家农产品地理标志保护登记；“溪口雷笋”入选农业农村部地理标志农产品保护工程项目。完成水蜜桃高标准、水蜜桃休闲观光等5家农业美丽田园示范基地创建。创建省级水产健康养殖场3家、绿色科技示范基地4家。

新农村建设。深入实施美丽乡村和百村景区建设，创建88个省新时代美丽乡村达标村、4个省特色精品村、6个市级美丽乡村示范村和江口街道省美丽示范乡镇。创建省级“一村万树”示范村5个，滕头村被评为“第二批国家森林乡村”。创建国家AAA级以上景区镇7个、A级以上景区村庄79个和3条农业景观带，累计创建景区镇11个、景区村175个。农村生活垃圾分类实施村庄面上实现全覆盖，生活垃圾资源化利用率、无害化处理率分别达到90%和100%；128个污水处理设施标准化运维，农村规范化卫生公厕、卫生户厕覆盖率均达到100%。全年完成水利建设投资26.9亿元，葛岙水库工程等重点工程顺利推进。完成9个村级水站归并工程和34个村级水站规范化标准化改造，解决4.95万人农饮水的达标提标；完成25万立方米河湖库塘的清淤、8.92千米中小河流的治理、18座小型水库、2条海塘和3座水闸的安全鉴定；“无违建河道”创建34.4千米。

三、工业和建筑业

工业经济。全年实现工业增加值368.82亿元，比上年增长2.3%，其中区属工业增长4.0%。规上工业中32个工业行业大类有20个行业增加值实现正增长，行业增长覆盖率62.5%；实现规上工业出口交货值139.92亿元，同比增长1.6%；新动能加速发展壮大，规上工业中人工智能、高技术、战略性新兴、高端装备、高新技术等制造业增加值分别增长30.2%、25.7%、10.8%、7.8%和7.5%，工业新产品产值率达到20.26%；规上工业实现利润总额56.27亿元，同比增长32.9%，营业收入利润率为6.2%，同比提高1.1个百分点。年末规模以上工业企业营业收入上亿元企业达到125家，比上年增加15家。

建筑业。全年实现建筑业增加值44.04亿元，比上年增长3.1%。全区资质以上86家建筑企业完成建筑业总产值116.70亿元，同比增长2.2%；房屋建筑施工面积302.77万平方米，同比增长0.5%。

四、固定资产投资和城市建设

固定资产投资。全年固定资产投资比上年增长15.1%，其中民间投资增长8.8%；建安工程投资增长20.6%。重点工程建设加快推进。中交智慧城、兰生智能制造园、中信创新工业综合体产业项目一期，3个省市县长项目落地开工；6个省重点工程、25个市重点工程、70个区本级重点工程项目完成投资220.8亿元，投资完成率118.3%；100项“五年奉献一个新奉化”项目累计完成投资113.9亿元，投资完成率113%，完工40项。完成房地产投资156.3亿元，比上年增长36.3%。商品房销售面积280.05万平方米，比上年增长30.5%；二手住房成交5145套，成交面积55.15万平方米，比上年减少7.2%。

城乡人居环境建设。完成广南商城、城南三区老旧住宅小区改造工作。落实205幢城镇危旧住宅日常动态监测和网格化巡查，完成7802户农村困难家庭危房排查、274户疑似危房核实、153户鉴定，20户农村困难家庭危房治理，11幢危房解危拆除。完成24处9313米“美丽围墙”专项整治提升行动。推进4个省级和1个市级美丽宜居示范村创建。溪口镇、萧王庙街道创建为省级样板美丽城镇。垃圾分类全域推进，全区61个小区的厨余垃圾、148家企事业单位的餐厨垃圾、156家镇（街道）、企事业单位的有害垃圾纳入“公交化”收运处置体系。实施市政设施整改。全年养护、疏通网管402千米，改造积水点15处；清运垃圾、粪便29万余吨；道路完好率达到95.49%，桥梁完好率达100%，绿地率37.8%，亮灯率达到99%以上。新增视频监控200路；实现中心城区（锦屏、岳林街道）城市道路及公共停车场的智能化管理，年末实施智能停车的道路29条，车位1781个，停车场6个，车位1407个。

五、交通运输业

交通投资。全年完成固定资产投资18.6亿元，同比增长12%。葛岙水库迁建公路工程、甬金高速溪口东至甬台温高速姜山连接线一期工程、尚田镇梅岭下至排溪农村联网公路工程、莼湖镇舍辋至南岙公路工程、X302董东线路面大修工程顺利完工。完成11条21.5千米农村公路加密提升工程，继续实施危桥改造、边坡整治等项目。年末，全区公路总里程1390.5千米，其中三级以上公路454.35千米，路网密度109.75千米/平方千米。

交通运输。完成营业性公路客运量188万人次，同比下降34.9%，旅客周转量18630万人千米，下降41.3%；完成货运量4089万人次，同比增长23.7%；货运周转量606106万吨千米，下降23.5%；完成水上货物运输量544万吨，货物周转量876180万吨千米，同比增长12.0%和8.5%。

公共交通。调整33条公交线路对接轻轨金海站、大成站，延长城区861路夜间公交线路营运时间，实现与轨道无缝对接。裘村公交站正式投入使用。年末，全区有营运公交车883辆，公交线路总长度2330.9千米，公交输送旅客2029.17万人次，下降34.9%。购置比亚迪新能源公交车30辆分批投入营运。

六、贸易和旅游业

贸易业。全年实现社会消费品零售总额152.56亿元，比上年下降0.2%；全年实现网络零售额、跨境电商出口额67.2亿元、36亿元，分别增长16.9%、23.0%。通过银联“云闪付”APP发放电子消费券，交易金额8192.4万元；通过补贴交强险、送保养券、送超市卡等优惠形式，发放汽车补助750万元，激发汽车消费需求。

对外贸易、合作。全年完成外贸进出口总额217.09亿元，比上年增长2.5%，其中外贸出口总额194.39亿元，增长6.2%。加大外贸企业招引力度，全年实际利用外资达1.15亿美元，比上年增长4.6%，实到浙商回归资金90.5亿元、市外境内资金113亿元，分别增长13.1%、14.9%。招引揽鑫科技、宁嘉农机、东泓卡洛玛贸易等15家企业落户；指导54家企业线上参展，达成意向交易额1500万美元。

旅游业。全年接待国内外游客2532.27万人次，同比下降9.6%，实现旅游总收入234.79亿元，下降12.4%。新增国家AAA级旅游景区2个，国家级休闲业态1个；创建景区镇AAAA级2个、AAA级5个，景区村76个，市乡村全域旅游示范区1个（萧王庙街道）。奉化区获评中国特色研学旅游目的地，全域旅游优质康养度假区，以“城乡双修”理念推进全域旅游发展模式成为“诗画浙江”建设的独特样本。新增民宿65家，累计达121家，吾居吾宿、心沐滕院获评市级五叶级客栈和四叶级客栈。

七、金融业

银行业。年末全区金融机构本外币各项存款余额915.93亿元，比年初增加126.14亿元，比上年增长16.0%；各项贷款余额985.41亿元，比年初增加170.21亿元，比上年增长20.9%。银行业金融机构不良贷款余额5.36亿元，不良贷款率0.54%，比年初下降0.18个百分点。

保险业。全年保险机构实现保费收入14.14亿元，比上年增长3.8%。其中，财产险保费收入7.27亿元，增长5.2%；人身险保费收入6.87亿元，增长2.4%。

证券业。全年证券经营机构证券成交总额1165.76亿元，比上年增长48.7%。年末全区5家证券营业部，证券从业人员64人，证券投资者61425户。

八、科技、教育、人才

科技创新。全区新实施宁波市级以上科技计划项目431项，其中国家级科技项目58项，省级28项，宁波市级345项。全年申请专利3271件，其中申请发明专利825件；授权专利2244件，其中授权发明专利174件；有效发明专利拥有量984件。全力推进一批创新平台落地建设，已建创新孵化平台6家、在建创新孵化平台9家、拟新建创新孵化平台8家。创新平台累计招引入驻区内外双创企业350家，宁波市认定的科技型中小企业56家，集聚人才1300余人。

教育事业。全区现有中小学校和特殊教育学校50所、幼儿园78所，在校学生分别为53459名、14735名，中小学和特殊教育学校专任教师3941名、幼儿园专任教师1014名。全区学龄儿童入学率、小学毕业生升学率均达到100%；初中毕业生升学率99.77%，基本实现了普及十五年教育。学校办学条件进一步改善。小学生均占地面积23.16平方米，每百生拥有计算机25台；初中生均占地面积36.7平方米，每百生拥有计算机29台；普高生均占地面积78.2平方米，每百生拥有计算机47台；中职生均占地面积33.15平方米，每百生拥有计算机36台。

人才工作。年末全区有各类专业技术人才60825人，其中中级以上技术职称人员19668人。推荐晋升高级以上职称216人，晋升中级职称258人，384人获得初级职称；全年8次组团外出招聘人才，举办了春夏等20次大型公益性人才交流大会，有1.92万人次进场应聘；全年引进和新增各类人才1.65万名，其中博士45名，硕士481名，各类农民技术人员3697人；培训各类人才37692人次，当年农函大与农村党员实用技术人员培训5986人。

九、文化、卫生、体育

文化建设。全民艺术普及深入推进。博物馆常设展览3场，临时展览9场，举办文化和自然遗产日活动等宣教活动68次。“一人一艺”全民艺术培训53次，797课时。区“和乐大舞台”文化惠民活动150余场，宁波市“天然舞台”文化惠民活动37场，区城市文化中心“百姓戏台”14场。依托巴人读书节、凤麓讲堂等平台载体，举办阅读推广活动157场次。音乐作品《我的桃花源》获省金奖；红帮裁缝技艺成功申报国家级非遗项目名录，并参加2020年海丝之路（中国·宁波）文化和旅游博览会。新增图书采编到库14.16万册，累计达到63.7万册，实现全区人均1.2册。

卫生事业。年末全区有医疗卫生机构483家，核定床位2811张，有卫生技术人员4494人，其中执业（助理）医师1820人，注册护士2026人。基本实现县、乡、村三级卫生服务网络全覆盖。4家公立医院（医共体）22个学科分别与上海、杭州、宁波等地12家三甲医院建立了长期合作关系，与省市三级医院共建特色专科6个。基层就诊率达到66.91%，县域就诊率达到95.04%。组建家庭医生签约团队51支，签约家庭医生192名，家庭医生签约参与率94.1%。全年无甲类传染病报告；乙类报告发病率233.98/10万，同比下降21.91%。推进疫苗冷链监测信息化，实现10家预防接种门诊、3家产科医院以及3家犬伤门诊全覆盖。

体育事业。举办奉化区第一届运动会，参赛运动员达到5000余人。持续打造“海峡两岸”体育舞蹈公开赛，“王者之战”国际街舞挑战赛、江南百英里越野赛、浙江省第八届舞龙锦标赛等品牌赛事。开展第五次国民体质监测，完成监测人数1055人，国民体质监测合格率94%。组织6期体育公益培训，参加人次超过800人次。溪口徐凫岩、大堰登山成功入选省级运动休闲旅游优秀项目，溪口徐凫岩入选省级运动休闲旅游示范基地，商量岗高山滑雪成功入选中国体育旅游精品项目。奉化海峡桃花马拉松获评2019年浙江省马拉松及路跑等级赛事特色赛事、中国田协铜牌赛事、最美赛道特色赛事。全年新增健身路径26条，篮球场6片，乒乓球场16片，其他各类场馆30片。年底有各类体育场地1965个，体育场地总面积228.5万平方米，人均体育场地面积达4.42平方米。

十、人口、居民生活和社会保障

人口规模。年末全区户籍人口479397人，比上年减少1200人，其中城镇人口218825人。全年出生人口2522人，出生率5.25‰；死亡人口3177人，死亡率6.62‰；人口自然增长率—1.36‰。

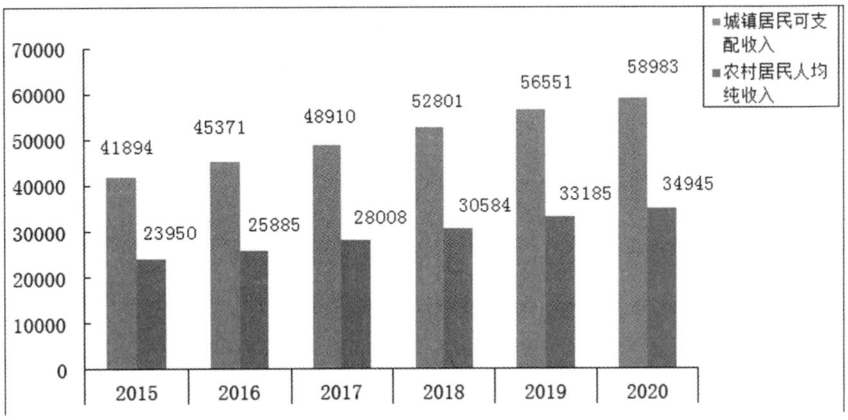

2015—2020年城乡居民收入

居民收支。全年全体居民人均可支配收入46964元，比上年增长4.9%，扣除价格因素，实际增长1.4%。其中城镇居民可支配收入58983元，增长4.3%；农村居民可支配收入34945元，增长5.3%。城乡居民收入比由上年1.70：1缩小到1.69：1。城镇居民人均生活消费支出38371元，农村居民人均生活消费支出20294元，分别比上年增长2.8%、0.7%。城乡居民恩格尔系数分别为29.3%、36.4%。

社会保险。年末，全区企业职工养老保险参保人员281886人，城镇职工医疗保险参保人数229064人，工伤保险参保人数253844人，失业保险参保人数147798人，生育保险参保人数208372人，城乡居民养老保险参保人数112157人，被征地人员养老保障参保人数45416人。

民生保障。年末，城镇居民人均住房建筑面积45.6平方米，农村居民人均住房建筑面积60.9平方米。城乡居民最低生活保障标准从799元提高到842元、特困供养人员从1447元/月提高到1555元/月，全年发放最低生活保障资金7201万元、发放节日生活困难补助金644万元，困难群众基本生活价格补贴2672万元，临时救助款364万元、高龄津贴1166万元。全年新增养老床位1555张，每百名老年人拥有床位数5.8张。建成居家养老服务机构390家，区域性居家养老服务中心12家，示范型居家养老服务中心12家，机构数量覆盖所有城市社区和农村社区，服务覆盖全区所有居家老年人。

慈善事业。全年慈善机构募集善款4384万元，救助支出4179万元，受助的困难群众达1.24万人次。区慈善机构累计募集已达38848万元，累计救助支出32706万元，受助53.14万人次。

十一、生态建设、社会安全

生态建设。创建省级第二批清新空气示范区。全年环境空气优良率为92.1%，PM2.5降至25

微克/立方米，地表水环境功能达标率达到100%，市控及以上考核断面水质优良率达到100%。环境投诉量连续六年稳步下降，生态环境质量公众满意度跃居宁波第一。完成33个行业排污许可证清理整顿和94个行业的排污许可证登记，发证4956家。完成第一轮中央、省生态环境保护问题整改、第二轮中央生态环境保护督察迎检工作。

平安建设。全年发生各类生产安全事故8起、死亡6人，比上年分别下降38.5%、45.5%；发生火灾85起，比上年下降24.1%，死亡1人。推进第二轮安全生产综合治理三年行动，检查单位6847家，整改率95.89%。全年完成食品定量检测2814批次，检出不合格60批次。药品监督抽样273批次，检出不合格1批次。共查处各类经济违法违规案件581件，比上年增加57件；举报投诉中心和消保委共受理举报投诉2769件，比上年增加780件；全区信访总量（不含来电）为6683件人次，同比上升12.3%；四级走访共253批/950人次，同比批次及人次分别下降34.6%和13.5%。政务服务热线平台受理群众来电、网上投诉共122049件，同比下降10.7%。受理网上信访和12345政务热线涉疫信访事项6945件，均在24小时内办结。企业劳动合同签订率和已建工会企业集体劳动合同签订率分别达到98.4%和100%；全区受理劳动争议610件，仲裁结案率达到98.3%，调解率达到78.9%。

注：(1）本公报所列各项数据均为初步统计数。

(2）全区生产总值、各产业增加值绝对数按当年价格计算，增长速度按可比价格计算。

(3）规模以上工业企业指年主营业务收入2000万元及以上企业。

限额以上批发、零售、住宿、餐饮企业指：

批发业：年主营业务收入2000万元及以上；

零售业：年主营业务收入500万元及以上；

住宿业：年主营业务收入200万元及以上；

餐饮业：年主营业务收入200万元及以上。

固定资产投资指计划总投资500万元及以上项目。

中共奉化区委、区委办公室重要文件目录（2020）

表33

文件序号	文件名称
奉党发〔2021〕1号	关于贯彻落实党的十九届四中全会精神高水平推进区域治理现代化的决定
奉党发〔2021〕4号	关于公布2019年度招商引资等工作考核结果的通知
奉党发〔2021〕5号	关于表彰2019年度奉化经济风云榜先进企业的通报
奉党发〔2021〕6号	关于坚决贯彻落实习近平总书记重要指示精神充分发挥各级党组织和党员干部在打赢疫情防控阻击战中积极作用的通知
奉党发〔2021〕7号	关于印发《区委常委会问题整改落实长效机制》的通知
奉党发〔2021〕11号	关于建立区委理论学习中心组“周自学、月集中、季交流”制度的通知

续表33

文件序号	文件名称
奉党发〔2021〕12号	关于印发《宁波市奉化区新时代文明实践中心建设全国试点实施方案》的通知
奉党发〔2021〕13号	关于抓好“三农”领域重点工作确保高水平实现全面小康的实施意见
奉党发〔2021〕14号	关于公布2019年度重大项目建设“百村立功竞赛”考核先进集体、先进个人和优秀组织单位的通知
奉党发〔2021〕16号	关于深入学习贯彻习近平总书记在浙江宁波考察时重要讲话精神的通知
奉党发〔2021〕20号	关于印发《2020年全区重点工作任务责任分解》的通知
奉党发〔2021〕25号	关于加快推进新时代民政事业高质量发展的实施意见
奉党发〔2021〕26号	中共宁波市奉化区委关于坚定不移实施人才强区创新强区战略加快推进高质量发展的决定
奉党发〔2021〕27号	关于加快推进溪口镇小城市培育试点工作的若干政策意见
奉党发〔2021〕29号	印发《关于加快推进“宁波湾”高质量发展的实施方案》的通知
奉党发〔2021〕30号	关于印发《宁波市奉化区低收入农户高质量“两不愁三保障”高水平全面小康攻坚实施方案》的通知
奉党发〔2021〕36号	关于建设高水平交通强区的实施意见
奉党发〔2021〕37号	关于印发《深化国资国企改革推进高质量发展的实施意见》
奉党办〔2021〕3号	关于印发《宁波市奉化区政府产业基金工作人员尽职免责实施办法（试行）》的通知
奉党办〔2021〕4号	关于切实做好新型冠状病毒感染的肺炎疫情防控工作的紧急通知
奉党办〔2021〕5号	关于印发《宁波市奉化区工业企业节后复工疫情防控工作方案》的通知
奉党办〔2021〕6号	关于印发《区委常委会“不忘初心、牢记使命”专题民主生活会征求到的意见建议责任分解》的通知
奉党办〔2021〕9号	关于建立“周二夜学”制度的通知
奉党办〔2021〕10号	关于印发《区级领导干部“周一夜访村（社）”制度的实施办法》的通知
奉党办〔2021〕11号	关于印发《宁波市奉化区疫情防控期间加快复工复产行动方案》的通知

续表33

文件序号	文件名称
奉党办〔2021〕13号	关于印发《2020年作风整治活动实施意见》的通知
奉党办〔2021〕15号	关于开展“周二夜学”活动的通知
奉党办〔2021〕16号	关于印发宁波市奉化区推进“五大专项行动”和“五大攻坚战”实施方案的通知
奉党办〔2021〕18号	关于扶持推进融媒体中心建设发展的若干意见
奉党办〔2021〕19号	关于印发《宁波市奉化区高水平推进美丽城镇建设工作实施方案2020—2022》的通知
奉党办〔2021〕22号	关于印发《中共宁波市奉化区委宁波市奉化区人民政府政协宁波市奉化区委员会2020年度协商工作计划》的通知
奉党办〔2021〕26号	关于印发《2020年宁波市奉化区深化“最多跑一次”改革推进政府数字化转型工作要点》的通知
奉党办〔2021〕27号	关于开展行政村规模优化调整工作的实施意见
奉党办〔2021〕28号	关于印发《2020年宁波市奉化区东西部扶贫协作工作要点及任务分解》《2020年宁波市奉化区山海协作工作要点及任务分解》的通知
奉党办〔2021〕29号	关于开展2020年度重大项目建设“百村立功竞赛”活动的通知

奉化区政府、区政府办公室重要文件目录（2020）

表34

文件序号	文件名称
奉政发〔2020〕1号	关于应对新型冠状病毒感染的肺炎疫情支持中小微企业共渡难关的意见
奉政发〔2020〕2号	关于做好疫情防控期间企业用工就业保障工作的通知
奉政发〔2020〕3号	关于应对新冠肺炎疫情支持商贸文旅交通运输业发展的实施意见
奉政发〔2020〕4号	关于做好疫情防控期间农业生产恢复和市场供应保障工作的实施意见
奉政发〔2020〕10号	关于开展第七次全国人口普查的通知
奉政发〔2020〕11号	关于印发宁波市奉化区5G应用和产业化实施方案的通知
奉政发〔2020〕12号	关于印发征收集体所有土地房屋拆迁实施办法的通知
奉政发〔2020〕14号	关于印发国有土地上房屋征收补偿补助奖励规定的通知
奉政发〔2020〕15号	关于印发区政府领导成员工作分工的通知
奉政发〔2020〕16号	关于印发2020年重点工程项目、政府民生实事项目和重大前期项目计划及职责分解意见的通知

续表34

文件序号	文件名称
奉政发〔2020〕17号	关于调整宁波市奉化区征地区片综合地价的通知
奉政发〔2020〕20号	关于进一步加强防汛防台工作的若干意见
奉政发〔2020〕21号	关于同意宁波旭日鸿宇科技有限公司"6·18"一般高处坠落事故调查报告的批复
奉政发〔2020〕22号	关于公布奉化区2020年"凤麓英才"计划（第一批）入选团队（个人）的通知
奉政发〔2020〕23号	关于印发推进健康奉化行动实施方案的通知
奉政办发〔2020〕1号	关于印发宁波市奉化区政府投资项目评审管理暂行办法的通知
奉政办发〔2020〕7号	关于推进5G通信基础设施建设的实施意见
奉政办发〔2020〕8号	关于印发宁波市奉化区农民饮用水达标提标专项行动攻坚实施方案的通知
奉政办发〔2020〕9号	关于印发宁波市奉化区"千吨万人"以上饮用水水源保护区整治工作方案的通知
奉政办发〔2020〕11号	关于印发宁波市奉化区"智安小区"建设指导意见的通知
奉政办发〔2020〕15号	关于印发宁波市奉化区坚持"五新"引领农业提质增效行动计划（2020—2022）
奉政办发〔2020〕17号	关于推进宁波市奉化区政策性融资担保体系建设的实施意见
奉政办发〔2020〕19号	关于公布首批"小而美"苗子企业名单及首批"春苗计划"创新孵化平台的通知
奉政办发〔2020〕20号	关于印发宁波市奉化区促进民宿发展实施办法的通知
奉政办发〔2020〕22号	关于印发宁波市奉化区惠企人才政策兑现管理办法（试行）的通知
奉政办发〔2020〕23号	关于印发《宁波市奉化区推进经营性国有资产统一监管攻坚工作实施方案》的通知
奉政办发〔2020〕28号	关于印发宁波市奉化区防汛防台抗旱应急预案的通知
奉政办发〔2020〕29号	关于印发《宁波市奉化区国有资产整合提效专项行动方案》的通知
奉政办发〔2020〕30号	关于印发宁波市奉化区人民防空工程产权登记实施细则（试行）的通知
奉政办发〔2020〕31号	关于印发奉化区反走私县域治理试点工作方案的通知
奉政办发〔2020〕36号	关于定向培养中小学教师的实施意见
奉政办发〔2020〕37号	关于促进3岁以下婴幼儿照护服务发展的实施意见
奉政办发〔2020〕39号	关于印发宁波市奉化区交通强区基础设施建设三年行动计划的通知（2020—2022年）
奉政办发〔2020〕40号	关于印发宁波市奉化区"无废城市"建设实施方案的通知
奉政办发〔2020〕44号	关于印发宁波市奉化区属国有企业投资监督管理办法的通知

续表34

文件序号	文件名称
奉政办发〔2020〕48号	印发关于进一步推进奉化区政务服务“好差评”管理工作实施方案的通知
奉政办发〔2020〕52号	关于印发奉化区耕地保护补偿资金使用管理办法的通知
奉政办发〔2020〕53号	关于印发奉化区社会应急联动工作实施方案的通知
奉政办发〔2020〕54号	关于印发宁波市奉化区建设一流营商环境实施方案的通知
奉政办发〔2020〕58号	关于印发奉化区既有房屋使用安全应急预案的通知
奉政办发〔2020〕59号	关于印发宁波市普惠金融改革试验区建设奉化实施方案的通知
奉政办发〔2020〕62号	关于印发奉化区加快推进夜间经济发展实施方案的通知
奉政办发〔2020〕65号	关于促进商贸流通业高质量发展的意见
奉政办发〔2020〕69号	关于印发奉化区节水行动实施方案的通知
奉政办发〔2020〕70号	关于印发2020年奉化区法治政府建设工作要点的通知

2020年经济风云榜获奖企业

突出贡献奖

亚德客（中国）有限公司
宁波鲍斯能源装备股份有限公司
华润雪花啤酒（宁波）有限公司
宁波滕头控股有限公司
爱伊美集团有限公司
宁波汇峰防护用品有限公司
宁波众浩广告有限公司
罗蒙集团股份有限公司
萧云建设股份有限公司
宁波利安科技股份有限公司

发展进步奖

宁波麦博韦尔移动电话有限公司
华尔推剪（宁波）有限公司
宁波波导易联电子有限公司
宁波市信泰科技有限公司
宁波君禾智能科技有限公司
宁波尼可海绵科技有限公司
宁波奔野重工股份有限公司
瑞博俐密封件（浙江）有限公司
宁波理工智能电网技术有限公司
宁波沈鑫电子有限公司

转型创新奖

星宇电子（宁波）有限公司
宁波吉田智能洁具科技有限公司
宁波力品格工业机械有限公司
宁波松科磁材有限公司
宁波佳尔灵气动机械有限公司
宁波创跃园林工具有限公司
宁波协诚电动工具有限公司
宁波海上鲜电子商务有限公司
宁波奉化区凤麓企业孵化器有限公司
华璞微电子科技（宁波）有限公司

重大贡献奖

浙江中烟工业有限责任公司宁波卷烟厂
宁波甬茂建设开发有限公司

宁波奉化绿城浙杰房地产开发有限公司
保亿诚奉置业（宁波）有限公司
宁波市烟草公司奉化分公司
国网浙江宁波市奉化区供电有限公司
中交城市投资（宁波）有限公司
宁波奉化农村商业银行股份有限公司
中国工商银行股份有限公司奉化支行
中国建设银行股份有限公司奉化支行

土特产

【奉化水蜜桃】 奉化是全国水蜜桃栽培重点地区。清光绪九年（1883），剡源乡三十六湾村花农张银崇从上海带回龙华水蜜桃，设圃繁育多年，育成良种，因色香味俱佳，故取琼浆玉露之义，名曰“玉露水蜜桃”。

奉化水蜜桃，5月下旬至8月上旬成熟，单果平均重125克。果实呈圆形或卵圆形，阳面有红晕，皮薄而韧，易剥，肉质细而柔软，汁液多，味甜而芳香，含有多种维生素，营养丰富。1984年农业出版社出版的《落叶果树种类学》一书，肯定奉化水蜜桃是“我国水蜜桃中最有名的品种”。1990年6月市人大常委会决定水蜜桃为市果，设每年8月2日为“奉化水蜜桃节”。1996年3月，奉化市被国务院发展研究中心农村发展研究部等部门联合命名为“中国水蜜桃之乡”。改革开放以来，市有关部门加强科技投入，1996年10月，成立水蜜桃研究所，设有试验田100余亩，专题研究奉化水蜜桃的品种选育、生产示范、技术要领和推广。在推广低产桃园改造、优质速生栽培、高品质栽培、无公害栽培等技术基础上，选育出“西圃1号”“西圃4号”“上山大玉露”“长岭早玉露”等优良单株；培育出具有独特性状、鲜食和观赏兼用的珍稀桃种“花玉露”和晚熟大果型水蜜桃“武岭玉露”，形成早、中、晚不同成熟期的优良品种。1998年和2001年“锦屏山”牌奉化水蜜桃连续两届被浙江省政府认定为浙江省农业名牌产品，2001年又同时获得省农博会和中国国际农业博览会金奖，及全国农业名牌产品称谓。2002年7月，“锦屏山”牌奉化水蜜桃成为宁波市第一个获得原产地标记保护的农产品，10月，溪口镇、萧王庙街道、锦屏街道优质万亩水蜜桃基地被认定为首批宁波市绿色农产品基地，同年“锦屏山”牌奉化水蜜桃又获省农博会金奖。2004年2月，“锦屏山”牌奉化水蜜桃通过中国绿色食品发展中心的绿色食品（A级）认证。“锦屏山”牌奉化水蜜桃2006年被评为宁波市十大名果之一，2007年被中国农产品品牌大会组委会评为中国十佳农产品品牌。至2020年，奉化水蜜桃获得国家级品牌保护及奖项15个，获得省级奖项14项。2020年全区水蜜桃种植面积40144亩，销售总产值4.07亿元。

【奉化草莓】“奉化草莓”属蔷薇科多年生草本植物，果呈球形、锥形、楔形，肉质多汁。“奉化草莓”形美味甜，芳香醇厚，含有人体必需的维生素A、B、C和氨基酸。早在清末年间，溪口武岭农场梨园里，就有零星种植草莓。1983年尚田王董村引种露地栽培“宝交早生”品种；1992年尚田木吉岭村应永成从省农科院引入“丰香”草莓，开始大量栽培。此后全市栽种迅速发展，以尚田镇冷西、木吉岭、下汪、孙家、张家、方门村和江口街道中横、新桥下村栽培为最多。市农科部门先后与省农科院、浙大农学院合作，建立良种繁育中心，陆续引进和选育优质品种。经农业部绿色食品质量监督检验测验中心测定，奉化草莓“丰香”可溶性固体物大于8%，含糖量大于10度，品味酸甜可口，属绿色水果食品精品。是年，“奉化草莓”被确定为市六大主导农产品之一。

1999年，奉化市被国务院发展研究中心、农村发展研究部等单位联合命名为“中国草莓之乡”。是年，注册“奉冠”牌商标。2001年获宁波市名牌产品，省国际农业博览会优质奖；2003年通过宁波绿色农产品基地认定和国家A级绿色食品认证，获省名牌产品称号和、省农业博览会银奖；2004年获得宁波市知名商标、省著名商标等称号；2005、2006、2007年又获省农业博览会金奖。2019年，全区种植草莓5600亩，总产值近2亿元。尚田街道和萧王庙街道通过开展草莓自摘观光旅游、举办草莓文化节等，不断扩大草莓种植经济效益。

【奉化楼隘杨梅】 奉化楼隘杨梅种植历史悠久。据传，自唐始植以来，奉化楼隘杨梅距今已有1000多年历史。后经历代梅农子孙精心培育，遂成名闻遐迩的楼隘杨梅。

楼隘村位于金峨山南麓，今属莼湖镇。清代史家全祖望曾称赞楼隘杨梅成熟时“红青紫者如火云，白者如雪，一望重重，盖奇观也。”20世纪80年代，楼隘、朱家店、岙口、后琅、王夹岙、黄檗等村，开始大面积种植杨梅。奉化楼隘杨梅主要品种有黄云种、青云种。黄云种叶色黄绿，又名黄叶梅，6月下旬成熟，果形中大，色紫红，核大汁少。青云种叶色青绿，又名青叶梅，7月中旬成熟，果大形圆，色紫黑，核小汁多，酸甜适口，品质上等，故为主栽品种。上世纪80年代初，岙口村农民从当地选育“楼隘1号”，果大味甜，色如紫玉，为此大批繁育种植。2007年6月，楼隘“锦屏山”牌杨梅系列—乌梅，跻身宁波市“十大名果”行列。2020年，奉化杨梅种植面积8709亩，总产量5077吨。

【奉化芋艿头】 奉化芋艿头，芋头近圆球形，顶端粉红，外表棕黄，为天南星科芋类魁芋，属多年生草本球茎作物，全生育期200天。芋子株生5～10个，芋头只重1～1.5千克，最大3千克，耐贮藏、便运输。据《乾隆奉化县志》载，早在宋代已广植芋艿，时称“岷紫”。“奉化芋艿头”，则是在明朝中叶，由福建、台州一带来奉化的“棚民”传入。

明清之间，奉化芋艿头种植于剡江畔的前葛村，以后扩种到牌亭、罗村、石桥头、畸山和溪口等地，到晚清才普及全境。芋艿头的种植，与奉化独特的自然条件有关。奉化芋艿头既怕水、又畏旱，而奉化萧王庙、溪口、尚田一带土壤，正适合芋艿头生长特点，故以此处所产最佳。

奉化芋艿分水、旱两大类。水田种水芋，有青基、赤基之分；旱地种旱芋，品种有红芋艿、乌脚箕、黄粉箕、香粳芋等。母芋、子芋均可食用，储藏期可达5～6个月。乌脚箕属多子芋类，其子芋质滑腻而味鲜，芋头多作动物饲料。奉化芋艿头主栽品种为“奉化红芋艿”，株高150厘米以上。主要分布在萧王庙、锦屏、江口、西坞、溪口、尚田等地，尤以萧王庙前葛芋艿头最为出名。其母芋即称芋艿头，个大皮薄，肉粉无筋，糯滑可口，其中肉粉无筋和糯滑可口是区别于其他魁芋品种的主要特点。产品销往沪杭甬一带，民间有“跑过三关六码头、吃过奉化芋艿头”盛誉。

据省农科院测定，奉化芋艿头，脂肪占0.8%、蛋白质14.1%、总糖65.8%、粗纤维2.5%、粗灰分5.6%，含人体必需的赖氨酸、天门冬酸、精氨酸、谷氨酸等15种氨基酸，有一定保健作用。奉化芋艿头吃法颇多。若以明火烤，则愈烤愈香；如用柴炭火煨，则风味独异；做羹作汤，则滑似银耳，糯如汤圆，其味细腻而爽口；切片蒸熟，再蘸以蟹酱，则原汁原味，既香又粉口。中秋时节，正遇鸭肥芋熟，奉化城乡风行烧制传统名菜“鸭子芋艿”。当地前诗人曾赞芋艿头：“清明下种立秋尝，芋艿头儿个似筐。炙烤煮煨任君烹，充饥最合作羹汤。”

1992年，奉化芋艿头获中国首届农业博览会优良产品奖。1996年，奉化被国务院经济发展研究中心农村发展研究部、中国农学会、《中国特产报》社联合命名为“中国芋艿头之乡”。1998年获省政府授予优质农产品金奖。2001年被评为省名牌产品和中国国际农业博览会名牌产品。2002年获国家无公害农产品认证。2004年，“罗汉牌”芋艿头获国家原产地标记注册。2008年，全市芋艿头种植面积2万亩，总产量2.5万吨，产值5000万元，成为农业主导产品之一。

【奉化千层饼】“奉化千层饼”源于清光绪四年（1878）溪口王毛龙、王化龙兄弟的王永顺饼店。千层饼因由27层薄片折叠而成，取其层多之意，故名。“奉化千层饼”以上等面粉为主料，佐以精炼植物油、优质芝麻和苔菜粉，经和粉、制馅、擀饼、烘焙等13余道工序精制而成。其中烘焙是关键，须把握火候，火文酥脆不足，火猛则产生焦味。饼呈正方形，每块五六厘米见方，厚约2厘米。上撒苔粉、芝麻，色泽黄绿，酥脆异常，咸甜适宜，风味独特，食之齿颊生香。成为一传统特色名产。

溪口镇有王毛龙、蒋氏、老邻居等6家代表性手工作坊制作“奉化千层饼”，生产溪口牌、王永顺、毛龙、玉泰、蒋氏、蒋盛泰、千丈飞珠等7个品牌。1997年，毛龙牌千层饼获省名优产品称号，2003年“奉化千层饼”获国家原产地标记保护。2003—2007年，溪口蒋家龙门千层饼厂生产的溪口牌、玉泰牌千层饼连续五年获省农业博览会金奖。2010年，溪口列入国家AAAAA级风景区后，“奉化千层饼”成为前来溪口观光的中外游客首选特色旅游商品。

【奉化雷笋】雷竹，竹杆高5～7米，直径3～4厘米。杆绿色，老后渐变黄绿色或灰绿色。竹节长16～26厘米，竹质薄而脆，易折断，栽植目的为产笋。“奉化雷笋”出笋期在惊蛰期间，有“一雷满山笋，一夜长七寸”农谚，因此称为雷竹、雷公竹。据《剡源乡志》记载，清代时跸驻、三石一带已有栽培，多是房前屋后零星种植。

“奉化雷笋”笋肉白色，肉质厚且松脆，味鲜带甘甜，无涩味，含水量高。竹农开山整地、松土培土，母竹移栽、立竹分布、砻糠覆盖、施肥等环节积累丰富经验，使竹笋产量大幅度提高，笋期也从3～5个月提高到6个月。“奉化雷笋”供鲜食或制作羊尾笋干。

1989年以来，雷竹栽种发展迅速，尤以班溪、岩头、溪口等最多，“奉化雷笋”成为市农业主导产业之一。2001年“溪口牌”雷笋获国家环保总局有机食品证书。2004年，全市栽培4.3万亩。2006年栽培4.83万亩，产笋21708吨，加工鲜笋700万千克，2008年“奉化雷笋”45694亩，产量24683吨。除内销外，同时销往美国、日本、韩国、毛里求斯等国家。2020年，奉化雷笋栽培面积4.6万亩，年产鲜笋4.5万吨，年产值3.5亿元。

【奉化曲毫茶】“奉化曲毫”茶系绿茶。早在1000多年前，溪口雪窦山一带已产曲毫名茶。解放后，市林业局技术人员根据茶名特点，采用茶树无性系多毫良种鲜叶和独特加工工艺，重新焕发了“奉化曲毫”的生机。“奉化曲毫”得名源于宋雪窦寺住持广闻禅师《御书应梦名山记》中“茶荠不同亩，曲毫幽而独芳”之句。“奉化曲毫”茶吸山中之幽兰，承高山之云雾，得天地之灵气。外形细嫩挺秀，翠绿显毫，清香持久，滋味鲜爽，回味甘甜，氨基酸含量高达4.2%，茶叶完整耐冲泡。

“奉化曲毫”茶采用鸭栏肥、菜饼等有机肥料以及主体栽培技术，实行无公害和机械化生产。2000年获国际名茶金奖，2003年获省农业博览会金奖，2003年通过国家原产地标记认证，2004年获“中绿杯”名优绿茶评比金奖。2007年11月在日本召开第一届世界绿茶大会上获得金奖，12月又获省农业博览会金奖。“奉化曲毫”已成为上海、杭州、宁波等地消费者钟爱名茶，产品销往甬、杭、沪及欧、北美和大洋洲等地。2020年第三次农产品地理标志登记专家评审会上，奉化曲毫通过专家评审。成为奉化区继奉化水蜜桃、溪口雷笋后，第三个获国家地理标志登记保护的农产品。2020年，全区1000余户茶农种植、生产奉化曲毫，总面积达2.45万亩，年产量150余吨，年产值近6000万元。

【奉化松岙蜜桔】奉化松岙蜜桔栽培历史悠久。相传南宋末年，由松岙姓卓字文贯的“文贯公”，自浙江南部一带传入。明清时代，多是房前屋后零星种植。解放前松岙村里大中户人家园地中、山坡下，都种有蜜桔。松岙蜜桔，芸香科柑桔属，小乔木，单花，花小。果皮宽松易剥，囊瓣容易分离。蜜桔果实中含有丰富的糖类、矿物质、有机酸和多种维生素。因松岙地处象山港畔，雨量充足，温度适宜，山坡地土壤适宜蜜桔生长，所以松岙蜜桔果实金黄，色香味甘，汁多爽口。60年代，松岙蜜桔栽种面积逐渐扩大，尤以海沿、街二、西岙村为多。奉化松岙蜜桔果实无核，宜于鲜食，也宜加工制罐。蜜桔产业的发展，带动了桔子罐头加工业兴起。松岙是宁波市著名的“蜜桔之乡”，松岙蜜桔先后被授予国家无公害食品基地、宁波市名牌产品、宁波市知名商标、宁波市绿色食品基地等荣誉。2020年，全区蜜桔种植面积5249亩，年产蜜桔5929吨。

【奉化大毛竹】 奉化大毛竹栽培历史悠久，宋代，溪口石门村就开始培育毛竹。明代时种出的大毛竹粗如屋柱、饭桶。奉化气候温和湿润、四季分明，低山缓坡的地理环境和松软深厚的微酸性黄壤，使得毛竹生长条件得天独厚。全区现有毛竹面积28万余亩，溪口石门及尚田、棠云一带是奉化毛竹集中产区，尤其是石门的“毛筒”最为出名。

据史料记载，在唐朝晚期，奉化石门毛氏先祖就号令子嗣大力种植毛竹，并代代相传。1945年相邻的嵊县人为庆祝抗日胜利，在奉化找到一棵大毛竹制作旗杆。1957年，石门一棵高24米，眉围54厘米，重125千克的“毛竹王”，在北京全国农业展览会和莫斯科万国博览会上展出。1958年8月28日，全国毛竹丰产现场会在溪口石门村召开，石门村被林业部评为“全国毛竹生产先进红旗单位”，奉化县被评为“全国林木丰产县”。当时由上海电影制片厂拍摄的《石门毛竹》科教片在全国放映，在国内和国际上产生巨大反响。1964年、1996年尚田张家坑、棠云先后运送毛筒竹在北京全国农业展览馆展出。奉化竹业人历经千年传承，不断发扬光大，从而创造出无数个“业界之最”，最大毛竹的产地，最早的毛竹科学培育基地，最早的竹林培育科教片拍摄地，最早出版的以溪口科学育竹为蓝本的科技书籍。全区现有竹笋加工企业22家，其中水煮笋加工企业11家，年加工鲜笋4.38万吨左右，笋制品加工产值每年达到5.2亿元；有竹材加工企业20家，竹制品工艺外贸内销两旺，年加工原竹5.5万吨左右，产值约为3.7亿元。奉化建立了中国林学会竹子分会奉化服务站、奉化区竹笋专业技术协会、宁波市林联竹子研究所，致力于技术服务，重视产区一线人才培养。通过举办竹笋文化节、竹文化摄影比赛、有奖征文、“竹海飞人”等活动，充分展示产区竹农的风采和竹乡魅力。2019年溪口镇被国家命名为“中国大毛竹之乡”。

【奉化羊尾笋】 奉化羊尾笋是浙江省宁波市奉化区著名传统特产，均采用当地新鲜的雷笋、龙须笋、鳗笋等杂竹笋为原料，经传统工艺加工而成，是凉拌、煲汤提鲜的好食材，其口感脆嫩鲜美，营养丰富，具有消暑开胃、脱腻清火之功效，向来受到消费者青睐。

奉化羊尾笋加工生产至今已有300多年历史。据《剡源乡志》记载，早先奉化溪口、大堰一带盛产龙须笋，每年春季笋大量上市，除了鲜笋交易外，往往会滞留大批的龙须笋，山民们就采取烤制的办法把它加工成咸笋，因其肉色清白黄亮，长20多厘米，酷似羊尾，故取名为羊尾笋，羊尾笋便于贮存，可全年受用，也被喻为“百日菜”。一直以来，当地老百姓除少量留用外，大部分都销往江浙沪一带及港澳地区。到二十世纪八九十年代，奉化区雷笋产业规模迅速发展，从业农户2万余户，雷笋面积达到4.6万余亩。2013年被列为全国绿色食品原料标准化生产基地，2019年溪口镇被国家命名为“中国雷笋之乡”，使奉化羊尾笋加工有了充足的原料保证和食品质量安全保障。奉化羊尾笋生产过程十分讲究，需经过精选、去壳、清洗、裁切、配料、烤煮等多道工序，掌握火候，烤煮时长和杀菌、真空包装是主要关键技术。2019年“奉化羊尾笋”获第三届中国（上海）国际竹产业博览会优质产品评选金奖；“羊尾笋制作”被编入宁波市非物质文化遗产名录。目前，奉化羊尾笋加工业欣欣向荣，全区羊尾笋年产量逾万吨。

【奉化五针松】“五针松”又称“五钗松”“五须松”，针叶五针一束，枝干苍劲挺秀，融松类气、骨、色、神于一体。既可作大地栽培，又可作盆景栽培。奉化是全国五针松盆景素材产区，被列为浙江省“花卉之乡”。奉化五针松栽培历史悠久，早在清朝光绪年间，奉化就开始培植梅桩、花桃、五针松等果苗花木。到20世纪20年代，花农陆续外迁，五针松遂在奉化乃至全市逐步发展。1998年11月，在浙江省名特优新产品暨农业招商洽谈会上五针松盆景获省优质农产品银奖。2001年“溪口”牌五针松盆景获浙江省国际农博会银奖。2003年8月奉化三十六湾村成立五针松盆景研究所，2004年成功注册“三十六湾”品牌。2005年奉化东方盆景艺术园选送的“风从这边起”、三十六湾村选送的“独领风骚”五针松盆景，获首届宁波花艺博览宁波花艺金杯评比金奖。2006年，奉化五针松栽培面积6750亩，其中三十六湾村五针松种植面积已发展到3000多亩，年产盆景20万盆以上，先后被命名为全国花木专业村、浙江省林业观光园区、浙江省文明村。目前，全区共有花木种植面积10.9万亩。

【奉化油焖笋】奉化油焖笋是浙江省宁波市奉化区经典传统特产，加工历史悠久。该产品原料取之新鲜的竹笋，经精制加工而成，食之鲜嫩松脆、带甜，味美爽口，富含多种营养成分，具有低脂、低糖多纤维特点，深受全国各地食客们的喜爱，如今该产品在线上线下走俏热销。

油焖笋是家家户户必备的长羹（宁波老话指能一年吃到头的菜）。古往今来，每到产笋农时季节，当地的农家巧妇就会把刚从山上挖来的鲜嫩竹笋洗净切成条块，在土灶头前用柴火烤油焖笋，其口味鲜美，带着自有的笋香，极具地方特色。即使远离家乡的人都时常会对油焖笋产生依恋，成为难舍的乡愁，如今随着时代变迁，网购和快递业的发展，若想要品尝奉化油焖笋，已是一件非常容易的事。据奉化地方志记载，1924年（民国13年），大桥镇俞宝仁创办了第一家罐头厂，生产油焖笋等食品玉兔牌罐头，1933年奉化又办起了生生、天生、似生、亚东、翠园、武岭等罐头厂，产品销往上海、香港等地及东南亚各国。其中玉手牌油焖笋获西湖博览会特等奖，解放后，奉化供销合作社总社接管生生罐头厂，1957年改制地方国营奉化食品厂，并长久不衰，同时带动了一批食品加工原料基地的建设。奉化油焖笋的原料是雷笋或毛笋，集中产于“中国雷笋之乡”“中国大毛竹之乡”的溪口镇，其中，4万亩雷笋是全国绿色食品标准化生产基地，“溪口雷笋”还是国家农产品地理标志产品，为油焖笋生产提供了丰富的原料。油焖笋加工需按生产技术标准，经采、剥、洗、切、烧以及杀菌，真空罐装等严密的生产工艺流程。油焖笋产品主要成分为笋、食用油、酱油、食盐、糖、味精，无另外添加，成品油焖笋用玻璃瓶真空罐装，产品便于贮存，常年享用。2018年奉化油焖笋在中国（上海）国际竹产业博览会优质产品评选为金奖。

【奉化莼湖莼菜】奉化莼湖莼菜，是奉化特产。莼菜属于珍贵的水生蔬菜，色泽碧绿，全身裹覆着一层厚厚的果胶，晶莹剔透，食之嫩滑清香。奉化莼湖因莼菜而得名。据传，莼菜在莼湖历史悠久，早在唐朝就有种植，后因采食过度导致灭绝。唐开元年间，杨贵妃身患重症，寻医问药久而无果，最后吃了奉化境内一鲁姓后生进献的莼菜奇迹般地痊愈。鲁姓后生的家乡被唐玄宗赐名“莼湖”，即今日奉化莼湖镇。

为充分挖掘这一资源潜力，培育发展新业态，带动农民就业增收，2016年在当地政府的大力支持和引导下，开始引进莼菜苗种，在群山环抱、溪水长流的舍辋水库上游试种16亩水田栽培莼菜，此次莼菜种苗试种成功，从春末到秋初，莼菜都可以采摘，亩产最高可达1000千克。产品销往宁波、杭州、上海等市场，颇有声誉。2019年奉化莼湖莼菜基地被认证为绿色农产品基地和国家级绿色食品。

【奉化莼湖青梅】 奉化莼湖青梅种植历史悠久。据传，自唐代开始种植以来，奉化莼湖青梅距今已有1000多年历史。后经历代梅农精心培育，遂成闻名遐迩的莼湖青梅。二十世纪八九十年代，该区种植青梅的面积8000亩，年产量5000吨。为提升青梅产业集聚度，区政府大力调整农业产业结构，促进农村经济稳步发展，把水果生产摆上重要的战略位置，因地制宜，立足山区资源优势，在发展以青梅为主的果品生产产业化方面坚持以市场为导向，以科技进步为依托，不断改良品种，把社会化服务体系建设与实施果品产业有机结合，发展水果种植和加工贸易，取得了较好的经济效益和社会效益。莼湖农业龙头企业逐渐发挥龙头辐射带动作用，使农业产业化进程稳步推进。目前全区青梅种植面积12000亩，年产量达8000吨左右。奉化区青梅加工企业有150多家，年产量达21万吨，年总收入1200万元左右。其中，“味中味”牌青梅系列产品则覆盖全国各大中城市的沃尔玛、好又多、家乐福、天虹、华润万家、华联集团等大型连锁超市，市场占有率和销售量在国内同行中居领先地位。青梅产品远销日本等国及中国台湾、香港地区，颇有声誉。1999年，奉化被国务院发展研究中心农村发展研究部等部门联合命名为“中国青梅之乡”。

部分政区、组织、机构全称简称对照表

表35

全 称	简 称
浙江省	省
中国共产党浙江省委员会	省委
浙江省人民政府	省政府
宁波市	市
中国共产党宁波市委员会	市委
宁波市人民政府	市政府
中国共产党宁波市奉化区委员会	区委
宁波市奉化区人民代表大会常务委员会	区人大常委会
宁波市奉化区人民政府	区政府
中国人民政治协商会议宁波市奉化区委员会	区政协
宁波市奉化区人民武装部	区人武部
中国共产党宁波市奉化区委办公室	区委办
宁波市奉化区人民代表大会常务委员会办公室	区人大办
宁波市奉化区人民政府办公室	区府办
中国人民政治协商会议宁波市奉化区委员会办公室	区政协办
中国共产党宁波市奉化区纪律检查委员会、宁波市奉化区监察委员会	区纪委监委
中国共产党宁波市奉化区委组织部	区委组织部
中国共产党宁波市奉化区委宣传部	区委宣传部
中国共产党宁波市奉化区委统一战线工作部	区委统战部
中国共产党宁波市奉化区委政法委员会	区委政法委
宁波市奉化区信访局	区信访局
中国共产党宁波市奉化区委老干部局	区委老干部局
宁波市奉化区档案馆	区档案馆
中国共产党宁波市奉化区委党校	区委党校
宁波市生态环境局奉化分局	区生态环境分局
宁波市自然资源和规划局奉化分局	区自然资源和规划分局
宁波市奉化区农业农村局	区农业农村局
宁波市奉化区投资促进局	区投促局
宁波市奉化区供销合作社联合社	区供销社
宁波市奉化区水利局	区水利局
国网浙江宁波市奉化区供电有限公司	区供电公司

续表35

文件序号	文件名称
宁波市奉化区住房和城乡建设局	区住建局
宁波市奉化区交通运输局	区交通局
宁波市奉化区财政局	区财政局
宁波市奉化区税务局	区税务局
中国人民银行宁波市奉化区支行	人行宁波市奉化区支行
宁波市奉化区发展和改革局	区发改局
宁波市奉化区审计局	区审计局
宁波市奉化区统计局	区统计局
宁波市奉化区市场监督管理局	区市场监管局
宁波市奉化区综合行政执法局	区综合执法局
宁波市奉化区应急管理局	区应急管理局
宁波市奉化区公安分局	区公安分局
宁波市奉化区人民检察院	区检察院
宁波市奉化区人民法院	区法院
宁波市奉化区司法局	区司法局
奉化人力资源和社会保障局	区人力社保局
宁波市奉化区民政局	区民政局
宁波市奉化区医疗保障局	区医保局
宁波市奉化区退役军人事务局	区退役军人事务局
宁波市奉化区科学技术局	区科技局
宁波市奉化区教育局	区教育局
宁波市奉化区文化和广电旅游体育局	区文广旅体局
宁波市奉化区融媒体中心	区融媒体中心
宁波市奉化区卫生健康局	区卫生健康局
中华人民共和国奉化海关	奉化海关
宁波市奉化区国有资产管理中心	区国资管理中心
宁波市奉化区政务服务办公室（宁波市奉化区公共资源交易管理办公室）	区政务办（区公共资源交管办）
宁波市奉化区政府侨务办公室	区侨办（区侨联）
中国共产党宁波市奉化区委台湾工作办公室	区台办
宁波市奉化区人民防空办公室	区人防办

索　引

说　明

一、本索引采用主题分析法编制。

二、索引按主题词首字拼音字母顺序和音序排列，按标引首字的汉语拼音音序排列，首字相同按第二字音序排列，以此类推。

三、标引词后的阿拉伯数字表示内容所在的页码。

四、正文索引仅限于具体条目、类目、分目及条目中的“综述”“概况”“概述”不作索引。

五、《特载》《大事记》《附录》的内容不做索引。

阿拉伯数字

G

H

J

K

L

M

N

P

Q

R

S

T

W

X

Y